석학
人文
강좌
46

감성(感性)과 오성(悟性) 사이

한국미술사의 라이벌

석학人文강좌 46

감성(感性)과 오성(悟性) 사이
한국미술사의 라이벌

초판 1쇄 발행 2014년 3월 25일
초판 2쇄 발행 2014년 12월 5일
지은이 이태호
펴낸이 이방원
편 집 김명희 · 안효희 · 조환열 · 강윤경
디자인 박선옥 · 손경화
마케팅 최성수
펴낸곳 세창출판사
출판신고 1990년 10월 8일 제300-1990-63호
주소 120-050 서울시 서대문구 경기대로 88 냉천빌딩 4층
전화 723-8660
팩스 720-4579
이메일 sc1992@empal.com
홈페이지 http://www.sechangpub.co.kr

ISBN 978-89-8411-463-0 04600
978-89-8411-350-3(세트)

_ 책 값은 뒤표지에 있습니다.

이 도서의 국립중앙도서관 출판시도서목록(CIP)은 e-CIP 홈페이지(http://www.nl.go.kr/ecip)에서
이용하실 수 있습니다. (CIP 제어번호 : CIP2014008707)

석학
人文
강좌
46

감성(感性)과 오성(悟性) 사이

한국미술사의 라이벌

이태호 지음

세창출판사

_ 강좌를 시작하며

'한국미술사의 라이벌'. '라이벌'이라는 단어를 잘 선택한 모양입니다. 생각보다 많은 수강생이 모였네요. 네 번에 걸쳐 진행되는 이 강좌의 주인공으로, 나는 조선후기에 해당하는 18세기와 19세기에서 각각 2명, 근현대에 해당하는 20세기 전통회화와 서양회화 분야에서 또 각각 2명씩을 선택하였습니다. 총 8명의 거장을 만나게 되지요. 한 강좌에서 거론되는 두 명의 화가는 동시대를 대표하면서도 서로 다른 스타일의 맞수입니다. 라이벌보다는 '쌍벽'이라 해야 나을 듯한데요. 치열한 경쟁사회인 지금 시대에 '라이벌'이라는 단어가 뭇사람의 시선을 끌까 싶어, 시체어(時體語)로 그 세태를 따라 보았습니다.

'감성(感性)과 오성(悟性) 사이'라는 부제를 붙였는데요. 사전적 의미로 오성은 사물의 이치를 알아내고 깨닫는 지혜나 재주(understanding, wisdom), 즉 사물을 이해하는 힘을 말합니다. 이성(理性)이란 단어와도 일면 근사하네요. 이성이 타고난 본성을 제어하거나 그에 대한 합리적 사유능력을 의미하는 데 비해, 오성은 이성(reason)과 감정(passion)의 사이에서 논리적으로 사유할 수 있는 지력(知力)을 의미하지요. 감성(emotion, esthetics)은 사물의 인상(印象)을 받아들이는 능력으로, 그 자극에 반응하여 감각을 일으키는 성질로 정의되기도 합니다. 부제를 정하고 국어사전과 철학사전을 찾아보니 '감성과 오성'은 단순하게 파악되지만은 않는, 상당히 어려운 심리학 내지 철학적 명제네요.

사람이 생각하며 눈에 든 대상을 손으로 그리는 그림을 볼 때, 오성과 감성은 서로 대립된다기보다는 엉켜 있지 않나 싶습니다. 작품의 감상 또한 창조와 마찬가지로 단순히 눈으로만 이루어지지 않고 인간의 정신적 활동이 개입되기 때문에, 예술은 눈과 손의 원초적인 감각행위인 동시에 이성작용으로 완성되지요. '창작(創作)'이나 '감상(鑑賞)'이라는 예술행위 하면 감성적 측면이 먼저 떠오르지만, 실제로 그림을 읽거나 해석할 때는 이성으로 마무리되거든요. 이처럼 작품의 구상부터 붓을 떼고 마무리하기까지 화가가 그림을 그리는 과정은 물론이고, 관객이 작품을 감상하는 단계에서도 오성과 감성이 함께한다고 볼 수 있겠습니다.

최근 음(音)의 요소와 원리를 물리학 같은 과학으로 풀어놓은 음악 입문서를 읽다가, "음악은 이성으로 감동하는 것이다"라는 저자의 한마디에 크게 공감한 적이 있는데요.[01] 이는 음악만이 아니라 모든 문학예술에 해당된다고 생각합니다. "눈은 외물(外物)을 받아들이고 뇌가 형태를 결정한다"는 프랑스 후기인상주의 화가 폴 세잔(Paul Cézanne, 1839~1906)의 표현에도 감성보다는 이성적 행위가 강조되어 있지요. 그런 탓에 근래 세잔과 그의 회화가 인지과학의 연구대상으로 부상하기도 하였습니다.[02] 이처럼 정신적인 오성 인식과 본능적인 감성 작용이 서로 영향을 주고받는 가운데, 인문학과 예술이 서로 소통하며 인간의 위대한 창조력이 드러나지 않나 싶네요.

미술이든 음악이든 단순히 한 개인이 느끼고 즐기는 방향으로만 흘렀다면, 예술이 인문학(人文學)으로서의 역할을 하지 못했을 것 같습니다. 동시대는 물론이려니와 후대 사람들과도 함께 미(美)를 공유하면서 예술이 인문학

01 John Powell, *How Music Works*, Penguin Books, 2012; 장호연 옮김, 『과학으로 풀어보는 음악의 비밀』, 뮤진트리, 2012.

02 Jonah Lehren, *Proust was a Neuroscientist*, Houghton Mifflin Co, 2007; 조나 레러, 최애리·안시열 옮김, 「폴 세잔: 세상을 보는 법」, 『프루스트는 신경과학자였다』, 지호, 2007.

영역에서 큰 위치를 차지해 왔지요. 인문학이 인간을 탐구하거나 인간을 대상으로 하는 학문이라고 할 때, 인류사회에서 가장 인간다운 사람은 바로 화가, 곧 예술가 아닐까요. 보통 예술가라고 하면 동물적인 몸의 반응과 직관(直觀)이 남들에 비해 조금 더 예민하고, 자유의지대로 자신을 표현하며 감정을 앞세워 행동하는 사람들을 일컫습니다. 그만큼 예술가에게 자율성이 부여되고 창조성은 배가되지요. 사회적 규범이나 합리, 상식으로부터 벗어난 행위조차 때로는 예술가라는 이유로 쉽게 허용되거나 용서되기도 하는데요. 이렇게 오성과 감성 사이에서 원초적 모습을 적나라하게 보여주는 사람이 예술가 중에서도 화가일 거라는 생각이 듭니다. 작가의 생각과 몸짓이 고스란히 화면에 드러나기 때문이지요. 한국연구재단의 석학인문강좌 초청에 대한 부담이 큰 탓에, 평소 강의에서 잘 이야기하지 않는 상식을 다 설명하네요.

화가들은 대부분 오성과 감성이 서로 교감해 있기에, 어떤 화가는 '오성' 편이고 어떤 화가는 '감성' 편이라는 구분이 두부 썰듯 명쾌하게 나누어지진 않겠지요. 하지만 화가의 기질이나 작품성향으로 볼 때, 이지적이면서 오성에 치우친 화가, 혹은 감성에 치우쳐 에너지 넘치는 화가로 크게 양분할 수는 있지 않을까요. 이러한 유형 나눔은 '내향성과 외향성'이라는 인간의 양면적 기질이라든지, 니체(F. Nietzsche)가 위대한 예술작품의 조건으로 양자의 결합을 언급한 '아폴론(Apollon)적인 것과 디오니소스(Dionysos)적인 것'을 생각할 수도 있겠네요.[03] 또 이성과 감성이 조화된 예술적 인간상을 제시한 허버트 리드(Herbert Read)의 유형 분류 가운데, '감각형(Feeling Type)'과 '사고형(Thinking Type)'의 구분도 염두에 둘 만합니다.[04] 이 이론들은 모두 내가 대학

03 F. Nietzsche, *Die Geburt der Tragödie*, 1871; 조요한, 『예술철학』, 경문사, 1973.

04 Herbert Read, *Education through Art*, London: Faber and Faber, 1945.

시절에 언뜻 읽었던 내용입니다. 벌써 40년이라는 세월이 흘렀네요. 이번 기회에 다시 옛 기억을 떠올려 우리 화가들에게 적용을 시도해본 셈이 되겠습니다.

18세기에서 20세기까지 300년간 한국미술사를 대표하는 8명의 작가를 시대별로 대비시켜 선정하였습니다. 겸재(謙齋) 정선(鄭敾, 1676~1759)과 단원(檀園) 김홍도(金弘道, 1745~1806?), 추사(秋史) 김정희(金正喜, 1786~1856)와 다산(茶山) 정약용(丁若鏞, 1762~1836)은 조선후기 회화사뿐 아니라 문예사에서도 큰 자취를 남겼지요. 전통회화를 근대화한 청전(靑田) 이상범(李象範, 1897~1972)과 소정(小亭) 변관식(卞寬植, 1899~1976), 서양화 기법을 새로이 수용해 한국화한 대향(大鄕) 이중섭(李仲燮, 1916~1956)과 미석(美石) 박수근(朴壽根, 1914~1965)도 우리 20세기 문화를 만개시킨 명인(名人) 화가들이고요. 18세기 겸재와 단원은 '과장(誇張)과 방불(彷彿)', 19세기 추사와 다산은 '사의(寫意)와 사실(寫實)', 20세기 소정과 청전은 '분방(奔放)과 평담(平淡)', 또 다른 20세기 그룹인 대향(이중섭)과 미석(박수근)에게는 '격정(激情)과 과묵(寡默)'이라는 소제목을 붙였는데요. 이는 모두 작가의 인간상이나 작품의 형식적 특징에 맞추어 정해 본 것입니다.

부제인 '감성과 오성'으로 나누어보면, 겸재·추사·소정·대향은 감성적 화가로, 단원·다산·청전·미석은 오성적 화가로 분류되네요. 이들은 동시대를 살면서도 각기 다른 개성을 보여주어 흥미를 끕니다. 라이벌이란 용어를 쓸 만큼 대조적인 성향도 있지요. 이 거장들이 동시대를 읽는 차이점과 공통점은 우리의 18, 19, 20세기 시대상을 다채롭게 재조명해주기에 커다란 의미를 지닙니다. 이 시기는 한국문화사를 통틀어 가장 생동감 넘치는, 한국적 이미지나 스타일이 완성된 시기라 보기 때문이지요. 근대사회로의 전환을 이루는 동시에 세계사의 커다란 변화에 편승한 때인데, 그 시대적 핵심은 이러한 상황이 편하게 전개되지만은 않았다는 사실입니다. 식민지로 전락, 해방, 분단, 독재정권, 민중의 저항, 경제성장, 민주화 운동 등 지난한 역경을 이겨내며 일군 결과이지요. 지난 300년의 우리 문화는 이런 격동의 경험 속에서 성취한 업적이라 더욱 개성을 드러내며 빛을 발합니다.

제1강은 조선후기 작가인 겸재와 단원입니다. 겸재와 단원은 각각 영조(英祖)와 정조(正祖) 시절 조선적 문예부흥기의 중심에 섰던 화가들이지요.[05] 한국미술사에서 겸재 정선은 금강산(金剛山)·인왕산(仁王山) 등 우리 땅을 그린 진경산수화(眞景山水畵)로, 단원 김홍도는 당시의 생활상을 그린 풍속화(風俗畵)로 가장 널리 이름을 떨친 화가들입니다. 두 화가는 한국회화의 고전적 전형을 이룩했다 해도 손색이 없지요. 단원은 풍속화나 도석인물화(道釋人物畵)로도 유명하지만, 겸재를 이은 진경산수화에서도 그 진면목을 만날 수 있습니다. 다만 겸재는 대상을 과장하며 마음에 기억된 조선 땅을 그렸던 데 비해, 단원은 실경사생(實景寫生)을 통해 대상의 외모를 닮게 묘사했던 점이 큰 차이인데요.[06] 겸재는 가슴에 품은 이상(理想)에서, 단원은 눈앞의 현실(現實)에서 진경산수를 모색한 셈이지요. 두 화가가 이룩한 진경화법은 조선풍 문예가 꽃을 피운 18세기, 영조에서 정조 시절로의 문화지형 변화를 드러냅니다.[07]

제2강은 다산과 추사입니다. 조선후기의 대표적 실학자이자 지성으로 꼽히는 인물들이지요. 추사 김정희는 〈세한도(歲寒圖)〉로 유명한 화가이자, 추

05 이태호, 「18·19세기 회화의 조선풍·독자성·사실정신」, 『東洋學』 25, 단국대학교 동양학연구소, 1994 ; 이태호, 『조선후기 회화의 사실정신』, 학고재, 1996.

06 이태호, 「실경에서 그리기와 기억으로 그리기–조선후기 진경산수화의 시방식과 화각을 중심으로」, 『미술사학연구』 257, 한국미술사학회, 2008.3 ; 이태호, 『옛 화가들은 우리 땅을 어떻게 그렸나』, 생각의 나무, 2011.

07 이태호, 조선후기 진경산수화의 발달과 퇴조, 진경산수화, 국립광주박물관, 1987.

사체(秋史體)라는 서풍(書風)을 일으킨 서화가, 그리고 서권기(書卷氣)·문자향(文字香)의 예술론을 내세운 문인으로서 커다란 시대적 위치를 차지합니다.[08] 다산 정약용은 조선후기 실학(實學)을 집대성한 대학자로 유명하지만, 미술사에서는 조금 생소하지요. 허나 다산은 많은 시문학과 더불어 서화예술작품을 남겼으며, 실학자답게 문예 및 회화에서 사실주의론을 제시하였습니다.[09] 이들 다산과 추사는 18세기 전통이 쇠락하는 조선말기에 부상한 예술론의 대립을 보여줍니다. 다산은 현실인식과 대상묘사의 사실(寫實)을, 추사는 추상적 사의(寫意)를 내세운 개성을 강조했지요. 조선후기 서화의 근대성과 보수성을 드러내는 사실론과 사의론은 서로 대립하면서도 모두 한국화론 내지 예술론의 뿌리로 삼을 만합니다.[10]

제3강은 청전과 소정, 제4강은 대향과 미석입니다. 이들은 전통의 계승과 붕괴, 신미술의 수용과 갈등이 어지러이 복합된 20세기, 한국근현대미술사의 거장들이지요. 이들 네 화가, 청전과 소정, 그리고 대향과 미석은 쌍벽을 이루면서도 그 대립성으로 가히 시대적 '라이벌'이라 칭할 만한데요. 우리 20세기가 치열한 경쟁사회였던 만큼 네 화가가 라이벌로 성장함은 자연스러운 흐름이 아닐까요. 청전 이상범과 소정 변관식은 전통회화를 계승한 작가들입니다. 전통 수묵화(水墨畵) 분야에서 근대 형식을 재창조한 청전은 '평담'함으로, 소정은 '분방'함으로 우리 땅을 재해석하여 그려냈지요. 나는 1985년에 이번 강좌의 주제어인 라이벌 개념을 처음 도입해 청전과 소정론을 쓴 적이 있습니다.[11] 한편 미석 박수근과 대향 이중섭은 서양에서 유입된

08 이태호, 「추사 김정희의 예술론과 회화세계」, 『제주전통문화연구소 학술세미나 자료집』, 2000.

09 이태호, 「다산 정약용의 회화와 회화관」, 『다산학보』 4집, 1982.

10 이태호, 「조선후기의 회화 경향과 실학-인물성동론·실사구시·법고창신을 중심으로」, 『세계화시대의 실학과 문화예술』, 경기문화재단, 2004.

11 이태호, 「청전의 시대인가, 소정의 시대인가」 1, 2, 『공간』 215호, 216호, 1985.5.6.

신미술을 우리 정서에 걸맞게 한국화한 작가들로 손꼽힙니다. 이중섭은 감정의 '격정'적 표출로 자아(自我)를 강렬하게 드러내었고, 박수근은 '과묵'함으로 타자(他者)인 주변 이웃의 삶을 따뜻하게 살폈지요. 그런 만큼 두 사람의 작품은 좋은 대조를 이루며 시대상을 드러냅니다.

이처럼 근현대의 청전과 소정, 미석과 대향은 조선후기 겸재와 단원, 추사와 다산 못지않게 한국인, 한국문화, 한국성의 특질을 적절히 대변해 줍니다. 즉 이들은 예술적 성과뿐 아니라 한국미를 성취해냈기에 더욱 우리의 감성을 울리는지도 모르겠습니다. 또한 이들의 예술세계에는 겸재와 단원, 다산과 추사를 잇는 뚜렷한 맥이 보이는데요. 이것이야말로 우리 근현대의 역사적·문화적 트라우마를 딛고 이룩한 뜻 깊은 업적이 아닐까요. 결국 20세기의 식민지, 독재정권, 분단의 이념대립도 조선 전통을 토대로 삼은 한국인의 정서를 단절시키진 못했음을 확인시켜 주기도 합니다.

겸재 정선과 단원 김홍도, 추사 김정희와 다산 정약용, 청전 이상범과 소정 변관식, 대향 이중섭과 미석 박수근, 이 8명의 작가로도 지난 300년의 한국미술을 이야기하기에 충분합니다. 그런 만큼 위대한 작가들이지요. 허나 그 시대를 모조리 논했다 하기에는 뭔가 한 구석이 빠진 듯한 아쉬움도 없지 않네요.

조선후기에는 겸재 이전에 공재(恭齋) 윤두서(尹斗緖, 1668~1715), 겸재와 단원 사이에는 현재(玄齋) 심사정(沈師正, 1707~1769)·능호관(凌壺觀) 이인상(李麟祥, 1710~1760)·표암(豹菴) 강세황(姜世晃, 1713~1791), 단원 이후에는 고송유수관도인(古松流水館道人) 이인문(李寅文, 1745~1824)·혜원(蕙園) 신윤복(申潤福, 18세기 후반~19세기 전반) 등이 떠오릅니다. 추사와 다산의 예술론을 보완해줄 연암(燕巖) 박지원(朴趾源, 1737~1805)을 비롯해 그들 이후의 북산(北山) 김수철(金

秀哲), 석창(石窓) 홍세섭(洪世燮, 1832~1884), 오원(吾園) 장승업(張承業, 1843~1897) 등의 회화도 머리에 여운으로 남고요.

20세기 화가로는 청전과 소정에게 아쉬운 현대성을 채워줄 고암(顧庵) 이응노(李應魯, 1904~1989)를 지목하고 싶습니다. 박수근과 이중섭보다 10~20년을 더 작업하여 한국근현대미술사의 모던풍을 완성한 수화(樹話) 김환기(金煥基, 1913~1974)도 있고요.[12] 파리로 간 고암과 뉴욕으로 간 수화를 20세기 한국미술의 해외파로 비교해보면 어떨까 떠오르기도 하네요.

네 팀의 강의 중에 공재, 능호관, 현재, 표암, 연암, 혜원, 오원, 고암, 수화를 비롯하여 각 시대를 조명할 주요 작가들을 첨언하며 '한국미술사의 라이벌' 이야기를 풀어가겠습니다. 이 과정을 통해 조선후기와 근현대를 잇는 민족회화의 형식과 이론, 근대성과 근대화의 업적을 찾아보지요. 또 이 과정에서 형성된 한국미는 무엇인가, 한국인의 미적 감수성은 어디에서 나오는가, 한국인의 마음을 움직이는 내적 정서는 어떤 것인가, 그리고 시대정신을 어떻게 그림에 담아내었는가 등을 모색해 보고자 합니다.

2014년 3월

저 자

12 이태호, 『20세기 7인의 화가들』, 노화랑, 2004.

차례

제 2 강 | 추사 김정희와 다산 정약용 – 사의와 사실

제 3 강 | 청전 이상범과 소정 변관식 – 평담과 분방

제 4 강 | 이중섭과 박수근 – 격정과 과묵

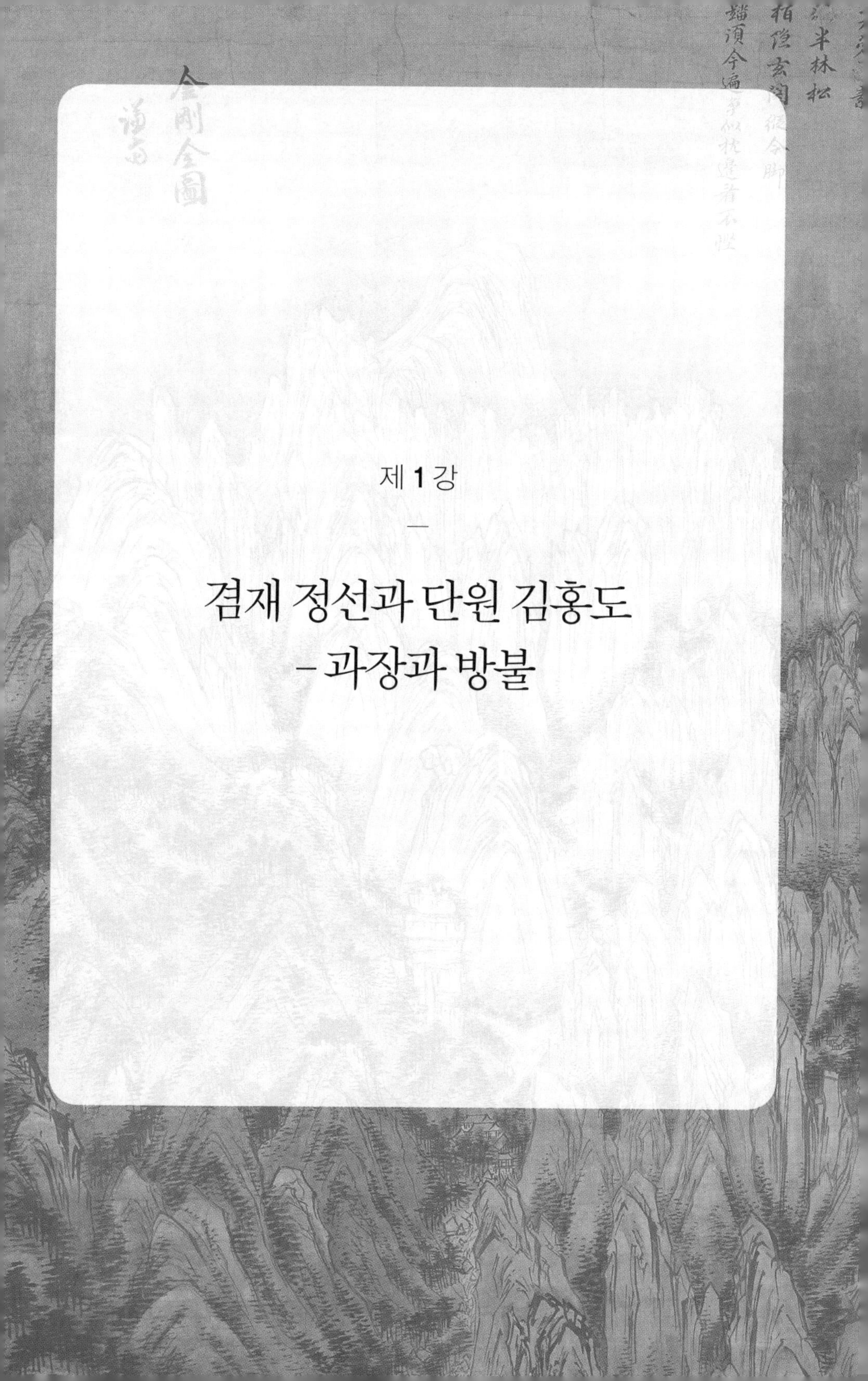

제 1 강

—

겸재 정선과 단원 김홍도 – 과장과 방불

'한국미술사의 라이벌' 첫 강의는 조선후기 겸재(謙齋) 정선(鄭敾, 1676~1759)과 단원(檀園) 김홍도(金弘道, 1745~1806?) 이야기입니다. 겸재와 단원, 두 화가는 한국미술사 전체를 대표하지요. 예부터 지금까지 이들은 '조선 최고의 화가'이자 '한국미술사의 거장'입니다. 정선은 성스런 금강산을 그려 그림의 성자, 즉 '화성(畵聖)'의 경지에 올랐다고 보는 학자가 있을 정도네요.[01] 김홍도 또한 '화선(畵仙)', 곧 '화가 신선' 내지 '신선 같은 화가'로 불려왔습니다.[02]

나는 이들 최고가 우리나라를 넘어 세계적인 거장 반열에 올랐으면 좋겠습니다. 정선과 김홍도의 그림이 예술성이나 미술사적 평가는 물론 세계 미술시장에 나가 폴 세잔(Paul Cézanne, 1839~1906), 빈센트 반 고흐(Vincent van Gogh, 1853~1890), 렘브란트 반 레인(Rembrandt van Rijn, 1606~1669)의 작품처럼 수백억 원쯤에 거래되면 어떨까요. 현실은 아직 까마득합니다. 앞으로 우리가 더욱 사랑하고 재평가하여, 세계적인 화가로 부각시켜야 하겠지요. 2001년 여름 폴 세잔의 고향 엑상프로방스를 여행할 때, 생트빅투와르 산을 바라보며 이런 생각들을 떠올렸는데요. 생트빅투아르 산은 세잔이 말년에 집중해서 그린, 뾰족한 삼각형의 석회암산이지요. 프랑스 답사 후 폴 세잔의 풍경화와 겸재 정선의 진경산수화를 비교하여, 두 화가의 닮음과 차이를 글로 써보기도 했습니다.[03]

이렇게 그림 값을 논하니까, 예술작품을 상품으로 여기는 듯해 다소 언짢

01 朴德載, 《海岳傳神帖》跋文; 최완수, 『겸재 정선 진경산수화』, 범우사, 1993.

02 趙熙龍, 『壺山外記』, 「金弘道傳」.

03 이태호, 「자연을 대하는 같은 감명, 다른 시선: 폴 세잔의 풍경화 현장에서 겸재 정선을 생각하며」, 『월간미술』, 2002.1.

기도 합니다. 허나 이게 미술작품, 특히 회화의 속성일지도 모르겠네요. 인간의 지고지순한 정신활동의 결과이면서도, 동시에 물질로 남게 되니까요. 예술품의 이러한 물질성은 특히 미술분야에서 두드러집니다. 따라서 회화작품은 인류의 위대한 문화유산으로 평가되는 한편 개인의 소유물로도 각광받게 되었다고 봅니다. 상상할 수 없을 만큼 치솟는 그림 값은 바로 그 때문이겠지요. 우리 역사에서는 정선과 김홍도가 활동하던 시절인 조선후기부터 그림 값이 거론되기 시작했고, 당대에도 인기가 높아 상당히 고가로 거래되었던 모양입니다.

정선과 김홍도는 영조(英祖, 재위 1724~1776)와 정조(正祖, 재위 1776~ 1801) 시절에 활동하였습니다. 조선후기는 문화사 분야의 학자들이 '조선의 르네상스'라 일컫는 시기이지요. 18세기 전반~중반 영조 시절에는 정선이, 18세기 후반 정조 시절에는 김홍도가 활동하면서 회화사가 그 절정을 이루었습니다. 두 거장의 회화예술은 조선후기 문화를 만개시킨 꽃이자, 우리 문예사의 최고로 꼽을 만하지요.

1. 조선후기의 문예동향과 백자달항아리

조선후기 사회와 문예의 변화를 이끈 원동력은 이전보다 한층 풍족해진 생활 덕분입니다. 임진왜란(壬辰倭亂)·병자호란(丙子胡亂)으로 폐허가 됐던 조선은 17세기 중엽부터 전후 복구를 통해 경제력 성장을 이루어냈지요. 그 결과로 숙종(肅宗, 재위 1674~1720) 때부터 상평통보(常平通寶)가 통용되고 대동법 시행 등이 확산됩니다. 이러한 17~18세기를 학자에 따라서는 근대사회의 시작, 근대 자본주의가 싹 트는 시점으로 여기기도 하지요. 이에 따라 그림도 사고 팔리는 시절이 도래하였으니, 미술사적으로도 의미 있는 시기였습니다.

변화가 컸기에 조선후기 역사나 문화예술을 연구하는 대부분의 학자들은 당시 철학·경제·정치·음식·그림·문학·시 등 여러 분야에 일었던 '새로운' 변모를 이야기합니다. 그중에서도 음악과 음식의 변화가 뚜렷한데요. 상평통보를 사용하기 이전 심심했던 백김치는 고추의 매운 맛과 함께 달고 짜고 시고 쓴, 진한 맛을 내는 김치로 자리를 잡았습니다. 깊고 짙은 맛을 즐기기 시작한 셈이지요. 이러한 당대의 미의식 변화는 조선후기 풍속화를 비롯한 회화작품에 반영되었기에, 그림 속의 조리나 상차림 등을 통해 당시의 음식문화를 연구할 정도입니다.[04] 음악도 조선후기 미의식을 민감하게 반영하여, 음폭의 고저가 커지고 장단이 빠른 음조로 바뀌었지요.[05] 운율에 딱 맞는 절제된 아름다움보다 허튼 가락 산조(散調)가 유행하였습니다.

문학이나 복식 등에서도 변화가 선명하게 드러납니다. 틀에서 벗어난 자유로운 사설시조나 대중적인 애정소설이 발달하였지요. 육체의 미모를 뽐내는 여성 옷의 출현이나 계층 간 복식 구분의 흐트러짐도 그 좋은 예입니다. 또 예술분야의 진한 감성 표출뿐 아니라 일상생활에서도 느낌·욕구·욕심·습관·개성 등을 중시하게 됩니다. 풍부하고 뛰어난 예술이 창조될 수 있는 여건이 마련되었던 셈이지요. 사회적으로 자유롭고 경제적으로 윤택해지는 혜택을 본 계층에게는 성리학적 규범에 얽매여 청빈함을 강조했던 과거보다 현재가 더욱 좋았던 겁니다.

그렇다고 조선후기가 사회적 모순을 벗은 것은 아니었지요. 성리학 이념이나 신분사회의 차별은 여전하였습니다. 유교 고전과 역대 문인들의 고사

04 주영하, 『그림속의 음식, 음식속의 역사』, 사계절, 2005.
05 백대웅, 『전통음악의 랑그와 빠롤』, 통나무, 2003; 송방송, 『한국음악통사』, 일조각, 1998.

등 중국 문예에 의존하던 문예전통도 그대로 유지되었고요. 다만 예전 풍조 속에서도 새로운 바람이 신선하게 일어 '지금의 내 땅을 그리고 내 삶을 그리는' 예술사조가 등장하고 발전하였다고 봅니다. 우리 땅을 그린 진경산수화와 그 땅에서 살아가는 사람들의 삶을 그리는 풍속화 전통이 자리를 잡았지요.[06] 눈에 보이는 대로 사물을 그리는 사실적 묘사를 중시하게 되었고, 음악이나 시문학과 마찬가지로 그림에도 흥과 신명을 쏟아내었습니다. 우리 문예의 근대적 변화조짐이라 할 만합니다.

한국미술사에서 조선후기 새로운 변화의 조형미를 가장 잘 보여주는 예는 바로 18세기 〈백자달항아리〉입니다. 현재 높이가 50cm를 넘는 백자달항아리들은 모두 국보(國寶)로 지정되어 있는데요.[07] 미술시장에서는 보존상태와 생김새에 따라 수억 내지 수십억 원에 거래된다고 합니다. 나는 이 백자달항아리가 앞으로 한국 고미술품 가운데 수백억~천억 원의 값어치를 할 으뜸이 아닐까 생각해봅니다.

백자달항아리는 조선시대 궁궐이나 대갓집에서 장을 담던 그릇이라는데요. 이런 용도와 관련해 삼성미술관 리움의 소장품 가운데 유명한 백자가 있습니다. 항아리 표면에 그럴듯한 추상화 무늬처럼 장 얼룩이 아름답게 배어 나왔거든요. 비단 이 자기뿐 아니라 백자달항아리들은 당시 왕실이나 상류사회의 미감을 보여주는 동시에, 도공의 창조적 아이디어와 솜씨를 자랑할 만한 유물이지요. 우리나라 문화재 중 가장 한국적이고 또 조선적인 대표작을 꼽는다면, 아마 미술사학자나 미술문화 관련자 대부분이 백자달항아리를 선택하지 않을까 싶습니다. 이는 외국의 미술사학자들도 마찬가지

06 안휘준, 「조선왕조 후기 회화의 신동향」, 『고고미술』 134, 한국미술사학회, 1977, pp.8~22; 안휘준, 『한국회화사』, 일지사, 1980.

07 국보 제262호, 제309호, 제310호, 보물 제1437호, 제1438호, 제1439호, 제1441호 등으로 지정되어 있다.

1-1 〈백자달항아리〉, 국보 제 310호, 높이 43.8cm, 일암관 소장

일 것 같고요. 그만큼 백자달항아리는 한국미를 잘 대변합니다. 그 형태 그대로 '조선'이라고 말해도 되지 않을까요.

〈백자달항아리〉의 형태를 찬찬히 살펴보면 어느 시점에서나 좌우가 살짝 일그러져 보이는데요. 이게 매력 포인트입니다(1-1). 좌우 비대칭의 균형, asymmetrical balance의 아름다움이 적절히 담겨 있지요. 조선시대 하면, 유교(儒敎) 내지 성리학(性理學)을 기반으로 한 예의·절제·검박(儉朴)·청백리 등의 키워드가 떠오르지만, 이렇게 단정한 격식의 유교 이념이 경제력 성장으로 돈의 힘에 밀리기 시작한 것일까요. 백자달항아리는 엄정하고 완벽한 대칭이 아닌 살짝 주저앉거나 일그러진 미를 허용하였습니다. 즉 사람의 감정, 욕구, 개성 등이 열리는 조선후기의 시대정서를 반영한 자연스런 형태미를 딱 맞게 보여주지요. 또한 이 강의에서 라이벌 개념으로 대립시킨 겸재와 단원의 다름마저 통합하고 포용할 원만한 형태미를 자랑합니다.

2. 한양도성 출신 겸재와 단원

두 화가는 나이 차이가 꽤 나지요. 1745년(영조 21) 김홍도가 태어났을 당시 정선은 70세였습니다. 정선이 김홍도의 대선배이자 큰 스승 격이지요. 그리고 1759년(영조 35) 김홍도 나이 15세에 정선이 세상을 떠났으니, 생전에 서로 만났을 가능성도 충분히 있습니다. 만났다면 김홍도가 정선에게 한 수 가르침을 받았을 테고요.

정선은 문무관(文武官)을 배출한 사대부가(士大夫家)에서, 김홍도는 무반(武班) 가문에서 태어났습니다. 조선시대 화가가 되는 가장 큰 통로는 도화서 화원출신 집안에서 세습하는 길이었던 데 비해, 두 화가는 화원 집안 출신도 아니고 그렇다고 문인화가 집안 출신도 아니었지요. 화원 집안, 특히 조선후기 화원 명문가에서 뛰어난 거장이 배출되지 못한 양상을 보면, 화가는 아무래도 개인의 천부적 재능이 우선하는 것일까요. 다만 두 사람 모두 양반 출신이지만, 신분의 차이는 또렷합니다. 그래도 둘 다 한양도성 안에서 태어나 벼슬살이하며 살았으니, 전국 인구의 10%, 아니 1~2% 이내에 해당했겠지만요. 정선이나 김홍도 모두 부유하고 좋은 여건 아래 태어나 예술적인 삶을 살았고, 자신의 예술세계에 충만했다고 봅니다.

정선, 백악과 인왕산 기슭의 정기를 받고

정선은 1676년(숙종 2) 1월 3일 광주정씨(光州鄭氏) 집안에서 태어났습니다. 정선의 자는 원백(元伯)이며, 호는 겸재(謙齋)·겸초(謙艸)·난곡(蘭谷) 등이지요. 생가는 백악산 아래 순화방(順化坊) 근처에 있었던 모양입니다. '난곡'이라는 호가 바로 그곳 유란동(幽蘭洞) 지명에서 유래했으리라 보니까요. 이곳에 그의 집안이 자리 잡은 시기는 정선의 고조부인 정연(鄭演, 1541~1621) 때부터로 추정됩니다. 현재 이곳에는 경복고등학교가 자리해 있고, 학교 뜰에 '화성(畵聖) 겸재 정선의 집터'라는 표시석이 있습니다(1-2). 서쪽 인왕산의 주봉이 약간 비켜보이면서 백악이 든든하게 받쳐주는 좋은 터지요. 흰 암반들과 솔밭이 어우러진 도성(都城)의 최고 승경지(勝景地)입니다.

정선의 고조부 정연이 집안을 도성 안 사대부가로 정착시킨 듯합니다. 정연의 아버지 정응규(鄭應圭, 1508~1565)는 무과(武科)에 급제하여 전라좌도수군절도사(全羅左道水軍節度使)를 지냈지요. 정연의 할아버지 정웅(鄭熊, ?~1533)은 문과(文科)에 급제하여 예문관(藝文館)·홍문관(弘文館)·사헌부(司憲府) 등의 벼슬을 거쳐 종부시정(宗簿寺正)에 이르렀고요.[08] 이에 따라 정연은 그 후광을 업고 동지중추사(同知中樞事)를 지냈으며, 호조판서(戶曹判書)에 추증(追贈)되기도 했습니다. 정웅의 무덤은 나주 가야산에 있는데요. 반면 정응규와 정연의 무덤은

1-2 백악(현 지명 북악) 전경(상), '화성 겸재 정선의 집터' 표시석(하), 종로구 경복고등학교 교정

08 『光州鄭氏族譜』, 광주정씨족보편찬회, 2012; 이태호, 「겸재 정선의 가계와 생애」, 『이화사학연구』 13·14 – 樹默 진홍섭박사 정년기념특집호, 이화사학연구소, 1983.

경기도 광주 오포 문현산 자락에 있는 것으로 미루어, 이들 세대에 들어서부터 경기(京畿)에 정착했던 것으로 보입니다.

현재 오포면 추자리에 있는 정응규의 묘비문은 국창(菊窓) 남응운(南應雲, 1509~1587)이 글을 짓고, 남창(南窓) 김현성(金玄成, 1542~1621)이 글씨를 쓴 것입니다. 남응운은 당대의 세도가(勢道家)이자 문장가로 정연의 장인이었으며, 김현성은 당대 최고의 서예가였지요. 정응규의 묘비는 당시 정연의 영향력을 짐작게 해주며, 그의 집안이 확실하게 수도권 사족(士族)으로 자리 잡았음을 말해줍니다. 정연의 묘비는 5대손인 정오규(鄭五奎)가 세웠고, 비문은 안진경(顔眞卿, 709~785) 체를 집자하여 만들었습니다. 이들 무덤의 뒤켠에는 정선의 할아버지부터 근래 후손까지 합장한 현대식 가족묘가 조성되어 있네요. 본래 정선의 무덤은 도봉산 아래 있었습니다. 옛 지명 양주 해등촌면 계성리(지금의 도봉구 쌍문동)에 있었다고 족보에 밝혀져 있지요. 이에 따라 1980년 초에 그 현장을 답사하였으나 찾지는 못하였습니다(1-3).

1-3 겸재 정선의 5대조 정응규(상), 고조부 정연(중)의 무덤, 정선 가족묘 할아버지부터 근래 후손까지(하), 경기도 광주시 오포면 자작리

정연은 81세까지 장수하면서 팔선계(八仙契), 구로회(九老會) 모임을 갖는 등 일찍이 백악 아래 문인사대부로 자리 잡았습니다.[09] 이 풍류모임을 계기

09 『光州鄭氏族譜』, 광주정씨족보편찬회, 2012.

로 조선 초기부터 백악산과 인왕산 기슭에 정착해 있던 명문권세가들과 교분을 가졌을 것으로 추정됩니다. 그때 김극효(金克孝, 1542~1618)와 구로회를 갖는 등 김상헌(金尙憲, 1570~1652)·김상용(金尙容, 1561~1637) 집안과도 만나게 되었지요.[10] 김상헌은 병자호란 때 배청파(排淸派)였습니다. 김상헌의 형인 김상용 역시 청군의 침략에 맞서다 강화도에서 절명했고요. 현실의 명분을 내세워 청나라와 타협을 주장한 주화파 최명길(崔鳴吉, 1586~1647)과 대립했던 양상이 최근 『남한산성』이라는 소설로 출간되기도 했는데요.[11] 이렇게 명(明)과의 의리를 좇아 청나라와 타협을 반대한 김상헌 집안은 후에 송시열(宋時烈, 1607~1689) 일파를 중심으로 형성된 서인(西人), 노론(老論) 정권의 명문세도가로 부상했지요.

정선은 김상헌의 손자인 권세가 김창집(金昌集, 1648~1722)의 후원으로 관료생활을 시작했다고 전합니다.[12] 이 안동김씨(安東金氏) 집안은 백악 기슭인 장동에 살았던 김상헌 이후 권세가를 이룬 탓에 장동김문(壯洞金門)이라 일컬어지기도 하지요. 이 기록에 따라 한때 정선은 도화서 화원으로 거론되곤 했습니다. 농암(農岩) 김창협(金昌協, 1651~1708)·삼연(三淵) 김창흡(金昌翕, 1653~1722) 형제의 제자라 하기도 하고요.[13]

당시 김상헌이 살았던 터는 현재 궁정동(宮井洞) 지역입니다. 경복고등학교 입구로, 이 근처에 정선이 이웃하였을 것으로 추정되지요. 역시 사람이 출세하려면 이웃을 잘 만나야 하나 봅니다. 더구나 김상용의 저택이 위치한 청풍계(淸風溪)에는 정선의 외갓집이 있었습니다. 정선의 외가는 큰 부자였던 것으로 전해오는데요. 바로 밀양박씨(密陽朴氏) 집안으로, 정선의 외할아

10 강관식, 「광주정문과 장동김문의 세교와 겸재 정선의 〈청풍계〉」, 『미술사학보』 26, 미술사연구회, 2006.

11 김훈, 『남한산성』, 학고재, 2007.

12 金祖淳, 『楓皐集』.

13 최완수, 『겸재 정선』 1권, 현암사, 2009.

버지가 박자진(朴自振, 1625~1694)입니다. 효종 3년(1652) 생원과 진사시(壬辰 增廣試)에 급제한 박자진은 조선후기 실학의 효시인 반계(磻溪) 유형원(柳馨遠, 1622~1673)과 『동국지지(東國地誌)』를 읽고 토론하였다고 전해옵니다.[14] 정선의 진경화풍 창출 과정에는 지리에 밝았던 외할아버지의 영향도 있었을 법합니다.

정선은 유복한 집안의 장남으로 태어났으나, 14세에 일찍이 아버지 정시익(鄭時翊, 1638~1689)을 여의었습니다. 대신에 어머니가 1735년(영조 11) 92세까지 최장수했네요. 그 덕에 효자로 꼽힌 정선은 세상을 떠난 지 13년 되던 해에 지금의 서울시장에 해당하는 한성부판윤(漢城府判尹)으로 추증되기도 했습니다. 어머니가 이렇게 장수했으니 외가의 경제력이 정선의 삶에 큰 도움이 되었을 법도 한데요. 그런 까닭인지 정선은 40세까지 특별한 일 없이도 잘 지냈던 모양입니다. 아마도 과거시험에 몇 번씩 낙방했거나, 그림을 취미삼아 건달로 세월을 보냈을까요. 하지만 40세 이전에는 그림을 열심히 그렸다는 문헌기록이나 작품사례가 거의 전하지 않습니다. 근 60세까지도 딱히 그림에 몰두하지 않은 듯하고요. 인간적인 교류관계도 폭넓지 않았습니다. 정선의 행적에 대한 기록은 벼슬살이를 시작한 40대 이후이고, 현존하는 작품은 50대 중반~70대 중반에 집중되어 있습니다.

김홍도, 도성의 한 중앙에서 태어나다

정선에 비해 김홍도의 집안 내력은 잘 알려져 있지 않습니다. 김홍도의 자는 사능(士能), 호는 서호(西湖)·단원(檀園)·취화사(醉畵士)·단구(丹邱) 등입니다. 김홍도의 아버지는 김석무(金錫武)이며, 최근 증조할아버지인 김진창

14 柳馨遠, 『磻溪隨錄』.

(金震昌)이 부자였다는 사실이 밝혀지기도 했지요. 김진창이 내금위(內禁衛)에서 변장(邊將)으로 제수(除授, 1677년)되었고, 울진현감(蔚珍縣監, 1678년), 초지만호(草芝萬戶, 1693년), 식송만호(植松萬戶, 1701년) 등을 역임했던 기록도 전합니다.[15] 한편 1731년(영조 7) 기록에는 속량법(贖良法)과 관련하여 김진창이 양반의 하녀를 첩으로 두었다가 그 양반 주인에게 재산을 빼앗기고 패가하여 가족이 뿔뿔이 흩어졌다고 전하지요.[16] 그런데 이 기록은 김진창이 식송만호를 맡은 때와는 30년, 변장제수를 맡은 때와는 무려 54년의 연대 차이가 나, 1731년 기사의 인물은 김홍도의 증조할아버지 김진창과 동명이인(同名異人)일 것으로 추정되기도 합니다.

김진창의 둘째 아들로 김홍도의 할아버지인 김수성(金壽星)은 그동안 벼슬을 하지 않은 것으로 알려져 왔으나, 숙종과 영조 시절의 『비변사등록(備邊司謄錄)』, 『승정원일기(承政院日記)』에 무관을 지낸 기록이 확인됩니다. 1717년(숙종 43)에는 사냥매를 길들이는 응사장무(鷹師掌務)를, 1730년(영조 6)에는 군관(軍官)을 했지요.[17] 앞의 김진창 집안이 패가했다는 얘기와는 맞지 않습니다. 특히 『비변사등록』에 "(한성부)북부의 양인 김수성은 전임 응사장무로 관아에 물품을 납품하는 공물주인(貢物主人)에 넣어 달라"는 그의 요청이 밝혀져 있어 관심을 끌지요. 공물주인은 궁중에 물자를 납품하던 이들로 그 과정에서 농민들에게 피해를 주는 등 문제를 일으키기도 했는데요.[18] 추측건대 김홍도의 할아버지 김수성은 공물주인을 하면서 부를 축적했을 듯하

15 『承政院日記』 肅宗 3年 4月 9日; 肅宗 4年 10月 17日; 肅宗 19年 7月 11日; 肅宗 27年 9月 9日; 肅宗 27年 11月 11日 등의 기록에서 확인.

16 『承政院日記』 英祖 7年 10月 2日; 홍선표, 「김홍도 생애의 재구성」, 『미술사논단』 34호, 한국미술연구소, 2012.

17 『備邊司謄錄』 肅宗 43年 8月 30日; 『承政院日記』 肅宗 43年 8月 30日; 英祖 6年 8月 10日.

18 한우근, 「이조 후기의 貢人-柴炭 공물주인의 실태」, 『아시아학보』 1집, 1965; 한우근, 『기인제연구』, 일지사, 1992.

지요. 또한 '한성부 북부 사람'이라는 점이 새로이 밝혀져, 김홍도의 생가 위치를 다시 생각하게 합니다. 어쩌면 김홍도의 1784년작 〈단원도(檀園圖)〉배경의 성곽 표현과 관련이 있을 것 같네요(1-4). 〈단원도〉는 1781년(정조 5) 4월 1일 청화절(淸和節)에 창해옹(滄海翁) 정란(鄭瀾, 1725~1791)과 담졸헌(澹拙軒) 강희언(姜熙彦, 1738~1784년 이전)이 김홍도의 집 뜰 '단원(檀園)'에 찾아와 모임을 가진 것을 기념해 그린 작품입니다.

1-4 단원 김홍도, 〈단원도(檀園圖)〉, 1784년, 종이에 담채, 135×78.5cm, 개인 소장

현재 김홍도는 안산 사람으로 알려져 있습니다. 안산에 가면 '단원구'가 있고, '단원전시관'도 건립되어 있지요. 하지만 이는 잘못된 것이라 생각합니다. 김홍도의 출생지가 안산으로 오인된 것은 스승인 표암(豹菴) 강세황(姜世晃, 1713~1791) 때문인데요. 강세황의 『표암유고(豹菴遺稿)』 중 「단원기(檀園記)」를 보면, 강세황이 어린 시절의 김홍도에게 그림을 가르쳤다고 나옵니다.[19] 당시 강세황은 1740년대부터 30년간 처남 류경종(柳慶種, 1714~1784)과 학문적 도반으로 각별하게 지내며, 안산의 처갓집 근처에 머물렀다고 하지요. 그런데 김홍도가 강세황에게 그림을 배웠다는 점을 감안하면 어린 나이에 한양에서 안산까지 가기 힘들었을 터, 이를 근거로 김홍도의 출생지를 추정한 것입니다. 문화재청장을 지낸 변영섭 고려대

19 姜世晃, 『豹菴遺稿』, 「檀園記」, 「檀園記又一本」.

학교 미술사학과 교수의 이러한 주장을 바탕으로, 안산시는 김홍도를 그곳 출신으로 확정하였지요.[20]

그러나 김홍도는 안산에서 태어날 수 없는 사람입니다. 내가 보기에는 청계천변에서 태어났고, 대대로 그곳에서 살았을 것으로 보입니다. 이와 관련한 자료를 최근 발굴하여 발표한 적이 있지요. 김홍도가 안기찰방 시절인 1784년 6월, 안동의 세도가인 고성이씨(固城李氏) 집안에 그려준 화첩이 그것인데요. 송관자(松館子) 권정교(權正教, 1738~1799)가 화첩에 쓴 발문을 보면, 김홍도를 '낙성(洛城) 하량인(河梁人)'으로 적어 놓았습니다(1-5). 낙성은 도성 안을, 하량은 수표교 바로 동편의 하랑교(河浪橋)를 지칭하는 듯하니, 현재 그 위치를 추정해 보면 청계천변 수표교 동쪽 관수교 아래 입정동쯤이 되지요(1-6).[21]

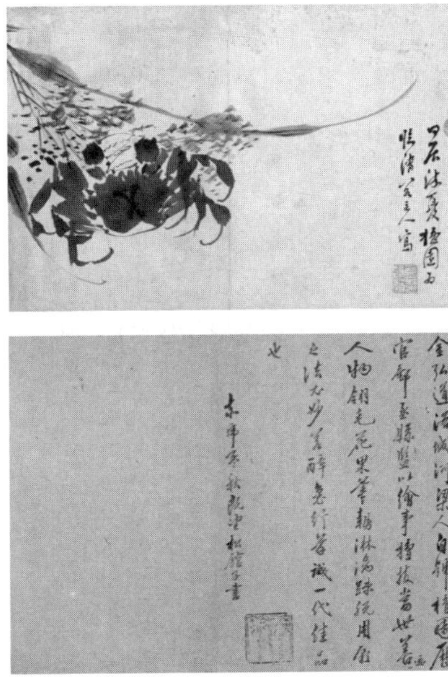

1-5 단원 김홍도, 〈갈대꽃과 게〉(상), 《수금(水禽)·초목(草木)·충어(蟲魚) 화첩》, 1784년 여름, 종이에 수묵담채, 24×36cm, 개인 소장. 송관자 권정교, 단원 김홍도작 《수금·초목·충어 화첩》의 발문(하), 1794년 가을, 종이에 수묵, 24×36cm, 개인 소장

1-6 단원 김홍도가 살았던 하량(河梁), 현 관수교, 중구 입정동 풍경

20 변영섭, 『표암 강세황 회화연구』, 일지사, 1988.

21 이태호, 「단원 김홍도가 안기찰방시절 안동지역에 남긴 화적」, 『조선후기 화조·화훼·초충·어해도』, 동산방, 2013.

하지만 김홍도의 할아버지 김수성이 '북부양인(北部良人)'인 점으로 미루어 볼 때, 입정동이 아니라 청계천 북쪽, 지금의 관수동이나 북촌 사람이었을 수도 있겠네요. 여기는 지금 온통 빌딩숲이지만, 당시에는 인왕산, 낙산, 남산, 백악산 등 도성 주변의 산세를 빙 둘러볼 수 있는 명당 터였습니다. 문인 사대부가는 물론 무반이나 중서층(中庶層)까지 모여 살던 곳이지요. 김홍도의 외가 쪽을 보자면 외할아버지 문필주(文弼周) 역시 무관으로, 부사정(副司正, 1720)과 격포별장(格浦別將, 1742)을 지냈습니다. 이렇듯 친가나 외가 어디를 봐도 화원이 배출될 만한 집안이 전혀 아닌데, 그야말로 김홍도라는 천재 화가는 하늘에서 뚝 떨어진 것일까요. 그를 '천재(天才)' 혹은 '천부(天賦)'라고 일컫은 이유를 알 듯도 합니다.

3. 두 화가의 활동과 교유관계, 그리고 인간상

겸재 정선은 지금으로 치면 미술대학에 진학하지 않고 혼자 공부한 독학생에 해당합니다. 소론계 문인 이춘제(李春躋, 1692~1761)는 정선의 죽음을 애도하는 만사(輓詞)에서 "그림에서 외물(外物) 그리기를 배움은 곧 안으로 수신(修身)하는 일이다. 세상 사람들은 겉만 보고 안을 보지 못한다. 겸재가 고개지나 육탐미 같은 무리와 동등하다고 하겠는가. 겸재의 배움은 능히 자득(自得)한 것이다. 깨달음과 새로운 것은 사우(師友)의 가르침이 필요 없다"라고 하였지요.[22] 이어서 이춘제는 정선의 외모에 대해 '봄바람 가을물처럼 온

22 畵以外物學是修身內 世人見外不見內 謙翁豈是顧陸輩 謙翁之學能自得 悟鮮不須師友誨…: 李春躋, 『中隱齋遺稿』, 「鄭謙齋數輓」(完山李氏寧海君派, 『李家世稿』, 『完山李氏家乘』); 김가희, 「정선과 이춘제 가문의 연구」 –『서원첩』을 중심으로, 서울대학교 대학원 석사학위논문, 2011.

화하고 깨끗한 외모를 지녔다(貌兼春風秋水之和潔)'라고 했네요. 정선은 이처럼 정식 그림교육을 받지는 않았으나, 천부적인 문인화가로 성장하여 당대 최고의 자리에 올랐습니다. 명·청대 미술교과서 격인 수입 인쇄물 화보(畵譜)와 선배들의 작품을 모사하며, 스스로 그림을 즐겨 터득한 결과이겠지요.

사대부 집안 출신이니 당연히 과거를 준비했을 터인데, 정선이 급제한 기록은 없네요. 뒤늦게 1716년(숙종 42) 41세의 나이에 받은 첫 관직이 종6품의 천문학(天文學) 겸교수(兼敎授)였습니다.[23] 마침 사료를 새로이 검색하다 보니, 정선의 장인인 연안송씨(延安宋氏) 송규병(宋奎炳)이 정선보다 10년 전쯤 천문학교수를 지냈던 기록이 확인되는군요.[24] 정선이 관료로 출세하는 데 김창집의 후원이 컸다고는 하지만, 아마도 첫 벼슬에는 첨지중추부사(僉知中樞府事) 부호군(副護君)까지 오른 장인의 영향도 없지 않았으리라 추정됩니다. 마흔에도 직업 없이 빈둥대는 사위를 자신의 옛 근무처에 취직시켜준 셈이네요.

이후 정선은 세상을 떠나기 전 80대까지 꾸준히 관료생활을 하였습니다. 인터넷 관련 사이트에서 '정선(鄭敾)'을 검색하면 옛 문헌에 벼슬살이뿐 아니라 교우관계나 화평(畵評) 등도 빠짐없이 나오는데요. 심지어 40년 관직생활의 입출일 날짜까지 꼼꼼히 기록되어 있습니다. 정선은 65~70세에 종5품직 양천현령(陽川縣令)을, 그리고 78~79세에 역시 종5품직 헌릉령(獻陵令)과 종4품직 사옹원(司饔院)·사도시첨정(司導寺僉正)을 지냈는데 이를 제외하고는 관직생활 40년 중 33년을 종6품직에 머물렀습니다. 지금으로 치면 만년 주사급(7급·6급)이었던 셈이지요.

이들보다 높은 관직은 80세 이후 장수에 대한 예우로 받았습니다. 80세

23 강관식, 「겸재 정선의 천문학 교수 출사와 〈금강전도〉의 천문학적 해석」, 『미술사학보』 27, 미술사학연구회, 2006: 강관식, 「謙齋 鄭敾의 仕宦 經歷과 哀歡」, 『미술사학보』 29, 미술사학연구회, 2007.

24 『承政院日記』 肅宗 33年 8月 28日.

에 정3품직 당상관 첨지중추부사(僉知中樞府事), 81세에 종2품직 동지중추부사(同知中樞府使)가 되었지요. 또 사후 13년인 1772년(영조 48)에는 모친의 장수에 따른 효행(孝行)을 이유로 정2품 정경(正卿)직 한성판윤(漢城判尹)에 추증(追贈)되었고요.[25] 그리고 인생 후반부에서 그림 그리는 일을 생활의 중심으로 잡은 듯합니다. 현존하는 작품들로 미루어 볼 때 본격적으로 그림을 그린 시기는 50대 중반부터이지요. 다작(多作)으로 이룬 회화적 절정기는 60대 후반부터 70대 중반까지 근 10여 년간이고요. 상당히 늦된 화가인 셈입니다.

문인화가 정선과 달리 김홍도는 도화서(圖畵署) 화원(畵員)으로, 궁중의 그림을 그리며 관료생활을 했던 화가입니다. 김홍도가 도화서에 들어간 시기는 불분명하지만, 일반적인 관행대로 10대 후반쯤 학생으로 시작했겠지요. 그리고 20대 초부터 궁중그림 그리는 일에 발탁되었습니다. 1765년(영조 41) 10월, 21세 나이로 영조가 베푼 행사장면을 담은 〈경현당수작도(景賢堂受爵圖)〉(보물 제1531호, 서울역사박물관 소장) 그림 제작에 참여한 행적이 첫 기록으로 남아 있네요.

1773년(영조 49)에는 영조의 어진도사(御眞圖寫)에 참여한 이후 종6품직 장원서별제(掌苑署別提), 사포서별제(司圃署別提), 울산감목관(蔚山監牧官) 등의 벼슬을 지냈습니다. 또 1781년(정조 5) 정조의 어진(御眞) 제작에 동참화사(同參畵師)로 참여하였으며, 지방관으로 1784년(정조 8) 정월부터 1786년(정조 10) 5월까지 2년여 동안 경상도 안기역의 찰방(察訪)을 지냈습니다. 1791년(정조 15) 또 한 번 정조의 어진 제작에 동참화사로 참여하였고, 그 공으로 1791년

25 『承政院日記』『英祖實錄』 등의 기록에서 찾은 이들 행적은 다음 논저 참조; 강관식, 「겸재 정선의 사환과 애환」, 『미술사학보』 29, 미술사학연구회, 2007; 최완수, 『겸재 정선』, 현암사, 2009.

말부터 1795년(정조 19) 초까지 만 3년간 충청도 연풍현감(延豊縣監)을 맡았지요.[26] 현감에서 파직당하는 우여곡절을 겪었으나, 이렇게 종6품 고을 수령을 지냈던 경험은 그로 하여금 관료생활에 상당한 긍지를 갖게 했던 듯합니다.

정선의 '호호(浩浩)'한 여유

사대부가 출신 정선의 성품은 문인화가 관아재(觀我齋) 조영석(趙榮祏, 1686~1761)이 정선의 죽음을 애도하며 쓴 글에 잘 밝혀져 있습니다. "무릇 겸재의 성품은 본래 부드럽고 안존하여 부모에게 효도하고 형제간에 우애하며 남과 사귐에 일체 겉으로 꾸밈이 없었다"[27]고 했지요. 조영석은 정선이 인왕산 기슭으로 이사한 뒤 이웃해 절친했던 문인화가입니다. 당대 문인들은 당파와 관계없이 정선의 작품에 긍정적이었으며, 그 성품을 대체로 "성실하고 순박하다"고 하였습니다.[28]

정선은 김홍도보다 장수했기에 마음껏 그림을 그렸겠지요. 사람들의 그림 요구에도 잘 응해주었답니다. "성벽이 큰 바다처럼 넓고 넓으니, 꿈속 혼령 몇 누대(樓臺)에 길게 감겼나. 그대 청하면 한가한 시간 붓을 들 수 있겠지, 내 창 사이에 걸어 놓고 앉거나 누울 때마다 보게"[29]라며 권섭(權燮, 1671~1759)이 그림을 요청하는 시에도 보이듯 말이지요. 또 권섭은 "정선의 용모와 도량이 넓다(謙翁風襟 浩浩烟嵐)"고 칭송하였습니다.[30] 마음이 넓은 정

26 『承政院日記』나 『日省錄』, 『備邊司謄錄』 등의 기록으로 복원한 이들 행적은 다음 논저 참조: 오주석, 『단원 김홍도–조선적인, 너무나 조선적인 화가』, 열화당, 1998; 진준현, 『단원 김홍도 연구』, 일지사, 1999; 이태호·박정애, 「단원 김홍도의 예술활동과 업적, 그리고 화성」, 『수원학연구』 4호, 2007; 홍선표, 「김홍도 생애의 재구성」, 『미술사논단』 34호, 한국미술연구소, 2012.

27 盖公性, 本和夷, 孝於親, 友于兄弟, 與人交, 一切無表襮: 趙榮祏, 『觀我齋稿』 卷四, 「謙齋鄭同樞哀辭」.

28 오연주, 「조선후기 문인들의 정선 회화에 대한 화평 연구」, 명지대학교 대학원 석사학위논문, 2010.

29 性癖滄溟浩浩哉, 夢魂長繞幾樓臺. 君能乞與閑時筆, 掛我窓間坐臥時: 權燮, 『玉所稿』 卷一, 「興元伯嶺東十勝之畵」.

30 權燮, 『玉所稿』 卷一, 「題鄭元伯海岳圖」.

선의 인간상을 '호호연람(浩浩烟嵐)'이라는 멋진 시어(詩語)로 표현했지요. '맑고 푸른 기운의 새벽안개가 넓게 퍼진다'는 비유입니다.

꾸밈없고 순박하며 도량이 넓은 정선은 장년 이후, 특히 40대 이후 주변 사람들과 활발히 교류했던 모양입니다. '호호인(浩浩人)'이라 부를 만하지요. 붕당(朋黨) 정치가 심했던 시기라 문인들 사이에 파벌이나 계파간 갈등의 트라우마가 심했음에도, 정파 구분 없이 친교했습니다. 김창흡의 제자뻘로 지목되는 데서 알 수 있듯이 시인인 사천(槎川) 이병연(李秉淵, 1671~1751), 문인화가인 조영석 등 노론계 인사와 친밀함을 유지하는 가운데, 소론(少論)이나 남인(南人) 계열과도 교류를 주저하지 않았지요.

또한 정선과 시화(詩畵)를 나누고 정선 그림에 화평을 남긴 담헌(湛軒) 이하곤(李夏坤, 1731~1783)은 소론계 인사입니다. 1731년 〈서교전의도(西郊餞儀圖)〉나 1739~40년 《서원첩(西園帖)》(개인 소장)의 인왕산 기슭 〈옥동척강도(玉洞陟崗圖)〉, 〈청풍임류도(淸風臨流圖)〉, 〈삼승조망도(三勝眺望圖)〉, 〈서원소정도(西園小亭圖)〉등을 그려준 이춘제(李春躋, 1692~1761)도 소론계이지요.[31] 특히 〈옥동척강도〉에 나왔듯이 이춘제와 함께 인왕산을 오른 조현명(趙顯命, 1690~1752), 송익보(宋翼輔, 1689~?), 심성진(沈星鎭) 등 7명은 영조의 탕평책(蕩平策)에 동조한 소론계 핵심 권세가들입니다.[32] 이춘제는 정선의 만사(輓詞)를 지어 애도했지요. 또한 정선의 여러 작품에 화평을 쓴 표암(豹菴) 강세황(姜世晃, 1713~1791)은 소북계 인사입니다.

양천현령 재직 시, 1742년 임술년(壬戌年)을 맞아 소동파(蘇東坡)의 적벽부(赤壁賦) 선례(先例)에 따라 10월 보름 뱃놀이를 함께 즐긴 경기관찰사 홍화보(洪和輔)와 연천현감(漣川縣監) 신유한(申維翰, 1681~?)의 경우는 남인계입니

31 최완수, 『겸재 정선 진경산수화』, 범문사, 1993, 도판 72~74.

32 박은순, 「겸재 정선과 소론계 문인들의 후원과 교류(1)」, 『온지논총』 29, 온지학회, 2011.

다. 그날의 뱃놀이는 정선의 그림 〈우화등선(羽化登船)〉, 〈웅연계람(熊淵繫纜)〉과 세 사람의 시문으로 꾸며진 화첩 《연강임술첩(漣江壬戌帖)》에 담겨 있지요.[33] 특히 임진강 선유(船遊) 장소는 남인계 영수인 미수(眉叟) 허목(許穆, 1595~1682)의 삶터와 묘소가 있는 유적지입니다. 한편 정선은 중국에 사신으로 가는 문인사대부나 역관에게도 그림을 잘 그려주었다고 합니다. 정선의 그림은 중국에서도 인기가 있어 환전이 쉽거나 책으로 교환했다는 일화들이 연행록에 제법 전하지요.

정선의 이러한 인생을 엿보게 해주는 작품이 한 점 떠오릅니다. 바로 1740~41년작 〈독서여가(讀書餘暇)〉입니다(1-7). 흰 벽, 얼굴과 손 모양, 호분이 변질되어 거뭇거뭇한 색감, 인물이나 초가 서재의 투시도법 묘사가 어색하지요. 역시 뛰어난 인물화가는 못 되는 모양입니다. 하지만 정선의 일상 속 여가를 보여주어 흥미를 끄는 그림이지요.

사방관을 쓴 인물의 풍채와 또렷한 눈의 안면에 사대부의 위엄이 서려 있습니다. 강변산수가 그려진 손부채를 펴들고 사선의 툇마루에 앉은 자세로, 물끄러미 토방의 작약과 수선화를 바라보네요. 묵언으로 대상에 집중하는 도인다운 표정에 풍류의 여유보다는 거장다운 날카로운 시선이 느껴집니다. 화분이 상당히 고급스럽지요. 옅은 하늘색 가죽신, 책들이 쌓인 탁자, 촛대와 관폭도 수묵산수화 등도 보이고요. 서재 옆에는 한 그루 고목이 자라 있네요. 정선이 수령으로 있던 양천관아의 사택일까요, 아니면 정선 본가의 사랑채일까요. 1740~41년 양천현령에 부임한 직후 그리기 시작한 한강유람명승도첩 《경교명승첩(京郊名勝帖)》의 상권 첫머리에 꾸며진 그림입니다. 《경교명승첩》에는 친분이 가장 두터웠던 이병연과 정선이 서

33 이태호, 「겸재 정선, 가을 임진강을 그리다-1742년작 연강임술첩 신화첩본에 대하여」, 『조선후기 산수화전-옛 그림에 담긴 봄 여름 가을 겨울』, 동산방, 2012.

로 시와 그림을 교환해보았다는 '시화상간(詩畵相看)'의 일화가 깃들어 있는데요. 정선이 60대 중반에 보여줬던 치밀한 청록산수화풍의 대표작으로 꼽히지요.[34]

1-7 겸재 정선, 〈독서여가(讀書餘暇)〉, 1740~41년, 비단에 수묵채색, 24×16.8cm, 《경교명승첩(京郊名勝帖)》, 간송미술관 소장

김홍도의 까칠한 장인정신

화원출신인 김홍도는 장인(匠人)의 까칠함을 보였습니다. 관료생활을 하면서 몸에 밴 듯 문인의 정취도 풍기지요. 정선이 이웃에게 그림을 쉽게 그려준 데 비해서, 김홍도는 자신의 그림을 상당히 아꼈던 모양입니다. 남인계 실학자 이용휴(李用休, 1708~1782)는 "자긍심이 컸기에 그림을 가볍게 여기지 않았고, 사람의 품격이 아주 높아 우아한 선비의 기풍이 있었다. 자신의 마음과 손가락을 힘써 교제의 예물이나 기방(妓房)의 완상물로 제공되기 싫어했다"라고 밝혀놓기도 했네요.[35] 기방에서 질탕하게 어울리며 기녀의 치마폭에 그림을 그려주는 일은 하지 않았던 게지요.

18세기 후반에 그린 〈포의풍류도〉는 콧대 높고 관료적인 김홍도를 적절

34 『겸재명품첩』 권2, 지식산업사, 1982: 이 화집에서는 화첩의 제목을 《京外名勝帖》이라 일컬었다.

35 故頗自矜重, 不輕渲染, 盖其人品甚高, 有雅士韻人之風. 故不欲以我之心力手指, 供交際之贄幣作奩廚之玩具也: 李用休, 『惠寰雜著』 卷七, 「對右菴記」.

1-8 단원 김홍도, 〈포의풍류도〉, 18세기 후반, 종이에 수묵담채, 28×37cm, 개인 소장

히 시사하는 문인 격조의 자화상으로 추정됩니다(1-8). 수선과 작약을 완상하는 사대부 위엄을 담은 정선의 〈독서여가〉와 잘 비교되지요. 정선의 말없는 고요함과 달리 김홍도는 그림 왼편에 "흙벽 집에 창을 내고 하루 종일 평상복으로 시와 노래를 즐기네(紙窓土壁 終身布衣嘯咏其中)"라고 써넣어 자기 인생을 구체화했습니다. 그림 속 김홍도의 행색을 보면 사방관을 쓰고 비파를 연주하며 정면으로 앉은, 문인다운 풍류객의 모습이지요. 성악과 기악을 다 잘하고 음악에 조예가 깊었다는 김홍도의 모습이 잘 드러납니다. 여기에 생황·칼·호리병·술병·파초 잎·붓·벼루와 당시 유행하던 중국 골동품·책·화선지 등이 함께 등장합니다. 정좌한 정면상의 진지한 얼굴 표정과 자연스럽고 활달한 옷주름 묘사는 진정 달필이지요. 〈포의풍류도〉는 김홍도 50대의 삶과 세계관을 적절히 시사해줍니다.

김홍도는 〈포의풍류도〉처럼 시서화악(詩書畵樂)에서 모두 재능을 발휘했답니다. 강세황은 「단원기(檀園記)」에 "성품 또한 거문고와 피리의 청아한 음악을 좋아하여, 꽃 피고 달 밝은 밤이면 때때로 한두 곡조를 타 즐긴다"[36]고 밝혀 놓았고, 「단원기우일본(檀園記又一本)」에도 "사능은 더불어 음률에도 정통하여 거문고와 피리의 곡조가 매우 절묘하였고, 풍류가 호탕해서 매양 칼을 치면서 비장한 노래를 부른다는 생각에 더러는 강개(慷慨)하여 눈물을 흘리는 적도 있었다"[37]라 적어 놓았지요. 김홍도가 안기찰방시절 인근의 홍해군수를 지냈던 성대중(成大中)은 "역승 김씨가 퉁소를 잘하므로 한번 놀아 볼 것을 권하였다. 그 곡조는 소리가 맑고 가락은 높아 위로 숲의 꼭대기까지 울리는데 뭇자연의 소리는 모두 숨죽이고 여운은 날아오를 듯하여, 멀리서 이를 들으면 반드시 신선이 학을 타고 생황 불며 내려오는 것이라 할 만했다"[38]고 전합니다.

김홍도가 매화를 사랑한 이야기를 읽으면, 그가 얼마나 문인취향의 낭만적 삶을 지향했는지 잘 알 수 있습니다. 우봉(又峯) 조희룡(趙熙龍, 1789~1866)이 쓴 글에 "김홍도는 음직(陰職)으로 벼슬이 연풍현감(延豊縣監)에 이르렀다. 원래 집이 가난하여 간혹 끼니를 잇지 못하였다. 하루는 어떤 사람이 매화 한 그루를 팔려고 하는데 매우 특이하였다. 돈이 없어 못 사고 있는데, 마침 돈 삼천 전(錢)을 보내준 사람이 있었으니, 그림을 요청하는 예물(禮物)이었다. 이에 이천 전을 떼어 매화를 사고, 팔백 전으로는 술 몇 되를 사서 동인(同人)들을 모아 매화음(梅花飮)을 마련하고, 이백 전으로 쌀과 땔나무 비용을 삼았으니, 하루의 계책도 못 되었다. 그의 소탈하고 광활함이 이와 같았다"

36 性且喜琴笛雅音, 每當花月之夕, 時弄一兩操, 以自娛: 姜世晃, 『豹菴遺稿』, 「檀園記」.

37 士能旁通音律, 琴笛韻詞, 極盡其妙, 風流豪宕, 每有擊劍悲歌之思, 慷慨或泣下數行: 姜世晃, 『豹菴遺稿』, 「檀園記又一本」.

38 1784년 8월 17일 관찰사 이병모를 비롯한 봉화현감(奉化縣監) 심공저(沈公著), 영양현감(英陽縣監) 김명진(金明鎭), 하양현감(河陽縣監) 임희택(任希澤), 안기찰방(安基察訪) 김홍도와 함께 청량산으로 유람을 갔던 흥해군수 성대중(成大中, 1732~1812)의 『청성집(靑城集)』에도 기록이 남아 있다: 오주석, 『檀園 金弘道–조선적인, 너무나 조선적인 화가』, 열화당, 1998, p.129.

고 합니다.[39]

'甲子冬(1804)', '丹丘'라고 서명한 〈노매도(老梅圖)〉(1804년, 개인 소장)는 김홍도의 따복따복 리듬감 넘치는 다른 그림들에 비해 좀 파격(破格)입니다. 붓을 팍팍 내질러서 거칠게 그려낸 생경함이 정말 좋습니다. 매화 꽃송이에 꽃술도 그리지 않았네요. 자신의 감정에 솔직한 취필 맛이 일품이지요. 이처럼 김홍도가 60세에 이르면, 박달나무 뜰이라는 단원(檀園) 외에 '단구(丹丘)'라는 호도 쓰기 시작합니다. '단양의 언덕' 이란 의미도 있겠지만, 단구는 '붉은 언덕' 혹은 '신선이 사는 언덕'이라는 뜻입니다. 김홍도는 스스로 신선이 된 것이라 생각했을까요. 〈송하취황도(松下吹篁圖)〉(고려대학교 박물관 소장), 〈운상신선도(雲上神仙圖)〉(삼성미술관 리움 소장), 〈염불서승도(念佛西昇圖)〉(간송미술관 소장) 등 말년의 도석인물도나 매화 그림에서 화선(畵仙)다운 최고조의 세련미를 이루어냅니다.

김홍도는 까칠한 장인이었지만, 문인다운 인격으로 인해 교유관계의 폭이 넓고 두터웠습니다. 그 덕분에 조선시대 화가 중에서 삶과 예술에 대한 기록이 가장 풍부하지요. 위로는 군왕과 사대부 문인부터 아래로는 중인과 화원에 이르기까지 사귐이 다양했네요. 사대부들은 때론 그림의 주문자로서, 지방관 재직 이후에는 시회아집(詩會雅集)을 함께 하는 풍류객(風流客)의 일원으로서 김홍도와 만났습니다.

김홍도는 남인(南人)이나 소북(小北) 인사들과 친했습니다. 강세황을 비롯하여 정범조(鄭範祖, 1723~1801), 신광수(申光洙, 1712~1775)·신광하(申光河, 1729~1796) 형제, 이용휴(李用休, 1708~1782), 정란 등이 대표적 인물이지요. 이들은 김홍도가 시서악(詩書樂)에 교양을 쌓고, 회화적 격조를 높이는 데 영

39 趙熙龍, 『壺山外記』, 「金弘道傳」: 실시학사 고전문학연구회 옮김, 『조희룡전집6 - 호산외기』, 한길아트, 1999. pp.74~77.

향을 주었을 법합니다. 또 김홍도는 이한진(李漢鎭, 1732~?), 이덕무(李德懋, 1741~1793), 이광섭(李光燮, 1760년경~?), 서상수(徐常修, 1735~1793) 등 북학파(北學派) 계열 인사들과도 교류를 가졌는데요. 이한진이 김홍도 그림에 쓴 전서체 화제는 당시 가장 큰 인기를 끌었답니다.[40] 안기찰방 시절인 1784년 8월, 김홍도는 관찰사(觀察使) 이병모(李秉模, 1742~1806), 홍해군수(興海郡守) 성대중(成大中, 1732~1809), 봉화현감(奉化縣監) 심공저(沈公著) 등과 함께 경상도 청량산에 모여 풍류를 즐기기도 했습니다.[41] 또 1792년에는 충청도 병마절도사(兵馬節度使)로 부임한 이광섭(李光燮, 1750~1803)이 연풍현감 김홍도와 이한진, 황운조(黃運祚, 1730~?) 등을 불러 청주에서 서원아집(西原雅集)을 가졌지요.[42]

김홍도는 홍신유(洪愼猷, 1722~?), 천수경(千壽慶, 1757~1818)을 주축으로 한 송석원시사(松石園詩社)의 회원인 마성린(馬聖麟, 1727~1798), 박윤묵(朴允默, 1771~1849) 등 여항문사(閭巷文士)들과 친교했습니다. 서화수집가로 이름났던 문인 김광수(金光遂, 1696~?), 의관(醫官) 출신으로 역시 서화와 골동을 수집했던 김광국(金光國, 1727~?), 역관(譯官) 이민식(李敏埴, 1755~?)과 김한태(金漢泰, 1762~1823) 등은 김홍도의 후원자로 꼽히지요.[43] 이들 중인층은 물론이려니와 문인사대부층인 서직수(徐直修, 1735~?), 홍의영(洪儀泳, 1750~1815), 남공철(南公轍, 1760~1840), 조윤형(曺允亨, 1725~1799) 등도 김홍도의 재주를 인정하고 교유했던 인물에 속합니다.

40 이태호, 「단원 김홍도가 안기찰방시절 안동지역에 남긴 화적」, 『조선후기 화조화훼초충어해도』, 동산방, 2013.

41 成大中, 『青城集』 卷六, 「淸凉山記」; 오주석, 『단원 김홍도-조선적인, 너무나 조선적인 화가』, 열화당, 1998, pp.129~133.

42 李奎象, 『一夢稿』 所收 『并世才彦錄』, 「書家錄」.

43 김홍도와 해당 인물들과의 구체적인 교유 내용에 대해서는 오주석, 『단원 김홍도-조선적인, 너무나 조선적인 화가』, 열화당, 1998; 진준현, 『단원 김홍도 연구』, 일지사, 1999. pp.71~107 참조.

게다가 김홍도와 동시대에 활동했던 동료 혹은 선후배 화원화가들은 모두 각자 일가를 이루었습니다. 선배화원을 들자면 1788년 금강산 사경에 동행했던 김응환(金應煥, 1742~1789), 겸재화풍을 따른 김희겸(金喜謙), 초상화로 이름난 김두량(金斗樑, 1696~1763), 고양이를 빼어나게 묘사한 변상벽(卞相璧), 그리고 정조 어진을 같이 그렸던 신한평(申漢枰, 1726~?)과 한종유(韓宗裕, 1737~?) 등이 있고요. 동갑내기 동료화원으로는 고송유수관도인(古松流水館道人) 이인문(李寅文, 1745~1821)이 있습니다. 후배화원으로는 정조 어진과 〈서직수초상〉(국립중앙박물관 소장)을 합작했던 이명기(李命基), 단원화풍을 고스란히 이어받은 긍재(兢齋) 김득신(金得臣)과 혜원(蕙園) 신윤복(申潤福), 말년 행적에 나오는 서묵재(瑞墨齋) 박유성(朴維成) 등을 들 수 있습니다.

4. 공직 수행의 갈등과 어려움

화가이면서 관료생활을 한 정선과 김홍도는 과연 공직 수행을 잘 했을까요. 예나 지금이나 '화가' 하면 떠오르는 첫 번째 이미지는 어디에도 구속받지 않으려는 자유분방함이기에 더욱 궁금하지요.

정선은 하양현감(1721~1726)을 마치고 상경한 직후, 현감 근무시절 군량미와 환곡을 거두어들이는 일에 대해 최하위 평가인 '거말(居末)'을 받았습니다. 거말이면 곤장을 맞아야 할 수준이었는바, 그 다음해인 1727년 의금부에 수감되는 형벌을 받았지요. 그럼에도 한성부 주부를 거쳐 다음다음해인 1729년 의금부도사로 임명되었습니다. 그러나 이때 사헌부 지평인 김하운이 "잡기로 벼슬길에 들어섰고 명망도 없으니 파면시켜야 한다"며 상소를

올리자 영조가 이를 수락하기에 이르렀습니다.[44]

정선은 양천현령 근무시절(1740~1745) 신중하고 낮은 자세로 임한다는 '근졸거관(謹拙居官)'의 평가를 받기도 했으나, 1744년 경기도 내 수령들의 환수 실적 보고에서는 거말 다음인 '지차(之次)'를 받아 '결장(決杖)'에 처해져 곤장을 맞아야 했지요. 69세 때 일인즉, 남이 대신 맞아줬을까요. 어찌 살아났는지 모르겠습니다. 정선이 79세 되던 영조 30년(1754)에는 종4품 사도시첨정(司導寺僉正)에 오르자 또다시 일반 관료들의 저항이 일기도 했습니다. 허나 의금부도사 시절 파직을 지시했던 때와 달리, 이번에는 영조가 중신들의 탄핵 요구를 물리치고 정선에게 정3품 첨지중추부사(1755), 종2품 동지중추부사(1756)까지 당상관 이상의 벼슬을 내렸습니다.[45] 노령의 정선에 대한 예우도 포함되었겠지요. 구체적 행적이 드러나지는 않지만, 이러한 기록들은 사대부로서 정선의 관료생활이 순탄치 않았음을 보여줍니다. 화가인 정선의 자유로운 영혼이 받았을 상처를 짐작하게도 하고요. 한편 관직생활의 그런 트라우마가 정선의 인생 후기 예술혼에 불을 지피지 않았을까 싶기도 합니다.

김홍도 또한 마찬가지였습니다. 사대부 집안 출신도 아니니 정선보다 더 문인사대부들의 질시를 받았겠지요. 김홍도는 1791년 9~10월 정조의 어진을 그린 후, 연말에 연풍현감으로 발령받았습니다. 현재 괴산군 연풍면 연풍초등학교가 연풍현 관아터인데, 여기에 300년 이상 된 괴목들과 풍락헌(豊樂軒)이라는 동헌 건물이 보존되어 있지요. 정면 5칸 측면 2칸의 팔작지붕 건물로, 김홍도가 행정을 보았을 때의 원형이 남아 있습니다. 김홍도는 여기에서 1791년 12월부터 1795년 1월까지, 만 3년을 근무했지요. 40대까지는

44 『承政院日記』 英祖 2年 9月 3日; 3年 3月 14日; 5年 7月 16日; 5年 12月 3日.
45 『承政院日記』 英祖 20年 4月 25日; 30年 4月 5, 6日; 31年 1月 21日; 32年 2月 6日.

자식이 없었던 김홍도가 이곳 현감 재직 시절에 아들 김양기(金良驥)를 얻은 것으로 추정됩니다.[46] 근래에 나는 연풍현 관아를 복원하고 단원기념관을 세우는 타당성을 조사하여 충청북도와 괴산군에 보고서를 제출한 적이 있는데요.[47] 아직은 기념관을 건립하기에 버거운 여건인 듯합니다.

연풍은 바로 조령으로 넘어가는 곳입니다. 조령의 문경새재는 영남지방에서 서울을 오갈 때 지나는 주요 관문이지요. 들어갈 때는 워낙 산골이라 척박해서 울고 가지만, 막상 들어가면 인심이 하도 좋아 웃고 나오는 고장이라고들 하는데요. 이렇게 조령산에 둘러싸인 연풍현은 워낙 시골이다 보니 중앙에서 내려오는 현감보다는 지방 터줏대감인 향리들이 드셌던 모양입니다. 이방(吏房)이나 형방(刑房)들의 권력을 말해주듯, 현감이 주석하는 동헌(東軒) 풍락헌(豊樂軒) 못지않게 향리들이 근무하는 향청의 공간이 상당하지요. 동헌과 같은 형식의 정면 5칸 측면 2칸 집입니다. 그 아래 서헌(西軒)은 없어졌지만, 객사가 있던 서쪽으로는 연못이 남아 있지요. 지금 이곳 인근에는 또 다른 역사의 현장으로 고종 때 천주교 신자들을 탄압했던 순교지가 기념공원으로 조성되어 있습니다.

김홍도는 현감으로 근무한 지 3년째 되던 해에 암행감사에 걸렸습니다. 호서위유사(湖西慰諭使)인 홍대협(洪大協, 1750~?)이 연풍현감 김홍도의 근무상태를 취조해보니 한심한 지경이라고 정조에게 보고서를 올렸지요. 『일성록(日省錄)』에 전하는 기록을 보니 세 가지 죄목이 낱낱이 밝혀져 있습니다.[48]

서면으로 보고드립니다. 신이 지난해 11월 4일에 명을 받들어 호서위유사로

46 오주석, 『단원 김홍도 – 조선적인, 너무나 조선적인 화가』, 열화당, 1998.

47 이태호 외, 「단원 김홍도기념관 건립기본구상 및 타당성연구용역」, 명지대학교 문화유산연구소·충청북도 괴산군, 2012.

48 『日省錄』 正祖 19年 1月 7日. 「湖西慰諭使」.

가서 정황을 살펴본 결과 … 연풍 현감 김홍도는 다년간 벼슬에 있으면서도 하나도 잘한 행적이 없으며, 관청의 우두머리 된 몸으로 즐겨 중매나 행하고 구실아치들에게 위압적으로 호령하여 가축을 상납케 하면서, 따르지 않는 자에게는 화를 내어 심지어 전에 없는 악형을 베푼다고 합니다. 또 듣자니 근일에는 사냥을 간다고 하면서 온 읍의 군역(軍役)에 매인 장정을 징발하여 그 빠진 숫자의 많고적음에 따라 날짜를 계산하고 나누어서 별로 세미(稅米)를 거둠으로써, 경내 전체가 소란하고 원망하는 비방이 자자하다고 합니다. 그래서 그 현의 이방을 잡아다 조사 문초해 본즉, 그 자백한 바와 전하는 말들이 처음부터 터럭만큼도 어긋남이 없습니다. 이같이 백성에게 포학한 무리는 중히 다스려 벌주어야 합니다.[49]

첫 번째 죄목은 중매를 일삼은 것입니다. 중매로 마을 부잣집 아들과 딸을 묶어주면 양쪽 집에서 중매 턱이 나오겠지요. 그게 불만의 요인이 될 정도로 착취였나 봅니다. 두 번째는 이방이나 형방 같은 향리들에게 가축을 상납케 하고, 말을 안 들으면 호통을 치며 악형을 내린 것입니다. 마지막으로 세 번째가 가장 큰 죄였는데요. 바로 사냥을 일삼았다는 죄목입니다.[50] 사냥은 조선시대 양반들의 풍류이자 스포츠였지요. 1960~70년대 골프를 생각하시면 될까요. 홍대협이 보기에 김홍도가 즉 화원출신 주제에 고을수령이랍시고 매번 골프만 치러 다닌 겁니다. 더군다나 사냥만 즐겼으면 좋았을

49 오주석, 『단원 김홍도–조선적인, 너무나 조선적인 화가』, 열화당, 1998, pp.194~195에서 재인용.

50 이에 대한 새로운 해석이 시도되었다. '納其率畜'을 첩을 거두다로 해석하여 관비를 첩으로 삼는 관행을 바로잡으려 했던 것이 아닌가 추측했고, 군역 장정을 동원한 사냥을 훈련이나 식량조달 등의 의도로 생각해 볼 수 있다는 것이다.(홍선표, 「김홍도 생애의 재구성」, 『미술사논단』 34, 한국미술연구소, 2012.) 그런데 앞서 제시한 오주석의 해석이 타당할 듯하다. 김홍도가 관기나 관비 첩을 본래 자리로 되돌리려 했거나 군정을 긍정적으로 활용했다면 벌을 내릴 이유가 없기 때문이다. 도리어 국가 시책에 합당한 행위이니 상을 내렸을 것이다. 중매 역시 마찬가지이다. 고을에 노처녀 노총각이 없도록 하는 것도 수령의 할 일임에도, 김홍도가 중매를 무리하게 진행했던 탓에 원성을 받게 되었을 것이다.

텐데, 사냥을 즐기면서 군역에 매인 청년들을 동원해 몰이꾼으로 삼았고 참석여부에 따라 세금을 때렸다네요. 지역의 원성과 비방이 컸겠지요. 이 보고를 접한 정조는 김홍도를 연풍현감에서 바로 해직시켰고, 의금부에 잡아다 엄하게 조사해야 한다는 관료들의 주장에 따라 문초를 승낙했습니다.[51]

이 사건은 김홍도가 40대 안기찰방 시절에 안동지역의 양반 세족들과 원활하게 교류했던 것과 크게 차이가 납니다.[52] 학계에 보고되자 "김홍도가 화선이라 불릴 만큼 신선 같은 존재인데 어찌 그랬을까", "김홍도를 실제 취재하지 않고, 향리에게만 확인했기 때문이다", "양반 문인이 화원출신 수령을 못마땅하게 여겨 왜곡 보고했을 것이다"라는 분위기가 만연했지요. 하지만 나는 홍대협의 보고서가 충분히 수긍됩니다. 아니, 다른 벼슬아치들보다 오히려 한술 더 떴을지도 모르겠네요. 그렇게 규범을 벗어나려 했기에 훌륭한 화가가 되지 않았을까 생각하기 때문이지요. 내가 보기에는 자유로운 영혼이었을 예능인 김홍도가 더 난리법석을 떨었고, 탐관오리 흉내도 충분히 더 냈을 법합니다. 어찌 되었든 이 사건을 겪은 연풍현감 경험은 김홍도 말년의 예술세계를 크게 변화시킨 계기가 된 듯합니다. 앞서 살펴본 〈포의풍류도〉를 비롯하여 신선도나 풍속도 등 50세 이후 말년 작품에 그 변화된 의식과 감정이 그대로 실려 있기 때문이지요.

51 『承政院日記』 正祖 19年 1月 7日; 『日省錄』 正祖 19年 1月 8日.

52 이태호, 「단원 김홍도가 안기찰방시절 안동지역에 남긴 화적」, 『조선후기 화조화훼초충어해도』, 동산방, 2013.

5. 두 가지 방식의 진경산수화: 닮게 그리기와 느낌 쏟아내기

두 작가가 그림 그리는 방식을 지금에 비유하면, 김홍도는 일류 미술대학을 수석 입학하여 수석 졸업한 사람입니다. 형상을 최고로 '혹사(酷似)'하게 또는 '방불(彷彿)'하게 사실적으로 묘사하는 기량을 갖추었지요. 눈에 보이는 그대로 대상을 정확하게 그리는 능력자입니다. 반면에 홀로 즐기며 독학한 문인화가 정선은 중국화보와 선배들의 회화형식을 스스로의 방식으로 터득했다고 봅니다. 김홍도보다 사실적 묘사력은 부족하지요. 김홍도는 눈으로 사생(寫生)한 데 비해, 정선은 마음에서 우러나는 기세(氣勢)나 즉흥적 감성을 적극적으로 표출시킨 화가인데요(표 1). 대상을 '과장'시키고, 주로 '기억'에 의존해 그렸던 흔적이 그림에 선명합니다.

정선이 그림을 그리는 방식에 대하여 이하곤은 "정선은 흥이 일면, 손 가는 대로 그림을 그려 그 취(趣)를 따르고, 그 형사(形似)를 찾지 않은 것인가"[53]라고 밝혔는데요. 그는 정선이 마음가짐 '의취(意趣)'를 따르고 대상을 닮게 그리지 않았던 점을 가까이서 정확히 인식한 것이지요. 현존하는 정선의 실경산수 작품들을 보면 정말 그러합니다. 조선후기 문인인 서당(西堂) 이덕수(李德壽, 1673~1744)는 1737년(영조 13)에 지은 「겸재의 구학첩에 제함(題謙齋丘壑帖)」에서 "정선의 가슴에 산을 옮기고 돌을 몰아오는 기술이 있다"[54]라 하였는데요. 그만큼 정선이 대상을 잘 해석했다는 말로, 이 표현은 북송(北宋) 때 문인 소동파가 가슴에 든 대나무를 그렸다는 '흉중유성죽(胸中有成竹)' 화론과 유사합니다. 조선후기 문인 학산(鶴山) 신돈복(辛敦復)이 남긴 평

53 豈非元伯興至時, 信手揮灑, 只求其趣, 不求其形似歟: 李夏坤, 『頭陀草』 卷十四, 「題一源所藏海岳傳神帖」, '長安寺'.

54 謂元伯胷中 有移山驅石之術 豈爲過也: 李德壽, 『西堂私載』, 「題謙齋丘壑帖」.

〈표 1〉 18세기 정선과 김홍도 비교

謙齋 鄭敾(1676-1759)	檀園 金弘道(1745-1806?)
과장誇張	방불彷佛
영조(1724-1776)	정조(1776-1800)
士大夫家, 外家 富	武班, 富
문인화가, 관료	화원, 관료
餘技, 浩浩人	자부심(匠人), 까다로움(達人)
求其趣 非求其形似(李夏坤)	彷佛巧脫天造(姜世晃)
胸中移山驅石之術(李德壽)	每畵一物心若悟(申光河)
기억-감성-마음-과장	방불-눈-오성-사생
소리의 리얼리티(興神)	형상의 리얼리티(曲盡物畵)
닮지 않음, 마음	닮음(神似), 눈
다시점 시점이동 기억 합성(合成)	시점고정 현장사생
기세찬 리듬 필묵 活筆·倦筆·神龍·농묵	감각적 리듬 짧은 붓터치(神筆)·섬세한 농담변화·담묵
성리학적 이상화(중세성)	대상의 리얼리티(근대성)

도 있는데요. 그는 응재(凝齋) 박태관(朴泰觀, 1678~1719)의 집에 초대되어 사랑방 벽에 걸린 정선의 그림을 보고 "정선의 그림은 붓을 던지듯 휘둘러 천취(天趣)를 드러낸다. 이 붓맛도 역시 좋다"[55]라고 했지요. 모두 그림 재능을 타고난 정선의 마음, 곧 '천부적인 취(趣)'를 강조했습니다.

정선의 《해악전신첩(海岳傳神帖)》(1747년, 21폭, 간송미술관 소장)에 남긴 김창흡의 제화송(題畵頌)에는 "다섯 번 봉래산 밟고 다리 이미 피곤하여, 쇠약한 몸 영원히 악령(嶽靈)과 사별(辭別)하려 했었네. 화가삼매(畵家三昧)에 융신(融

55 元伯之畫, 肆筆揮灑, 而見天趣, 此筆亦佳也: 辛敦復, 『鶴山閑言』.

神)이 있으니, 무명버선 푸른 짚신 다시 무엇 하겠나"라는 구절이 있습니다. 젊은 정선의 그림에 대해 '삼매경에 신과 융합했다'라는 의견을 피력한 것이지요.[56] 권섭 역시 정선의 《삼청첩(三淸帖)》을 보고 "산수도 역시 사람의 마음처럼 오르려는 욕심이 있는가 보다. 나와 이병연이 다 같이 정선의 무심(無心)만 못한 것은 아닐까"라고 제시를 써넣었습니다.[57] 산수 자연은 본디 좋은 사람을 따르기 때문에 자신들 같은 세속인에게는 산수가 마음속에 들어오지 않는다는 것이지요. 단지 '원백(元伯), 정선만이 무심함을 터득했다'라고 표현했습니다. 자연과 한 몸이 될 수 있는 무심함을 가슴에 지녔다는 상찬(賞讚)입니다.

김홍도는 문인의 품격을 지녔다고 합니다. 도를 넓게 펼친다는 이름 '홍도(弘道)'나 선비의 능력을 갖춘다는 '사능(士能)'을 자(字)로 부를 만큼 사인(士人)의 풍모를 지녔다고 하지요. 또 훤칠한 키에 기골이 장대하고 외모가 출중했다고 전하는데요. 이에 관한 기록은 김홍도의 스승이었던 강세황이 직접 썼습니다. "눈썹이 선명하고 기골이 빼어난 것을 보아, 세속 사람이 아닌 기운이 있었다"[58]고 했지요. 강세황은 김홍도의 그림 실력에 대해서도 "…스스로 터득하여 독창적이고 교묘하게 하늘의 조화를 빼앗을 수 있는 경지에 이르려면 어찌 천부적인 소질이 아니고서야 보통사람보다 훨씬 뛰어날 수 있겠는가?"[59]라는 평을 남겼습니다. 그만큼 김홍도는 대상을 꼭 닮게 그려 '하늘의 조화를 빼앗는' 신필(神筆)의 경지에 올라 있었던 화가였지요.

내가 김홍도에 대해 '오성(悟性)'이라는 단어를 적용한 연원은 신광하의

56 五踏蓬萊脚已疲, 衰軀永與嶽靈辭. 畵家三昧融神在, 布襪靑鞋更何爲: 金昌翕, 『三淵集』 拾遺 卷九, 「題鄭生金剛圖」.

57 然山水亦有欲上人之心, 無乃吾與一源, 共不如元伯之無心: 權燮, 『玉所稿』 卷八, 「藍田」.

58 見其眉淸骨秀 有非烟火食氣韻: 姜世晃, 『豹菴遺稿』, 「檀園記又一本」.

59 …而創意獨得, 以至巧奪天造, 豈非天賦之異, 迥超流俗耶?: 姜世晃, 『豹菴遺稿』, 「檀園記」.

「정대부 정범조(鄭範朝)가 김홍도에게 그림을 구하는 데 부쳐」 중 "내 그의 사람됨을 살펴보니 자태는 고요하기 그지없고, 매양 어떤 사물을 그릴 때 마음에 깨침을 얻은 듯"이라는 구절에 있습니다.[60] 마음의 깨달음, 곧 '심오(心悟)'에서 '오성(悟性)'이라는 키워드를 얻은 것이지요.

영·정조 시절 도화서의 화원직에서 시작하여 관료생활을 한 김홍도는 궁중 기록화나 초상화 제작에 참여하였고, 뛰어난 묘사기량과 문인다운 격조로 예술세계를 크게 꽃피웠습니다. 모든 분야의 소재를 섭렵한 달인으로 화선(畵仙)의 경지에 올랐지요. 강세황도 "고금의 화가들은 각기 한 가지만 잘하고 여러 가지는 잘하지 못하는데, 김홍도는 근래 우리나라에서 태어나 어릴 적부터 그림을 공부하여 못하는 것이 없다. 인물·산수·선불(仙佛)·화과(花果)·금충(禽蟲)·어해(魚蟹)에 이르기까지 모두 묘품(妙品)에 들어 옛사람과 비교하더라도 그와 대항할 사람이 거의 없다"[61]라고 했을 정도입니다.

산수화는 두 사람의 서로 다른 그림 그리기 방식을 잘 보여주는 회화 장르입니다. 정선은 조선땅을 그린 진경산수화로 너무나 유명하지요. 물론 진경산수 외에도 전통적으로 사랑받던 소상팔경도나 중국 소재의 관념적 산수화도 남겼고, 도석(道釋)·고사인물(高士人物)·영모(翎毛)·화훼(花卉)·초충도(草蟲圖) 등도 그렸습니다. 대체로 대담한 변형과 필묵법을 지녔지만, 섬세한 선묘의 꽃과 나비, 고양이, 닭 그림이나 기록화 성격의 그림도 상당한 수준을 보이지요. 허나 아무래도 사실감을 내는 묘사 솜씨는 다소 떨어집니다.

60 吾觀其人 貌甚靜 每畵物心若悟: 申光河, 『震澤集』 卷九, 「題鄭大夫乞畵金弘道」; 임형택, 『이조시대서사시』 2권, 창작과비평사, 1992, 2013 개정판.

61 古今畵家 各擅一能 未能兼工 金君士能 生於東方近時 自幼治繪事 無所不能 至於人物山水仙佛花果禽蟲魚蟹 皆入妙品 比之於古人 殆無可與爲抗者: 姜世晃, 『豹菴遺稿』 卷四, 「檀園記」; 오주석, 『단원 김홍도-조선적인, 너무나 조선적인 화가』, 열화당, 1998에서 재인용.

정선에 비해 김홍도는 모든 영역의 그림에서 형사(形似)의 탁월함을 보여줍니다. 도화서에서 훈련하여 묘사력을 닦았을 테지요. 세 번씩이나 어진제작에 발탁될 정도로 초상화(肖像畵)의 대가였고, 궁중기록화·풍속화·화조·영모·초충·어해도(魚蟹圖) 등 모든 회화유형을 통달하였습니다. 우리가 미술시간에 '겸재는 진경산수화가(眞景山水畵家), 단원은 풍속화가(風俗畵家)'로 한정해서 배워 왔지만, 실제로 김홍도의 산수화는 어느 영역의 그림보다 예술성이 뛰어나지요. 때문에 산수화 장르는 정선과 김홍도를 '라이벌' 혹은 '쌍벽'으로 비교하기 가장 좋습니다.

6. 정선 진경산수화의 문화사적 위상

정선의 진경산수화 중 그 이념적 성격과 형식적 특징을 가장 잘 보여주는 대표작은 정선이 1750년대 그린 〈박연폭도(朴淵瀑圖)〉(개인 소장)라고 생각합니다(1-9). 뒤에서 설명할 다섯 가지 화법을 모두 갖춘 〈박연폭도〉는 정선의 3대 명작 중 하나로 꼽히는데요. 이들 가운데 아직까지 유일하게 개인 소장품입니다.[62] 삼십년 전 수장가의 집에서 이 그림을 처음 본 순간, 그 폭포소리의 위력에 그만 뒤로 넘어져버렸던 기억이 생생하네요. 1750년대, 70대 후반의 나이에 그렸을 터인데요. 정말 노익장(老益壯)이라 할 만합니다. 폭포가 세차고 시원하게 느껴지지요. 박연폭은 개성(開城)에 있는 최고의 폭포입니다. 황진이(黃眞伊), 황진이가 사랑한 화담(花潭) 서경덕(徐敬德, 1489~1546)과 함께 송도의 삼절(三絶)이라 일컬어지지요. '개성난봉가'라고 하는 경기민요

62 이우복, 『옛 그림의 마음씨』, 학고재, 2006.

는 '박연폭! 떨어지는 소리에…'라며 힘이 넘치게 시작합니다. 폭포의 이미지에 걸맞지요. 나는 2001년 봄 미국 UCLA에서 열린 한국미술사 국제학술회의에서 〈박연폭도〉를 발표했을 때, 마무리에 폭포그림을 비쳐놓고 민요 개성난봉가를 틀어 박수를 받기도 했습니다.[63]

화면에 소리를 담은 그림 〈박연폭도〉

〈박연폭도〉는 줄기차게 떨어지는 폭포의 소리감을 담은 그림입니다. 화면 왼편 아래의 송림에서 폭포를 올려다본 풍경을 그렸지요. 수묵을 겹쳐 덧칠하는 '적묵법(積墨法)'으로 바위 질감을 육중하게 살렸고, 그 사이로 하얀 물줄기를 드러냈습니다. 폭포의 정상에는 '박연(朴淵)', 아래에는 '고모담(姑母潭)'이 있지요. 박연의 오른편으로 대흥산성(大興山城)의 북문(北門)이 보이고, '범사정(泛槎亭)'이라는 정자 아래 정선이 친구와 함께 구경나온 모습도 있습니다. 갓 쓰고 도포를 차려입은 두 선비는 고모담으로 떨어지는 폭포의 물살을 가리키고, 그 옆에 시동이 서 있는데요. 이 선비들 중 한 사람은 정선이겠지요. 산수화의 주제라 할 '자연을 찾는 여행자'로서, 은일(隱逸)하는 문사(文士)의 유람을 잘 보여줍니다. 조선시대 사대부 문인의 성리학적 이념을 구현하기 위한 삶의 모습이랄까요.

정선이 얼마나 실경을 변형하고 과장해서 그렸는지 살펴볼까요. 박연폭의 현장사진과 비교해보면, 우선 범사정의 위치가 다르지요. 폭포 좌우로 상당히 너른 폭의 암벽을 바짝 좁혔습니다(1-10). 화면에 폭포의 변형을 중심으로 주변 풍경을 생략하고 압축하는 축경화법(縮景畵法)이 구사되어 있지

63 Lee Taeho, *Chong Son's(1676–1759) Method of Representing Actual Scenery: The 'Pagyon Waterfall' of the 1750s, Establishing a Discipline: The Past, Present, and Future of Korean Art History*, Los Angeles County Museum of Art, 2001: 이태호, 「겸재 정선의 실경표현 방식과 〈박연폭도〉」, 『조선후기 그림의 氣와 勢』, 학고재, 2005.

1-9 겸재 정선, 〈박연폭도(朴淵瀑圖)〉, 1750년대, 종이에 수묵, 119.4×51.9cm, 개인 소장

요. 폭포의 이미지를 실제보다 상하로 2배 쫙 늘려서 현장에서 온몸으로 느낀 순간의 감명을 그대로 드러냈습니다. 우레와 같다는 폭포 소리의 리얼리티를 이미지화한 그림이지요. 1m 조금 넘는 세로길이에 비해 엄청나게 길게 느껴지는 것도 이 때문일 겁니다.

정선보다 후배인 문인화가 강세황이 1757년경에 그린 《송도기행첩(松都紀行帖)》(동원 기증, 국립중앙박물관 소장)의 〈박연(朴淵)〉과 비교하면, 〈박연폭도〉의 과장미가 실감납니다. 강세황의 〈박연〉은 실경과 비슷하지요(1-11). 현장사진을 찍었을 때, 강세황 그림과 비슷한 구도의 지점이 폭포의 건너편에 있습니다. 초점거리 35mm 광각 렌즈의 카메라 뷰파인더에 잡히는 풍경과 거의 흡사하기에, 현장을 사생한 맛이 물씬 나지요. 하지만 강세황의 〈박연〉은 정선의 〈박연폭도〉에 비해 그림의 크기도 작거니와 무엇보다 좌우로 퍼진 화면에서 폭포소리가 들리지 않습니다. 현장의 외모를 비슷하게 사생했다는 점은 높이 사고 싶으나, 정선이 현장에서 느꼈던 우렁찬 폭포의 소리 전달력이 약해졌지요. 다만 강

1-10 개성 박연폭 풍경

1-11 표암 강세황, 〈박연(朴淵)〉, 1757년경, 종이에 수묵담채, 32.8×53.4cm, 《송도기행첩(松都紀行帖)》, 동원 기증, 국립중앙박물관 소장

세황이 여기서 보여준 현장 사생화법이 그를 배운 김홍도에게 이어져 그 정확한 완성도를 성취해냈음은 의미가 깊습니다.

눈에 보이는 대로 그리는 강세황의 사생방식과 현장에서 느낀 감명을 느낌대로 과장해서 그리는 정선의 표현방식은 그 차이가 또렷하지요. 이것이 정선이 그려낸 진경산수화가 그 이후 강세황 내지 김홍도 등이 그린 진경산수화와 다른 점입니다. 한편 강세황은 정선의 과장방식에 대하여 "평생 익힌 대로 필법을 휘둘러 바위의 형세나 봉우리 형상의 구분 없이 한결같이 열마준법(烈麻皴法)으로 어지러이 그려냈기에 '사진(寫眞)'이라 하기에는 부족했다"라며 현장 사실성이 떨어진다는 비판적 평가를 남겼지요.[64] 열마준법은 남종산수 피마준법의 변형으로 거친 필치를 의미하는 듯합니다.

다시 정선의 〈박연폭도〉를 살펴보면, 대담한 농묵의 구사로 폭포가 드세게 떨어지는 것 같으나 디테일은 굉장히 섬세합니다. 산성문의 아치에 떨

64 姜世晃, 『豹菴遺稿』, 「遊金剛山記」.

어진 그림자, 박연의 바위를 감돌아 흐르는 물결, 그리고 폭포가 쏟아질 때 튀는 물방울의 장면들을 담묵으로 세세하게 표현했지요. 이 그림에서 정선은 음(陰)과 양(陽)을 적절히 대비시켰는데요. 폭포와 소(沼)는 음(陰)이고, 솟은 바위는 양(陽)의 이미지에 해당합니다. 또 숨은 그림처럼 남근과 여근 형태의 바위를 배치해 놓았지요. 고모담 왼쪽에 솟은 바위는 남근의 귀두모양을, 고모담 아래 언덕에 놓인 바위는 영락없이 여자성기를 닮았습니다. 정선은 이처럼 우리 풍광을 재해석할 때, 풍수론의 음양론(陰陽論)을 적용해 그리기도 하였지요. 그는 실제로 『주역(周易)』에 밝았다고 전해오며, 그 지식이 주해서(註解書)를 저술했을 정도였다고 합니다.[65]

중국풍 관념미에서 조선의 실경미로 이상화

〈박연폭도〉가 보여주는 것처럼 정선은 이전의 실경도와 산수화의 전통을 계승하면서도, 이와 완연히 다른 자신만의 진경화풍을 완성했습니다. 이렇게 정선과 그 이후 화가들이 조선의 아름다운 산하(山河), 곧 우리나라의 명승(名勝)을 화폭에 담아낸 진경산수화(眞景山水畵)는 조선후기 새로운 문화사조로 내세울 만한 위대한 업적이지요.[66] 진경산수화의 의미가 이토록 큰 이유는 15~17세기 중국 송·명 시기의 '관념미'적 산수화풍에서 벗어나 우리 땅의 '실경미'를 찾았기 때문입니다. 이러한 회화경향은 풍속화나 초상화 등의 인물화에서도 마찬가지였지요. 조선적인 것과 현실의 삶을 중시했던 새로운 문예사조를 바탕으로 이러한 변화가 일어난 것입니다.[67]

65 『光州鄭氏族譜』, 광주정씨족보편찬회, 2012.

66 이태호, 「정선 진경산수화풍의 계승과 변모」, 『한국미술사논문집』 1, 한국정신문화연구원, 1984; 「조선후기 진경산수화의 발달과 퇴조」, 『진경산수화』, 국립광주박물관, 1987; 이태호, 『조선후기 회화의 사실정신』, 학고재, 1996.

67 이태호, 「18·19세기 회화의 조선풍·독창성·사실정신」, 『東洋學』 25, 단국대학교 부설 동양학연구소, 1995.

정선이 1747년에 그린 《해악전신첩(海岳傳神帖)》(간송미술관 소장)의 〈삼부연(三釜淵)〉과 16~17세기 이경윤(李慶胤, 1545~1611)이 그린 〈관폭도(觀瀑圖)〉(고려대학교 박물관 소장)를 비교하면, '관념미'와 '실경미'의 차이가 확연히 드러납니다(1-12, 13). 〈삼부연〉은 금강산으로 가는 도중 철원에서 만나는 아름다운 폭포풍경이지요. 〈박연폭도〉에 비해 과장미가 적은, 실경 분위기가 살아 있는 진경작품입니다. 삼부연은 정선에게 스승 격이었던 삼연 김창흡의 은둔처였으니 뜻 깊은 감회의 장소이기도 하지요.

1600년경에 이경윤이 그린 〈관폭도〉는 정선의 실경미와 좋은 대조를 이루지요. 이경윤의 〈관폭도〉는 어느 문인이 폭포 앞에서 명상에 젖어 있는 장면을 담은 그림입니다. 중국복식을 한 이 인물은 조선 문인들의 이념적 이상형이기도 한데요. 당시 조선의 유교 문인, 특히 성리학(性理學)을 표방한 문인들은 이 그림처럼 자연 속에서 인격을 수양하고, 수양한 인격으

1-12 겸재 정선, 〈삼부연(三釜淵)〉, 1747년, 비단에 담채, 31.4×24.2cm, 《해악전신첩(海岳傳神帖)》, 간송미술관 소장

1-13 낙파 이경윤, 〈관폭도(觀瀑圖)〉, 1600년경, 비단에 수묵, 31.2×24.9cm, 고려대학교박물관 소장

로 현실 정치에 나가 백성을 계도하는 수기치인(修己治人)의 삶을 지향했습니다. 이경윤의 〈관폭도〉 같은 유형의 인물산수도는 예컨대 공자, 노자, 도연명(陶淵明), 이태백(李太白), 두보(杜甫), 왕유(王維), 소동파, 주희(朱熹), 정이(程頤) 등과 같은 고사(高士)들의 생활 일부를 추앙한 도상이지요. 그들이 이룩한 예술적 업적이나 학문을 사랑했던 풍조가 당시 조선에 만연했음을 잘 보여줍니다.

〈관폭도〉 벼랑의 수묵표현은 부벽준법(斧劈皴法)입니다. 남송대 화원화가 마원(馬遠)·하규(夏珪)에 이어, 명나라 때 강남지방 절강(浙江)성 양자강변을 표현한 '절파화풍'의 전형적 준법이지요. 이렇게 도끼로 통나무나 바위를 결대로 쪼갠 듯한 부벽준법 산수표현은 이정(李楨), 김명국(金明國) 등의 그림에서 보이듯 17세기에 크게 유행하였습니다. 허나 절파풍 〈관폭도〉는 조선 문인에게 이상이긴 하지만 실제는 가기 힘든 머릿속 풍경이기에, 관념산수라 일컫기도 합니다. 따라서 이러한 이경윤의 〈관폭도〉에서 정선의 〈삼부연〉으로의 변화는 그 성리학풍 이념을 중국이 아닌 조선 땅에서 이루려는 의지를 나타내는 것입니다.

17~18세기에 이르면 이런 자주적 경향이 기행 시문학에도 잘 드러납니다. 17세기 송강(松江) 정철(鄭澈)의 『관동별곡(關東別曲)』, 고산(孤山) 윤선도(尹善道)의 가사문학 등이 좋은 예인데요. 이들은 진경산수화의 출현과 유행을 예고해주기도 합니다. 역사적으로 보자면, 조선의 문인과 화가들이 자신이 사는 땅에 애정을 실어 본격적으로 진경작품을 만들어낸 때는 17세기 중반부터입니다. 조선이 왜란과 호란의 전쟁 상처를 딛고 일어서던 시기였지요. 뿐만 아니라 중국 대륙이 명나라에서 청나라로 교체되면서 만주족의 지배 아래 놓이자, 숭명(崇明)의식이 강했던 조선 문인들은 충격을 받아 일부에서는 북벌론(北伐論)까지 제기하는 상황이었습니다. 당시 조선사회는 '소중

화(小中華)' 내지 '조선중화(朝鮮中華)', '주자종본주의(朱子宗本主義)' 같은 용어를 언급할 정도로 성리학적 학통이 고수되었지요.[68] 이런 주자 성리학 이념을 강력하게 표방하며 조선후기를 집권했던 세력은 송시열(宋時烈)을 영수로 삼은 서인·노론이었는데요. 그 핵심 인사들 가운데 앞서 언급했던 감상헌·김상용의 후손들과 이웃으로 절친하며 숙종·영조 시절에 활동한 화가가 바로 겸재 정선입니다.

7. 정선의 진경산수 표현방식 다섯 가지

정선은 진경작품에 실제 지명을 대부분 밝혀 놓았지만, 실경을 닮게 그리지는 않았습니다. 조선의 명승이나 실경에 불만이 있었던 것일까요, 다른 파라다이스를 꿈꾸었을까요. 아니면 묘사기량이 떨어져서일까요. 어느 경우든 눈에 보이는 실경을 그대로 옮기기보다는 이상화하려는 경향이 뚜렷했습니다. 그래서 나는 정선의 진경산수화법을 '구라체, 구라화법'이라 부르며, 이 용어를 진경산수화 관련 논문에 쓰기도 했는데요. '구라'는 흔히 오해하는 일본어나 속어는 아니랍니다. 한자어로 '입 구(口)'자에 '비단 라(羅)'자를 써서 '입에서 고운 비단이 나온다'는, 즉 아름답게 꾸민다는 뜻으로 사용되기 시작한 듯하지요. 〈박연폭도〉에서 살펴보았듯 정선은 대상 실경을 과장하고 변형한 구라를 아주 직관적, 감각적으로 해낸 화가입니다. 그래도 정선의 진경그림을 전체적으로 분석해보면 몇 가지 변형논리가 보이는데요. 예전에는 '부감시로 펼쳐놓기', '다시점과 시점 이동', '너른 화각의 단축

68 최완수, 『겸재 정선 진경산수화』, 범우사, 1993; 정옥자, 『조선후기 지성사』, 일지사, 1991.

경(短縮景)과 단순화' 세 유형으로 분류해보기도 했습니다.[69] 여기서는 다섯 가지 화법으로 세분화해 보겠습니다.

첫째는 하늘에서 굽어본 듯, 제3의 시점으로 근경과 원경을 동시에 포착하는 조감도(鳥瞰圖)식 부감(俯瞰) 화법입니다. 둘째는 시점을 이동하며 다시점(多視點)으로 기억된 형상을 조합하는 합성(合成) 화법이고요. 셋째는 주제를 부각시키며 전체풍경을 줄여 그리는 축경(縮景) 화법, 넷째는 풍경을 간결하게 추상화한 단순화(單純化) 화법입니다. 마지막 다섯 번째는 주역의 음양론으로 풍경 대상을 재해석하는 화법으로, 앞선 변형방식을 이끌어낸 정선의 조형이념으로 볼 수도 있겠네요.

하나, 솔개처럼 굽어본 부감법

첫 번째, 부감법입니다. 부감법을 적절히 보여주는 사례는 정선의 1711년 작 〈단발령망금강(斷髮嶺望金剛)〉입니다(1-14). 1711년 금강산을 처음 여행하고 그린 《신묘년풍악도첩(辛卯年楓嶽圖帖)》(국립중앙박물관 소장) 안에 있는 첫 번째 그림으로, 이후 같은 제목의 작품을 여러 점 그렸지요. 현재(玄齋) 심사정(沈師正), 고송유수관도인(古松流水館道人) 이인문(李寅文), 지우재(之又齋) 정수영(鄭遂榮) 등 여러 화가들도 같은 소재를 그렸습니다.

정선의 〈단발령망금강〉은 근경의 단발령 전체와 그 고갯마루에서 바라본 금강산이 담겨 있습니다. 비로봉(毘盧峰)을 중심으로 내금강까지의 전경이 한눈에 보이네요. 일제강점기 단발령에 올라 기행문을 쓴 많은 문인들은 정선이 그림에 구라를 쳤다고 했지요. 원래 단발령에서 금강산은 웬만큼 맑은 날씨가 아니면 잘 안 보이거든요. 1년에 화창하게 갠 날이 며칠 안 되었

69 이태호, 「실경에서 그리기와 기억으로 그리기-조선후기 진경산수화의 시방식과 화각을 중심으로」, 『미술사학연구』 257, 한국미술사학회, 2008.3, pp.148~160.

1-14 겸재 정선, 〈단발령망금강(斷髮嶺望金剛)〉, 1711년경, 비단에 수묵담채, 34.3×39cm, 《신묘년풍악도첩(辛卯年楓嶽圖帖)》, 국립중앙박물관 소장

다고 하네요. 단발령 위에는 금강산을 완상(玩賞)하는 인물들과 그림을 그리는 정선의 모습을 담은 작품도 전합니다. 두 사람이 화폭을 들고 그 사이로 그림을 그리는 뒷모습의 화가가 등장한 작품이 그 사례인데요. 바로 금강산을 그리는 정선, 자기의 모습이겠지요. 갓 쓰고 도포를 입은 정선은 넓은 시야로 금강산을 바라본 기억을 살려 이 그림을 그렸을 겁니다.

단발령을 오르며 아래에서 위로 올려다 본 산세는 남종화 산수준법인 미점(米點)으로 처리했습니다. 멀리 떨어져 구름 위로 솟은 금강산은 뾰족뾰족한 수직준법을 반복해 표현했고요. 1711년 작에는 아직 정선의 특징인 한 손에 붓 두 자루 쥐고 그리기, 즉 양필법(兩筆法)이 구사되지 않았으나, 1720년대 이후 작품에서는 양필 사용이 뚜렷해졌습니다. 우선 정선은 포착하는 풍경의 화각(畵角)이 굉장히 넓지요. 보통 사람이 가만히 서서 눈동자를 움직이지 않고 볼 수 있는 좌우의 폭 화각이 대개 43~60°인데요.[70] 겸재는 90°, 때에 따라서는 아예 180°까지 움직이지요. 카메라로 보면 초점거리 28mm보다 더 넓은 광각렌즈여야만 소화할 수 있을 정도입니다. 이렇게 계속 고개를 돌려가며 그린 것이 정선 화법의 특징이지요. 정선 이전의 다른 화가들은 상상하지 못했던 시방식(示方式)입니다.[71] 정선의 너른 화각은 "호호노인"으로 불릴 만큼 자연을 포용하는 너비가 넓었던 그의 품성과 같이 하는 것일까요.

내가 보는 대상을 그리면서 화면의 근경에 내 위치를 설정하기 위해서는 제3의 시점이 필요합니다. 하늘에서 부감하는 것이지요. 부감법 혹은 '조감도법(鳥瞰圖法)'이라 일컬어집니다. 나는 '솔개처럼 하늘을 높이 날아서 본 것과 같다' 하여 '솔개화법'이라 부르고 싶네요. 정선은 실제가 아니라 상상으로 자신의 위치와 자신이 그리고자 하는 대상을 부감하여 한 화면에 담았습니다. 많은 시인들이 흔히 새처럼 날아 금강산 전체를 보고 싶다고 노래했는데, 정선이 그들의 열망을 그림으로 대신해준 셈이지요.

부감법은 천취(天趣)의 재능을 가진 정선의 논리적 화법이지만, 동시에 동양인의 자연 철학이 고스란히 담겨 있는 방식이기도 합니다. 서양의 자연관은 인간과 자연, 나와 대상을 대립적인 관계로 보았지요. 르네상스부터 발달된 투시원근법이 그러한 서양인의 생각을 잘 말해줍니다. 이에 반해 동양인의 자연관은 정선의 그림처럼 대상과 나를 한 화면에 담았지요. 인간과 자연, 나와 대상을 한 덩어리로 인식한 자연관이 〈단발령망금강〉을 비롯한 진경산수화에 그대로 드러납니다.

70 강영조, 『풍경에 다가가기』, 효형출판, 2003.
71 이태호, 「실경에서 그리기와 기억으로 그리기-조선후기 진경산수화의 시방식과 화각을 중심으로」, 『미술사학연구』 257, 한국미술사학회, 2008.3.

둘, 움직이며 보는 다시점 합성법

두 번째는 다시점의 합성방식입니다. 이 화법을 1747년 《해악전신첩(海嶽傳神帖)》(간송미술관 소장)의 〈장안사비홍교(長安寺飛虹橋)〉를 예로 들어 자세히 알아보도록 하지요(1-15). 〈장안사비홍교〉는 1740년대 〈금강전도(金剛全圖)〉(삼성미술관 리움 소장)의 장안사 세부와 유사한 구성의 그림입니다. 다만 〈금강전도〉의 하단 장안사 부분에 비해 부감이 더 심해진 편이지요. 그림에 자신감을 보여주듯, 양필법(兩筆法)의 쌍선(雙線) 구사에서 빠른 속도감이 느껴지는 걸작입니다.

장안사 입구의 무지개다리 비홍교는 내금강산이 시작되는 곳입니다. 그림 속 비홍교는 조선 말기에 홍수로 무너졌고, 현재는 수평식 콘크리트 다리

1-15 겸재 정선, 〈장안사비홍교(長安寺飛虹橋)〉, 1747년, 비단에 담채, 32.0×24.8cm, 《해악전신첩(海岳傳神帖)》, 간송미술관 소장

1-16 장안사 풍경: 장안사에서 본 내금강 입구 풍경(상), 1930년대 장안사 사진(중), 장안사비홍교 주변 풍경(하)

가 이를 대신하고 있지요. 화면의 좌우에는 토산과 바위산이 가득한 내금강 입구가 배치되어 있습니다. 그림의 왼편 토산이 정양사(正陽寺)로 오르는 길이고, 개울 건너로 장경봉(長慶峯)과 명경대(明鏡臺) 가는 길이 보이지요. 이런 구성은 내가 장안사지에서 직접 본 풍경과 비슷합니다. 그러나 상당한 변형도 이루어졌는데요. 특히 산세 부분을 현장사진과 비교해보면, 위로 솟은 모습들이 과장되어 있습니다. 중앙의 먼 관음봉을 비롯한 산봉우리들을 두 배로 올려놓았지요. 가운데 석가봉(釋迦峰) 암산은 양필로 내리 그은 수직준법으로, 오른쪽 장경봉과 왼쪽 정양사로 올라가는 토산은 언제나처럼 짙은 농묵의 미점준으로 대비시켜 그렸습니다.

〈장안사비홍교〉 그림을 실제 장안사 풍경과 맞추려면, 최소 3개의 사진을 합성해야 됩니다(1-16). 내가 1998년 8월 금강산 답사 때 찍었던 사진 두 장을 먼저 볼까요. 한 장은 장안사에 도착하기 전 개울 아래쪽에서 비홍교를 향해 찍은 것이고, 또 한 장은 폐허가 된 장안사 터에서 내금강을 향해 찍은 것인데요. 모두 초점거리 35mm 렌즈로 잡은 풍경이지요. 현재 장안사는 6·25 때 화재로 소실되었지만, 일제강점기에 찍은 사진을 통해 그림 속의 가람과 유사함을 알 수 있습니다. 비홍교에서 바라본 왼편의 장안사를 찍은 옛 사진과 그림을 비교하면, 이층누각은 물가 가까이로 이동해 있지요. 이처럼 〈장안사비홍교〉의 풍경은 내강리에서 본 비홍교, 비홍교에서 본 장안사, 그리고 장안사에서 본 내금강, 이렇게 총 3개의 시점이 필요합니다.

3개의 사진을 합성하고 솔개처럼 부감 상상해서 조합시킨 〈장안사비홍교〉의 이런 방식은 요즈음 디지털아트와 같은 개념이어서 흥미롭습니다. 정선이 이 시대에 태어났으면 최고의 디지털 아티스트가 되지 않았을까요. 다시점의 합성은 움직임과 함께 이루어졌는데요. 정선은 걸으면서 눈에 보이는 실경들을 현장에서 그리지 않고 기억 속에 담아두었지요. 눈으로 스케치한 셈입니다. 때문에 기억으로 그린 그림은 현장과 크게 달라졌습니다. 요즈음 인지과학자들 표현대로 인간의 기억력이라는 게 신뢰하기 어렵다는 것을 이 그림이 잘 보여주지요. 정선의 기억은 눈에 든 형상의 외모를 다르게 묘사했지만, 대신에 몸으로 느낀 실경을 표현했습니다. 폭포나 개울 물소리, 혹은 바람소리가 귓가에 들리는 듯한 필묵법을 구사하여 실경이 주는 감명, 곧 대상의 이미지를 정확히 전달하였지요. 정선식 진경회화의 예술적 장점입니다.

앞서 비교한 정선의 유명한 1740년대 작품 〈금강전도〉(삼성미술관 리움 소장)는 다시점 합성의 종합편이라 할 만합니다(1-17). 이 그림은 〈인왕제색도〉, 〈박연폭도〉와 함께 정선의 3대 명작으로 꼽히는데요. 원래 1734년 작으로 알려졌으나 최근에는 그보다 후대인 1740년대의 60대 때 작품으로 거론됩니다.[72] 금강산의 아름다움을 부감시로 포착한 원형구도 안에는 토산과 바위산, 계곡과 사찰 등 모두 발로 걸어서 기억한 형상들이 가득 채워져 있지요. 부감상상을 발로 한 것입니다. 그래서 나는 〈금강전도〉를 발로 그린 그림이라 생각합니다.

1-17 겸재 정선, 〈금강전도(金剛全圖)〉, 1740년대, 종이에 수묵담채, 130.7×94.0cm, 국보 제 217호, 삼성미술관 리움 소장

72 강관식, 「겸재 정선의 천문학겸교수 출사와 금강전도의 천문학적 어해」, 『미술사학보』 27, 2006.

정선은 근경의 내금강 입구인 장안사부터 원경의 비로봉까지 이동해가며 다시점으로 이 그림을 완성하였습니다. 금강산의 전경을 한꺼번에 보고 싶은 사람이면 누구나 공감할 만한 소통의 형식을 창조했지요. 그 이미지의 조합이 금강산을 추억하게 하기 때문에, 예나 지금이나 많은 사람들이 변함없이 정선의 금강산 그림을 사랑하지 않나 싶습니다. 바위들의 배치가 살짝 어긋나기도 하고 사자암처럼 본래 형상과 다른 부분도 있지만, 정상부의 비로봉 아래 중향성(衆香城)과 백운대(白雲臺) 표현은 실제 사진과 거의 비슷하여 정확한 기억력을 보여주기도 하지요. 비로봉(毘盧峰)은 금강산의 주봉답게 둥그스레 솟은 형태로 과장했습니다. 금강산의 주인으로서 비로자나불의 위상을 크게 드러낸 듯하지요. 비로봉을 이보다 엄청나게 크고 높이 강조한 〈비로봉도〉(국립중앙박물관 소장)들이 전하기도 합니다.

〈금강전도〉는 각 지명을 생략하고 회화성을 우선시했습니다. 하지만 1711년에 그린 《신묘년풍악도첩》의 〈금강내산총도(金剛內山總圖)〉나 1720~30년대의 〈풍악내산총람(楓岳內山總覽)〉(간송미술관 소장)은 마치 지도 위에 금강산을 입체화한 듯한 모습이지요. 비로봉, 중향성, 혈망봉(穴望峰), 소향로봉(小香爐峰), 대향로봉(大香爐峰), 만폭동(萬瀑洞), 백천동(百川洞), 장안사, 표훈사(表訓寺), 정양사 등 30여 곳이 넘는 지명이 모두 쓰여 있어 지도적 성향이 짙습니다. 이 작품은 역리(易理)로도 분석된 바 있는데요. 원형구도는 태극 모양, 붓을 눕혀 찍은 미점의 토산과 붓을 곧추세워 그은 수직준법의 골산은 음양의 대조 등으로 비유되었지요. 또 필묵의 리듬을 송강가사(松江歌辭)의 4(3).4조 운율과 비교하는 시도도 있었습니다.[73] 이처럼 정선의 진경산수화법은 감정표출이 대단히 리드미컬하면서도 논리적으로 재해석된 면

73 유준영, 「정선의 송간묘선 연구—송간묘선의 형성과정과 표현형식을 중심으로」, 『미술사학』 7, 미술사학연구회, 1995.

모를 잘 보여줍니다.

1-18 겸재 정선, 〈선면(扇面) 금강내산(金剛內山)〉, 1750년대, 종이에 수묵, 80.5×28.2cm, 간송미술관 소장

정선이 부채에 그린 〈선면(扇面) 금강내산(金剛內山)〉(간송미술관 소장)은 정말 기억의 금강산 이미지를 표현한 것입니다(1-18). 두 붓을 곧추 세워 짙은 먹으로 금강산 일만 이천 봉의 개골암산과 바위산을 나타냈지요. 제가 보기에 다 그리는 데 한 30~40분 걸렸을까요. 짧은 시간에 미점으로 토산을 빠르게 표현하였고, 토산 너머로 보이는 일만 이천 봉의 봉우리를 양필 수직준법으로 좍좍 그렸습니다. 쓱쓱쓱쓱 팍팍팍 붓질하면서 정선은 무엇을 떠올렸을까요. 바로 금강산의 봉우리를 감도는 바람소리, 물소리를 떠올리며 고스란히 담아내려 했을 겁니다. 이 〈금강내산〉부채로 부채질을 하면 금강산 바람이 한꺼번에 몽땅 불어 쏟아지겠지요. 시원스런 바람의 이미지가 눈앞에 그대로 전개되듯, 몸으로 느낀 정선의 풍경에 대한 해석력이 최고로 돋보이는 작품입니다.

셋, 중심 이미지를 강조한 축경(縮景)방식

세 번째는 축경화법을 들어보겠습니다. 풍경에서 만난 중심 이미지만을 강조하고 나머지를 생략하는 축경화법은 앞서 〈박연폭도〉에서 살펴본 바 있지요. 이 작품처럼 정선은 대부분 시각적 닮음과 무관할 정도의 구라체 화법으로 실경을 그렸습니다. 헌데 실경대상과 닮은 그림도 있네요. 바로 〈박연폭도〉와 비슷한 시기에 그린 1751년작 〈인왕제색도(仁王霽色圖)〉(삼성미술관 리움 소장)입니다(1-19, 20). 〈박연폭도〉가 소리의 이미지를 닮게 옮겼다면, 〈인왕제색도〉는 주봉(主峰) 바위의 시각적 이미지를 닮게 그린 정선 최고의 걸작이지요. 정선은 76세인 1751년 윤달 5월 하순, 소나기가 지나간 직후에 이 작품을 그렸습니다. '제색(霽色)'은 '소나기가 지나간 직후 개인'이라는 뜻이지요. 소나기에 젖은 인왕산 바위의 위용을 짙은 적묵법으로 드러내고, 그 아래로 비안개가 깔린 모습을 담은 정선의 대작이자 걸작입니다. 70대 중반 노인의 먹과 붓 에너지가 넘쳐나네요.

1-19 겸재 정선, 〈인왕제색도(仁王霽色圖)〉, 1751년, 종이에 수묵, 79.2×138.2cm, 국보 제 216호, 삼성미술관 리움 소장

1-20 옥인동에서 본 인왕산 풍경

근경에는 송림의 저택 지붕이 보입니다. 이 그림을 그린 정선의 위치인 셈이지요. 왼편 옥류천과 오른편 청풍계 사이 언덕쯤에 위치한 이 저택은 일단 이춘제의 소유로 추정됩니다. 이춘제의 부탁으로 저택과 송림 주변 풍경을 그린 1740년 〈서원소정도〉나 〈삼승조망도〉의 가옥과 담장 위치가 유사하기 때문이지요. 혹은 정선의 집을 그린 것으로 추정되는 1740~1741년의 《경교명승첩》(간송미술관 소장) 중 〈인곡유거(仁谷幽居)〉나 1746년 작 《퇴우이선생진적첩(退尤二先生眞蹟帖)》(개인 소장)의 〈인곡정사(仁谷精

1-21 겸재 정선, 〈인왕제색도(仁王霽色圖)〉부분

1-22 인왕산 주봉 풍경

舍)〉를 떠오르게 하여, 정선이 자기 집에서 본 인왕의 풍광을 그렸을 가능성도 추정할 수 있는데요. 인왕산 전경을 포착한 너른 시각으로 보면, 그린 위치가 이춘제의 삼승정보다는 정선의 인곡정사에 가깝습니다.

정선이 지금의 옥인동에 살면서 늘상 보던 풍경을 그림에 담았기에 〈인왕제색도〉(삼성미술관 리움 소장)는 정선의 진경작품 가운데 실경과 가장 유사합니다. 특히 인왕산 주봉의 암반이 쏙 빼닮았지요(1-21, 22). 농묵을 덧칠한 적묵법의 주봉은 물론이려니와 주봉의 왼편 바위 사이에 끼인 뾰족 바위와 오른편 아래의 선바위까지 모두 비슷합니다. 70여 년 동안 봐온 산봉우리니까 구라를 치려야 칠 수가 없었겠지요. 그 덕택에 이번에는 이미지 표출이 아닌 실경사생 유형의 진경산수화 작품이 탄생했네요. 실경의 맛을 살린 또 다른 근대성이 읽히는 정선 회화세계의 일면입니다. 한편 한여름 소나기가 지나간 직후 비에 젖은 인왕산 바위를 그린 것은 19세기 유럽의 인상파 화가들이 눈앞에 전개된 풍경을 그린 것과도 동일합니다. 인상파 그림이 야외에서 끊임없이 변하는 순간순간의 풍경을 포착한 데서 큰 업적을 인정받았다면, 정선의 〈인왕제색도〉 역시 인상파 그림에 못지않은 근대성을 평가받아야 하지 않을까요.

그런데 전체적으로 비교하면 실제 인왕산의 모습과는 조금 다릅니다. 주봉만 닮았지 그 왼쪽과 오른쪽 바위는 안 닮았는데요. 정선은 민둥바위 왼쪽 도성의 훈좌(訓左)를 심하게 좁혀 그렸습니다. 산 전체를 압축해 끌어당겼고 오른편도 축소했지요. 근경의 저택에서 인왕산을 본 좌우 화각은 150° 가량입니다. 현재의 송석원 길쯤, 그림 속 정선의 시점에서는 초점거리 28mm 광각 렌즈의 카메라 뷰파인더에 인왕산 전경이 담기지 않네요. 이 시점보다 최소한 200~300m 이상 한참을 뒤로 물러서야 전체가 잡힐 정도입니다. 그런데도 중간이 축소되고 청풍계에 흐르는 바위들이 언덕에 가려 보이지 않지요. 이는 그림이 부감시로 재구성되었기 때문인데요. 저택에서 옥류천 쪽으로 시점을 이동해야 파노라마 카메라에 인왕산 능선이 찍혀, 이때야 비로소 그림과 닮게 인왕산 전경이 덜 축소된 모습으로 잡힙니다.

정선의 축경화법은 1739년작 〈청풍계도〉(간송미술관 소장)나 〈삼승정도〉

(개인 소장), 1740~41년작 《경교명승첩》(간송미술관 소장)의 한강명승도들, 1742년작 《임술년화첩》(개인 소장)의 두 그림, 1746년작 《퇴우이선생진적첩》의 〈계상정거도〉 등 강변 풍경에 많이 나타납니다. 옆으로 긴 화면화면에 파노라마처럼 펼쳐놓기는 하지만, 실경에 서면 상당히 풍경을 압축하는 단축화법을 보여주지요. 그런 한편 《경교명승첩》의 한강 명승도들은 세심한 표현기법이나 청록산수풍으로 그려졌고, 기록풍속화적 요소도 지니고 있어 정선 진경산수화의 또 다른 유형을 보여주기도 합니다. 이를 별도로 분류하면, 정선의 진경화법은 여섯 가지가 되겠네요.

지금까지 정선이 새가 날아 하늘에서 본 듯 상상하는 부감화법, 움직이면서 본 대상들을 한 화면에 담는 합성화법, 실경의 음향이나 시각적 이미지를 강조하고 나머지를 생략하는 축경화법 등 세 가지 화법을 어떻게 활용했는지 살펴보았습니다.

넷, 기억된 풍경의 단순화방식

네 번째 정선의 진경산수화법은 단순화입니다. 정선은 70대 중후반에 〈인왕제색도〉나 〈박연폭도〉 같은 기세 찬 그림도 그렸지만, 기억에 남는 풍경의 이미지를 가볍고 단순하게 압축하는 화풍도 시도했습니다. 노년기의 또다른 경향이라 할 수 있겠네요.

1750년대 중후반의 〈금강대(金剛臺)〉(간송미술관 소장)가 단순화풍의 대표작입니다(1-23). 금강대는 만폭동 너럭바위 위로 솟아 있지요. 정선은 화면 하단에 안개구름을 깔고 왼편에는 송림 위로 솟은 청학대를, 오른편에는 금강대를 소략하게 병치해 놓았습니다. 그 위로 소향로봉과 대향로봉을 담았고요. 60대 때인 1730~40년대에 그린 〈만폭동〉(서울대학교 박물관 소장)의 복잡한 구성과 산만한 선묘에 비해, 〈금강대〉는 간략한 구성으로 고요합니다(1-

1-23 겸재 정선, 〈금강대(金剛臺)〉, 1750년대 중후반, 종이에 수묵담채, 28.8×22cm, 간송미술관 소장

1-24 겸재 정선, 〈만폭동〉, 1730~40년대, 비단에 수묵담채, 33×22cm, 서울대학교박물관 소장

24). 실견한 지 오래되어 자연히 기억에 또렷한 중심 형상만 남은 결과로 여겨지는데요. 그러는 바람에 더욱 회화성이 높은 명작이 된 듯합니다. 옅푸른 담채로 눌러주어 연하게 드러낸 소향로봉과 대향로봉의 실루엣은 현대 수채화를 연상시키지요. 두 바위의 정상과 두 봉우리를 보는 화각은 수평각이 30° 정도인데, 초점거리 105mm 이상인 망원 렌즈로 멀리서 좁게 포착한 구성입니다. 이러한 방식은 미점 토산에 푸근히 안긴 1750년대 중후반의 〈정양사〉(간송미술관 소장)와 더불어 정선의 최말년 회화 경향으로, 기존 작품과 다른 새로운 변화를 보여줍니다.

1750년대 후반경의 〈목멱산(木覓山)〉(고려대학교 박물관 소장)도 다른 방식으로 풍경을 단순화한 그림입니다(1-25). 남산 아래로 구름이 깔리면서 드러난 산의 실루엣을 연한 담청색으로 채색하고 그 위를 미점으로 툭툭 쳐서 아주

1-25 겸재 정선, 〈목멱산(木覓山)〉, 1750년대 후반, 비단에 수묵담채, 18×17cm, 고려대학교박물관 소장

담백하게 표현하였네요. 정선 말년의 또 다른 진경화법입니다. 자연을 가슴에 품고 심취하며 우리 땅을 예술적으로 승화시킨 정선 화법의 위대함을 또렷이 보여주지요. 정선은 산수풍경을 마음으로 자연스레 단순화하는 화법에 대해 아래와 같이 구체적 방법론을 제시하여 흥미롭습니다. 정선이 어느 화가의 산수화 그림을 비평하며 한 수 가르쳐준 말입니다.

> 어떤 사람 하나가 이름난 화가라고 일컬어지므로, 겸재가 그의 그림을 보고 말하였다.
> "이 그림은 참으로 교묘하게 그렸으나 다만 타고난 취향이 모자라오. 마땅히 먼저 무너진 담을 하나 찾아서 그곳에 흰 명주로 된 천을 펼쳐 놓고 아침저녁

으로 간막이 천을 관찰하면 무너진 담 위로 높고 평평하고 굽고 꺾어진 것이 보일 것이오. 모두 산수의 형세를 이루었음을 알아차리고 헤아리면, 흐릿하니 사람과 새와 초목 등이 날아서 움직이고 오가는 모양을 보게 되지요. 그럴 때 생각한 대로 붓을 움직여 나가면 절로 모든 경치가 자연스러울 것이요, 인위적인 것과는 같지 않으리니, 이것을 활필(活筆), 곧 살아 있는 필체라고 합니다."[74]

자연, 풍경의 이미지, 혹은 그 서정적 느낌은 또렷한 햇살 아래에서보다 눈비가 내리거나 안개 속에 어슴푸레 실루엣으로 드러날 때 더 깊이 다가오지요. 멜랑꼴리한 상태로 쉽게 감상적이게 되니까요. 정선이 반투명한 흰 비단에 비친 산세 이미지를 보며 풍경의 마음을 생각하고, 이를 화면에 옮기는 밑그림으로 삼으면 좋겠다는 생각을 전하고 있어 흥미롭습니다. 눈에 보이는 풍경보다 마음으로 담은 진경산수화를 추구한 정선이 바로 그런 실루엣 방식으로 자연을 작품화했음을 연상할 수 있기 때문이지요. 이는 '산수의 마음으로 산수를 본다'는 동양화론을 구체화하려는 화가의 실제 경험에서 나온 대단한 설명인바, 앞서 살펴본 〈금강대〉, 〈정양사〉, 〈목멱산〉 같은 말년 작에서 그 형상이 적절히 표현된 듯합니다.

다섯, 음양론의 재해석으로 대상을 과장

마지막으로 다섯 번째 정선의 진경산수화법은 풍경을 음양론으로 재해석한 방식입니다. 이는 정선의 산수화 대부분에 적용되는 방식으로 〈박연

74 有一人以名畵稱, 謙齋見其畵曰, 此畵信工, 但少天趣耳. 當先求一敗墻, 張絹素, 朝夕觀之隔素, 見敗墻之上, 高平曲折, 皆成山水之勢. 神領意造, 恍然見有人禽草木飛動往來之象, 則隨意命筆. 自然景, 皆天就, 不類人爲, 是爲活筆: 李源命, 『東野彙輯』 卷二, 「投錦裳高僧爭價」; 김동욱 역, 『국역 청야담수』 1, 보고사, 2004. pp.227~233.의 번역을 수정한 것임.

폭도〉의 솟은 바위와 폭포, 그리고 숨은 그림처럼 넣은 남녀 성기형태 바위, 〈금강전도〉의 수직준 바위표현과 미점의 토산표현 등에서 이미 살펴보았지요.

정선의 1730~40년대작 〈성류굴(聖留窟)〉(간송미술관 소장)은 풍경을 음양론으로 재해석한 대표적 사례입니다(1-26). 경북 울진의 쌍굴(雙窟)인 성류굴은 정선이 청하현감 시절(1733~35) 여행했을 법한 곳에 위치합니다. 성류굴 앞에는 동해안으로 왕피천(王避川)이 흐르는데요. 실경을 보면 부드러운 강변에 토산과 벼랑의 바위산이 붙어 있습니다(1-27). 그러나 정선은 바위산을 높이 솟게 과장하여 토산과 분리해 그렸지요. 나는 1980년 초반에 답사를 처음 갔을 때는 실경과 그림이 닮지 않아 아연실색했습니다. 정선이 이곳에 와보지 않고 그렸을 거라 확신했을 정도였지요. 그 당시에는 이 구라화법을 어떻게 해석해야 할지 고민했습니다.

정선은 가운데 선바위를 우뚝하게 변형시켰지만, 현장에 가보면 그렇게 과장할 여지가 거의 없는데요. 결국 정선은 굴을 여성에 비유하여 음(陰)의 기운으로 보고, 이에 따라 남근형 바위를 불끈 세워 양(陽)의 기운을 맞춤으로써, 음양의 조화를 염두에 두고 풍경을 재해석한 것으로 보입니다. 『주역(周易)』에 밝았다고 전해오듯이, 조선 땅을 풍수지리 개념의 음양론으로 바라본 것이지요. 그런데 이는 요즈음 떠오른 생각인 것을 보면, 나이가 들어야 그런 감이 오는 모양입니다.

화법을 살펴보면, 바위나 벼랑의 표현은 명대 절파화법식 부벽준을 적묵법으로 변조했으니 북종산수화법이라 할 수 있네요. 토산에는 피마준(披麻皴)에 태점(苔點), 혹은 미점산수(米點山水)의 남종화법(南宗畵法)이 구사되어 있습니다. 정선은 이렇게 남종화법과 북종화법(北宗畵法)을 절충해 자기형식을 창출했지요. 이러한 정선의 진경산수화법은 동아시아 산수화의 고전적 전형과 그 이론을 완성한 곽희(郭熙)의 산수론을 공감한 것입니다.[75] '자연과 일체화된 마음', 곧 산수를 볼 때나 그릴 때 의식해야 하는 '산수의 마음'이 그것이지요. 이에 대하여 정선은 앞의 실루엣 화법에 이어 아래와 같이 이야기를 한 적이 있습니다.

1-26 겸재 정선, 〈성류굴(聖留窟)〉, 1730~40년대, 종이에 담채, 27.2×28.5cm, 간송미술관 소장

1-27 성류굴 측면 풍경

"산수화를 그리는 데에 격식이 있으니, 그리려고 하는 것을 큰 도구로 삼아서 조금이라도 모자람이 있어서는 안 되는 것이니, 조그만 경치를 그려도 적지 않게 되는 것이다. 산수화를 감상하는 데에도 또한 격식이 있으니, 산수의 마음(林泉之心)으로 접근하면 가치가 높아지는 것이요, 교만하고 사치스러운 눈으로 바라보면 가치가 떨어지는 것이다."

또 이런 말도 하였다.

"봄의 산은 아리땁고 고와서 마치 웃는 듯하고, 여름의 산은 푸름이 뚝뚝 방

75 郭熙, 『林泉高致』; 신영주 역, 『곽희의 임천고치』, 문자향, 2003.

울져 돋는 듯하고, 가을의 산은 밝고 맑아서 치장을 한 듯하며, 겨울의 산은 참담하여 마치 잠이 든 듯하니, 이 모두가 화가들의 묘한 비결에서 나온 것이로되, 송나라 곽희의 『임천고치(林泉高致)』에서 많은 영향을 받은 것이다."[76]

1-28 단원 김홍도, 〈성류굴(聖留窟)〉, 1788년, 비단에 담채, 30×43.7cm, 《금강산화첩》, 개인 소장

1-29 성류굴 정면 풍경

이처럼 정선은 동아시아 산수화와 산수화론의 고전에 해당하는 북송대 곽희를 필독하였습니다. 그런데 여기서 '임천지심(林泉之心)', 곧 '산수의 마음'은 무슨 의미일까요. 풍경을 대하고 그림을 그리고 감상할 때 내 마음, 곧 인간의 마음이 아닌 대상풍경의 마음으로 접근하라는데, 이게 가능한 이야기일까요. 어느 박물관 강좌에서 진경산수화를 강의하다가 이 문제를 던져본 적이 있습니다. 동양의 정신을 강조한 이러한 화론은 관념론에 불과할 뿐 실제로는 불

76 嘗日 畵山水有體, 鋪舒爲宏圖, 而無餘, 消縮爲小景, 而不少. 看山水, 亦有體, 以林泉之心, 臨之, 則價高, 以驕侈之目, 臨之, 則價低. 又曰春山艶冶而如笑, 夏山蒼翠而如滴, 秋山明淨而如粧, 冬山慘淡而如睡. 皆畵家妙訣, 而多得於宋郭熙林泉高致云.: 李源命, 『東野彙輯』 卷二, 「投錦裳高僧爭價」; 김동욱 역, 『국역 청야담수』 1, 보고사, 2004. pp.227~233.

가능하지 않느냐며 '어떻게 산수에 마음이 있을 수 있나요'라고 질문을 해봤는데요. 그랬더니 연세 지긋한 할머니 한 분이 조용히 손을 들고 '선생님, 나는 나무와 늘 대화를 나눕니다' 하시더라고요. 이 답변을 듣고 한참 머리가 띵 했네요. 맞다, 맞아! 나도 그때 큰 깨달음을 얻었고, 지금도 그분께 감사하는 마음으로 그림을 봅니다. 하지만 나는 나무와 대화하는 단계에는 아직 못 이르렀네요.

8. 겸재의 마음에서 단원의 눈으로

겸재 정선의 진경산수화에 이어, 단원 김홍도는 눈앞에 보이는 실경을 정확히 사생하며 조선후기 진경산수화의 사실주의 수준을 한 단계 더 높였습니다. 김홍도의 1788년작으로 추정되는 《금강산화첩(金剛山畵帖)》(개인 소장) 가운데 울진 〈성류굴(聖留窟)〉은 앞서 살펴본 정선의 〈성류굴〉과 잘 비교되지요(1-28, 29). 김홍도의 눈이 정선과 얼마나 다른지를 명확히 알려주는 작품입니다.

두 사람은 풍경을 포착한 시점부터가 다르지요. 정선은 성류굴의 암벽을 측면에서 바라보며 음양의 개념으로 변형했고, 김홍도는 우람하게 다가오는 성류굴 절벽을 정면에서 사생했습니다. 지금도 바위 벼랑 가에 서면 그림과 비슷한 형태가 잡히지요. 아쉽게도 김홍도가 바위에 가까이 가서 올려다보고 그림을 그렸던 장소는 현재 보가 설치되어 접근하기 힘드네요. 또한 정선이 적묵법으로 선바위를 싹 문질러 남근의 이미지를 강조한 데 비해, 김홍도는 자잘한 짧은 붓터치의 반복으로 바위의 거칠거칠한 질감에 주목했습니다. 벼랑의 세부 갈라진 틈 묘사에는 점선(點線)을 집중시켜 사실감을 냈고요.

구룡폭포 그림도 비교해 볼까요. 외금강의 절경인 구룡폭포 전체 암벽의 위세는 맞은편의 현장 카메라에서도 잘 포착되지 않습니다. 보통 카메라로는 수직의 폭포만을 실경으로 잡을 뿐이지요. 김홍도의 1788년작 《금강산화첩(金剛山畵帖)》 속 〈구룡연(九龍淵)〉은 맞은편 정자에서 본 그대로, 대개 60° 정도의 화각을 유지하며 이 실경을 담아냅니다(1-30). 〈구룡연〉의 특징인 폭포 좌우의 병풍같이 웅장한 바위 벼랑을 사실감나게 배치하고, 폭포 위 능선 너머의 구정봉을 뚜렷하게 그려 넣은 것이지요. 구정봉에 올라가면 선녀들이 두레박을 타고 내려와 목욕했다는 8개의 못, 상팔담(上八潭)이 굽어보입니다. 마치 흰 바위에 파란 보석을 상감해 놓은 듯, 눈 아래로 장관이 펼쳐지는 금강산 최고의 비경이지요.

1-30 단원 김홍도, 〈구룡연(九龍淵)〉, 1788년, 비단에 담채, 30×43.7cm, 《금강산화첩》, 개인 소장

정선의 1740년대작 《겸재정선화첩》(독일 상트-오틸리엔 수도원 소장, 왜관수도원으로 이관)의 〈구룡폭(九龍瀑)〉은 폭포 능선 위로 솟은 구정봉이 생략되고, 수직과 수평구도로 견고하게 구성됩

1-31 겸재 정선, 〈구룡폭(九龍瀑)〉, 1740년대, 비단에 담채, 29.5×23.5cm, 독일 성 오틸리엔 수도원 구장 《겸재화첩》, 현재 성 베네딕도회 왜관 수도원 소장

니다(1-31). 김홍도는 한 지점에 서서 본 대로 구룡폭의 전경을 그렸지만, 정선은 폭포를 중심에 두고 다시점으로 재구성한 것이지요. 폭포는 앞에서 본 모습으로, 물받이 소(沼)는 위에서 굽어본 부감시로, 각각 시점을 달리하여 그렸습니다. 폭포의 암반 능선은 밑에서 올려다본 것처럼 능선 너머의 구정봉을 빼버렸고요. 폭포의 수직적 위용을 담으려는 합성방식이자 축경화법으로, 정선식 구라체를 잘 보여줍니다. 이처럼 정선이 수직구도로 폭포를 그린 데 반해, 김홍도는 주로 사선구도를 활용해 구룡폭포 암반의 전경(全景)을 담아내지요. 또 정선은 아래로 떨어지는 폭포의 물길을 강조한 반면, 김홍도는 화면을 압도하는 폭포 좌우 벼랑을 표현하는 데 관심을 쏟았습니다.

그렇다고 김홍도가 사실적 묘사에만 치중한 것은 아닙니다. 정선이 〈구룡폭〉이나 〈박연폭도〉에서 표현했던 소리의 이미지를 김홍도도 배웠지요. 또 다른 김홍도의 1790년대 〈구룡폭(九龍瀑)〉(평양조선미술관 소장)이 그 좋은 사례입니다. 쏟아져 내리는 폭포의 느낌을 현장감 넘치게 그려낸 작품이지요. 정선식 적묵법 비슷하게 벼랑의 질감을 내었고, 폭포 소리를 강조하기 위해 아래쪽 소와 위쪽 구정봉을 모두 생략했네요. 소품이면서도 사생미보다는 폭포의 위세를 담은 별격(別格)입니다. 정선 회화가 갖는 기세 찬 매력과 당찬 형식미는 김홍도도 비켜갈 수 없었겠지요.

《금강산화첩》의 강릉 〈경포대(鏡浦臺)〉는 풍경을 눈에 보이는 대로 그리기보다는 상당히 부감했습니다. 정선의 영향을 받아 김홍도도 가끔 솔개처럼 날아서 굽어본 듯한 부감법을 썼는데요. 〈삼일포(三日浦)〉가 그런 부감시의 현장감을 잘 살린 예입니다. 삼척의 〈죽서루(竹西樓)〉 또한 강변 벼랑 위의 누각을 중심으로, 왼쪽 산세부터 오른쪽 해변가까지 부감법을 활용한 경우이고요. 폭넓게 잡은 풍경을 보면, 김홍도가 정말 사생을 잘하는 화가였음을 알 수 있지요. 정선이 〈죽서루〉와 벼랑만을 중심으로 화면 구성을 한 것과는 비교가 안 되게 광활한 풍경을 포착했기 때문입니다.

9. 김홍도의 진경산수화

김홍도가 금강산을 처음 해후한 때는 1788년 가을입니다. 정조의 어명에 따라 선배인 김응환과 나란히 영동과 금강산 일대를 여행하며 사경(寫景)을 했는데요. 정조가 금강산의 아름다움을 그림으로 확인하고 즐기기 위해 김홍도와 김응환을 파견했던 것이지요. 이때 정조가 김응환과 김홍도에게 "금강산과 네 군(단양·청풍·영춘·제천)의 산수를 그리라"면서, 각 고을에는 "특별히 음식을 제공하고 극진히 예우하도록 어명을 내렸다"고 합니다.[77] 당시 이런 예우가 없었다면 금강산 스케치여행은 힘들었을 겁니다. 정선의 경우도 1710년대 초 여행은 선배이자 막역했던 이병연이 금화현감(金化縣監)으로 재직했기 때문에 가능했던 일이지요. 지방관의 배려가 있었기에 김홍도와 김응환 일행은 금강산과 함께 이를 왕래하며 거쳤던 네 군의 설악산, 오대산, 관동팔경 등을 세세하게 살피며 사생할 수 있었습니다. 정선이 개인적 여정으로 그린 금강산과 영동의 명승들에 비해 몇 배나 많은 명소를 섭렵했지요.

금강산 여정에 동행한 김응환은 김홍도의 선배화원이자, 1772년 봄 김홍도에게 정선의 그림을 방작한 〈금강전도(金剛全圖)〉(개인 소장)를 그려준 화가입니다(1-32).[78] 김홍도가 산수화에서 회화적 기량을 충분히 발휘하게 된 바탕에는 겸재 정선이 존재했음을 보여주는 사례이지요. 김응환의 〈금강전도〉는 정선 스타일이 매너리즘화된 그림이기 때문입니다. 그런데 김응환이

77 趙熙龍, 『壺山外記』, 「金弘道傳」.

78 최순우, 「복헌·백화시화첩합벽첩고」, 『고고미술』 7권 11호, 1966.

1788년 여행 후 그린 금강산 그림 가운데 〈만물초(萬物草)〉(개인 소장)를 보면, 역시 이제는 김홍도가 한 수 위입니다. 16년 전 김응환이 김홍도에게 "금강산은 이렇게 그리는 거야" 하고 알려줬던 모양인데, 어느덧 김홍도가 훨씬 뛰어나게 되어 선배를 추월했지요. 김응환의 금강산 그림은 실경을 사생한 맛이 선명하지 않습니다. 뿐만 아니라 필세와 짜임새가 느슨하고, 실경에 있는 희미한 인물들도 화보풍의 도포차림이지요.

1-32 복헌 김응환, 〈금강전도(金剛全圖)〉, 1772년, 종이에 담채, 22.3×35.2cm, 개인 소장

김홍도 일행은 회양에 머물던 강세황 일행과 잠시 조우하기도 했습니다. 강세황은 회양부사(淮陽府使)로 부임한 맏아들 강인(姜儐)을 만나러 왔었지요. 강세황은 김홍도·김응환과의 만남을 여행기로 기록하고, 여기서 "산수화도 초상화처럼 터럭 하나도 틀린 점이 없어야 산신령도 기뻐할 것"이라는 사실주의 산수론을 펼쳤습니다.[79] 강세황은 《풍악장유첩(風岳莊遊帖)》(국립중앙박물관 소장)이라는 시문화첩을 제작했으나 노령이어서 여러 곳의 방문이 힘들었던 듯, 회양관아에 머물며 그린 주변 풍경 그림 외에는 〈청간정(淸澗亭)〉, 〈죽서루(竹西樓)〉등 김홍도의 사생화를 수묵화로 베껴 넣었지요.[80]

79 姜世晃, 『豹菴遺稿』, 「遊金剛山記」「送金察訪弘道金察訪應煥序」.

80 국립중앙박물관, 『표암 강세황전』 –탄신 300주년 기념 특별전: 시대를 앞서간 예술혼, 그라픽네트, 2013.

김홍도는 수십 일에 걸쳐 백여 폭의 초본(草本)을 그렸고, 그 초본을 토대로 비단에 채색을 한 《금강사군첩(金剛四郡帖)》을 제작한 것으로 추정됩니다. 안타깝게도 당시의 완성본임이 확실한 작품은 현재 전하지 않는 듯하고요. 다만 김홍도 화풍과 닮은 화첩들이 여러 건 알려져 있는데, 만족할 만한 예는 별로 눈에 띄지 않습니다.[81] 앞의 〈구룡연〉이나 〈성류굴〉을 포함한 60점을 5권으로 꾸민 《금강산화첩(金剛山畵帖)》(개인 소장)이 가장 근사치이지요.[82] 그래서 〈성류굴〉과 〈구룡연〉을 김홍도의 그림 사례로 살펴보았습니다.

금강산 여행으로 이룬 사생화법

《금강산화첩(金剛山畵帖)》의 〈청심대(淸心臺)〉는 대관령 오대산 입구에 있는 풍경 그림입니다(1-33, 34). 평창군 진부면 마평리 소재의 명소이지요. 조선초 강릉도호부사를 역임하고 상경한 양수(梁需)에 대해 기생 청심이 보여준 사랑과 순절을 기리는 공간으로 알려져 있습니다. 청심대 역시 개울가에 내려와 올려다보면, 그림과 같은 구도가 그대로 잡히지요. 왼편의 산과 오른편으로 난 길, 청심대의 선바위가 우뚝 솟은 벼랑, 강변 등의 모습이 정말 사진을 찍은 듯 세심합니다.

김홍도는 카메라를 가지고 다녔나 봅니다. 실제로 그랬을 가능성이 높지요. 다만 그때 사용하던 카메라는 지금 우리가 쓰는 것의 할아버지라 할 선형(先形)으로 '카메라 옵스쿠라'라는 것인데요. 다산 정약용이 이것을 직접 실험하여 기록으로 남겨 놓기도 했지요. '칠실관화설(漆室觀畵說)'이라는 글

81 정조의 어명으로 김홍도가 그린 금강산과 사군의 풍경을 담은 《해산첩》, 선조가 그 화첩을 정조의 부마인 홍현주에게 선물한 일, 그리고 일제강점기 문일평이 밝힌 김진우가 소장했다는 김양기의 모사첩 등에 대한 일화는 진준현, 『단원 김홍도 연구』, 일지사, 1999, pp.210~306 참조.

82 『단원 김홍도』-탄신 250주년 기념 특별전, 삼성문화재단, 1995.

이 그것입니다.[83] 깜깜한 방에 구멍을 내고 볼록렌즈를 설치한 다음 일정거리에 하얀 스크린을 가져다대면 바깥 풍경이 거꾸로 비칩니다. 정약용은 그 비친 화면을 보면서 화가가 이 정도의 사실감을 표현해냈으면 좋겠다고 했지요. 이 내용은 제 2강 '다산과 추사'에서 더 자세히 다루게 됩니다. 당시 김홍도가 서양화의 투시도법인 '사면척량법(四面尺量法)'을 잘 썼다고 했듯이,[84] 카메라 옵스쿠라 같은 새로운 광학기재도 잘 활용했을 가능성이 있다고 봅니다.

1-33 단원 김홍도, 〈청심대(淸心臺)〉, 1788년, 비단에 담채, 30×43.7cm, 《금강산화첩》, 개인 소장

1-34 청심대 풍경, 강원도 평창군 진부면 마평리

직접 실경을 사생해본 체험 이후, 김홍도의 그림에서 진경산수화를 비롯한 산수화가 차지하는 비중이 커졌습니다. 금강산 사생을 계기로 괄목할 만한 발전을 이루어 산수화의 표현기량이 크게 증진되었지요. 그 기량을 바탕으로 김홍도는 꾸준히 병풍이나 화첩에 금강산을 그려냈습니다. 대표작

83 이태호, 「조선후기에 카메라 옵스큐라로 초상화를 그렸다」 –정조 시절 정약용의 증언과 이명기의 초상화법을 중심으로, 『다산학』 6, 다산학술문화재단, 2005.

84 李奎象, 『一夢稿』, 「畵廚錄」.

1-35 단원 김홍도, 〈만폭동(萬瀑洞)〉, 1790년대, 비단에 담채, 133.8×54.4cm, 개인 소장

1-36 단원 김홍도, 〈명경대(明鏡臺)〉, 1790년대, 비단에 수묵담채, 133.8×54.4cm, 개인 소장

으로 1790년대의 《금강팔경도병》(간송미술관 소장), 〈만폭동〉과 〈명경대〉(개인 소장), 1795년에 그린 《을묘년화첩》(개인 소장)의 〈총석정〉, 1796년에 그린 《병진년화첩》(삼성미술관 리움 소장)의 〈영랑호〉, 〈도담삼봉〉, 〈옥순봉〉, 〈사인암〉 같은 작품이 있지요.

1790년대 작품인 〈만폭동(萬瀑洞)〉과 〈명경대(明鏡臺)〉(개인 소장)는 김홍도의 금강산 걸작입니다(1-35, 36).[85] 금강산을 다녀온 10년 뒤쯤, 스케치해 둔 것을 모본으로 그린 금강산도 8폭 병풍에서 분리된 듯한데요. 내금강의 두

85 이태호, 「일만이천봉에 서린 꿈-금강산의 문화와 예술 300년」, 『몽유금강 -그림으로 보는 금강산 300년』, 일민미술관, 1999.

명소명승을 그린 것이지요. 만폭동은 '만 개의 폭포가 어울린 곳'이라 하는 내금강 중심 계곡입니다. 중앙 너럭바위에 "봉래풍악 원화동천(蓬萊楓岳 元化洞天)"이라는 양사언(楊士彦, 1517~1584)의 활달한 초서체 글씨가 새겨져 있지요. 다수의 문사를 수용할 수 있어 풍류터로 제격인 곳입니다. 명경대는 염라대왕(閻羅大王)의 업경(業鏡)을 상징합니다. 그 거울 앞에 서면 평생의 죄가 다 비치게 된다고 하지요. 황천(黃泉)·지장봉(地藏峯)·시왕봉(十王峯) 등 명부세계의 이름을 딴 봉우리와 계곡들이 함께 있습니다. 아마 평생에 한번은 금강산에 가야 지옥에 떨어지지 않는다는 이야기가 나돌게 된 것이 바로 이 명경내 때문 아닌가 싶습니다.

그림을 실경과 비교해 보면, 가운데 명경대 바위를 중심으로 구도나 형태가 실제 풍경과 거의 흡사하지요. 카메라 뷰파인더에 담은 실경과 김홍도의 상하로 길게 세운 그림이 딱 맞아 떨어집니다. 대체로 초점거리 35mm 정도의 광각렌즈이면 황천 못가 언덕에서 김홍도의 실경을 포착할 수 있는데요. 앞서 말했듯 이런 김홍도의 사생화법은 정선보다는 그의 직접적 스승격인 강세황이나 현재(玄齋) 심사정(沈師正, 1707~1769)의 영향을 크게 받은 것입니다.

심사정은 청송심씨(靑松沈氏) 명문가에서 태어난 문인화가입니다. 조선후기 남북종산수화풍을 완성하여 후배들에게 큰 영향을 주었지요. 그렇지만 심사정이 명청대 화보의 산수화를 조선 방식으로 소화해낼 수 있었던 것은 기본적으로 정선을 따라 진경그리기 작업에 참여하였기 때문입니다. 그리고 김홍도나 이인문의 산수화풍이 이러한 심사정의 필묵법에서 연유하였음은 이미 잘 알려진 사실이지요. 그럼 심사정의 1750년대 〈명경대〉(간송미술관 소장)와 김홍도의 〈명경대〉를 통해 이를 확인해볼까요. 김홍도 그림을 보면 구경 나온 선비들, 가마꾼, 승려들이 그려져 있는데요. 심사정 그림도 마찬가지입니다. 잡목이나 계곡을 그리는 필묵법과 실경을 포착하는 시각도 두 작품이 비슷하지요. 다만 카메라에 담긴 실경사진과 김홍도 그림은 딱 맞아 떨어지는 데 비해, 심사정 그림은 약간 어긋나 있습니다. 이를 통해 김홍도가 심사정의 영향을 받았지만, 또한 얼마나 청출어람 격으로 스승을 넘어섰는지 그 기량을 알 수 있지요.

김홍도의 〈만폭동〉 또한 걸작입니다. 정면에 높이 솟은 바위가 만폭동의 금강대이고, 대향로봉과 소향로봉이 그 위로 솟아 있지요. 금강대 왼편 아래 선바위가 표훈사 쪽의 청학대이고요. 이러한 조선시대 화가들의 눈은 지금의 카메라도 따라가지 못합니다. 현장을 카메라로 찍으면 금강대 위로 선 소향로봉이나 대향로봉을 담기가 어렵지요. 최소 7~8m 이상의 사다리를 놓고 올라가야 그림의 전경이 보일 겁니다. 즉 김홍도는 아래위로 긴 족자 그림이라는 화면 형태에 따라 풍경을 과장한 셈인데요. 이처럼 부감한 사생법과 바위를 표현한 짙은 먹의 적묵법에서 정선화풍의 영향이 엿보입니다.

정선의 〈만폭동(萬瀑洞)〉(서울대학교 박물관 소장)과 비교해보면, 김홍도의 시선과 표현방식에서 차이가 또렷합니다. 정선의 〈만폭동〉은 그야말로 만개 폭포의 소란스러움을 담으려는 듯, 구성이 산만하고 필세가 어지러운 듯하면서도 일정한 리듬감이 살아 있습니다. 만폭동의 자글거리는 물소리나 상큼한 바람소리가 연상되지요. 만폭동의 풍경 또한 굉장히 넓게 잡았습니다. 만폭동 너럭바위에서 시야가 대략 360°로, 심지어 중향성 위의 비로봉까지 부감법으로 잡았지요. 보덕암(普德庵)까지도 뚜렷하게 그렸고요. 그림의 오른편으로 멀리 보이는 보덕암은 바위에 15m짜리 구리기둥을 얹혀 세운 별난 암자입니다. 반면 김홍도는 서서 볼 수 있었던 풍경만을 눈에 보이는 대로 그렸습니다. 이러한 김홍도의 방식을 19세기 유럽 인상주의풍에 적용해 보면, 현장사생의 근대적 시각이 분명히 드러나지요. 등장하는 인물을 보면 정선의 〈만폭동〉에는 자연을 감상하는 두 선비와 그들을 따르는 시동이 등장하고, 김홍도의 〈만폭동〉에는 계곡에서 물놀이하는 사람들과 고깔 쓴 가마꾼 승려들이 보입니다. 정선은 산수 유람을 통해 성리학적 이상을 추구한 도상을 설정한 셈이고, 김홍도는 실제 관광 모습을 담아 풍속화가답게 표현한 것이지요.

금강산 사생여행을 다녀온 뒤 김홍도는 1791년 동료 화원 출신인 이인문(李寅文, 1745~1821)과 함께 인왕산 기슭 중서층(中庶層) 모임에 초대받아 서촌풍경을 그렸습니다. 이인문은 〈송석원시회도(松石園詩會圖)〉를, 김홍도는 〈송석원시사야연도(松石園詩社夜宴圖)〉를 그렸지요(1-

1-37 단원 김홍도, 〈송석원시사야연도(松石園詩社夜宴圖)〉, 1791년, 종이에 수묵, 25.6×31.8cm, 한독의약박물관 소장

1-38 고송유수관도인 이인문, 〈송석원시회도(松石園詩會圖)〉, 1791년, 종이에 담채, 25.6×31.8cm, 개인 소장

1-39 송석원에서 본 백악과 인왕산 사이 풍경

37, 38). 천수경(千壽慶), 장혼(張混, 1759~1828), 마성린(馬聖麟), 차좌일(車佐一, 1753~1809), 조수삼(趙秀三, 1762~1849), 박윤묵(朴允默), 김낙서(金洛瑞) 등의 시문으로 꾸며진 《옥계청유첩(玉溪淸遊帖)》(한독의약박물관 소장)에 포함된 그림들입니다. 이 두 그림은 김홍도나 이인문 같은 화원이 인왕산 기슭 서촌 중서층과도 상당히 활발하게 교류했던 증거이지요. '웃대 중인'이라고도 하는 서촌 중서층에서는 많은 시인이 배출되었습니다.[86] 천수경의 송석원은 이러한 예술활동의 중심 장소로 다수의 중인이나 서민 시인이 모여 계모임이나 시회를 가졌지요.[87]

이인문은 송석원의 낮 모임을, 김홍도는 밤 모임을 그렸습니다. 1791년 6월 15일 인왕산에서 흘러내리는 개울물에 피서하며 시를 나누는 장면들인데요. 이인문의 〈송석원시회도〉는 백악산과 인왕산 사이 북한산이 보이는 송석원을 중심으로 서촌 전경을 그대로 잡았습니다(1-38, 39). 가벼운 필치로 사생한 남종산수식 진경산수화로, 김홍도의 〈송석원시사야연도〉와 그림 맛이 좀 다르지요. 이인문의 그림은 구성이나 솔밭 숲의 표현에서 조금 빼신데다 농담의 짙고 옅음이 뚜렷합니다. 이에 반해 김홍도의 그림은 마치 거문고를 켜듯 짧은 터치가 붓과 먹의 혼연한 리듬감을 실어냅니다. 옅은 먹에서 중간 먹으로 농담변화를 감각적으로 풀어내며 한여름밤 풍경을 소화한 것이지요.

양반 사대부가 문인들의 눈에는 이들이 어떻게 비쳤을까요. '아니 저것들이 시모임을 갖는다고?' 이런 생각을 했겠지요. 하지만 마음에서 우러나오는 순수한 감성대로 쓴 시를 부러워하기도 했답니다. 당시 양반문인들은 시

86 『웃대, 중인 문화를 꽃 피우다』, 서울역사박물관, 2011.
87 허경진, 「인왕산에서 활동한 위항시인들의 모임터 변천사」, 『서울학연구』 13, 서울시립대학교 부설 서울학연구소, 1999.

짓는 목적 중 하나가 과거 답안지를 잘 쓰기 위해서였으니, 글이 틀에 갇혀 자칫 빽빽해지기 쉬웠거든요. 그러니 중서층의 시는 물론이려니와 심지어 농민들의 순박한 시, 흥겹게 읊은 노래를 부러워하는 양반문인이 나올 정도였습니다.[88] 추사 김정희도 1817년에 중인층 모임의 이름인 '송석원(松石園)'을 예서체로 써주기도 했지요. 송석원은 일제강점기 친일귀족 윤덕영의 소유였다가 해방 후 주택들이 들어서며 파괴되어, 바위에 새겼던 추사의 글씨는 현재 사진으로만 남아 있습니다.[89]

1-40 단원 김홍도, 〈총석정(叢石亭)〉, 1795년, 종이에 담채, 23.2×27.3cm, 《을묘년화첩(乙卯年畵帖)》, 개인 소장

1-41 겸재 정선, 〈총석정〉, 1750년경, 종이에 수묵담채, 42.8×56cm, 《관동팔경도》병풍, 간송미술관 소장

진경 표현의 회화적 완성

1788년 금강산과 그 일대를 여행하며 터득한 사생실력은 1795년 가을 작품 《을묘년화첩》(개인 소장)이나 1796년

88 박명희, 『18세기 문학비평론』, 경인문화사, 2002.
89 최종현·김창희, 『오래된 서울』, 동하, 2013.

1-42 고송유수관도인 이인문, 〈총석정〉, 1810~20년대, 종이에 담채, 28.2×34cm, 간송미술관 소장

봄 작품 《병진년화첩》(삼성미술관 리움 소장)에서 그 진가를 발휘합니다. 《병진년화첩》은 '단원절세보첩'이라는 제목이 딸려 있을 정도이지요. 김홍도가 연풍현감에서 해임되고 난 직후 홀가분한 마음으로 그린 듯, 단원식 산수화의 회화적 성숙미와 사경산수의 세련미가 한층 높아졌습니다.[90]

《을묘년화첩》의 〈총석정(叢石亭)〉은 1795년 가을, 김홍도가 51세 때 김한태(金漢泰, 1762~1823)에게 그려준 화첩에 포함된 그림입니다(1-40). 〈총석정〉 왼편 상단에 단정하게 '乙卯仲秋寫 贈金景林 檀園'이라고 쓰고, 그 오른편에 음각도장 '心醉好山水', 왼편에 '金弘道'를 찍었지요. '심취호산수'는 산수를 좋아하고 그 마음에 취해 살고픈 김홍도의 바람이 실린 도장입니다.

김홍도에게서 그림을 받은 김한태의 자는 경림(景林)이고, 호는 자이당(自怡堂)이라고 합니다. 그는 역관이면서 당시 한양의 염상(鹽商)이었지요. 역관이면서 염상이면 그 재력이 우리 현대사의 큰 재벌로 꼽히던 고(故) 이병철 혹은 고(故) 정주영 회장급 아니었을까요. 실제로 당시 노론계의 정치자금이 김한태에게서 나왔다고 인구에 회자될 정도였다네요. 〈총석정〉을 포함한

90 이태호, 「김홍도의 진경산수화」, 『단원 김홍도』 한국의 미 21, 중앙일보 · 계간미술, 1985; 이태호, 『옛 화가들은 우리 땅을 어떻게 그렸나』, 생각의 나무, 2011.

《을묘년화첩》은 당대의 거부인 김환태가 화원인 김홍도의 스폰서였던 증거이기도 합니다. 김홍도 말년의 살림살이까지 뒷바라지할 정도였다고 전하지요.[91] 이는 조선후기 회화가 왕실이나 사대부가뿐 아니라 당시 부유한 중인이나 서민의 후원 아래에서도 활발히 발전했음을 보여줍니다. 이러한 가운데 김홍도는 도화서 화원 출신이라는 틀 속에 머무르지 않고, 자기 그림을 주장하는 역량을 키울 수 있었고요.

〈총석정〉은 1788년 스케치해 온 것을 토대로 화실에서 재정리한 그림이지요. 짙은 먹부터 옅은 먹까지 농담을 조절해 그린 파도치는 모습, 그 위를 나는 물새들, 총석정 성자가 세워진 언덕의 솔밭 등이 잘 짜여 있습니다. 50대에 들어서자마자 아주 무르익은 화경(畵境)을 보여주지요. 육각형 돌기둥이 쭉쭉 내리뻗는 총석정 전경과 가을 바다의 싱그러움이 청록색 담채에 담겼습니다.

해금강의 백미인 총석정은 정말 장관입니다. 현대 추상조각이 죽죽 서 있는 듯한 주상절리형 절벽과 돌기둥 풍경은 많은 화가들의 눈길을 사로잡았지요. 정선도 여러 점의 총석정 그림을 남겼습니다. 정선이 1750년경에 그린 《관동팔경도》(간송미술관 소장) 병풍 중의 〈총석정〉(1-41)과 김홍도의 〈총석정〉을 비교하면, 김홍도의 그림이 확실히 부드럽습니다. 정선이 바닷가에 늘어선 선바위들의 높낮이를 다르게 표현한 반면, 김홍도는 총석의 돌기둥을 살짝 측면에서 본 듯, 깊이 있는 공간감 표현에 주력했지요. 1810~20년대 이인문도 정선이나 김홍도 못지않게 걸출한 〈총석정〉(간송미술관 소장)을 그렸으니, 절경이 자연스레 명작을 창조케 한 좋은 사례일 것입니다(1-42).

이인문과 김홍도를 비교하면 그 차이가 또 큽니다. 김홍도는 교과서적 사

91 전형필, 「단원과 살림살이」, 『간송 전형필』, 한국미술연구소, 1996.

생풍으로 반듯하게 그린 반면, 이인문은 타이어 자국 같은 미점으로 총석정 가는 길을 드러냈지요. 또한 이인문은 총석의 이미지보다는 동해의 파도를 강조해서 표현했으며, 멀리 수평선을 긋고 하늘 공간을 마련한 구도도 참신합니다. 이인문의 〈총석정〉이 김홍도 그림보다 좀 더 회화적인 성취감을 이뤘다고 봅니다. 김홍도와 동갑내기 화원화가인 이인문은 특히 산수화를 잘 그렸으나, 워낙 김홍도의 위세에 눌려 그에 대한 평가가 소홀한 편이지요.

1-43 단원 김홍도, 〈옥순봉(玉筍峰)〉, 1796년, 종이에 담채, 26.6×31.4cm, 《병진년화첩(丙辰年畵帖)》, 보물 제782호, 삼성미술관 리움 소장

1-44 옥순봉 풍경, 충북 단양

김홍도 진경산수화의 회화적 완성은 1796년 봄에 제작한 《병진년화첩(丙辰年畵帖)》에서 만나게 됩니다. 산수·산수인물·화조 등 20점의 보배로운 그림을 모았다는 '단원절세보첩(檀園折世寶帖)'이라는 제목의 화첩인데요. 〈옥순봉(玉筍峰)〉, 〈도담삼봉(嶋潭三峰)〉, 〈사인암(舍人巖)〉, 〈영랑호(永郎湖)〉, 〈소림명월도(疏林明月圖)〉등 실경산수 그림이 포함되어 있지요.[92]

92 『단원절세보』; 강우방·오주석, 『단원 김홍도』, 『단원절세보』 해설집, 도화서, 1996.

병진년 봄에 그린 〈옥순봉〉은 관광 홍보책자의 옥순봉 풍경사진과 거의 흡사합니다(1-43, 44). 초점거리 35mm 광각 렌즈나 50mm 표준 렌즈의 뷰파인더에 그림과 똑같은 실경이 잡힐 정도네요. 가장 아름다운 각도를 잡는 안목과 눈에 보이는 대로 닮게 그리는 손의 사생력을 겸비한 김홍도가 자신의 최고 기량을 능숙하게 발휘한 작품입니다. 그만큼 각진 주름의 바위와 벼랑, 솔밭, 물결 등의 필묵법에 실경의 현장감과 서정이 듬뿍 담겨 있지요. 그림을 찬찬히 살펴보면, 아니 순간 스쳐보더라도 빠른 붓질의 착착 감기는 움직임이 삼삼합니다. 톡톡톡톡 짧은 터치의 붓질을 반복하여 펼쳐낸 리듬감과 옅은 먹에서 짙은 먹으로 쌓아가는 미묘한 농담변화가 절묘하고요. 배를 타고 옥순봉에 가보면 현재는 충주댐이 들어서 바위 중턱까지 물이 차 있으니, 김홍도는 그림의 오른쪽 하단에 그려져 있는 배를 타고 그림을 그렸을 법하네요.

1-45 단원 김홍도, 〈도담삼봉(島潭三峰)〉, 1796년, 종이에 담채, 26.6×31.4cm, 《병진년화첩》, 보물 제 782호, 삼성미술관 리움 소장

〈도담삼봉〉그림은 멀리 동쪽으로 치악산 쪽을 바라보는 언덕 위에서 내려다보며 그렸습니다(1-45, 46). 그림과 똑 닮은 시점을 현장에서 찾을 수 있지요. 몇 년

1-46 도담삼봉 풍경, 충북 단양

전 충북과학고등학교 박용필 교사가 〈옥순봉〉과 〈도담삼봉〉에 대해 자문을 해달라고 요청하여 만난 적이 있는데요. 충북과학전람회 지구과학 분야에 출품하는 연구였습니다. 내가 발표했던 정선과 김홍도의 진경산수화법에 대한 글을 읽고, 김홍도가 보이는 사물에 대해 정확히 표현했다는 사실을 알았다는군요. 그래서 이를 참작하여 풍화에 따른 자연의 변화를 연구한 결과, 공모전에서 동상을 받았다고 합니다.[93] 카메라 옵스쿠라 도입기의 김홍도 그림, 그 후 20세기 전반 사진, 그리고 지금의 모습을 비교하며 바위의 풍화 변화를 찾아내는 흥미로운 연구였지요. 이런 과학적 연구가 가능할 만큼, 김홍도는 정확한 사생 능력을 발휘했습니다. 특히 지도교사 박용필 선생은 〈도담삼봉〉의 바위 기슭 모래톱에 나타난 변화를 읽을 정도였으니까요. 현재 물에 잠기지 않았더라면, 김홍도의 〈옥순봉〉그림 아래 모래톱 부분을 실경과 비교할 수 있었을 텐데 아쉽습니다. 그런데 사생의 달인도 〈사인암〉은 정확한 묘사가 쉽지 않은 대상이었나 봅니다. 조선후기 한진호(韓鎭戹)라는 문인의 『도담행정기(島潭行程記)』에 그러한 내용이 살짝 비치네요.

> 세상에서 일컫기를 단양의 경승으로 다섯 바위가 있다고 하니 삼선암의 세 바위, 상선암, 중선암, 하선암과 운암, 그리고 사인암을 이른 것이다. 이제 사인암을 보니 참으로 진기한 경관이다. 일찍이 듣자니 전의 주상 정조께서 그림 잘하는 이 김홍도를 연풍현감으로 삼아, 그를 시켜 가서 사군(四郡)의 산수를 그려 돌아오게 하였다 한다. 홍도가 사인암에 이르러 그리려 했지만 그 뜻을 얻지 못하더니 10여 일을 머물러 가면서 익히 보고 노심초사하였는데

93 충북과학고등학교 2학년 이승환·조건희·최의균, 지도교사 박용필, 「1796년 이후 도담삼봉의 풍화패턴분석」, 제57회 충북과학전람회, 2011. 5.

1-47 단원 김홍도, 〈사인암(舍人巖)〉, 1796년, 종이에 담채, 26.6×31.4cm, 《병진년화첩》, 보물 제 782호, 삼성미술관 리움 소장

1-48 사인암 풍경, 충북 단양

도 끝내 그 참모습을 얻지 못하고 돌아갔다 한다….[94]

이 증언대로 김홍도의 〈사인암〉은 아무래도 실경과 똑같다고 하기에는 거리가 있는 그림입니다. 노심초사했는데도 닮게 그리기에 실패한 모양입니다. 〈사인암〉은 회화적으로는 〈옥순봉〉이나 〈도담삼봉〉 못지않은 기량을 보여주지만, 날카롭게 각진 벼랑의 위용을 담아내지는 못한 듯합니다(1-47, 48).

새로운 진경산수화법〈소림명월도〉

1796년작 《병진년화첩》의 〈소림명월도〉는 앞의 실경 그림과는 또 색다른 풍경화입니다(1-49). 미술사가와 대부분 사람들이 모두 좋아하는 그림이지요. 나도 김홍도 최고의 대표 작품으로 꼽는 데 주저하지 않는 편입니다. 제목대로 듬성한 몇 그루의 잡목 숲이 어우러진 개울가 달 풍경을 포착했는데요. 잡목들은 봄물이 막 오른 느낌을 줍니다. 잔가지들이 막 움트려는 모습 속에 보름달이 걸려 있고요. 얕은 먹에서 중간 먹, 그리고 짙은 먹으로 짧은 터치의 붓질이 반복되는 리듬감이 싱그럽지요. 보름달이 뜬 하늘은 물을 칠한 듯 옅은 먹의 변화가 섬세하네요. 나무부터 달까지 서늘한 공기감이 충만합니다. 음력 이월 보름쯤의 봄밤을 이보다 더 아름답게 묘사한 서정시가 있을까요. 실제 이 그림을 보면, 정말 근경의 나무 사이로 떠 있는 달이 아른거려 빨려들 듯합니다. 붓의 움직임은 나무에서 보름달까지 마치 달빛이 공기를 가르며 흐르는 느낌을 주지요. 엷은 먹을 자유자재로 구사하는

94 …世稱 丹陽之勝有五巖 謂三仙巖及雲巖與舍人巖也 今見舍人巖 眞一瑰觀會聞 先朝 以善畫人金弘道爲延豊縣監 使之往畫四郡山水而歸 弘道至舍人巖 欲繪未得其意 留至十餘日 熟玩勞思 意未得眞形而歸: 韓鎭戻, 『島潭行程記』, 「舍人巖別記」; 한진호, 이민수 역, 『도담행정기』 –임협기 상·하, 일조각, 1993. pp.76~90.

1-49 단원 김홍도, 〈소림명월도(疏林明月圖)〉, 1796년, 종이에 담채, 26.6×31.4cm, 《병진년화첩》, 보물 제 782호, 삼성미술관 리움 소장

능력은 좋은 화가의 조건이기도 한데요. 정선은 구현할 수 없는, 이러한 엷은 맛의 수묵과 담채 구사력이 바로 김홍도의 자랑거리지요.

이처럼 섬세한 담묵 담채의 맛을 내는 비법은 종이에도 있습니다. 김홍도는 명·청대 죽지 계통의 최고급 화선지를 썼기에 담묵과 담청색 변화의 미세한 맛을 제대로 낼 수 있었을 겁니다. 특히 〈소림명월도〉에 표현된 먹의 농담과 보름달 주변 옅은 먹의 톤 변화는 그 덕을 많이 보았다고 생각하는데요. 영조에서 정조로 내려오면 경제력이 발전하면서 화가들이 아주 질 좋은 먹과 종이를 선호하기 시작했거든요. 정선만 해도 중국제 종이를 거의 안 쓰고 조선종이를 주로 사용했습니다. 조선 닥종이는 질기고 튼튼하다는 장점이 있지만, 그림을 그리기에는 좀 뻐셨던 모양이네요. 정선의 〈인왕제색도〉나 〈박연폭도〉를 떠올리면, 조선 닥종이가 짙은 농묵의 장점은 잘 살리지만, 엷은 담묵의 예민한 감각 변화에는 둔감한 편임을 알 수 있습니다. 그런데 비해 명·청대 고급 화선지는 그게 가능했지요. 김홍도가 좋은 물감, 좋은 종이를 여유롭게 쓸 수 있는 정조 때 살았던 것도 행운이었다고 봅니다.

〈소림명월도〉는 어디를 그린 걸까요. 이 그림의 위대함은 소재의 선정에서도 찾아볼 수 있습니다. 조선후기 진경산수화라고 하면 김홍도 이전과 이후를 포함, 대부분의 화가가 빼어난 절경과 명승, 고적 등을 그렸습니다. 이는 성리학적 이상을 꿈꾸는 자들이 선택하는 장소와 맞물려 있는데요. 문인사대부들의 성리학적 의식, 곧 자연을 벗하면서 수신(修身)하려는 명분에 걸맞는 멋진 풍광이 진경산수화의 대상이었기 때문입니다. 그런데 〈소림명월도〉는 절경이나 명승을 그린 게 아닙니다. 그냥 담장 밖 평범한 개울가, 곧 생활에서 늘상 만났던 경치를 그렸지요. 이처럼 일상의 풍경을 포착한 점은 김홍도의 풍속화가적 면모를 보여줍니다. 현실의 삶을 그렸던 풍속화가답게 실경도 명승이 아니라 생활하는 주변공간을 택해 유연하고 빼어난 붓질로 표현했지요. 강세황이든 이규상(李圭象, 1727~1799)이든 성대중이든 당대의 문인들이 김홍도를 입에 침이 마르도록 '신필(神筆)'로 칭찬했음에 충분히 수긍이 갑니다. '하늘의 조화를 뺏고, 귀신이 그린 것' 같지요.

1795년작 《을묘년화첩(乙卯年畵帖)》이나 1796년작 《병진년화첩(丙辰年畵帖)》에서 보듯이, 김홍도는 이렇게 필묵의 농담과 강약을 자유자재로 변주하는 탁월한 기량을 갖추었습니다. 아울러 맑고 해사한 담채를 써서 서정적이면서도 감각적인 분위기를 연출한 점은 정조시절 문예계의 성격을 잘 대변하지요. 뿐만 아니라 서양미술사의 프랑스 인상파 화가들 못지않게 뛰어난 사생력을 보여줍니다. 특히 〈소림명월도〉와 같은 구도는 김홍도가 그림

속에 들어가 있지 않고, 마치 서양 풍경화처럼 그림 밖에서 본 근경의 나무를 화면 상하에 꽉 채워서 묘사한 것인데요. 풍경을 포착할 때 근경의 나무를 크게 배치한 방법은 서양화법의 투시원근법 개념을 도입한 것이어서 주목됩니다. 조선후기 김홍도의 독보적 근대회화성을 나타내기 때문입니다.

관념적 산수화에 담은 현실미

김홍도는 연풍현감 이후 예술관이나 회화세계의 변화가 뚜렷합니다. 이를 알려주는 화풍의 변화가 일단 풍속도에 두드러지지요. 그 유명한 김홍도 30대 시절 작품, 즉 1770~80년대의 《단원풍속화첩》(국립중앙박물관 소장) 속 〈쟁기질〉은 열심히 일하는 농부의 모습을 담은 그림입니다(1-50). 양팔을 겨드랑이에 꽉 붙이고 쟁기를 깊게 박아 땅을 뒤엎으려는 농부의 자세가 눈길을 끌지요. 땅을 깊게 뒤집어 생산력을 높이려는 강한 의지를 보이네요. 소 두 마리가 이끄는 겯이소는 강원도나 북쪽지방에서 실제로 볼 수 있는 쟁기질이지요. 그런데 50대 작품인 1796년

1-50 단원 김홍도, 〈쟁기질〉, 1770~80년대, 종이에 수묵담채, 27×22.7cm, 《단원풍속화첩》, 보물 제527호, 국립중앙박물관 소장

1-51 단원 김홍도, 〈춘경(春耕)〉, 1796년, 종이에 담채, 26.6×31.4cm, 《병진년화첩》, 보물 제782호, 삼성미술관 리움 소장

《병진년화첩》(삼성미술관 리움 소장)의 〈춘경(春耕)〉에서 쟁기질하는 농부는 마치 신선 같은 표정입니다(1-51). 홀이소를 끄는 남쪽지방식 쟁기질을 하고 있는데요. 일할 마음이 전혀 없어 보이지요. 그냥 쟁기머리를 잡고 소가는 대로 졸졸 따라가는 무념무상의 표정이 역력합니다. 강아지도 '할배 뭐해'라며 컹컹대는 듯하네요. 이는 김홍도의 세계관이나 예술관이 크게 변화한 징후라고 생각합니다.

《단원풍속화첩》에는 나뭇짐 해온 아이들이 〈윷놀이〉로 나뭇짐 따먹기를 하는 그림도 있습니다(1-52). 나뭇짐은 두 개인데, 아이들은 넷이지요. 현실을 사생한 것입니다. 이에 비해서 현감을 지내고 난 후 1790년대에 그린 〈기우부신도(騎牛負薪圖)〉(간송미술관 소장)는 현실과 거리감이 느껴집니다(1-53). 나뭇짐 해오는 소년이 소를 타고 가다가 문득 개울의 오리를 바라보고 있는데요. 소년 목동의 표정이 마치 선계(仙界)의 동자 같지요. 화면 속 강변의 운무는 살살 척척 부드럽고 섬세한 붓질로 완성되었고, 소년의 시선이 그 강변 운무의 여백을 채웁니

1-52 단원 김홍도, 〈윷놀이〉, 1770~80년대, 종이에 수묵담채, 27×22.7cm, 《단원풍속화첩》, 보물 제 527호, 국립중앙박물관 소장

1-53 단원 김홍도, 〈기우부신도(騎牛負薪圖)〉, 1790년대, 비단에 수묵담채, 25.5×35.7cm, 간송미술관 소장

1-54 단원 김홍도, 〈추성부도(秋聲賦圖)〉, 1805년, 종이에 담채, 56×214cm, 삼성미술관 리움 소장

다. 그리고 소의 앞길이 사라졌지요. 귀가하는 어린아이가 아니라 피안의 이상향으로 향하는 도인(道人) 같네요. 이러한 변화 속에서 아쉬운 건 풍속화가 관념화되어 현실감이 떨어지는 점이지요. 그림은 더할 나위 없이 세련되고 좋아지는데 말입니다. 화면 구성이나 필묵 맛이 최고조에 이르렀지요. 김홍도 50대의 회화적 성숙을 보여주는 걸작입니다.

단원식 진경산수의 완성과 더불어 중국 고사도나 도석인물도에서도 회화적 세련미가 이루어집니다. 김홍도 60세 때의 아호 '단구(丹丘)'라고 낙관한 주자의 〈무이귀도(武夷歸棹)〉나 도연명의 〈오류귀장(五柳歸庄)〉 등 8폭의 《고사도병풍》(간송미술관 소장)이 그 좋은 예입니다. 단구는 60대 들어 쓰기 시작한 '신선이 사는 언덕'이라는 뜻의 아호이지요. 이 그림들을 보면 중국 명현(名賢)의 삶을 조망하였음을, 나아가 그들을 이상으로 삼았음을 알 수 있는데요. 당대의 사회적 요구를 따르기도 했겠지만, 김홍도의 의식 또한 거기에 미쳤던 듯합니다. 산세나 수목, 강변 풍물 등이 뚜렷하게 조선 산하의 이미지로 재창조됐음이 눈에 띄지요. 단원식 진경산수화풍이 중국 고사도와 습합된 양상을 잘 보여줍니다.

이러한 경향은 궁중의 기념화에서도 찾아볼 수 있습니다. 1801년 수두를 앓던 어린 임금 순조의 쾌유를 기념해 그린 〈삼공불환도(三公不換圖)〉(삼성미술관 리움 소장)는 중국 한나라 고사도를 조선의 풍속도와 산수화풍으로 재해석한 그림이지요. 〈기로세연계도(耆老世聯稧圖)〉(개인 소장)는 1804년 9월 개성의 노인 64명이 200년 전 선조들의 옛 모임을 따라 송악산 아래 옛 고려궁터 만월대에서 계회를 가진 기념화이고요.[95] 궁중 기록화의 예를 따르면서도, 풍속화적 요소와 진경산수화풍을 조합하여 새로운 회화 경향을 창출한 작품들이지요. 김홍도는 이런 산수·풍속화적 고사도나 궁중기록화 외에도 도석인물이나 화조·영모화에서 조선적 외모의 개성화풍을 구사했습니다.

김홍도가 마지막으로 남긴 산수화는 1805년 가을 12월에 그린 〈추성부도(秋聲賦圖)〉(삼성미술관 리움 소장)입니다(1-54). 눈길을 끄는 명작이지요. 절필(絶筆) 작으로 추정될 만큼, 김홍도 말년의 감수성과 잘 맞아 떨어지는 소재이기도 합니다. 추성부는 구양수(歐陽脩, 1007~1072)의 가을 시인데요. 가을 보름에 바람이 부니까 바람에 나뭇잎이 떨어지고 나뭇가지가 부딪치는 소리가 들려, 구양수가 동자에게 무슨 소리냐고 물으니 동자가 바람소리라고 답했지요. 그러자 구양수가 그것만이 아니고, 인생이 가는 소리라고 혼잣말했던 고사를 그림으로 재해석해 그린 명작입니다.

시는 좋은데 왜 하필 중국 사람의 시냐, 그것도 조선의 산수화와 풍속화의 형식을 완성한 김홍도가 인생의 끝자락에 왜 이런 그림을 그렸을까 하는 생각도 들지요. 하지만 이는 조선의 문화가 지향했던 이념적 실상이기도 합니다. 또 이를 통해 조선의 문화예술을 꽃 피우기도 했고요. 김홍도는 구양수의 추성부(秋聲賦)라는 가을 시를 소재로 흘러가는 인생 속, 자신의 풍모를

95 이상의 그림들은 『단원 김홍도』 -탄신 250주년 기념 특별전 도록(삼성문화재단, 1995) 참조.

표출한 것 같습니다. 단원화풍치고는 거실거실한 필치가 아주 스산하지요. 까실한 갈필을 주로 써서 가을 달밤에 나뭇잎이 떨어지고 나뭇가지들끼리 부딪치는 소리를 그리며, 스스로 자기도 이제 갈 때라고 생각한 것일까요. 그래서 김홍도의 절필작으로 꼽기도 합니다.[96]

10. 영조 · 정조 시절 문화지형의 변화: 겸재의 〈박연폭도〉와 단원의 〈소림명월도〉

정선의 그림은 1740년대 영조 때, 김홍도의 그림은 1780~90년대 정조 때의 문화현상을 적절히 대변해줍니다. 두 화가의 그림 스타일 변화로 보면, 탕평책을 편 영조의 장기집권으로 경직되었던 정치가 정조시절 한층 풀어진 듯하지요. 문인화가 정선의 진경작품은 필묵에 강렬한 에너지가 충만했던 데 비해, 도화서 출신인 김홍도의 필선은 수묵의 섬세한 세련미와 더불어 탄력이 넘치면서도 또한 부드럽습니다. 정선과 김홍도는 영조와 정조 시대를 각각 대표하는 화가이자 문화계 인사로서, 우리 미술의 민족적 고전으로 꼽을 만한 최선의 화법을 창조했지요. 두 작가를 다시 비교하며 정리해 보겠습니다.[97]

정선은 조선 땅을 발로 탐승하고 기억에 의존하여 머리로 그림을 그린 진경화가였습니다. 실경을 변형하는 독특한 조형형식으로 보건데, 울림이 큰 가슴과 풍부한 상상력의 소유자였다고 여겨집니다. 누구보다 조선 땅을 지

96 오주석, 『단원 김홍도-조선적인, 너무나 조선적인 화가』, 열화당, 1998; 이선옥, 「悲傷의 共鳴-구양수와 김홍도의 秋聲」, 『감성연구』 4, 호남문화연구원, 2012.

97 이들 내용은 이태호, 「실경에서 그리기와 기억으로 그리기」-조선후기 진경산수화의 시방식과 화각을 중심으로(『미술사학연구』 257, 한국미술사학회, 2008.3)의 결론을 다시 정리한 것임.

독히 사랑한 결과이겠지요. 부감하거나 시점을 이동하며 합성하는 방식을 썼던 정선은 이렇게 변형과 왜곡으로 일관했지만 나름대로 분명히 실경의 의미를 모색했습니다. 〈박연폭도〉는 사방에서 울리는 폭포소리를 평면에 담은 걸작으로, 폭포의 길이를 두 배로 늘이고 흰 폭포물과 농묵의 암벽을 대비해 소리를 이미지화했지요. 〈인왕제색도〉는 비에 젖은 바위의 강렬한 인상을 강조하여 형상화한 명작입니다. 〈금강전도〉는 금강산의 숭고한 아름다움을 떠올리며 그 전경을 보고 싶어 하는 모든 이의 열망을 위해 부감법으로 금강산을 담아냈고요. 이처럼 정선은 실경의 리얼리티를 뛰어난 직관으로 구성하여 누구나 공감할 '진경(眞景)'산수화를 창조하였습니다. 정선이 완성한 진경산수화는 조선의 대지, 나아가 조선의 명승을 통해 더 나은 이상을 꿈꾼 이들의 회화형식을 대표하지요. 그 중심이념은 물론 성리학이었을 터이고 정선이 역리(易理)를 원용하여 그림을 그렸다는 증언과도 맞물립니다. 또 정선이 고위관료로서 당시 집권층인 서인·노론계 문사들과 친밀했다는 사실과도 무관하지 않지요.

정선을 비롯하여 그에 공감한 심사정, 이인상, 강세황, 강희언 등의 업적은 김홍도가 고스란히 후대에 전수하였습니다. 김홍도는 빼어난 그림솜씨로 현장을 사생하여 실경을 닮게 그렸고, 회화적인 수준도 한껏 높였지요. 눈에 보이는 풍경의 아름다움을 포착했고 출중한 사실묘사력과 수묵담채를 다루는 능란한 기량으로 진경의 세계를 탐닉했습니다. 정선이 상상력을 보태 '발'과 '머리'로 진경산수화풍을 완성하였고, 문인화가들이 머리가 아는 대로의 형상을 '가슴'으로 품어내 산수를 그렸다면, 김홍도는 철저하게 '눈'과 '손'을 우선하여 대상을 표현한 화가이지요.

김홍도의 실경작품은 분명 새로운 변화입니다. 18세기 중엽까지 위세를 떨친 정선의 진경산수화가 변형으로 일관했던 것에 비하면 완연히 달라진 시방식이지요. 김홍도의 사생화는 초점거리 50mm 표준 렌즈나 35mm 광각 렌즈를 장착한 카메라 뷰파인더에 거의 같은 구도로 실경이 잡힙니다. 이것은 사람 눈에 가장 친근하다는 수평각 43~60° 사이의 풍광을 화폭에 담았다는 의미이지요. 진정한 의미의 사실적 '진경'산수화입니다. 김홍도는 17세기 이후에 발달한 유럽 풍경화와 마찬가지로 카메라 뷰파인더에 보이는 실경과 유사한 화각을 포착하여 현장감을 생생하게 담아냈습니다. 나아가 빼어난 절경뿐 아니라 생활 주변의 일상풍경에도 관심을 두었지요. 《병진년화첩》의 〈소림명월도〉 같은 작품은 조선의 그림이 나아가야 할 근대적 방향을 제시했다고 봅니다. 이를 통해 성리학 이념으로 배태된 아름다운 명승의 진경산수화가 평범한 삶의 풍경을 그린 사생적 산수화로 전화(轉化)된 양태를 읽을 수 있지요.

정선과 김홍도, 두 거장의 진경산수화에서 볼 수 있는 시방식과 화각의 차이는 '포스트(post)-성리학'이 요구되던 18세기 문화 변화와 맥을 같이합니다. 당시 실학에 대한 평가가 그러하듯이, 진경산수화는 '탈(脫) 성리학' 혹은 '후(後) 성리학'이 갈등하거나 서로 영향을 끼치며 공존했던 현실에서 창출된 회화 영역이거든요. 정선은 농암 김창협·삼연 김창흡 학파와 절친하게 교유했던 만큼 진경 작품에도 성리학을 계승한 '후 성리학'의 분위기를 반영하였습니다. 이에 반해 김홍도의 실경사생은 당시 다산(茶山) 정약용(丁若鏞, 1762~1836)이나 연암(燕巖) 박지원(朴趾源, 1737~1805) 학파가 출현했던 것처럼 '탈 성리학'에 가깝지요. 그런데 실상 김홍도 이후 19세기 진경산수화가 풍속화와 더불어 쇠락한 이유는 포스트-성리학이 보수적인 제도정권에 의해 '탈'보다 '후' 성리학으로 기운 양상과도 무관치 않을 것입니다.

가끔 이런 상상을 해봅니다. 김홍도의 〈소림명월도〉같은 그림이 19세기에 더욱 진화했다면 과연 어떻게 되었을까. 선례로서 19세기 유럽 회화의 변모에 빗대보면, 가장 먼저 떠오르는 사조가 바로 '인상주의'입니다. 특히 시점과 화각이 유사하다는 점에서 그러하지요. 그러나 현실의 한국회화사에서는 인상주의 화풍이 김홍도로부터 백 년을 훌쩍 넘어 20세기에 들어서야 유럽이나 일본을 거쳐 우리 회화로 정착됩니다.

〈박연폭도〉와 〈소림명월도〉의 감각적 차이는 정선과 김홍도의 차이이자, 영조와 정조시절의 변모입니다. 정선과 김홍도 중 조선후기를 대표할 작가로 누구를 선택하겠는지 거수해볼까요. 김홍도를 선호하는 쪽이 훨씬 많네요. 사람들의 마음에는 김홍도가 더 친근하게 다가왔을 겁니다. 나는 정선 쪽입니다. 그림과 예술에서는 강한 충격과 자극이 시선을 끌기 때문이지요. 김홍도는 근대적 인간으로서 형상의 리얼리티와 눈, 현장사생, 감각적 리듬감을 표현한 것이 큰 장점입니다. 정선은 외형의 닮음보다는 철저하게 '닮지 않음'을 구사했지만, 그런 점이 도리어 현대미술의 형식미와 맞닿아 있지요. 정선의 시점이동 방식이 최신 디지털 시대인 현재에 등장했다면, 조금 더 경쟁력이 있지 않았을까요. 그래서 겸재 정선과 단원 김홍도, 두 사람은 라이벌이라기보다는 한 시대를 나란히 겨룬 쌍벽이었다는 생각이 듭니다.

겸재일파와 단원일파

정선의 회화 가운데 특히 진경산수화는 후대 화가들에게 커다란 모범이 되었습니다. 문인화가 현재 심사정은 정선에게 그림을 직접 배웠다고 하며, 그 외 많은 화가들이 진경산수화풍을 따른 '겸재일파'로 불리지요.[98] 겸재화법은 진재(眞宰) 김윤겸(金允謙, 1711~1775), 호생관(毫生館) 최북(崔北,

98 이동주, 「겸재일파의 진경산수」, 『우리나라의 옛 그림』, 박영사, 1975 ; 이태호, 「조선후기 진경산수화 연구」 –정선 진경산수화풍의 계승과 변모를 중심으로, 『한국미술사논문집』 1, 한국정신문화연구원, 1984.

1710?~?), 손암(巽菴) 정황(鄭榥, 1735~?), 옥소(玉所) 권섭(權燮, 1671~1759), 이곡(梨谷) 정충엽(鄭忠燁), 담졸(澹拙) 강희언(姜希彦, 1710~1764), 도암(陶巖) 신학권(申學權, 1785~1866) 등을 비롯해서, 화원출신 김희겸(金喜謙), 장시흥(張始興), 김응환(金應煥), 김홍도(金弘道), 이인문(李寅文), 엄치욱(嚴致郁), 김득신(金得臣, 1754~1822), 김석신(金碩臣, 1758~?), 조정규(趙廷奎, 1791~?), 김하종(金夏鍾, 1793~?) 등에까지 방대하게 영향을 미쳤네요. 문인화가, 화원화가, 중서층 화가뿐 아니라 민화 산수도를 그린 민간화가에 이르기까지 정선의 진경산수화법은 18~19세기 회화의 뼈대를 형성하였다고 해도 과언이 아닙니다. 호호노인의 영향력이 안개 깔리듯이 세상 사람들에게 넓게 넓게 퍼져나간 것이지요. 그런 탓에 정선 그림으로 둔갑한 후배 작품들이 적지 않고, 최근까지도 위작 사례들이 계속 나오는 것일 텐데요. 어찌 보면 그의 인기를 이런 현상으로 가늠할 수도 있을 겁니다.

김홍도의 화풍은 18세기 후반 화단은 물론 19세기에도 영향력을 크게 행사하였고, '시대양식'으로서 확고한 위상을 다졌지요. 그림의 제재와 화풍, 질과 양적인 면에서 당시 화단의 전형이 되었을 뿐만 아니라 후대에까지 모범으로 이어졌습니다. 동료화가인 이인문부터 이명기(李命基), 엄치욱(嚴致郁), 김득신(金得臣), 김석신(金碩臣), 신윤복(申潤福, 1758~?), 조정규(趙廷奎), 장한종(張漢宗, 1768~1815), 이재관(李在寬, 1783~1837), 이유신(李維新), 김하종(金夏鍾), 김화종(金和鐘), 백은배(白殷培, 1820~1901), 이한철(李漢喆, 1808~?), 유숙(劉淑, 1827~1873), 장승업(張承業, 1843~1897)까지 이른바 거대한 '단원일파'가 형성되었지요. 정선 못지않게 영향력이 컸으며, 단원화법은 우리식 수묵화법의 고전이라 이를 만큼 회화 교과서이기도 합니다. 그의 위상은 김홍도의 진작(眞作)으로 간주되는 금강산 그림을 비롯한 수많은 임모본들을 통해서도 엿볼 수 있지요.[99] 덧붙여 거의 모든 장르에 걸쳐 김홍도의 안작(贋作)들이 존재한다는 사실 역시 그의 이름이 지닌 예술사적 무게를 방증해줍니다.

정선과 김홍도의 활동 후, 조선후기 예술론을 정리한 사람이 바로 추사 김정희와 다산 정약용입니다. 정약용의 사실론(寫實論)은 정선과 김홍도에서 비롯되었고, 거기에 대응하여 김정희의 사의론(寫意論)이 19세기 문예이론으로 자리 잡게 되었지요. 다음 시간에는 추사 김정희와 다산 정약용에 대해 살펴보겠습니다. 두 사람의 그림과 글씨, 그리고 회화론을 통해서 조선시대 예술론의 쌍벽, '마음이 중요하냐, 눈이 중요하냐'라는 화두를 살펴보겠습니다.

99 이태호, 「조선후기 진경산수화의 여운—이풍익의 『동유첩』에 실린 금강산 그림들」; 이풍익 지음, 이충구 · 이성민 옮김, 『東遊帖』, 성균관대학교출판부, 2005, pp.310~329 참조.

제 2 강

추사 김정희와 다산 정약용 – 사의와 사실

정선과 김홍도에 이어, 제2강은 추사(秋史) 김정희(金正喜, 1786~1856)와 다산(茶山) 정약용(丁若鏞, 1762~1836)입니다. 다산과 추사는 한국문화사에서 우리 역사가 자랑하는 최고의 학자이자 지성(知性)으로 꼽히지요. 조선후기의 학문과 사상을 대표하는 거목들입니다. 이들은 모두 당대의 명문(名門) 세도가 출신으로, 어려서부터 신동으로 지목되었지요. 20~30대에 과거에 급제하여 관직 생활을 했고, 승지(정약용)나 참판(김정희)을 역임한 문인 사대부입니다. 또 긴 유배생활 이후 정치적으로 재기하지 못한 점, 70대까지 천수를 누렸던 점 등 같은 시기에 유사한 인생을 살았네요. 두 사람은 모두 어렸을 적 마마를 앓았던 점까지 비슷하답니다. 정약용은 한쪽 눈썹에 그 흔적이 뚜렷해 스스로 삼미자(三眉子)라는 아호를 지었고, 김정희도 마마를 앓았던 자욱이 초상화에 선명하지요.

김정희는 추사체(秋史體)를 창조한 서예가, 〈세한도(歲寒圖)〉를 그린 화가, 금석학(金石學)을 토대로 한 고증학자(考證學者), 그리고 서권기(書卷氣)·문자향(文字香)의 남종문인화론(南宗文人畵論)을 강조한 이론가로, 조선문예사에서 가장 익숙한 이름이지요. 김정희가 19세기 서화예술계의 총수로 우뚝했던 반면, 정약용은 화론가(畵論家) 내지 서화가(書畵家)로 거론하기에는 조금 생소한 편입니다. 나는 개인적으로 이러한 '다산 정약용의 회화와 회화관'을 1982년 국립광주박물관 학예연구사 시절에 발표한 적이 있습니다.[01] 이 강좌의 첫 발을 30년 전에 내딛었던 셈이네요.

01 이태호, 「다산 정약용의 회화와 회화관」, 『다산학보』 4, 다산학연구원, 1982.

잘 알다시피 정약용은 학문적 성취에서 보면, 우리 역사에서 누구도 범접하기 힘든 대학자입니다. 『목민심서(牧民心書)』, 『흠흠신서(欽欽新書)』, 『경세유표(經世遺表)』 등 500여 권에 달하는 저술을 남겼지요. 정약용의 학문과 사상은 우리에게 조선후기의 시대상, 사회적 갈등과 고뇌, 그리고 당시 사람들의 삶의 형태를 낱낱이 보여주어 '다산학(茶山學)'이라 불릴 정도로 방대합니다. 그는 현실을 인식하고 대처하는 실천적 지식인으로, 실학을 집대성한 가장 높은 봉우리로, 위대한 업적을 쌓았습니다.[02] 이와 동시에 정약용은 회화나 문예의 사실주의론을 폈고, 예술적 감수성을 드러낸 서화예술 작품들을 남겼습니다. 정약용이 피력한 사실주의 예술론은 김정희가 갖지 못한, 혹은 그 반대편에 섰던 주장이어서 소중합니다. 김정희와 정약용을 라이벌로 선정한 이유는 이처럼 서로 다른 방향의 예술론을 강조했기 때문이지요. 김정희는 외모의 닮음보다 문기(文氣)의 정신성을 내세운 사의(寫意)를, 정약용은 사물의 외형을 닮은 형사(形似)의 사실주의(寫實主義)를 펼쳤습니다.

김정희는 노론(老論)으로 당시 친권력(親權力) 계파에 속했고, 정약용은 정치적으로 소외되거나 힘이 약했던 남인(南人) 계열이었다는 점도 상반됩니다(표 2). 흥미롭지요. 학문적인 분야에서 김정희는 중국 고전과 청(淸)나라의 신사조 고증학을 선호했고, 정약용은 '조선시(朝鮮詩)'를 내세우며 서학(西學)에 큰 관심을 보였습니다. 김정희의 학문성향은 기본적으로 문인의 보수성을 드러냅니다. 사의가 남종문인화의 회화이념인 점이 그러하지요. 문인이란 결국 당시 지배층이니까요. 또 고증학 내지 금석학도 당시 사대부계층의 정체성을 찾는 비학(碑學)의 역할이 컸습니다. 조상들의 묘비명 같은 기

02 박석무, 『풀어쓰는 다산이야기』, 문학수첩, 2005.

〈표 2〉 정약용과 김정희 비교

	출생	생활지	유배지	성향
茶山 丁若鏞 1762~1836	광주 초부 마현 (현 남양주)	회현동 / 마현 南人	장기, 강진 (1801~1818)	實事求是 寫實 朝鮮風 西學
秋史 金正喜 1786~1856	예산 신암 용궁	통의동(월성위궁) / 과천 老論 24세 중국체험	제주 대정 (1840~1848) 북청 (1851~1852)	실사 求是 寫意 中國古典 淸朝文藝

	서화론	원교 이광사 서체
茶山	· 겸재 정선, 단원 김홍도 조선풍 회화의 예술적 성과인정 · 사실묘사 우선 · 사의화 – 麤師 畵意不畵形 / 격조 중시	· 서법 흐트러짐 비판 / 예술성에 장점
秋史	· 겸재 정선, 현재 심사정 등 조선풍의 예술적 성과 불인정 · 사의표현 우선 · 서권기 문자향 중시 / 개성(怪) 강조	· 중국 고전과 서법을 벗어나 몹쓸 것으로 비난

	글씨	그림
茶山	· 18세기 조선적 서체계승 · 유연하면서 탄력 · 날카로운 행서체 · 글씨 맛 담백, 문인적 격조와 서예미	· 순수한 아마추어리즘 추구. · 단아한 문인 취향과 감성의 질박함 갈필과 담묵 배어 있음
秋史	· 서체 다양, 개성적 서풍 형성 · 예서체 중심 한대 금석체 기본 · 기교 넘치고 현란, 장인정신 · 그림 같은 글씨의 회화미	· 서권기 문자향 – 문인화의 추상적 이미지 강조. · 멋드린 갈필과 농묵의 기교 살림.

록물을 수집하고 연구하기 때문이지요. 물론 고증학은 실증(實證)의 태도에서, 사의는 개성(個性)을 강조하는 점에서 근대성을 띠기도 합니다. 이에 반해 정약용은 그 시절에 진보적 경향이라 할 서양 학문과 종교에 심취했고, 그 영향을 받은 과학정신과 사실주의론을 주장했습니다. 하지만 동시에 문인의 입장에서 법도와 예술적 감수성의 조화를 이야기했고, 자신의 그림에서는 사의적 문인화풍의 단아함을 추구했지요. 이런 부분은 김정희나 당대 문인들의 생각에서 크게 벗어나지 않아, 정약용 역시 사대부가 출신의 문인임을 확인시켜 줍니다.

사실 두 사람은 미술사 공부에만 매달려온 내가 다루기에는 버거운 인물들입니다. 그들 시대 학문과 사상의 흐름에 밝아야 하고, 역사나 문학에 대해서도 빠삭해야 하기 때문이지요. 뿐만 아니라 정약용과 김정희를 서로 라이벌로 생각한 것은 전에 없던 일입니다. 두 인물을 맞수로 선택해 보았다는 생각에 자부심만 가졌지, 실제 깊이 있는 탐색을 하지는 못하였습니다.

1. 조선후기 실학(實學)의 세 거장 – 연암, 다산, 추사

정약용과 김정희를 대립의 관계로 설정했지만, 사실 두 사람을 라이벌이라고 하기에는 껄끄러운 면도 있습니다. 어찌 보면 맞수가 아니지요. 오히려 조선후기 문예사에서 라이벌의 관계는 정약용 대 박지원으로 보는 견해가 일반적이거든요. 정약용과 마찬가지로 연암(燕巖) 박지원(朴趾源, 1737~1805) 또한 『열하일기(熱河日記)』, 『허생전(許生傳)』 등을 저술한 위대한 문인이자 사상가로 꼽힙니다. 최근 고미숙 선생이 정약용을 '치열한 앙가 주망'으로, 박지원을 '유쾌한 노마드'로 비유한 견해를 참 감명 깊게 읽었습니다. 정약용을 현실 비판적이고 근대 혁명가적 지식인으로, 박지원을 유머와 역설을 가진 유목민이자 포스트 모던적인 지식인으로 재해석을 시도했네요.[03]

자연(自然)에 대해서도 정약용은 인간과 대상, 인간과 자연은 그 본성(本性)이 다르다는 '인간 중심적 사고'를 가지고 있었던 데 반해, 박지원은 인간과 물상(物象)은 본성이 같기 때문에 서로 동일하다고 생각했습니다. 또한 정약용은 자기 자신을 지키는 수오(守吾)에 삶의 초점을 맞췄다면, 박지원은 나를 버리는 탈아(脫我)를 지향했지요. 따라서 박지원은 정약용과 달리 집권계파인 노론(老論)이었음에도 벼슬로부터 늘 멀어지려고 했습니다. 반면 정약용은 재야파 남인계였는데도 불구하고, 정조의 부름을 받았지요.

정약용과 달리 중국을 다녀온 박지원과 김정희의 차이는 열하(熱河)를 다녀왔느냐 아니냐에 있는 것 같습니다. 박지원은 몽골 쪽 광활한 대지를 지나면서 자연과 인간의 관계에서 인간이 갖는 나약함이나 허접함을 일찍이 간파(看破)했지요. 하지만 김정희는 북경을 다녀오면서 청조의 학문과 예술에 심취했고, 더욱 사대주의적인 양상을 띠게 되었습니다(표 3).

회화사적 입장에서 정약용을 선택한 이유는 앞서 비교해본 것처럼 김정희에 대한 카운터파트가 된다고 여겼기 때문입니다. 그런데 이 강좌를 준비하면서 박지원을 살짝 들춰보니, 김정희와 정약용보다 어쩌면 박지원 한 사람만으로도 조선후기 회화와 회화론을 압축해 볼 수 있겠다는 생각이 드는

03 고미숙, 『두 개의 별 두 개의 지도』, 북드라망, 2013: 고미숙이 박지원과 정약용을 비교하면서 두 사람의 초상화를 거론한 점이 아쉬웠다. 박지원 초상은 격조 있는 그림이 아니다. 어릴 적 허약했던 '큰 얼굴 모습'에 '몸이 비둔하다'는 박지원의 초상을 '손자인 朴珠壽(박규수의 친동생)가 7분(70%)쯤 닮게 그렸다'(洪吉周, 『睡餘瀾筆』)고 전해오는데, 현재 알려진 〈박지원 초상〉은 묘사수준이 너무 떨어지고 소품이어서 후대의 조악한 모사작 쯤으로 추정된다. 정약용 초상은 더더욱 정약용과 전혀 관계없는 근래 엉터리로 조작된 위작이다. 정약용의 인상은 그 자신이 언급했듯이 외증조부 〈윤두서자화상〉을 닮았다고 했다.(『丁茶山全書』)

〈표 3〉 18-19세기 예술론 : 추사, 다산, 연암 비교

秋史 金正喜(1786~1856)	茶山 丁若鏞(1762~1836)	燕巖 朴趾源(1737~1805)
사의론	사실론	
서예가(서화가) 시인	학자(서화가) 시인	학자 文學人(소설가)
노론	남인	노론
실사구시	현실	법고창신(知變, 能典)
漢 예서체 淸 고증학(金石學)	조선詩 西學	조선風 北學
寫意 (서권기 문자향)	寫實 (과학적 리얼리티)	보고 느낌 강조 서양화법
法 (고전)·怪 (개성)	法·藝	變·新
장인정신, 예술성	풍자와 현실비판 비장미 저항·계몽 人·物 異性 (인간중심)	유모어 역설 관념 전복 유목 예정 人·物 同性 (인간과 자연)

군요. 북경 성당에서 본 서양화의 음영(陰影) 표현에 대한 감명, 마음의 의경(意境)을 강조한 사의론, 옛것과 법을 배워 새것을 창조한다는 '법고창신(法古創新)'의 주장 등이 바로 그 근거입니다.[04] 여기에 해학(諧謔)과 풍자(諷刺)의 현실 표현법과 다원적(多元的) 시각론으로 이룬 문학적 성과도 빼놓을 수가 없고 말입니다.

또한 '하늘이 푸른데 천(天)자는 푸르지 않다'[05]라는 소년의 조롱이나 '까마

04 유홍준, 『조선시대 화론 연구』, 학고재, 1998.
05 朴趾源, 『燕巖集』, 「答若厓之三」.

귀는 검지만 보는 조건에 따라 붉은 빛, 푸른 빛 등도 띤다'[06]고 말한 박지원의 논지는 19세기 유럽의 인상주의 회화론과 유사합니다. 박지원의 이런 생각과 주장은 조선후기 회화의 이론과 위상을 규명하는 데 좋은 시사점을 던져주지요. 다음에 기회가 되면 이러한 박지원의 예술론과 조선후기 회화를 새롭게 연계해 봐야겠다는 생각마저 들었습니다.

이번 제2강에서는 조선후기를 대표하는 두 학자, 즉 성호(星湖) 이익(李瀷, 1681~1763)의 경세치용(經世致用)을 계승한 정약용과 실사구시(實事求是)를 주장한 김정희를 중심으로, 이용후생(利用厚生)을 내세운 박지원까지를 아울러 짚어 보겠습니다. 이렇게 18세기 후반~19세기 전반은 〈표 3〉처럼 김정희, 정약용, 박지원, 이 세 학자의 주장만으로도 조선후기 문예의 업적을 논할 수 있다고 봅니다. 지난 제1강의 겸재(謙齋) 정선(鄭敾, 1676~1759)과 단원(檀園) 김홍도(金弘道, 1745~1806?)가 이룩한 성과와 더불어, 이 세 지성이 이루어낸 서화론의 다양성은 바로 우리식 예술론을 만드는 기반이라고 생각합니다.

2. 형사(形似)와 사의(寫意)의 회화론

정약용과 김정희는 당대 그 누구 못지않게 고전과 문예이론에 밝은 문인들이었습니다. 조선후기, 특히 19세기 전반 서화가로서 큰 위치를 차지하는 김정희는 추상적인 서권기·문자향의 '사의'를 내세웠고, 정약용은 '형사' 혹은 '사실'을 앞세운 리얼리즘론을 펼쳤지요. 그럼 이들이 주장한 회화론의

06 朴趾源, 『燕巖集』, 「菱陽詩集序」.

정확한 이해를 위해, 이의 기반이 된 형사와 사의의 동양화론(東洋畵論)을 먼저 간단히 살펴보도록 하겠습니다.

미술사 강의 중 가장 많이 받는 질문이 "그림을 대하면 어렵게 다가온다. 특히 옛 그림을 대하면 어떻게 보아야 할지 더욱 어렵다"는 것인데요. 나도 어렵기는 마찬가지입니다. 허나 다시금 생각해보면 눈으로 보기만 하면 화면에 무엇을 그렸는지 뻔히 아는데, 그러면서도 어렵다는 것은 시각 현상 이상의 무엇이 있다는 것 아닐까요. 즉 창작자든 감상자든 같은 인간끼리 끊임없이 주고받는 정신활동이 핵심인 듯한데, 어찌 보면 개개인이 각자 다른 생각을 품고 살아가는 인간사이니 복삽한 것이 당연한 듯도 합니다. 그렇다면 이를 풀기 위해 그림의 화면이 어떻게 이루어지는지 창작과정을 살펴보면 조금이나마 도움이 될 듯하니 이를 먼저 짚어보고 가겠습니다. '그림'이라는 것이 어떻게 그려지는지 내 나름대로 아래 〈표 4〉처럼 동서양의 회화

〈표 4〉 눈과 마음의 동서양회화론

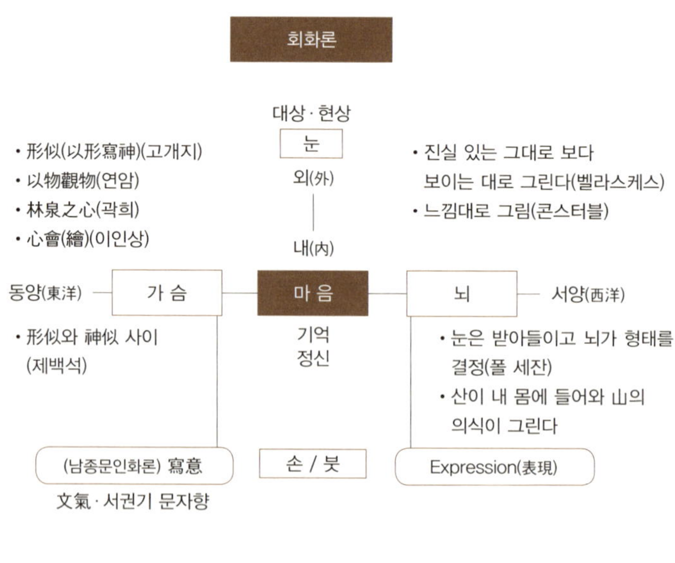

론을 도식화해 보았는데요. "그림은 어떻게 그려지는가"라는 방법론을 염두에 두고 눈, 마음, 손과 붓을 상하로 배열해 보았습니다.

표현(expression)**과 재현**(representation)

화가들을 만나 "그림을 어떻게 그리느냐"고 질문해 보면, "나는 아무 생각이 없었는데 손이 그리고 있더라, 혹은 붓이 그리더라"고 하는 경우를 상당히 자주 만납니다. 과연 이런 상태가 가능한 것일까요. 그림은 당연히 붓을 쥔 손으로 그리지요. 그리고 그 과정에서 눈은 손만큼 중요한 역할을 합니다. 눈으로 세상의 사물을 받아들이고, 눈을 통해 들어온 특정한 물상이 마음을 거쳐 손으로 재창조된 화면이 바로 그림이니까요.

그런데 그 마음을 표현하는 방식에서 동서양이 인식의 차이를 보입니다. 우리들은 '내 마음은…'이라고 할 때 손으로 가슴, 즉 심장부를 가리키는데, 서양 사람들은 대체로 머리, 즉 뇌를 가리키지요. 서양 사람들은 뇌의 정신적 활동을 강조하기에 그림을 그리는 과정을 '표현(expression)'이라고 이야기하는데요. 속에 눌린 것을 밖으로 드러낸다는 바로 이 'expression'은 동양화론에서 가슴속의 것을 쏟아낸다는 '사의(寫意)'와 유사하지요. 곧 '寫'는 'ex'이고, '意'는 'press'라는 의미입니다.

최근 심리학의 발달과 함께 뇌에 대한 분석이 활발히 이루어지고 생각에 대한 연구 저술들이 쏟아집니다. 이와 관련해서 예술작품의 창조과정 혹은 예술가가 좋은 분석 대상이라고 하고요. 예컨대 약 100년 전 화가들이 눈에 보이는 대상을 손으로 표현하면서 내뱉은 말을 보면, 창조과정 중 화가들의 정신세계에 일어나는 현상을 읽을 수 있다는 것이지요. 여기서 흥미로운 점은 서양화가나 동양화가나 서로 하는 이야기가 거의 비슷하다는 겁니다. 즉 마음이라고 할 때 각각 가슴과 뇌로 가리키는 부분은 다를지언정 동서양을 막론하고 그림을 그리는 과정은 유사하다는 말이지요. 이는 사람이라는 존재가 결국 같다는 것과도 일치합니다.

16세기 독일화가 알브레히트 뒤러(Albrecht Dürer, 1471~1528)는 '자연과 벗하면 진실이 보인다'고 했고, 17세기 스페인의 벨라스케스(Diego Rodríguez de Silva Velázquez, 1599~1660)라는 화가는 "진실을 있는 그대로 그리지 않고 보이는 대로 그렸다"고 했습니다. 또 18세기 영국의 풍경화가 존 컨스터블(John Constable, 1776~1837)은 "내게 그림은 느낌을 표현한 다른 말이다"라며 느낀 대로 그린다고 했지요.[07] 모딜리아니(Amedeo Modigliani, 1884~1920)는 마음에서 붓끝까지 연결된 끈을 강조했고요. 19세기 프랑스 후기 인상주의 화가 폴 세잔(Paul Cézanne, 1839~1906)은 "눈은 대상을 받아들이는 역할을 하며, 뇌가 그려지는 형태를 결정한다"고 이야기했습니다. 이들은 16~17세기 '보이는 대로'에서 18세기 '느끼는 대로'의 사실미를 중시하다가, 19~20세기 '생각대로' 그리면서 대상의 사실묘사를 깨는 방향으로 유럽의 근현대미술이 변모했음을 알게 해줍니다.

최근 인간의 심리상태와 인지과학에 관한 연구결과를 보면, 인간의 기억·생각·심리·표현 등에는 오류가 상당히 많다고 합니다. 이런 사실에 대해 폴 세잔의 그림 그리기 방식을 예로 든 설명을 흥미롭게 읽었는데요.[08] 세잔의 회화에 나타난 형태의 왜곡과 변형, 그리고 다시점은 새로운 현대회화의 출발점이기도 합니다. 현대미술의 아버지로 일컬어지는 세잔은 "눈으로는 충분치 않다, 생각할 필요도 있다"라며 그림 그리는 과정에서 정신활동의 중요성을 피력했습니다. 또 "빅투와르 산을 그릴 때 내가 산을 그리는 것이 아니고, 산이 내 마음속에 들어와서 산의 의식이 산을 그리고 있더라"

07 플로리안 하이네, 정연진 옮김, 『화가의 눈』(예경, 2012)에서 재인용.

08 조나 레러, 최애리·안시열 옮김, 「폴 세잔 : 세상을 보는 법」, 『프루스트는 신경과학자였다』, 지호, 2007.

는 중요한 말을 남기기도 했지요.[09] 흥미롭게도 이런 표현을 보면, 그가 서양 사람처럼 느껴지지 않네요. 세잔의 말은 마치 동양화론의 한 구절 같습니다. 이런 점에 착안하여 나는 겸재 정선의 진경산수와 폴 세잔의 풍경화를 비교해본 적이 있지요.[10]

세잔과 유사한 생각은 동아시아 산수화에 가장 지대한 영향을 미친 중국 북송대 곽희(郭熙)의 '임천지심(林泉之心)'에서 찾아볼 수 있습니다.[11] 그는 "산수를 그릴 때 내 생각으로 그리지 않고, 산수 자연의 마음으로 그린다"는 표현을 남겼습니다. 대상을 볼 때, 내가 아닌 대상의 입장에서 본다는 박지원의 '이물관물(以物觀物)' 논지와도 유사합니다. 내 눈에 든 대로 혹은 내 생각대로 사물을 표현하기보다 사물의 본태(本態), 곧 본래 모습을 중시한다는 말이지요. 이는 어쩌면 욕심 많고 오염된 인간의 눈과 의식에 대한 회의 때문에 발생한 논지라는 생각이 듭니다. 불교의 색공(色空)이나 무상(無相), 도가의 무위(無爲) 등이 그 좋은 예이지요. 이렇게 동양에서는 오래전부터 사물의 원형을 찾기 위해 눈에 보이는 현상을 뒤로 하고 마음으로 그리는 정신활동을 중요시했고, 그 결과 동아시아에서 다양한 자연이나 대상 색을 단색조로 요약한 듯한 수묵산수화 영역이 발달하지 않았나 싶습니다.

회화의 또 다른 근원은 물상을 닮게 그리는 '재현(representation)'입니다. 서양화론에서는 미메시스(mimesis)로 설명하지요. 동양화론으로 치자면, '형사(形似)'에 해당합니다. 예부터 동서양 모두 그림을 닮게 그리는 것을 중요시했습니다. 나아가 동양화론은 그림을 닮게 재현하면서, 그 대상의 정신까지

09 메를로 뽕띠, 권혁인 옮김, 「세잔느의 회의」, 『의미와 무의미』, 서광사, 1985; 조광래, 「폴 세잔, 감각 덩어리인 사물」, 『미술 속 발기하는 사물들』, 안리북스, 2007.

10 이태호, 「자연을 대하는 같은 감명, 다른 시선 – Paul Cézanne의 풍경화 현장에서 겸재 정선을 생각하며」, 『월간미술』, 2002.1; 이태호, 「산수화와 Landscape, 대지에 펼친 인간의 삶과 꿈 – 겸재 정선과 Paul Cézanne를 중심으로」, 『2009 한국미술인대회 자료집』, 민족미술인협회, 2009.

11 郭熙, 『林泉高致』, 「山水訓」.

담아내는 '이형사신(以形寫神)'을 기본으로 삼았지요. '이형사신을 어떻게 구체적으로 형상화해야 할까'라는 방법론의 고민은 19~20세기의 제백석(齊白石, 1860~1957)으로 이어집니다. 전통을 기반으로 중국 근대회화의 기틀을 세운 제백석은 닮음과 닮지 않음(似與不似之間)의 사이, 즉 '외모를 닮게 그리는 형사(形似)와 정신을 닮게 그리는 신사(神似)의 중간' 쯤에 자기 회화의 창조적 기반을 두었습니다.[12] 이 논지처럼 제백석은 선종화(禪宗畵)의 간결한 수묵필치와 형상의 사실감 나는 표현의 조합을 통해 그 중간을 적절히 구사하였지요. 이 방식은 중국 현대 수묵예술의 모태가 되었습니다.

문인 그림 남종화, 화원 그림 북종화

동양화론에서는 사실묘사의 형사보다 마음을 쏟아내 그린다는 사의론(寫意論)을 더 중요시했습니다. 그리고 신분으로 사회구조를 나눈 것처럼, 명대 후기부터 신분에 따라 사의와 형사의 회화방식을 차별 적용하였습니다. 막시룡(莫是龍)이나 동기창(董其昌) 같은 화가들은 '사의는 문인화가들의 표현방식이고, 반면 형사란 화원(畵員)들의 그림 그리는 방식'이라며 구분을 지었지요. 마음을 담아낸 문인 그림을 남종화(南宗畵), 형태를 닮게 그린 화원 그림을 북종화(北宗畵)라고 이름 붙였습니다.[13] 이렇게 탄생한 것이 바로 남북종화론(南北宗畵論)입니다. 그러면서 남종화를 숭상하고 북종화를 폄하하는 상남폄북론(尙南貶北論)이 제기되었습니다. 눈과 손의 형사적 기술보다는 그림 그리는 사람의 정신을 드러냄을 더 우월하게 여겼지요. 남북종화론 전개 이후, 화원을 낮게 여겨 '화공(畵工)'·'환쟁이'라 불렀고, 동아시아 회화에서 대

12 刘晓陶·黃丹摩, 「妙在似与不似之間－斉白石形神观与古代画论比软」, 『斉白石研究』 第一辑, 湘潭大学出版社, 2007.

13 권덕주, 『중국 회화 사상에 대한 연구』, 숙명여대 출판부, 1982.

상을 닮게 그리는 형사의 경향은 급격히 퇴조하는 양상을 보였습니다. 중국 명(明)·청(清)대는 물론이려니와 조선후기 화원들마저 사대부 문인화가의 화풍을 따랐지요. 여기에는 《고씨역대명인화보(顧氏歷代名人畫譜)》·《십죽재화보(十竹齋畫譜)》·《당시화보(唐詩畫譜)》·《개자원화전(芥子園畫傳)》 등 명·청대 발간된 화보(畫譜)의 영향이 적지 않았을 겁니다.

남종화는 예부터 동원(董源)·거연(巨然)·미불(米芾)·황공망(黃公望)·예찬(倪瓚)·심주(沈周) 등 전통적으로 존경받던 송(宋)·원(元)·명·청대 문인화가들의 화풍을 따른 것입니다. 그러면서 피마준법(披麻皴法)과 태점(苔點), 미점(米點), 절대준법(折帶皴法) 등이 남종산수화를 규정하는 형식으로 자연스레 정착되었던 듯하지요. 북종화에는 남송(南宋) 때 화원인 마원(馬遠)과 하규(夏珪)일파, 명대 화원 출신 대진(戴進)을 중심으로 형성된 절파(浙派)계 등이 구사한 편파구도나 부벽준법(斧劈皴法)이 주로 사용되었습니다. 지난 번 강의에 거론했던 겸재 정선의 경우는 피마준이나 태점, 미점산수 등 남종산수화법을 즐겨 구사하였지요. 동시에 부벽준을 변용한 농묵(濃墨)의 적묵법(積墨法) 같은 북종산수화법도 절충하였고요. 도리어 화원인 단원 김홍도가 남종화법을 따른 문인 취향의 산수화풍에 적극 심취하였습니다.

조선시대 남종화의 수용과 정착은 18세기 문인화가들에 의해서 이루어졌습니다. 정선이 화단의 주축을 이루던 시절 심사정, 이인상, 강세황 등이 명대 오파계 남종화풍을 따르면서도 진경사생을 겸했습니다.[14] 19세기에 이르면 청나라 문화와의 본격적인 교섭을 통해 남종화풍의 형식미가 만연하게 되었지요. 이런 양상에는 추사 김정희의 역할이 가장 컸습니다. 김정희는 중국의 옛 고전과 자신이 보았던 청조 문인의 문예를 기준으로 '문기(文

14 이태호, 「문인화가들의 기행사경」, 안휘준 편, 『국보』 10, 예경산업사, 1984; 이태호, 『조선후기 회화의 사실정신』, 학고재, 1996.

氣)', 혹은 문인의 정신세계를 가늠케 하는 '서권기'와 '문자향'을 내세웠습니다. 반면 정약용은 서양화의 사실표현 방식과 형상의 사실성을 통해 정신을 담는다는 '이형사신(以形寫神)'의 화론을 강조하면서, 김정희와 대립되는 주장을 펼칩니다.

이들이 살았던 18~19세기, 즉 조선후기에 대해 '근대의 준비단계로 볼 것이냐, 아니냐'를 두고 여러 이론(異論)이 있습니다. 나는 근대성을 갖추고 있었다는 주장에 서는 편인데요. 그 주장의 근거로는 정약용과 김정희 같은 당대 지성들이 서로 상반된 예술론(藝術論)을 제시했고, 그 가운데 사실주의와 개성의 강조라는 측면에서 충분히 조선적 근대성을 이끌어낼 수 있다고 생각하기 때문입니다. 뿐만 아니라 이들의 사실성과 사의성 주장은 지금 우리 시대의 예술론으로도 손색없는 이론입니다.

3. 다산과 추사의 생애와 인간상

정약용과 김정희는 이들의 업적이 말해주듯이 참 부지런한 사람들이었습니다. 다만 '외유내강(外柔內剛)'형의 김정희에 비해 정약용은 '외강내강(外剛內剛)'형이었을 것 같네요. 정약용은 세상일과 자기 생각을 차분하게 잘 정리하는 학자로, 김정희는 열정이 넘치는 격정적 예술가로 살았다고 봅니다. 정약용은 '오성'에, 김정희는 '감성'에 해당되는 인물이지요. 남인계 정약용이 차분한 오성으로 외물(外物)의 사실미를 강조한 데 비해, 노론계 김정희는 분방한 내면 심상(心相)으로 괴(怪)나 개성을 강조한 점 역시 대조를 이룹니다. 인생의 말년 정약용이 도가(道家)의 노장 사상에, 김정희가 불교의 선(禪) 사상에 심취했던 점도 다르네요. 이러한 차이는 들녘과 강변이라는 출생지에서도 유추됩니다. 김정희는 충남 예산 땅 차령산맥이 가르는 신암 용궁의 구릉지 들녘에서 태어났고, 정약용은 남한강과 북한강이 합류하는 두물머리 양수리를 바라보는 경기도 남양주(옛 광주) 초부 마현에서 태어났지요(표 2).

노론과 남인의 후예

김정희는 노론의 후예입니다. 김정희의 집안은 판서(判書)와 영의정(領議政) 같은 고위관료를 대거 배출한 권세가인데다, 왕실의 외척세력이었지요. 증조부 김한신(金漢藎, 1720~1758)이 영조의 사위인 부마(駙馬)였습니다. 영조가 가장 예뻐했다는 화순옹주(和順翁主, 1720~1758)의 남편이었지요. 김정희는 김한신이 살던 경복궁 왼쪽 통의동에 있는 월성위궁(月城尉宮)에서 자랐습니다. 출생지가 충남 예산 용궁이라고 알려져 있지만, 통의동이었다고도 전하네요. 김정희는 10세 때 큰아버지 백부(伯父)인 김노영(金魯永, 1747~1797)의 양자로 들어갔으나, 12세에 양아버지를 잃은 후 다시 친부인 김노경(金魯敬, 1766~1837) 아래 살게 되었습니다. 16세에는 어린 나이에 어머니마저 여의었는데요. 설상가상으로 1800년 첫 번째 부인 한산이씨(韓山李氏)를 맞았으나 결혼 후 5년 만에 사별하였고, 예안이씨(禮安李氏)와 다시 혼인했습니다.

김정희는 신동으로 불렸으며, 어려서 쓴 '입춘대길(立春大吉)'이나 《입춘첩(立春帖)》을 보고 번암(樊巖) 채제공(蔡濟恭, 1720~1799)과 초정(楚亭) 박제가(朴齊家, 1750~1805) 같은 선학들이 크게 칭찬했다고 전합니다.[15] 20대에 초시부터 장원하거나 좋은 성적으로 합격하는 등 천재성을 드러냈지요. 24세에는 아버지 김노경을 따라 자제군관(子弟軍官)으로 연경(燕京)에 다녀왔습니다. 1809년 10월 28일 출발해서 1810년 3월 귀국한 김정희가 북경에 머무른 기

15 姜斅錫, 『大東奇聞』.

간은 근 60여 일로 두 달 정도입니다. 김정희의 인생에서 이 시간은 신세계에 눈을 뜨고, 세계관과 예술관을 크게 바꾸는 기회가 되었지요. 북경을 다녀온 10년 뒤 1819년 33세 때 문과(文科)에 급제하였습니다.

벼슬길에 들어선 후 예조참의(禮曹參議), 병조참판(兵曹參判), 성균관대사성(成均館大司成) 등을 역임하며 20년간 관료로서 승승장구하였습니다. 그러던 중 1840년 제주도 대정현에 유배되었는데요. 8년간의 제주도 유배는 김정희의 서화예술을 다지는 데 의미 있는 시간이 되었습니다. 특히 〈세한도〉와 함께 김정희의 독특한 추사체가 그 시절 시련을 겪으며 완성되었지요. 현재 김정희의 유배지, 제주도 대정에는 추사기념관이 들어서 있습니다.

김정희는 유배 이후 다시 정치적으로 재기하지 못한 채, 과천 과지초당(瓜地草堂)에서 불교학과 시서화를 즐기고 제자들을 가르치며 자신의 예술론을 펼쳤지요. 그 명성에 어울리게 김정희가 지나간 자리에는 기념공간이 잘 조성되어 있습니다. 제주 대정의 유배지터에, 예산 신암의 고택과 무덤가에, 최근에는 과천 주암 과지초당터 인근에 살림집과 추사기념관들이 들어섰지요. 도리어 김정희가 자란 통의동 월성위궁 백송터가 홀대받는 듯하네요. 작은 표시판뿐이고, 누군가 백송터 옆 벽에 '김정희(金正喜)' 문패와 초상화 액자를 붙여 놓은 것이 전부입니다.

정약용은 남인이었지요. 정약용의 집안도 마재에 터를 잡은 5대조(代祖) 정시윤(丁時潤)까지 홍문관(弘文館) 옥당(玉堂)을 8대나 배출한 명문가였습니다.[16] 홍문관은 당시 조선의 정치 이데올로기를 다지는 학문의 전당으로, 홍문관 출신 문인사대부들의 긍지와 자부심은 매우 대단했지요. 정약용은 광주 초부 마현, 지금의 남양주 철마산 아래 양수리가 내려다보이는 곳에서

16 금장태, 『실천적 이론가 정약용』, 이끌리오, 2005.

태어났습니다. 1783년 서울로 이사 와서는 북창동(北創洞) 남산 아래 명례방과 회현방에 살았는데,[17] 현재 신세계백화점과 중앙우체국, 그 위쪽으로 회현역 주변 남산 기슭에 해당합니다. 당시 회현방에는 표암(豹菴) 강세황(姜世晃, 1713~1791)이 이웃해 살고 있었는데요. 정약용은 어린 시절 이 이웃에 대해 '강세황이 산속 정자 냇가에 살았는데 그림 구하러 온 손님들로 북새통을 이루어 마치 저잣거리 같았다'고 증언하기도 했지요.[18] 정약용도 9세의 어린 나이에 어머니를 여의었습니다. 그 후 1776년 15세에 풍산홍씨(豊山洪氏) 홍화보(洪和輔)의 딸에게 장가를 들었는데, 김정희와 달리 한 살 위인 첫 부인과 회혼례(回婚禮)를 치르는 금슬(琴瑟)을 보여주었습니다.

정약용은 4세 때 『천자문(千字文)』을 읽을 정도로 명석했습니다. 정약용의 아버지는 그가 7세에 지었다는 "작은 산이 큰 산을 가림은 멀고 가까운 곳이 같지 않은 탓(小山蔽大山 遠近地不同)"이라는 오언시를 보고, 자신의 아들이 앞으로 역법(曆法)과 산수(算數)에 밝은 인물이 되리라 예견하기도 했답니다. 10세 때에는 옛 글을 모아 『삼미집(三眉集)』을 꾸며 장차 큰 문사로 성장할 가능성을 보여 주목을 받았지요.[19] 황현(黃玹, 1855~1910)의 『매천야록(梅泉野錄)』에는 "10일 만에 『강목』을 읽고 외웠다"는 정약용의 뛰어난 기억력과 천재성에 관련된 일화도 전합니다.[20]

1783년 22세 때에는 경의진사(經義進士)로 임금 앞에서 『중용(中庸)』을 강의할 정도였습니다. 1789년 문과에 급제한 후로는 영조(英祖)·정조(正祖)의 탕평책(蕩平策)에 힘입어 검열(檢閱), 지평(持平), 수찬(修撰), 병조참의(兵曹參

17 時余徙宅于會賢坊之在山樓下 名之曰樓山精舍 舍蓋北向門西向 在澗水之東: 丁若鏞, 『與猶堂全書』 卷二, '夏日樓山雜詩'의 原註; 박석무 · 정해렴 편역주, 『茶山詩精選』 상, 현대실학사, 2001.

18 丁若鏞, 『與猶堂全書』 卷二, 「春日澹齋雜詩」; 박석무 · 정해렴 편역주, 『茶山詩精選』 상, 현대실학사, 2001.

19 금장태, 『실천적 이론가 정약용』, 이끌리오, 2005.

20 黃玹, 이장희 역, 『梅泉野錄』, 명문당, 2008.

議), 승지(承旨) 등의 벼슬을 유지했지요. 그런데 관직에 있으면서 집안 내력에 따라 서학(西學)과 예수교인 서교(西敎)에 관심을 쏟기도 하였는데, 이것이 빌미가 되어 1801년 정조 사후 신유사옥(辛酉邪獄) 때 유배를 가게 되었습니다. 장기를 거쳐 강진으로 18년간의 긴 유배생활을 했지요. 유배생활을 끝낸 이후에도 세상에 나서기보다 고향집 여유당(與猶堂)에 칩거한 상태로 생애를 마무리했고요.

현재 초부 마현에는 살림집 여유당(與猶堂)과 묘소 근처에 다산기념관이 설립되었습니다. 최근에는 실학박물관(實學博物館)이 세워져, 경학(經學)의 전통 아래 새로운 서학을 적극 수용했던 정약용의 학문과 사상이 크게 현창되어 있네요. 또한 유배시절 동안 '다산학'이라 지칭될 만큼 위대한 학문적 업적을 쌓았음을 기리기 위해 강진에는 다산기념관과 다산초당 등의 공간이 일찍부터 조성되었지요.

외강내강(外剛內剛)의 다산 정약용

정약용은 어릴 적 앓았던 마마의 흉터로 인해 오른쪽 눈썹이 세 갈래로 갈라져 스스로 '삼미자(三眉子)'라는 호를 썼다고 합니다. 이 밖에는 정약용의 외모에 관한 정보가 적네요. 김정희는 초상화가 여러 점 전하는 데 비해 정약용의 초상화는 알려진 게 없습니다. 다만 정약용이 강진 유배시절, 해남 녹우당의 외증조할아버지 공재(恭齋) 윤두서(尹斗緖, 1668~1715)의 자화상을 보고, 자신이 외탁했다는 글을 남겨 놓았기에 대충의 그 용모를 짐작할 뿐입니다.[21]

〈윤두서자화상〉은 조선시대 초상화의 대표작으로 꼽을 만큼 사실성이 뛰

21 丁若鏞, 『丁茶山全書』, 「年譜」, 문헌편찬위원회, 경인, 1962.

어난 걸작입니다(2-1). 거울에 비친 자기모습을 보고 정밀하게 그린 수염이 가지런하면서 풍성한 이 정면두상은 언뜻 분노나 비애감 같은 게 느껴지지요. 당시 남인계열 재야지식인상의 전형으로, 자신의 정신세계와 심상을 표출한 '전신(傳神)'의 이미지입니다. 유배시절 정약용도 비슷한 심상이었기에 자신과 닮았다고 했을까요. 윤두서의 얼굴은 이목구비가 반듯하고 잘생겼습니다. 안광이 당당하고 엄정한, 똑똑한 수재형(秀才形)의 인상이지요. 그런데 수염은 자신보다 형 정약전이 더 닮았다고 했네요. 〈윤두서자화상〉을 통해 정약용의 외모를 미루어 보자면, 정약용은 '외강내강'형으로 보입니다. 다만 윤두서의 40대 자화상이 그의 얼굴이었다고 볼 때, 김정희의 부드러운 얼굴에 시니컬한 성격과는 달리 정약용은 진중한 표정에 담백함이 우러나지요.

2-1 공재 윤두서, 〈윤두서자화상〉, 1710년대, 종이에 담채, 38.5×20.5cm, 국보 제 240호, 해남 연동 녹우당 윤형식 소장

정약용의 이미지와 합당한 인간상에 대해 목재(木齋) 이삼환(李森煥, 1729~1814)이 서술한 자료가 남아 있어 소개합니다. 이삼환은 정약용이 존숭했던 성호 이익의 증손자이지요. 정약용의 장단점에 대한 내용이 상당히 구체적입니다.

> 훤히 밝고 시원스러워 둘러대거나 구차한 데가 전혀 없다. 비록 자기의 잘못이라도 있는 것은 반드시 있다 하고 없는 것은 반드시 없다 하여 자기의 과오나 고침을 반드시 남들도 다 알게 하려 한다. 게다가 마음씨가 매우 넓어 세상을 다 구제하려는 뜻을 지니고 있고 남과 사귐에 진심으로 친애하지, 공경

하는 척하지 않는다. 하나의 선(善)이라도 있으면 반드시 남에게도 권면하고, 하나의 실수라도 있으면 반드시 남에게도 경계한다. 이것은 마땅히 옛사람에게서 구할 수 있는 것이지 오늘날 어찌 흔히 볼 수 있겠는가? 그러나 풍성(豐城)의 보검(寶劍)은 광망(光芒)이 너무 드러나고 양지(釀地)의 명주(名酒)는 향기(香氣)가 미리 샌다. 매양 재능을 과시하려는 영탈(穎脫)의 기운은 많고 함축미가 끝내 모자라니 이야말로 백옥(白玉)의 미미한 티가 아닌가 한다.[22]

정약용이 매사에 밝고 마음이 넓었으며, 재능이 뛰어난 만능 엔터테이너였음을 증언해주고 있지요. 반면에 너무 깐깐하고 도드라져 실제 맛보기도 전에 향이 새버리는 고품질의 술 같다고 했으며, '주머니에서 삐져나온 송곳'이란 뜻의 영탈(穎脫)이란 표현도 썼네요. 이 같은 지적은 정약용의 시문학과 예술, 그리고 저술활동에 여실히 드러납니다. 그만큼 꼼꼼하고 깐깐하게 사리를 분별했고, 카랑카랑한 성격이었던 모양입니다.

외유내강(外柔內剛)의 추사 김정희

충남 예산에 가면 신암면 용궁리에 추사고택이 전합니다(2-2). 영조가 자신의 부마에게 내린 장원과 가옥, 집안사람들의 묘소, 그리고 옹주의 정려비(旌閭碑)와 사당(祠堂) 등이 넓게 배치되어 있지요. 김정희의 묘소도 고택 바로 옆에 있습니다(2-3). 1970년대에 정비한 것으로, 최근 들어 추사기념관과 공원, 둘레길 등이 조성되었네요. 추사고택에는 권돈인(權敦仁, 1783~1859)이

22 光明磊落, 無一點回互苟且之意. 自己闕失, 必有曰有無曰無, 其過其更, 必欲使人皆知之. 且其心地恢廓, 志存兼濟, 與人交, 置心親而無貌敬, 有一善必相勸勉, 有一失必相箴警, 此當於古人求之, 今世何可多見也! 但豐城之劍, 光怪太露, 地釀之酤, 芳烈先洩, 每多穎脫之氣, 終少含蓄之意, 此未必不爲白玉之微瑕矣: 丁若鏞, 『與猶堂集補遺』 卷二, 「金井日錄」; 김언종, 「『여유당전서보유』의 저작별 진위문제에 대하여」, 『茶山學』 제9호, 다산학술문화재단, 2006.12. pp.133~134 주23)에서 재인용.

〈추사영실(秋史影室)〉이라 쓴 행서체 현판을 붙인 영당(影堂)도 같이 자리하고 있습니다. 이곳에는 화원 이한철(李漢喆, 1808~?)이 1857년에 그린 〈김정희초상〉(국립중앙박물관 기탁)이 모셔져 있었지요(2-4). 이한철은 철종(哲宗)과 흥선대원군(興宣大院君) 초상 등을 그린 19세기의 이름 난 화원입니다.[23] 동시에 김정희의 서화모임인 예림갑을록(藝林甲乙錄) 명단에 이름이 포함된 제자이기도 했지요.

2-2 추사고택 전경(상), 사랑채(하), 충남 예산군 신암면 용궁리

2-3 추사묘소, 충남 예산군 신암면 용궁리

초상화를 보니 김정희는 얼굴이 동안인데다가 아주 인자한 인상을 가졌습니다. 마마를 앓은 흔적이 코와 뺨에 살짝 보이고요. 마마 자국은 조선시대 문인들에게 흠이 아니었을 정도로 문인관료 초상화에 많이 보입니다. 그런데 김정희는 인자한 생김새와 달리, 품성 자체는 서늘했던 듯하지요. 키가 크지 않고, 살집이 있었는데요. 외모와 성격을 종합해보면 외유내강형이었던 듯합니다. 부드럽고 온화해보이지만 까다로

23 문화재청 편, 『한국의 초상화』, 눌와, 2007.

운 성격으로, "소가 웃을 일", "밥알이 튀어나오게 웃긴다", "손가락을 분질러…" 등 냉소적이고 까칠한 표현을 내뱉기도 했습니다.

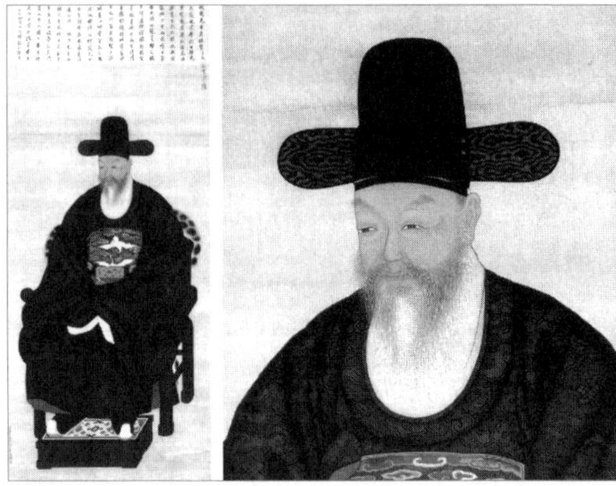

2-4 희원 이한철, 〈김정희초상〉(좌), 1857년, 비단에 채색, 131.5×57.7cm, 보물 제547호, 종가 구장, 국립중앙박물관 기탁, 〈김정희초상〉흉상 부분(우)

김정희의 인간상을 편지를 통해 분석한 사례가 있어 흥미를 끕니다. 김정희를 "태음인(太陰人) 체질을 갖춘 대담하고 강직한 성격으로, 이지(理智)와 정감(情感)의 공유자(共有者), 충효(忠孝)와 자애(慈愛)를 겸한 종손(宗孫), 경처(敬妻)와 애린(愛隣)의 선비"로 보고 있지요.[24] 민규호(閔奎鎬, 1836~1878)가 쓴 『완당집(阮堂集)』의 서문 「완당김공소전(阮堂金公小傳)」을 보면, 김정희의 인간상이 잘 드러납니다. 어떤 면에서는 그에 대한 인물평이 과찬을 넘어 신격화되다시피 했지요.[25] 그런데 초의선사(草衣禪師, 1786~1866)가 김정희에 대해 남긴 글은 또 다릅니다. 이 글에서는 김정희의 초상화에서 보이는 외유내강이 잘 느껴집니다. 두 사람의 이야기를 들어볼까요.

> …공은 매우 청신하고 유연하며 기국이 안한하고 화평하여 사람들과 말을 할 때는 모두를 즐겁게 하였다. 그러나 의리(義理)의 관계에 미쳐서는 이론

24 金一根, 「親筆書簡文에 投影된 秋史의 人間面」-諺簡을 中心으로, 『秋史 金正喜 名作展』, 예술의 전당, 1992.

25 박진주, 「추사 김정희선생의 生涯」, 『월간문화재』 2권, 1971.12; 최완수, 「秋史實記 그 파란의 생애와 예술」, 『추사 김정희』 한국의 미 ⑰, 중앙일보사, 1985; 유홍준, 『완당평전』, 학고재, 2002.

이 마치 천둥 벼락이나 창·칼과도 같아 사람들이 모두 춥지 않아도 덜덜 떨었다. 공은 겨우 약관의 나이에 백가(百家)의 서적을 관철하여 학식이 대단히 깊고 넓어서 그것이 마치 헤아릴 수 없는 하해(河海)와 같았다. 특히 전심하여 공부한 것이 십삼경(十三經)이었고, 그중에서도 「주역(周易)」에 더욱 조예가 깊었으며, 금석(金石)·도서(圖書)·시문(詩文)·전예(篆隸) 등의 학문에 대해서도 그 근원을 궁구하지 않은 것이 없었고, 더욱이 서법(書法)으로는 천하에 명성을 드날렸다. …[26]

…도(道)에 대한 담론을 할 제면 그대는 마치 폭우나 우레처럼 당당했고, 정담을 나눌 제면 그대는 실로 봄바람이나 따사한 햇볕 같았지요. 손수 달인 뇌협(雷莢)과 설유(雪乳)의 차(茶)를 함께 나누며, 슬픈 소식을 들으면 그대는 눈물을 뿌려 옷깃을 적시곤 했지요. …[27]

위의 두 글을 통해 알 수 있는 김정희의 극단적 강직함이나 양면성은 초의, 백파(白坡, 1767~1852), 해붕(海鵬, ?~1826)선사 등 스님들과 교류하며 불교학에 심취한 덕분에, 어느 정도 완충된 것으로 보입니다. 특히 유배기간 동안 참선과 다도(茶) 생활을 통해 중화된 면도 있을 테지요. 김정희는 '외유내불(外儒內佛)' 혹은 '해동(海東)의 유마거사(維摩居士)'로 지칭되었을 정도로 불교에 심취했던지, 봉은사(奉恩寺)에서의 말년 생활을 보면 불교에 귀의(歸依)했던 행적이 전해집니다.[28]

김정희의 이러한 기질과 성향을 보면, 학자 혹은 관리보다는 전형적인 예술가 상으로 비춰집니다. 다만 학자로서도 북한산 진흥왕순수비, 경주 무장

26 閔奎鎬, 「阮堂金公小傳」, 金正喜, 『阮堂先生全集』; 여기의 번역은 민족문화추진회 편 『국역완당전집』 ① (솔, 1996 중판본), pp.12~13에서 재인용.

27 張意恂, 『草衣選集』; 유홍준, 『완당평전』 1(학고재, 2002)에서 재인용.

28 유홍준, 『완당평전』 2, 학고재, 2002.

사비, 함흥 황초령비 등 몇 개의 주요 비문을 고증한 빛나는 성과를 남겼지요. 그러나 그 밖에는 『완당집(阮堂集)』의 내용을 훑어보더라도 '실사구시설(實事求是說)'이나 '격물치지론(格物致知論)'의 주장 등은 독창성보다 일반론 수준에 머물러 있었습니다. 오히려 전집의 대부분을 차지하는 편지와 시를 통해 폭넓은 교양과 청조학(淸朝學)에 대한 깊은 식견 및 학문성향을 드러내지요. 뿐만 아니라 시와 편지에는 시·서·화에 대한 그의 일관되고 예리한 비평(批評)과 자만심 넘치는 감식안(鑑識眼)이 실려 있어 주목할 만합니다. 이에 대해서는 매천(梅泉) 황현(黃玹, 1855~1910)이 "추사는 글 짓는 성품이 좀 부드럽지 못하여 소품(小品) 척독(尺牘)을 남기는 데 그쳤지만, 빼어난 재주와 박학함으로 독자적인 안목을 지니고 있었다"며 정확히 지적한 바 있지요.

김정희는 까다로운 안목에 걸맞게 지필묵(紙筆墨)과 문방구(文房具)류도 명품(名品)을 선택했고, 그것들의 사용에서도 흐트러짐 없이 정도(正道)를 지켰던 것 같습니다. 최고와 완벽을 추구하는 귀족적 인간상을 엿볼 수 있습니다.

다산과 추사의 인간상 비교

정약용과 김정희의 기질이나 성향은 동시기 문인 홍길주(洪吉周, 1786~1841)가 간파하고 있었습니다. 두 사람을 적절히 비교해놓아 흥미를 끄네요.

홍길주는 "다산이 책을 저술하여 정돈해둔 뒤에 중국 사람이 지은 책을 보다가 자기의 주장과 같은 것이 있으면 곧장 지은 것을 꺼내어 표시해두곤 했다. 남이 한 말을 답습하기 부끄러워함이 이와 같았다"[29]고 적었지요. 또한 이런 정약용에 대하여 "고금에 박학하여 짝할 이가 없었다"며, "우리나라

29 洪吉周, 『睡餘演筆』; 정민 외 옮김, 『19세기 조선 지식인의 생각창고』–홍길주의 수여방필, 돌베개, 2006.

사람의 언어와 문자 중 잘못된 것을 바로잡았다. 근거를 끌어옴이 정밀하고 해박하며 상세하고 자세해 다른 논의를 용납하지 않아 종종 지나치게 국한되었다"라든지 "수백 권의 저술을 비밀로 하고 남에게 잘 보여주지 않았다"라고 말합니다.[30] 정약용의 꼬장한 성격이나 비판적 시각에 대하여는 "대의가 비록 같더라도 말의 펼침에는 반드시 미묘하게 다른 곳이 있을 것이다"라며, 홍길주 자신은 남의 말과 유사하더라도 정약용처럼 굳이 지우지 않겠다는 의사를 피력했네요. 또 "만년에는 지나치게 융통성 없던 자신의 주장에 대해 후회했다"는 정약용의 얘기를 직접 듣고 전하였습니다.[31] 홍길주는 정조의 사위였던 홍현주의 작은형이지요.

홍길주는 김정희에 대하여도 상당히 날카롭게 장점과 단점을 지적하였고, 김정희의 불교에 대한 생각을 받아 적어놓았습니다. 여기에는 "김정희가 24개월 동안이나 태 속에서 있다가 태어났기에 박학하고 문장이 당세에 크게 울렸는가"라는 설화 같은 이야기도 곁들여 전합니다.[32]

> 추사 김정희의 박식함은 지금 세상에 견줄 사람이 없다. 견식도 우뚝하여 고인이 안중에 없었다. 그래서 그의 지론은 이따금 지나치게 각박했다. 근세의 이름난 학자는 거의 한 사람도 성에 차지 않았고, 당송 이후의 서적조차도 모두 볼 만한 것이 없다고 여겼다. 그 견해를 세움이 이와 같은지라, 스스로 시문을 짓는 일도 드물었고 저술을 즐기지도 않았다.
>
> 항상 불교 서적 보는 것을 좋아했는데, 한번은 이렇게 말했다. "불경 또한 깊이 믿을 만한 것이 못 된다. 바야흐로 서역에서 중국과 처음 교통할 적에는

30 洪吉周, 『睡餘瀾筆續』.
31 洪吉周, 『睡餘演筆』, 『睡餘瀾筆』.
32 洪吉周, 『睡餘放筆』.

언어와 문자가 서로 통할 수 없었다. 이제 중국과 우리나라는 땅이 서로 맞닿았고 사신이 오고 가서 마치 이웃과 같다. 그러나 중국 말과 우리말을 역관들이 서로 전하는 것에 약간의 차이가 없을 수 없다. 하물며 저 몇십만 리 밖, 태고 이래로 들어본 적도 없는 땅에서 갑작스레 귀를 놀라게 하는 소리와 눈을 어지럽히는 글을 억탁으로 주고받아 제 생각으로 옮겨 쓰니, 그 본래의 뜻을 잃은 것이 또 어찌 다만 반 이상일 뿐이겠는가. 이로써 논한다면 불교 서적이 부처의 뜻과 어긋나지 않는 것은 거의 없을 것이다." 나는 그 말에 깊이 찬성한다.[33]

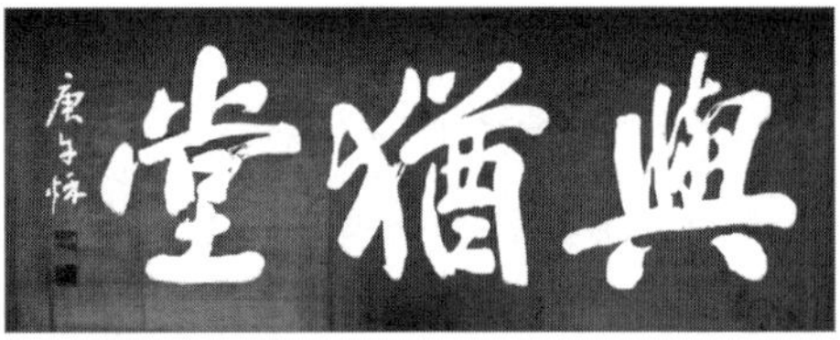

2-5 다산 정약용, 〈여유당(與猶堂)〉현판, 1810년 가을, 남양주시 마현 다산고택

김정희가 이처럼 불가에 관심을 가졌던 데 비해, 정약용은 노장사상에 기울었던 모양입니다. 북한강과 남한강이 만나 수량이 풍부하면서 도도히 흐르는 두물머리에서 태어난 탓일까요. 정약용은 해배(解配) 이후 초부 마현으로 낙향하였고, 한강변 집의 당호를 '여유당'이라 했는데요. 여유당이라고 지은 점만으로도 노장사상에 심취했음을 유추할 수 있지요. 고택에 걸린 현판 〈여유당(與猶堂)〉은 강진 유배시절인 '庚午年'(1810년 가을)에 썼습니다(2-5). 넓은 붓길이 활달한 행서체 글씨입니다. 정약용이 유배를 다녀온 뒤에 정치적으로 밀리면서 낙향하여 은둔해 살았던 삶의 이미지를 이 당호(堂號)가 적절히 말해주지요. 당시 현실과 권력, 사회에 대한 날카로운 비판과 함께 그것을 어떻게 개조할

33 洪吉周, 『睡餘亂筆』; 정민 외 옮김, 『19세기 조선 지식인의 생각창고』–홍길주의 수여방필, 돌베개, 2006.

것인가에 대해 고민했던 정약용이 말년에는 좀 주저앉았다는 생각이 듭니다. 당호와 관련해 정약용이 고향에 돌아와 지은 「여유당기(與猶堂記)」에 그런 내용이 적절히 담겨 있어 그 일부를 소개해 봅니다.

…나는 나의 약점을 스스로 알고 있다. 용기는 있으나 일을 처리하는 지모(智謀)가 없고, 착한 일을 좋아는 하나 선택하여 할 줄을 모르고, 정에 끌려서는 의심도 아니 하고 두려움도 없이 곧장 행동해 버리기도 한다. 일을 그만두어야 할 것도 참으로 마음에 내키기만 하면 그만두지를 못하고, 하고 싶지 않으면서도 마음속에 담겨 있어 개운치 않으면 기필코 그만두지를 못한다. 이 때문에 어린 시절에는 일찍이 방외(方外)에 몰두하며 의심하는 마음을 가지지 못했고, 이미 장년이 되어서는 과거 공부에 빠져 다른 것은 돌아보지도 않았으며, 서른이 넘어서는 지난일에 대한 후회가 깊이 벌여졌지만 두려워하지를 않았다. 이러했기 때문에 무한히 착한 일만 좋아하다가 남의 욕만 혼자서 실컷 얻어먹게 되었다. 안타까운 일이다. 이 또한 운명일까. 성격 탓이겠으니 내 감히 또 운명이라고 말하랴.

노자(老子)의 말에 "여(與)여! 겨울의 냇물을 건너는 듯하고, 유(猶)여! 사방이 두려워하는 듯하거라"라는 말을 내가 보았다. 안타깝도다. 이 두 마디의 말이 내 성격의 약점을 치유해 줄 치료제가 아니겠는가. 무릇 겨울에 내를 건너는 사람은 차가움이 파고들어와 뼈를 깎는 듯할 테니 몹시 부득이한 경우가 아니면 하지 않을 것이며, 온 사방이 두려운 사람은 자기를 감시하는 눈길이 몸에 닿을 것이니 참으로 부득이한 경우가 아니면 하지 않을 것이다. …[34]

34 丁若鏞, 『與猶堂全書』 卷十五; 정약용 저, 박석무 역주, 『茶山散文集』(창작과 비평사, 1985), pp.286~288에서 재인용.

또한 홍한주(洪翰周, 1798~1868)도 정약용과 김정희에 대한 노골적인 비교 평가를 해놓았네요. 앞서 이야기한 홍길주는 홍한주의 재종형이지요. 홍한주는 '정약용의 유용한 글'에 대해 '김정희의 높은 재주와 실학에 견주어 나을 정도가 아니라 근세 제 1인자이다'라고 하였습니다. 그리고 홍한주는 정약용의 부음을 듣고 '정약용의 죽음은 수만 권의 서고가 무너지는 것과 같다'라며 당시의 얘기를 전하였네요. 그런데 홍한주는 김정희에 대해 상당히 비판적 시각을 보입니다. 김정희의 생동하는 서예작품을 칭찬하면서도, 저술이 없는 점에 대해 거리낌 없이 '망령된 사람'이라 했습니다. '두시(杜詩)의 칠인절구를 따라야 한다'는 김정희의 시론조차 '유별나게 모나 어그러진 괴론(乖論)이므로 따라서는 안 된다'고 설파했네요.[35]

4. 다산과 추사의 멋쩍은 교류

정약용과 김정희의 나이차는 24살입니다. 김정희가 정약용의 둘째 아들 정학유(丁學游, 1786~1855)와 동갑이었지요. 부자지간이나 사제지간의 차이인 즉, 두 사람 사이에 교류가 활발했던 것 같지는 않네요. 몇 편 편지를 주고받았는데, 서로 생각의 차이에서 갈등이 일었던 것으로 보입니다. 김정희가 정약용에게 보낸 『주역(周易)』에 대해 논한 편지글인데요. 질문에 대한 답장이 너무 간략하다며 김정희 자신이 다르게 생각하는 부분이나 의문점들을 직접적으로 묻고 있습니다.

35 이상 洪翰周, 『智水拈筆』; 홍현주 지음, 김윤조·진재교 옮김, 임완혁 윤문, 『19세기 견문지식인의 축적과 지식의 탄생』 하 –지수염필, 소명출판, 2013, pp.319~340.

하문하신 『예기』의 잡기(雜記)에 나타난 (한나라 때) 정현(鄭玄)의 주에 대하여 (당나라 때) 공영달(孔穎達)의 소가(疏家)가 이와 같이 했다 해서 정의(鄭義)를 따를 수 없다고 여겨서는 불가할 듯하옵니다. … 육향(六鄕)이 왕성(王城)에 있다는 것도 어떤 증거가 있사옵니까? 보내온 가르치심이 너무도 간략하여 감히 근거삼아 대답을 못하겠습니다. …

그윽히 생각하오면 육경(六經)의 전(傳)·주(注)는 마땅히 육경의 정문(正文)과 함께 천고에 남아야 하며, 위공(僞孔)·두예(杜預)·왕필(王弼)·하안(何晏)에서도 다 폐기하지 못할 것이 있사온데 하물며 정의에 있어서이겠습니까.[36]

김정희는 30대에 평양에서 고려 청자 화분에 수선화를 심어 정약용에게 선물하기도 했지요. 김정희가 선학에 대한 존경을 표현한 일로, 정약용의 학문을 상당히 의식했던 듯합니다. 정약용은 꽃을 받고 나서 '수선화 –늦가을에 벗 김정희(金正喜)가 향각에서 수선화 한 그루를 부쳐 왔는데 그 화분은 고려 청자였다'라는 제목의 답시를 썼는데, 약간 희화화하면서 비틀었지요. 수선화는 신선이나 도사 같은 군자의 꽃이어서 아름답다는 내용과 더불어서, '어린 손주가 보더니 부추 같다고 하자, 어린 여종은 웃자란 마늘싹 같다'며 떠들썩했던 집안 양태를 묘사해 놓은 점이 그러합니다.

신선의 풍채나 도사의 골격 같은 수선화가
30년을 지나서 나의 집에 이르렀다.
복암 이기양(李基讓)이 옛날 사신길에 가지고 왔었는데
추사(秋史: 金正喜)가 이제 대동강가 아문으로 옮기었다.

36 金正喜, 『阮堂先生全集』 卷四, 「與丁茶山若鏞」: 유홍준, 『완당평전』 1(학고재, 2002)에서 재인용.

외딴 마을 동떨어진 골짝에서는 보기 드문 것이라서
일찍이 없었던 것 얻었기에 다투어 떠들썩한다.
어린 손자는 처음으로 억센 부춧잎에 비유하더니
어린 여종은 도리어 일찍 싹튼 마늘싹이라며 놀란다.
… 하략[37]

이 시의 부제에서는 고려 청자가 조선후기에 발견되어 어떻게 재사용되었는지를 알려주어 흥미를 끌지요. 한편 정약용은 이 수선화 시에서 문인에게는 수선화가 군자(君子)의 꽃일지 몰라도, 뭇사람에겐 별 의미가 없거나 부추잎 혹은 마늘싹 같은 익숙한 대상으로 읽힐 수 있다는 실상을 일깨워 주네요. 선물을 고마워하면서도 젊은 김정희를 다소 못마땅해 하는 듯한 느낌도 듭니다. 50대 남인계 관료와 30대 노론계 세도가 출신 문인의 객쩍은 만남을 연상케 하지요.

한편 김정희가 제주도에 유배와 보니 수선화가 지천으로 피어 있었습니다. 그에게 수선화는 군자의 꽃이지요. 그런데 제주도에는 논두렁이나 밭두렁에 지천으로 피어 있으니, 농부들이 그것을 베어다가 소에게 여물로 먹였습니다. 김정희가 그 장면을 보고 "무지랭이 농사꾼들이 고귀한 꽃을 모조리 소에게 먹인다"고 한탄을 했지요.[38] 제주도에 가서 강연시간에 이 얘기를 하니, 그곳 사람들이 살짝 홍분하면서 김정희를 존경하지 말자는 분위기도 잠깐 일더라고요.

37 丁若鏞, 『與猶堂全書』 卷十八, 「秋晩 金友喜香閣 寄水仙花一本 其盆高麗古器也」: 정약용, 박석무·정해렴 편역주, 『茶山詩精選』 하(현대실학사, 2001)에서 재인용.

38 그런데 토착민들은 이것이 귀한 줄을 몰라서 소와 말에게 먹이고 또 짓밟아버리며, 또한 그것이 보리밭에 많이 나기 때문에 시골의 장정이나 아이들이 한결같이 호미로 파내어 버리는데, 파내도 다시 나곤 하기 때문에 이것을 원수 보듯 하고 있으니, 물(物)이 제자리를 얻지 못함이 이와 같습니다. …: 金正喜, 『阮堂先生全集』 卷三, 「與權敦仁」, 第五信: 유홍준, 『완당평전』 2(학고재, 2002), p.481.

해남 녹우당에 남긴 추사의 〈老學菴〉

정약용의 수선화 시와 김정희의 편지 외에도 두 사람의 인연이 함께한 곳이 있습니다. 바로 해남윤씨가(海南尹氏家), 해남 연동(蓮洞)의 녹우당(綠雨堂)이지요. 고산(孤山) 윤선도(尹善道, 1587~1671)가 효종(孝宗)이 내린 수원 집을 해체하여 해남으로 옮겨 다시 지은 저택입니다. 윤선도는 효종의 세자시절 스승이었지요. 녹우당은 'ㅁ'자 집인데요. 원래 전라도의 가옥구조는 사랑채 · 안채 · 마루까지 '一'자로 구성되어 있는 게 특징이지요. 'ㅁ'자 구조는 서울 · 경기지역 집의 특징입니다. 집 구조를 보니 노론층이 대세였던 전라도에서 남인이 갖는 외로움이 느껴지기도 하네요. 고택은 큰 은행나무와 천연기념물인 비자나무 숲이 함께 어울려 있습니다. 그래서 이 집의 이름을 녹우당, '푸른 비가 내리는 집'이라고 지었나 봅니다. 굉장히 낭만적이지요. 녹우당 입구에는 연못이 최근에 복원되었고, 새로운 기념관인 고산윤선도 유물전시관이 건립되었습니다.

〈녹우당(綠雨堂)〉현판의 행서글씨는 윤두서의 친구이자 성호 이익의 형인 옥동(玉洞) 이서(李漵, 1662~?)가 써준 것입니다(2-6). 윤두서는 윤선도의 증손자입니다. 현판의 왼쪽에 '옥동(玉洞)'이라 쓰고 '서지(漵之)'의 음각도장이 새겨져 있지요. 약간 떨림이 있으면서 갸우뚱하게 흐트러진 이 행서체가 바로 공재 윤두서, 백하(白下) 윤순(尹淳, 1680~1741), 원교(圓嶠) 이광사(李匡師, 1705~1777) 등의 글씨와 함께 조선후기 조선적인 서풍(書風)을 형성하는 한 축을 담당했습니다. 이광사는 특히 '원교체(圓嶠體)'라 불리는 조선적 서체를 완성했지요. 그림으로 치자면 겸재 정선의 위치라 할 수 있겠네요. 사랑채의 〈녹우당〉 현판 옆에는 원교의 행서체 '고요히 바라본다'는 뜻의 〈정관(靜觀)〉 현판도 걸려 있습니다.

집안에는 〈노학암(老學菴)〉이라는 행서 현판이 걸려 있지요(2-7). 김정희

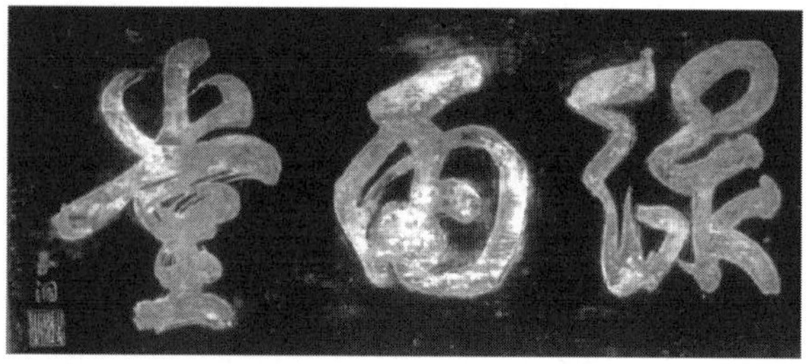

2-6 옥동 이서, 〈녹우당(綠雨堂)〉현판, 18세기 초, 해남 연동 녹우당

2-7 추사 김정희, 〈노학암(老學菴)〉현판, 1840년경, 해남 연동 녹우당

가 제주도 유배 가는 길에 들러 쓴 것으로 추정됩니다. 글씨의 왼편에 양각의 '완당(阮堂)' 도장이 찍혀 있지요. '오래된 학문의 집'이라는 노학암은 옥동의 〈녹우당〉이나 원교체 〈정관〉의 약간 둔탁하고 갸우뚱한 행서체와 달리 미끈한 편이지요. 제주도 유배 직전이라서 아직 '추사체'의 개성이 드러나지 않은 행서체입니다. 그런데 이것은 당시 당파성을 고려했을 때 상당한 사건입니다. 정파 갈등으로 인해 당시에는 내가 노론계파이면 남인 마을을 지날 때 그 마을을 가로지르지 않고 빙 에둘러 갈 정도였거든요. 붕당정치(朋黨政治)의 폐해이지요. 그런데 노론인 김정희가 남인의 집을 찾아 현판 글씨를 써주었으니 의미가 큰 일이지 않을까요. 또 남인인 정약용에게 편지하고 수선화를 선물한 일에서도 나타나듯이, 김정희는 폭넓은 정치의식과 포용력을 지닌 인물인 듯합니다. 이러한 김정희의 아량은 신분을 넘어 당시 중인층에게까지 교유관계를 확산킬 정도였지요.

재밌는 것은 웬만해선 선배들을 칭찬하지 않았던 김정희가 녹우당의 문인화가 공재 윤두서를 긍정적으로 평가했다는 사실입니다. 비교적 중국화풍의 격식을 갖춘 윤두서의 산수화를 보고, '조선의 그림다운 그림이 윤두서에서 시작되었다'고 평했지요.[39] 윤두서가 《고씨역대명인화보》나 《개자원화전》 같은 중국 화보를 보고 공부했던 점에 점수를 준 모양입니다. 물론 김정희가 윤두서의 그림에 대해 좋은 평만 남긴 것은 아닙니다. "신운의 경지가 부족하다"고 비판했지요. 제자인 소치(小痴) 허련(許鍊, 1808~1893)의 그림에 대해서는 "압록강 동쪽에 소치(小痴)만 한 자가 없다"고 칭송하면서, "허생(許生)은 좋은 사람이요. 화품(畵品)이 날로 나아져서 공재 윤두서의 속된 습기(習氣)를 다 떨어버리고 점점 대치(大痴 黃公望)의 문안으로 들어가니, 병든 몸이 이를 힘입어 번뇌를 녹여 깨뜨리곤 하네…"라며 지도했지요.[40] 김정희는 조선적 화법을 습기로 치부하며 벗어나야 할 형식으로 보았고, 중국의 정통 고법이나 청의 대가를 공부하면서 조선풍을 수정해야 탈속(脫俗)한 품격(品格)을 갖추게 된다고 보았습니다. 이런 사대주의적 관점이 김정희를 살짝 미워하게 하지요.

윤두서는 앞서 언급했듯이 정약용의 외증조 할아버지입니다. 윤두서의 손녀가 정약용의 어머니였지요. 녹우당은 바로 정약용의 외가입니다. 정약용과 김정희의 인연은 윤두서의 집 녹우당에서도 찾을 수 있네요. 그래서 해남윤씨 후손 사이에는 김정희와 정약용이 함께 방문하여 녹우당에서 만났다는 일화가 전해올 정도입니다. 하지만 서로 이동한 시기의 차이가 크기에 녹우당에서 두 사람이 대면했을 가능성은 적습니다. 한편 해남윤씨 집안에는 윤선도 때부터 윤두서 때까지 모은 많은 서적, 경학(經學)은 물론이려니

39 화도(畵道)라는 것은 참으로 어려운 것이네. 자네는 이미 화격(畵格)을 터득했다고 생각하는가? 자네가 처음 배운 것이 공재 화첩인 걸로 아네. 우리나라에서 옛 그림을 배우려면 마땅히 공재(恭齋)로부터 시작해야 하겠지. 그러나 그는 신운(神韻)의 경지는 부족하다네.: 許鍊, 『小癡實錄』; 유홍준, 『완당평전』 1(학고재, 2002), p.304에서 재인용.

40 金正喜, 『阮堂先生全集』 卷五, 「與草衣」 其十三; 민족문화추진회 편, 『국역완당전집』 ②(솔, 1996 중판본)에서 재인용.

와 중국에서 새로 발간된 소설책들까지가 다 구비되어 있었는데요.[41] 그 서적들을 유배시절 정약용이 빌려다 읽었습니다. 해남의 서재는 그 엄청난 다산학의 밑거름인 셈입니다.

다산문집 교열에 대한 추사의 거절

2-8 다산고택 여유당, 남양주시 마현 다산고택

2-9 다산묘소, 남양주시 마현 다산고택

정약용에 대한 관심이 지속된 듯, 김정희는 말년에 두물머리의 여유당을 방문하기도 했습니다(2-8, 9). 아마도 제주도에서 해배한 후 잠시 강상(江上)에서 지내며, 얼마 떨어지지 않은 강 건너 여유당을 방문한 듯합니다. 강상은 경기도 양평 소재의 남한강변으로, 현재도 양평군 강상면이지요.[42] 그 옆에 권돈인이 지내던 광주 퇴촌도 있습니다. 김정희는 두물머리를 방문했을 때, 너른 강 풍광을 회상하는 내용을 담아 유산(酉山) 정학연(丁學淵, 1783~1859)과 운포(雲圃) 정학유(丁學遊, 1786~1855)에게 칠언시를 보내기도 했지요. 1855년 정학유가 세상을 떠난 데 대한 추도시이기도 하네요.

41 송일기·노기춘, 『해남녹우당의 고문헌』, 태학사, 2003.

42 홍한주의 『지수염필(智水拈筆)』에 밝혀 놓은 '秋史近年 暫居 蓉山江上 嘗扁其亭七十二鷗亭…'라는 기록의 '蓉山江上'을 '龍山江 가'로 보아 왔다(유홍준, 『완당평전』 2, 학고재, 2002, pp.534~537). 그런데 '蓉山'이 어디를 말하는지 명확히 확인되지 않고, 당시 편지에 별도로 '江上에서 머문다'는 표현들이 상당히 많다. 특히 김정희가 정약용의 고택을 방문한 점으로 미루어, '江上'을 이근의 양평 강상면(옛 楊根)으로 추정해 보았다.

들 생각 거둬지고 협 생각 다가오니
파란 유리 깔리어라 두 산이 돌아드네
한 가닥 가마 연기 공중 서려 곧곧한데
알기 쉬운 쑥대문이 강을 향해 열렸거든

두 물이 감돌아라 산 빛도 참담한데
황공의 술집 아래 옛 생각 아득구나
강에 비낀 외론 학이 소식 영영 끊겼으니
누각에 구름 서려 저 하늘로 올랐구려[43]

이렇게 김정희는 말년에 정약용의 큰아들 정학연이나 동갑인 둘째 아들 정학유와 교류하였습니다. 정학연의 회혼례 때는 축하 편지를 보내며 과천으로 초청하기도 했지요.[44] 그런데 정학연이 김정희에게 정약용의 문집 『여유당집(與猶堂集)』 발간을 위해 교열을 부탁하자, 김정희가 "자신은 할 수 없으니 양자운 같은 이를 기다리라"며 거절했답니다. 양자운(楊子雲)은 본명이 양웅(楊雄, BC 53~18)으로 전한(前漢)시대 문인 학자인데요. 양웅은 글을 잘한 만큼의 능력에 비해 대접을 못 받았다거나 왕망(王莽) 아래서 벼슬하여 지조 없는 인물로 평가되는 점으로 미루어볼 때, 김정희의 양자운 언급이 긍정적이지는 않지요. 이 일화가 황현의 『매천집(梅泉集)』에 전합니다. 김정희의 감정이 정약용에게 수선화를 선물할 때와는 완전히 바뀐 듯합니다. 까칠해졌지요.

43 金正喜, 『阮堂先生全集』 卷十, 「斗江爲酉山耘逋作」: 민족문화추진회 편, 『국역완당전집』 ③(솔, 1996 중판본)에서 재인용.
44 金正喜, 『阮堂先生全集』 卷四, 「與丁酉山學淵」.

맏아들 유산(酉山) 정학연(丁學淵)은 일찍이 추사를 초청해서 『여유당집(與猶堂集)』을 고찰하고 교정해서 버릴 것과 놔둘 것을 정리해 달라고 부탁하였다. 추사가 그의 원고를 살피고 나서 유산에게 말하기를, "선공(先公)의 백세(百世) 대업은 진실로 위대합니다. 그 저작에 대해서 나는 사실 감히 알지 못하는데 어찌 취하고 버릴 것을 할 수 있겠소. 어찌 전고를 그대로 보존하여 후세의 양자운(揚子雲)을 기다리지 않습니까?" 하였다.[45]

5. 나산과 추사의 유배생활

정약용과 김정희는 1800년대 들어 유배생활을 겪게 됩니다. 정약용은 정조가 세상을 떠난 직후 서양의 기독교 서교(西敎)에 연루되어, 1801년 울진 장기를 거쳐 강진에서 18년간 유배생활을 견뎠습니다. 이때는 어린 순조(純祖)가 즉위하면서 정순왕후의 대리청정 아래 김조순(金祖淳) 일가의 세도정치(勢道政治)가 득세하는 시점이었지요. 그 이후 헌종(憲宗) · 철종(哲宗) · 고종(高宗)대를 거치며 사회적 모순들이 불거졌고, 19세기 후반에는 민중항쟁이 전개되어 조선이 몰락의 길로 들어서게 됩니다. 김정희의 유배시기는 조선이 몰락하기 한세대 직전 1840~50년대 헌종 · 철종 때군요.

나주에서 영암 월출산을 거쳐 강진으로 내려가는 길목은 두 사람이 유배가며 지나던 곳입니다. '달이 나오는' 월출산(月出山)은 남도의 평야지대에 우뚝 선 바위산이지요(2-10). 신령스런 바위 '영암(靈岩)'이라는 지명처럼 뾰족뾰족 다양한 형태의 바위 봉우리들이 평지에 돌출되어 작은 금강, 즉 소금

45 黃玹, 이장희 역, 『梅泉野錄』, 명문당, 2008.

강이라 불릴 정도로 금강산에 버금가는 아름다움을 자랑하는데요. 산 위로 달이 뜨는 영암 쪽에서 붙인 이름입니다. 월출산 왼쪽 기슭 길을 따라 남으로 내려가면 강진입니다.

2-10 월출산풍경

정약용은 이곳을 지나며 바위산을 보고, 「누리령을 지나며」라는 시를 남겼습니다. '누리령 꼭대기엔 바위가 험준한데 길손이 눈물 뿌려 사시사철 젖어 있다. 월남리(月南里)를 향하여 월출산(月出山) 보지 말자. 봉우리마다 도봉산(道峰山) 솟은 것과 그렇게도 같은지…'[46]라는 구절로 시작하지요. 누리령은 아마 지금 불티재라는 이름으로 불리는 듯합니다. 도봉산과 닮은 월출산을 보며, 자신의 심회를 잘 드러낸 시입니다.

정치적으로 재기하지 못한 추사의 유배

김정희는 치미는 화 때문인지 아무 말 없이 월출산을 뚜벅뚜벅 지나친 듯합니다. 30년 동안 오매불망 기다린 연경행이 하루아침에 제주도 귀양살이로 바뀌었으니 얼마나 화가 났을까요. 원래 1840년 6월 동지사(冬至使)의 부사(副使)로 발령받아 북경에 가기로 되어 있었습니다. 24세 때 다녀온 이후 편지로만 왕래하던 문사(文士)들을 다 만나볼 수 있겠다는 생각에 잔뜩 부풀어 있었겠지요. 그런데 아버지가 형조판서(刑曹判書) 시절 죄인 윤상도의 벌을 적게 내렸다는 게 빌미가 되어, 갑자기 1840년 9월 제주도 유배를 떠났으

46 丁若鏞, 『與猶堂全書』 卷十二, 「耽津村謠 十五首」; 정약용 저, 박석무 · 정해렴 편역주, 『茶山詩精選』 하(현대실학사, 2001), p.434에서 재인용.

니 그 화가 컸겠지요. 월출산의 미모가 눈에 들 리 없었을 겁니다.

김정희는 1849년 정월 제주도에서 해배 후 1851년 7월 또 친구인 권돈인의 일에 연루되어 북청에 2년 유배되었으니, 총 10년의 유배생활을 했습니다. 노론으로 권세가였던 김정희 집안은 순조 이후 세도정권으로부터 밀려나게 되지요. 유배가 풀린 이후에도 정치적으로 재기하지 못했을 정도입니다.

2-11 소치 허련, 〈완당선생해천일립상(阮堂先生海天一笠像)〉, 1840년대, 종이에 수묵담채, 51×24cm, 아모레퍼시픽미술관 소장

김정희는 제주 남쪽 대정에서 유배생활을 하며 그곳 유림들과 교유한 듯, 대정향교에 〈의문당(疑問堂)〉이라는 행서체 현판을 써주기도 했습니다. 유배기간에 제자 허련이 방문하여 김정희를 소동파에 빗대어 〈완당선생해천일립상(阮堂先生海天一笠像)〉을 그렸지요(2-11). 한라산 풍경을 그린 〈오백장군암도(五百將軍巖圖)〉(간송미술관 소장) 같은 작품을 남기기도 했네요. 유배지로 중국의 신간 자료와 서적들을 보내준 역관 우선(藕船) 이상적(李尙迪, 1803~1865)에게 김정희가 〈세한도(歲寒圖)〉를 그려준 일도 유명하지요. 이 〈세한도〉와 함께 '추사체'라는 개성적 서체도 제주도 유배시절을 거쳐 완성되었으니, 제주는 김정희 서화예술의 터전이라 할 만합니다(2-12). 이는 아이러니라 할 만도 한데요. 추사예술의 형식이 결국 도성(都城) 안이나, 혹은 그토록 그리던 숭배의 공간

2-12 추사 유배지, 제주 대정

이자 세련된 문물의 중심지인 북경이 아니고, 유배지인 먼 바다 외로운 제주의 바람 탄 풍광에서 완성되었다니 말입니다.

말년에 김정희는 아버지가 살았던 과천의 과지초당(瓜地草堂)에 머물렀습니다. 가족 친지와 더불어 살았던 이곳은 과천시 주암동 179번지 일대로 오른쪽에는 관악산이, 왼쪽으로는 청계산이 배치되어 원근의 깊이가 빼어난 풍광을 갖추었습니다.[47] 청계산 옥녀봉에는 김정희의 아버지인 김노경의 무덤이 있었지요. 2002년 여기를 처음 조사할 때에는 김정희가 살았던 시대나 그 직후의 한옥들이 여러 채 남아 있었습니다. 김정희 시절에 썼을 법한 그릇 파편들도 수습하여 보고서에 밝히기도 했지요.[48] 그때 김정희 고택 주변을 그대로 보존하자고 주장했는데, 결국 옛 마을이 파괴되고 빌딩이 들어섰네요. 그 앞 공터엔 군부대가 떡하니 들어섰고요. 근래에 원위치 아래에 과지초당을 복원하였고, 추사박물관을 건립했습니다.[49] 말년 김정희는 과지초당에 살면서 우면산 너머 북쪽으로 말죽거리를 지나 봉은사(奉恩寺)를 왕래하며 지냈고, 불교에 귀의했다고 할 정도로 심취했답니다. 봉은사의 '대웅전(大雄殿)'과 '판전(版殿)'이란 현판글씨를 절필작으로 남기기도 했지요.

강진에 남은 다산의 흔적들

핵심권력에서 밀려 있던 남인이었지만 정조시절 발탁되어 관료생활을 했던 정약용은 1800년 정조가 세상을 떠난 뒤, 집안의 기독교 신앙을 빌미로 장기간 유배되었습니다. 장기를 거쳐 강진에서 18년간 긴 유배를 겪었지요.

47 이태호, 「추사 김정희의 과천시절 행적과 그 후손」, 『미술사연구』 18, 미술사연구회, 2004.

48 이태호, 「果川의 秋史 金正喜 行蹟-과지초당 복원 및 추사기념관 건립을 위한 기초 조사와 제언」, 『추사 김정희와 과천』, 과천시·명지대국제한국학연구소, 2002. 12; 이태호 외, 『추사 김정희 관련 유적 복원 및 학예관 건립 타당성 조사 연구』, 과천시·명지대학교문화유산연구소, 2004.

49 추사박물관, 『추사박물관 개관도록』, 2013.

젊은 시절 정약용이 서학에 관심을 쏟은 일은 1797년 정조에게 올린 반성문 격의 자명소(自明疏)에도 잘 드러나 있습니다. 이 상소문을 통해 정약용은 "약관 초기에 일종의 풍기(風氣)에 따라 천문·역상·농정수리에 관해 측량하고 실험하는 방법을 잘 알고 있었고, 그랬기에 남몰래 서학과 서교에 빠져들었다"고 진술했습니다.[50] 그러나 정조 사후 새로운 세도정권의 등장은 노론 권력의 강화로 진행되면서 정약용 같은 남인 세력은 정치 현실에서 더욱 밀려날 수밖에 없었지요.

정약용은 강진에 내려와 처음에는 읍내의 사의재(四宜齋)에서 4년을 지냈습니다. 동천여사(東泉旅舍)라며 머물던 수막집에 새 이름을 붙인 것이지요. "생각은 담백(思宜澹), 외모는 장엄(貌宜莊), 말은 과묵(言宜訒), 행동은 진중해야 한다(動宜重)"는 「사의재기(四宜齋記)」를 남기기도 했고요. 이후 보은산 고성사에 머물며 보은산방(報恩山房)이라 했고, 이청(李晴)이라는 제자의 집에도 왕래하다가, 만덕산 아래 다산초당(茶山草堂)에 자리 잡게 되었습니다. 현재 다산초당이 있는 강진군 도암면 만덕리인 귤동(橘洞)은 외가 친척인 윤단(尹慱)의 별서였던 곳입니다.[51] 초당에 오르다보면 중턱에 윤단의 아들이자 정약용의 제자인 윤종진(尹鐘珍)의 무덤이 자리해 있지요. 19세기 해학적인 표정으로 변형된 민화풍의 귀여운 동자석 한 쌍이 발길을 멈추게 합니다. 정약용은 외가 친척인 해남윤씨가의 도움으로 한나절 거리에 있는 해남 녹우당에서 책을 빌려다 보며, 10년을 지냈는데요. 이 10년간 다산학을 완성하는 초석을 마련했다고 합니다.

1936년에 허물어졌던 다산초당은 1957~58년 복원하면서 기와집으로 지

50 『正祖實錄』 正祖 21年 6月 21日 庚寅.

51 윤동환, 『삶 따라 자취 따라 다산 정약용』, 다산문화진흥원, 2009.

어졌지요(2-13).[52] 1980년대 초 초당 앞 갯벌과 갈대밭도 간척사업 탓에 모두 논으로 바뀌었고요. 갈대밭이 펼쳐진 바닷가 풍광의 아름다움이 사라져 아쉽기 짝이 없습니다. 정약용은 학문에 용맹정진하면서도 탐진만 풍경과 사람 사는 모습을 대하며 그 진솔한 서정과 함께 때로는 현실의 처참함까지도 시로 남기기도 했지요. 딸, 아들에게 주는 《하피첩(霞帔帖)》과 〈매조도〉(1813년)를 그리기도 했고, 여러 시고와 편지글을 남기기도 했습니다. 정약용은 손재주 또한 뛰어났던 것 같습니다. 그림과 글쓰기의 서화 감각은 물론이려니와, 흑산도로 유배 간 형 정약전에게 쓴 편지에 흥미로운 내용이 전하는데요. 강진 유배시절 초기 풀잎이나 나무껍질을 채취한 후 즙을 내거나 달여 오색(五色)이나 자색·녹색 등 아름다운 색깔을 물들여보기도 했다네요.[53]

2-13 다산초당, 강진군 귤동

2-14 초의, 〈다산초당도(茶山草堂圖)〉, 1812년, 종이에 수묵채색, 19.5×27cm, 개인 소장

강진에서 정약용은 지역의 젊은 인재들과 만나 그들의 스승 역할을 하면

52 이태호 외, 『다산기념관 전시관 신축 건립을 위한 타당성 조사보고서』, 강진군·명지대학교박물관, 2006.
53 정약용, 박석무 편역, 『유배지에서 보낸 편지』, 창작과 비평사, 1991.

서 학문적 기반을 쌓았습니다. 근래 들어 황상(黃裳), 이청, 윤단, 윤종진, 윤정기(尹廷琦) 등 18명 제자들의 학문과 문학예술의 수준이 높았다는 연구와 자료발굴이 진행되는 듯합니다.[54] 한편 일지암(一枝庵)의 초의(草衣)나 백련사(白蓮社)의 아암(兒庵) 혜장(惠藏)과의 교류 및 유불관련 논쟁도 활발했던 모양입니다. 정약용은 김정희와도 절친했던 초의와 각별하게 월출산 백운동을 여행하고 시화를 나누기도 했지요. 1812년 정약용이 쓴 시와 발문, 초의가 그린 〈다산초당도(茶山草堂圖)〉와 〈백운동도(白雲洞圖)〉로 꾸민 《백운첩(白雲帖)》(개인 소장)이 전합니다(2-14).[55] 묘사기량이 높지 않아 사실감은 떨어지지만, 월출산 배경의 백운동 풍광이나 다산초당의 구조와 분위기를 전해주는 훌륭한 자료입니다.

정약용은 다산초당에 동재(東齋)와 서재(西齋)를 짓고, 18명 제자들과 더불어 차를 즐기면서 유배생활을 견뎠습니다. 뿐만 아니라 10년 동안 500권 저술의 밑바탕을 만들어냈지요. 다산초당에는 정약용이 새겼다고 전해오는 '정석(丁石)'이라는 바위글씨를 비롯해서 샘, 연못 등이 남아 있습니다. 정약용은 일기에 '학문에 방해가 되니 내일부터는 시서화를 끊어야지'라고 적기도 했는데요. 재능 있는 문인에게 시서화를 끊는 일은 담배 멀리하는 것처럼 어려웠을 것 같습니다. 다만 이렇게 시를 짓고 그림을 그리면서도 심지어 '바둑이라도 배웠으면 소일거리가 있어 동네 노인들과 시간을 보낼 수 있었을 텐데…'라고 유배의 지루함을 토로하기도 했다지요.

다산초당에서 백련사로 가는 길에는 야생차 밭이 눈에 띄고, 늦겨울에서 봄에는 하얀 차 꽃이 피지요. 지금도 정약용이 따다 달여 마셨던 차나무와

54 정민, 「다산 정약용의 교육사상과 공부법-다산의 강진 강학과 제자 교학방식」, 『다산학』 18, 다산학술문화재단, 2011; 정민, 『삶을 바꾼 만남-스승 정약용과 제자 황상』, 문학동네, 2011.

55 『천명, 다산의 하늘-정약용 250』, 예술의 전당 서예박물관, 2012, 도판 35-1~10.

그 후손나무들이 남아 있습니다. 벌써 1950년대에 복원된 다산초당은 정약용의 모든 사상철학을 포괄하고 있는 만큼, 그의 발자취를 따라 호흡할 수 있는 감명 깊은 명소입니다. 다산기념관, 연구소, 다산연수원 등이 들어서 있고요. 비록 초당 아래 갈대밭이 사라졌지만, 탐진만 포구 풍광의 아름다움은 여전합니다.

6. 조선적 행서체, 원교체에 대한 엇갈린 평가

조선후기에 이르면 겸재 정선이나 단원 김홍도 등이 우리 땅과 삶을 그리는 진경산수화(眞景山水畵)와 풍속화(風俗畵)를 창조합니다. 그림과 함께 조선시(朝鮮詩)와 우리 글씨를 쓰자는 조선서(朝鮮書)의 움직임도 일었지요. 기존의 왕희지(王羲之)·안진경(顔眞卿)·구양순(歐陽詢)·저수량(褚遂良)·미불(米芾)·조맹부(趙孟頫)·문징명(文徵明)·동기창(董其昌), 이런 중국 사람들의 서법을 토대로 쓰던 서풍을 벗고 조선도 조선식 서풍을 일으키자는 쪽으로 변화하였습니다. 옥동 이서·공재 윤두서·백하 윤순·원교 이광사 등의 문인들은 한자를 쓰되 조선식 글씨를 쓰자고 주장했습니다. 이서·윤두서·윤순·이광사는 모두 남인과 소론 계열로, 서인·노론 권력에 의해 밀려난 재야(在野) 지식인들이라 볼 수 있지요. 그리고 이광사에 이르러 이른바 '동국진체(東國眞體)'라 일컫기도 하는 개성 넘치는 조선적인 서체가 이룩되었네요.[56] 마치 정선이 진경산수화를 완성한 것처럼 말입니다.

지금은 대둔사(大芚寺)로 이름을 바꾼 해남 대홍사(大興寺)의 '대웅보전(大雄

56 이완우, 「원교 이광사의 서예」, 『미술사학연구』 190·191, 한국미술사학회, 1991.

2-15 해남 대둔사 대웅보전(상), 원교 이광사, 〈대웅보전(大雄寶殿)〉현판(하), 18세기 중엽

寶殿)' 현판글씨는 이광사의 대표적 행서체입니다(2-15). 조선적인 원교체의 특징은 크게 두 가지로 설명되는데요. 우선 '대(大)' 자를 보면 균형이 깨져 갸우뚱합니다. 대(大)의 위로 올린 획이 높이 올라가고, 수평 획이 기울어진 사선으로 흐르지요. 또 상당히 의도한 듯, 붓길이 매끈하지 않고 약간의 떨림이 있습니다. '웅(雄)' 자와 '전(殿)' 자도 마찬가지입니다. 갸웃갸웃하고 떨림이 있는 서풍을 조선적 서체의 특징이라고 이해하시면 될 것 같습니다.

추사의 신랄한 원교체 비판

김정희는 이런 이광사의 원교체 행서풍을 상당히 미워했습니다. 당시 제자들이 원교풍 글씨를 쓰자, 손가락을 분질러버리고 싶다고 할 정도였지요. 이광사가 자신의 바로 앞 세대임에도 불구하고, 그 비판 정도가 신랄했습니다. 『완당집(阮堂集)』의 「서원교필결후(書圓嶠筆訣後)」를 보면, 단적으로 '원교필결(圓嶠筆訣)'은 말이 안 되는 소리라고 폄하하고 있지요. "묵법(墨法)을 모르고 필법(筆法)을 논했다", "필법과 묵법을 구분 못한다", "서예의 기본인 현완직필(懸腕直筆)이 결여된 언필(偃筆)이다", "원교의 필선수후론(筆先手後論)은

붓이 먼저 가는데 어찌 손과 몸의 힘이 실리겠는가" 등 배울 게 하나도 없다고 지적했습니다.[57]

김정희는 후배나 당대의 글씨를 언급할 때, 조선적 습기의 최악을 꼭 이광사에 빗대면서, 그 대안으로 중국 법서(法書)의 원형이나 청나라 문인의 서체를 거론했습니다. 예컨대 동생 상희(相喜)에게 쓴 편지글 가운데 "우리나라 사람들은 원교의 필(筆)에만 얽매여 청나라 문인 서예가 왕허주(王虛舟)나 진향천(陳香泉) 등 여러 대가들이 있다는 것을 알지 못하고 망령되이 필(筆)을 말하니 나도 모르게 아연히 비웃을 밖에…"라고 하였지요.[58]

김정희는 청나라 석암(石庵) 유용(劉墉, 1719~1804)의 글씨를 높게 평가했습니다. 청나라 초기 문화는 아주 개성이 강한 쪽과 전통을 계승하자는 쪽으로 대립되어 있었는데요. 유용은 법첩(法帖)을 중요시 여긴 첩학파(帖學派) 쪽에 해당되었던 문인입니다. 김정희는 유용의 글씨에 대해 "만일 석암을 배우고자 한다면 마땅히 비고 조화롭고 성글고 느슨한 곳에서 찾아야 한다. 석암의 글씨는 천마(天馬)가 하늘을 달리는 것 같아서 가히 인간 세상의 굴레로는 잡아맬 수가 없다"고 평했지요.[59] 그러나 실제 석암 유용의 '맑은 바람 밝은 달을 돈으로 살 필요 없다'는 〈청풍명월 불용일전매(淸風明月 不用一錢買)〉(간송미술관 소장)나 중국 서예도록에 실린 유용의 행서(行書)를 보면, '천마(天馬)가 달리는' 기운까지는 느껴지지 않네요.[60] 오히려 이광사의 글씨가 힘이 넘치지요. 유용의 미끈한 필세는 김정희가 호들갑을 떨 정도로 감동을

57 金正喜, 『阮堂先生全集』 卷六, 「書圓山喬筆訣後」; 박병천, 「추사의 원교서론 비평에 대한 분석적 고찰」, 『서예관 논문집』 1집, 예술의 전당 서예관, 1991.

58 金正喜, 『阮堂先生全集』 卷二, 「書圓嶠筆訣後」; 민족문화추진회 편, 『국역완당전집』 ①(솔, 1996 중판본)에서 재인용.

59 「藝林甲乙錄」; 『국역근역서화징』 하권, '이형태(李亨泰)'조: 김정희의 石菴의 글씨에 대한 평은 『阮堂先生全集』의 「墨法辯」에도 실려 있는데, 탁본만 보고 글씨를 實見하지 않았던 모양이다. 동기창 이후의 제일인자로 꼽고 있다.

60 『澗松文華』 27집, 서예Ⅵ 淸, 한국민족예술연구소, 1984.

주는 높은 서격(書格)이 담기지는 않은 듯합니다. 이로 보면 김정희의 미적 기준과 안목이 늘 바람직하거나 높다고 생각되지는 않고요.

다산의 원교체에 대한 연민

2-16 원교 이광사, 〈대웅보전(大雄寶殿)〉현판, 18세기 중엽, 강진 백련사

이광사의 서체를 두고 정약용과 김정희가 보인 서로 다른 의견은 매우 흥미롭지요. 정약용은 백련사의 〈대웅보전(大雄寶殿)〉 현판을 예로 들며, 원교체가 서법의 기본을 벗어난 점은 아쉬우나, 예술적 기예의 장점이 있다고 평했습니다(2-16). 이 백련사의 현판은 대둔사의 것보다 떨림과 갸우뚱함이 더 심한 편인데요. 정약용은 이러한 평에 덧붙여 떨림이 있는 '이광사 글씨'에서 완도 신지도 유배생활을 했던 이광사에 대해 인간적인 연민과 애도의 마음이 느껴진다고 칠언시를 절절하게 읊기도 했습니다.

> 우리 나라 글씨는 뛰어난 작품이 적은데
> 근래엔 이광사 있어 그만 홀로 세상에 유명하다.
> 북쪽 변방 끝에서 남쪽 섬으로 귀양살이를 옮겨서
> 미개한 천민들에게도 예악과 제도 가르쳐 배우게 했다네.
> 거룩하다 일개 포의(布衣)로 귀양을 살았지마는
> 우레 같은 명성이 백세를 울리네.
> 그가 쓴 백련사 편액을 볼라치면
> 꿈틀대는 용의 기세 붙잡아 헌걸차구나.

거칠고 질박한 김생은 헛이름만 얻어
시골 백성들 계약서나 써줄 만한 글씨였다오.
…
큰 인재 외진 바닷가에서 불우하게 죽다니
남긴 자취 처량해서 눈물이 줄줄 흐른다.
… 하략[61]

중국의 서체와 비교하며 미워해 떨쳐내던 김정희보다, 원교체의 기세와 평생 유배지에서 벗어나지 못했던 이광사의 삶을 함께 생각한 정약용의 소견이 형평성을 유지했다고 생각합니다. 신지도 외진 바닷가에서 불우하게 죽은 이광사의 원교체 자취를 보며 눈물을 흘리는 정약용의 여린 감성도 전해오고요. 정약용의 이런 점이 김정희 주장일색으로 유지되던 19세기의 균형을 잡아주네요. 또 그렇게 균형 잡힌 정약용의 문예의식은 조선 문화의 몰락기인 19세기를 새롭게 재인식하게도 합니다. 물론 정약용도 법도를 벗어난 이광사의 서풍에 대해 우려를 표명하기도 했습니다. 특히 아이들이 삐뚤한 서체를 학습하는 일에 대해 우려를 표명한 칠언시도 있네요.

시골애들 습자법이 어찌나 엉망인지
점획과파(點劃戈波) 낱낱이 기울어져
서예방이 옛날에 신지도에 열려 있어
아전들 모두가 이광사를 본받았으련만[62]

61 丁若鏞, 『與猶堂全書』 卷十四, 「和子由新修汝州龍興寺吳壁畵韻」 –觀李道甫題客夏白蓮寺; 정약용, 박석무 · 정해렴 편역주, 『茶山詩精選』 하(현대실학사, 2001), pp.545~546에서 재인용.
62 丁若鏞, 『與猶堂全書』 卷十二, 「耽津村謠 十五首」; 정약용 저, 박석무 · 정해렴 편역주, 『茶山詩精選』 하(현대실학사, 2001), pp.434~439에서 재인용.

7. 김정희의 서화 예술, 청조 문예의 영향

김정희는 예안이씨와 재혼한 다음 해 사마시(司馬試)에 합격하였고, 1809~10년 동지사부사였던 아버지 김노경을 따라 자제군관(子弟軍官)으로 연경에 다녀왔습니다. 연경에서의 두 달은 김정희를 크게 변화시킨 계기였습니다. 정약용에게는 없던 행적이지요. 지금의 북경인 연경에서 청조문물을 실견하고, 한양에서 생각하던 학문과 예술세계를 확장시키게 되었지요. 여기서 당시 78세였던 고증학자이자 서화 금석문 자료 수장가인 옹방강(翁方綱, 1733~1818)을 만났습니다. 옹방강은 당시 연경에서 가장 원로 격이었지요. 그렇다고 옹방강이 청조 문예사나 중국 사상사의 높은 봉우리는 아닌 듯합니다.

청조 문인들과의 교류

주학년(朱鶴年, 1760~1834)이 그린 옹방강의 정면 반신상 〈담계선생상(覃溪先生像)〉을 보면 그가 카리스마 넘치거나 잘생긴 외모를 지닌 것은 아닌 듯합니다(2-17). 얼굴이 크고 달걀형이며, 편안하고 친근한 용모네요. 이 그림은 1809~10년 김정희를 북경에서 만난 뒤, 1812년에 옹방강이 김정희에게 선물한 자신의 초상화인데요. 옹방강은 김정희를 대단히 생각했던지 김정희와 같이 6월에 태어난 중국 문인인 구양수와 황정견, 그리고 자신의 초상화를 그려 보냈지요. 그것을 받고 김정희가 크게 감동했을 겁니다. 이 연경의 원로학자와의 만남과 교류는 김정희의 무한한 자랑거리가 되었겠지요.

김정희와 옹방강, 두 사람의 교류는 계속되어 옹방강은 1810년대 김정희에게 "소나무의 마음, 그것처럼 임금에게 충성하고 신의를 갖는 것이 보배로운 일(如松柏之有心 而忠信以爲寶 爲秋史進士 書翁方綱)"이라고 행서대련(간송미술관 소장)을 써주기도 했습니다(2-18). 자형이 훌쭉하고 유연한 행서체이면서도 굵은 붓의 흐름이 눈에 띄는데, 김정희의 초기 서풍에 영향을 미쳤다고 보이지요. 특히 20~40대까지 김정희의 작은 글씨가 옹방강의 행서와 비슷합니다. 옹방강이 소동파를 보배로 기려 '보소재(寶蘇齋)'라 당호를 쓴 데 빗대 김정희는 옹방강의 아호 담계(覃溪)를 따라 '보담재(寶覃齋)'라고 했을 정도네요. 소동파를 사랑한 옹방강을 따라 배우기를 대단히 열심히 했지요.

옹방강은 김정희의 총명함에 "경술문장 해동제일(經術文章 海東第一)"이라고 칭찬을 아끼지 않았다고 합니다. 중국 문인의 과장된 칭찬버릇 아닐까 싶기도 한데요. 막 생원시에서 장원(壯元)을 하고 중국으로 떠났으니, 김정희 머릿속에 사서삼경(四書三經)이 살아 있었겠지요. 연경의 문인들이 거기에 껌뻑 가지 않았을까요. 또 김정희는 글을 쓸 때 현란하리만큼 중국 고사와 문예지식을 총동원했을 것이니, 옹방강이나 완원 등 청나라 학자들이 놀랄 만도 했을 겁니다. 예컨대 『국역완당전집(國譯阮堂全集)』의 번역 글을 보면, 문장마다 2~3개 이상의 각주를 달았을 정도이지요. 시나 편지 한 꼭지에 보통 10~20개의 각주가 딸린 것을 보면, 김정희의 글 취향이 워낙 현학적이었던 듯합니다.

김정희는 옹방강에 이어 당시 연경학계의 중

2-17 복암 주학년, 〈담계 옹방강 선생상(覃溪 翁方綱 先生像)〉, 1812년경, 종이에 채색, 93.5×33.0cm, 간송미술관 소장

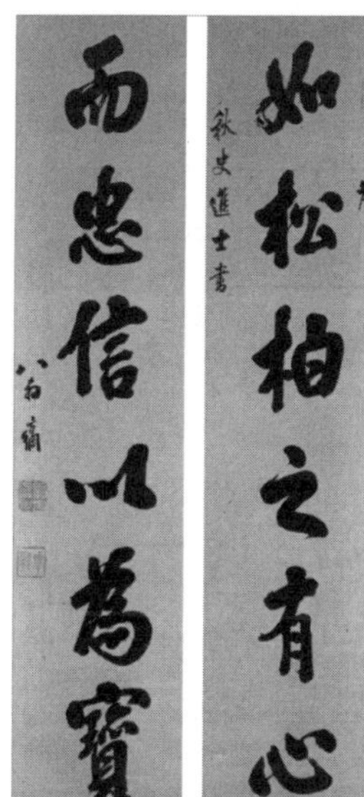

2-18 담계 옹방강, 〈여송백지유심(如松柏之有心) 이충신이위보(而忠信以爲寶)〉, 1810년대, 종이에 수묵, 각 132.7×30.5cm, 간송미술관 소장

진이었던 금석학자 완원(阮元, 1764~1849)을 큰 스승으로 여겼습니다. '추사(秋史)'와 함께 김정희가 즐겨 쓴 대표 아호 '완당(阮堂)'은 바로 완원의 '완(阮)' 자를 따서 지은 것이지요. 완원의 예서(隷書)를 보면 김정희가 따라 배운 게 맞네요. 김정희는 이 두 사람을 평생의 큰 스승으로 모셨지요.[63] 뿐만 아니라 이들과 만남을 계기로 옹방강의 아들 옹수배와 옹수곤 및 주학년, 섭지선, 조강 등과 폭넓고 깊은 교류를 가졌습니다.[64]

청년기에 북경을 여행한 김정희는 전반적인 중국학과 청조학에 정통하게 되었지요. 이에 따라 미의식의 기준을 철저히 역대 고전과 청나라 문예, 그리고 사내부적 관섬에 두었습니다. 19세기 봉건체제가 흔들리던 사회에서 지배층의 아이덴터티, 문화적 입지를 강화하려는 쪽으로 기울었던 것이지요. 이를 당대의 역사 지평에 놓고 보면, 그의 미적 기준과 취향은 시대에 역행(逆行)하는 대단히 보수적이고 사대주의적인 요소를 내포하고 있습니다. 이런 점에서 김정희를 실학파 개혁가였던 정약용의 대척점에 둘 수도 있지요. 서화나 문예의 근원을 성령(性靈)으로 보고 성령에서 나온 예술성의 마무리를 격조(格調)로 강조한 김정희, 그리고 중인층 문사나 화원들에게 미친 김정희의 절대적인 영향력을 고려한다면 더욱 그런 생각이 듭니다.[65]

김정희를 사랑하는 측면에서 김정희의 학문과 예술을 '국제성'이라고 포장하기도 합니다. 물론 북경 문물의 현재를 살펴본, 그리고 고전의 원전을 실견한 안목으로 조선 문화를 끌어올려 국제화시키는 데 긍정적 역할을 했다고 칭찬할 수 있겠지요. 당시 김정희가 연경 문예계의 젊은 한류로서, 원로부터 젊은 학자와 문인까지 두루 섭렵하고 돌아왔다는 평가도 가능할 것

63 유홍준, 『완당평전』 1, 학고재, 2002.
64 藤塚鄰, 『清朝文化東傳の研究』, 國書刊行會, 1975; 박희영 역, 『추사 김정희 또 다른 얼굴』, 아카데미하우스, 1994.
65 이우성, 「김추사 및 중인층 성령론」, 『한국한문학연구』 5, 1981.

같습니다. 그런데 김정희가 연경에서 돌아와 무악재를 넘어 한양 땅을 보니, 조선이 한심하다는 생각이 들었던 모양이네요. 도성안팎은 물론 '조선'에서 이루어낸 원교체도, 정선과 김홍도 그림도 다 촌것으로 보였겠지요. "내 미개한 오랑캐 땅(九夷)에서 태어났으니 참으로 비루하고, 중원의 선비들과 교제하기에 부끄럼이 많네(我生九夷眞可鄙 多媿結交中原士)"라고 시작하는 시를 남길 정도로 말입니다.[66] 김정희가 19세기 문예사에서 가장 중요한 위치를 차지하고 있음에도 불구하고, 그 학문과 예술이 사대적 범주를 벗어나지 못했다는 점이 못내 아쉽습니다.

추사의 그림 같은 예서풍 서예

추사체는 예서(隸書)에 기초합니다. 한나라 석조 비문이나 청동기에 새겨진 예서체 금석문을 따라 자기 서체를 개발한 것이지요. 이러한 추사체가 제주 유배시절을 거쳐 완성되기 전, 초기 예서체는 완원 서풍에 근사했습니다. 1817년 30대 때 김정희가 써준 것을 바위에 새긴 '송석원(松石園)' 글씨가 그 한 예이지요. 완원풍의 이 바위글씨는 일제강점기에 찍은 사진이 남아 있으나, 실제 바위는 아직 찾지 못했는데요. 송석원의 위치 또한 일제강점기 친일 귀족인 윤덕영의 소유였다가 훼손되고 마을이 들어선 탓인즉, 현재 그 터를 옥인동 47번지 일대 인왕시장과 인왕산 사이로 추측할 따름입니다.[67] 다행히 1791년 이 모임을 그린 이인문의 〈송석원아집도〉와 김홍도의 〈송석원시사야연도(松石園詩社夜宴圖)〉(한독의약박물관 소장)가 남아 있어 그림으로나마 당시 풍경을 짐작할 수 있지요. 천수경(千壽慶, 1757~1818)을 중심으로 한 중인층 시회 모임인 송석원에 사대부 출신인 김정희가 글씨를 써

66 金正喜, 『阮堂先生全集』 卷九, 「我人京 與諸公相交 未會以詩訂契 臨歸不禁悵觸 漫筆口號」.
67 김영상, 『서울 육백년』, 대학당, 2000 ; 최종현 · 김창희 저, 『오래된 서울』, 동하, 2013.

주었음은 19세기 전반 상하 신분간의 유연한 교류를 보여 주는 의미 있는 예입니다.

김정희는 정조의 부마였던 홍현주(洪顯周, 1793~1865)와 친했습니다. 당시 임금의 부마는 잘생기고 똑똑한 사람들이 발탁되었지요. 1827년 김정희, 홍현주, 자하(紫霞) 신위(申緯, 1769~1845)가 모여 시첩을 만듭니다. 홍현주의 "한 점의 청산은 아련하련만 구름 밖의 꿈속이라(還有一點青山麽 雲外雲夢中夢)"는 글귀를 서두로, 셋이 함께 시를 나누어 짓고 김정희가 글씨를 쓰지요.[68] 시첩의 속표지에 쓴 〈운외몽중(雲外夢中)〉(개인 소장)이라는 김정희의 단정한 예서체가 눈길을 끕니다(2-19). 글자체의 부드러운 형태감에서 완원의 영향이 엿보이네요. 이처럼 김정희는 기본적으로 예서를 서예의 골간(骨幹)으로 삼아, 개성적이고 시각적인 아름다움을 살린 그림 같은 서풍을 발전시켰지요. 김정희의 서화 작품과 예술론은 아래와 같은 예서에 대한 지론으로부터 시작되었다고 해도 과언이 아닐 듯합니다.

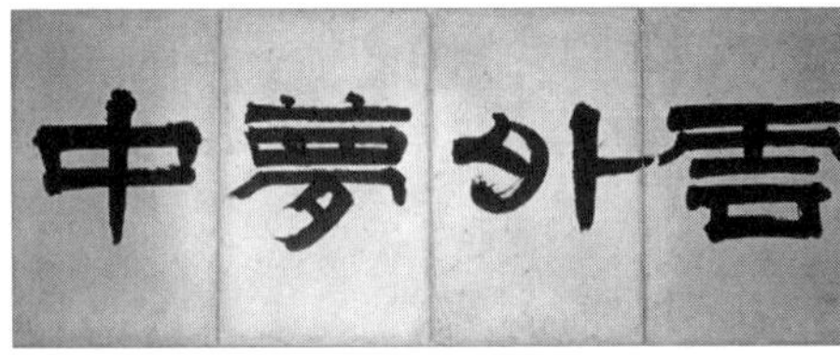

2-19 추사 김정희, 〈운외몽중(雲外夢中)〉, 1827년, 종이에 먹, 27.0×374.0cm 첫 부분, 개인 소장

> …예서(隸書)는 바로 서법의 조가(祖家)이다. 만약 서도(書道)에 마음을 두고자 하면 예서를 몰라서는 아니 된다. 그 법은 방경(方勁)과 고졸(古拙)을 스스로 삼아야 하는데 그 졸한 곳은 또 쉽게 얻어지는 것이 아니다. 한예(漢隸)의 묘는 오로지 졸한 곳에 있다. …더구나 예법(隸法)은 청고고아(淸高古雅)한 뜻이 들어 있지 않으면 손에서 나올 수 없고, 청고고아한 뜻도 가슴속에 문자향

68 유홍준, 「김정희필 《운외몽중》첩 고증」, 유홍준·이태호, 『만남과 헤어짐의 미학–조선시대 계회도와 전별시』, 학고재, 2000.

(文字香)과 서권기(書卷氣)가 들어 있지 않으면 능히 완하(腕下)와 지두(指頭)가 발견되지 않으며, 또 해서(楷書)와 같은 것에 비할 바가 아니다. 모름지기 먼저 문자향과 서권기를 갖추는 것이 예법의 장본이며 예서를 쓰는 신결(神訣)이 된다. …[69]

제주도 유배 이후, 김정희의 50대 후반은 우리가 이야기하는 추사체(秋史體)가 완성된 시기입니다. 김정희는 유배를 기점으로 전과 후에 많은 변화를 보이는데요. 이를 볼 수 있는 적절한 사례가 해남 대흥사와 예산 화암사에 각각 걸린 '무량수각(无量壽閣)' 현판입니다. 이 현판들을 보면 서체 외에도 흥미로운 점이 하나 보이는데, 혹시 알아차리셨나요? 네, 바로 '각(閣)' 자입니다. 원래 무량수각은 아미타여래를 모신 신전으로 '궁궐 전(殿)' 자를 써야 하지요. 유교문인인 김정희가 불교를 하대해 글자의 격을 낮추어 쓴 것입니다.

서체로 보면 동갑내기 절친인 초의선사가 주석을 하던 해남 대둔사(大芚寺)에 써준 '무량수각'은 제주도 유배가기 직전에 써준 글씨라 예서체 필획이 굉장히 굵지요. 반면 제주유배 시절 예산 김정희 집안의 원당 사찰인 화암사(花巖寺)에 쓴 글씨는 상당히 가늘어졌습니다. 대둔사의 현판 글씨와 크게 다르지요. 이 차이는 유배생활의 트라우마를 겪고 난 후 김정희에게 일어난 변화를 읽게 해줍니다. 유홍준 교수는 두 현판의 차이에 대해 '유배가면서 쓴 글씨는 중국음식으로 치자면 탕수육이나 난자완쓰 같은 느끼한 맛인데, 제주도 유배생활 속에서 제주도의 바람을 맞고 난 후 쓴 글씨는 이모가 끓여주는 칼국수 맛'이라 표현하기도 했지요.[70] 이처럼 중국풍에서 벗어나 자

69 金正喜, 『阮堂先生全集』 卷七, 「書示佑兒」; 민족문화추진회 편, 『국역완당전집』 ②(솔, 1996 중판본)에서 재인용.

70 유홍준, 『완당평전』, 학고재, 2002.

신의 개성적 서체를 완성시킬 수 있었던 원동력은 무엇이었을까요. 유배시절의 시련을 예술로 승화시킨 마음이 예산 화암사 〈무량수각〉현판 글씨에 절절하게 드러나지요(2-20). 사람은 아픈 만큼 성숙하나 봅니다.

2-20 추사 김정희, 〈무량수각〉현판 비교: 해남 대둔사(상), 예산 화암사(하)

제주도 유배 이후 추사체 완성

함경도관찰사 침계(梣溪) 윤정현(尹定鉉, 1793~1874)이 황초령에서 진흥왕순수비를 발견하고 비각(碑閣)을 세울 때, 김정희에게 현판 글씨를 써달라고 부탁했던 모양입니다. 1851~2년경 쓴 〈진흥북수고경(眞興北狩古竟)〉이 황초령 비각에 걸려 있지요(2-21). '진흥왕이 북쪽에 순찰 와서 본 옛 경계'라는 의미일 텐데요. '진(眞)' 자는 좌우를 갈라보니 거의 대칭에 가깝네요. 마치 '참' 진의 의미를 대칭으로 이미지화한 것 같지요. 반면 '흥(興)' 자는 좌우 대칭을 확 깨버렸습니다. 마치 한쪽 발은 길고 한쪽 발은 짧아, 갸우뚱하며 춤을 추고 있는 것처럼 보이지요. 글씨에 흥겨워 춤추는 사람의 이미지를 담아낸 것입니다. '진(眞)'의 '八' 자는 대칭으로 단정히 쓴 데 비해서, '흥(興)'의 '八' 자는 비대칭으로 크기와 형태감을 달리하며 대조를 이루었네요. '지킬

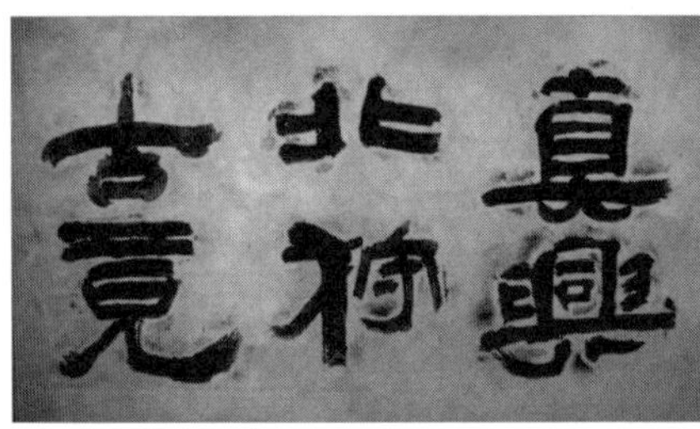

2-21 추사 김정희, 〈진흥북수고경(眞興北狩古竟)〉현판 탁본, 함경도 함초령 진흥왕순수비각, 개인 소장

수(狩)' 자는 개가 바짝 서서 경호하는 듯한 모습이고요. 이것이 바로 글씨가 갖는 의미를 시각적으로 이미지화해내는 김정희의 재간입니다. 마치 그림 같은 글씨의 서풍이지요. 완원체를 따랐던 40대 〈운외몽중(雲外夢中)〉의 단정함에서 크게 변화했음이 확인됩니다.

추사의 그림 같은 이미지 서법은 『논어(論語)』 '옹야(雍也)'편에 나오는 〈사야(史野)〉나 가장 사랑하던 제자 소치 허련에게 써준 〈소허암(小許庵)〉이라는 현판 글씨에서도 만나게 됩니다. 〈사야〉(간송미술관 소장)는 권대응(權大膺)이라고 하는 문인의 아호(雅號)로, '사(史)'는 다듬어짐, '야(野)'는 거칢을 의미하지요. 김정희는 '史'는 갸우뚱한 단순함으로 그 세련미를, '野'는 굵고 투실한 불균형으로 조야한 멋을 표현했습니다. 특히 두 문자 '세련과 조야'의 조화는 그의 예술이 지향했던 바이자, 동시에 당시 문인들이 찾으려했던 이상이기도 하기에 의미가 남다르지요. 〈소허암〉(전남 진도 운림산방)은 소치 허련이 사는 집이라는 뜻입니다. 글씨 중 '소(小)' 자가 제일 예쁘지요. 마치 3~4살짜리 어린아이 엉덩이에서 팔뚝만 한 똥이 나오는 장면처럼 보입니다. '허(許)'는 사람의 성씨인 만큼 단정하게, '암(庵)'은 위를 잔득 무겁게 해 불균형의 묘미를 잘 살렸네요(2-22).

말년 김정희의 글씨는 살짝 변화하는데요. 균형이 크게 깨진 듯 불안해 보입니다. 서체가 대범하게 한쪽으로 기울거나, 크기와 굵기에서 부조화를 보이지요. 60대 후반 추사체의 특징입니다. 〈대팽두부과생채(大烹豆腐瓜薑菜) 고회부처아녀손(高會夫妻兒女孫)〉 대련(간송미술관 소장), 즉 대구를 이루어 쓴 두 줄의 시는 1856년 행농(杏農) 유치욱(兪致旭)이라는 사람에게 써준 글씨입니다(2-23). 김정희의 말년 글씨 중 돌아가시기 직전에 쓴 글씨라 더욱 의미가 있는 작품이지요. '부부가 아들·딸·손주와 함께 큰 냄비에 두부·야채·생강·오이를 넣어서 팔팔 끓여먹는 것이 최고의 만남, 즉 고회(高會)'라는 내용입니다. 김정희가 밖으로 싸돌며 인생을 거의 탈진하고 난 뒤 깨달은 바를 나타내지요. 위대한 문인의 깨달음이라고 생각했는데, 아쉽게도 김정희의 아이디어는 아닙니다. 청나라 문인의 시구를 따라 쓴 것이지요. 하지만 약간 갈필 맛이 나면서, 빠른 필법의 행서체 붓맛이 좋은 멋진 예서체입니다. 붓끝이 갈라진 삐침, 가늘거나 누툼한 획의 변화가 매력적이네요.

2-22 추사 김정희, 〈소허암(小許庵)〉현판, 전남 진도 운림산방

2-23 추사 김정희, 〈대팽두부과생채(大烹豆腐瓜薑菜) 고회부처아녀손(高會夫妻兒女孫)〉대련, 1855년, 종이에 수묵, 129.5×31.9cm, 간송미술관 소장

김정희가 살았던 주암동 과지초당은 봉은사와 가깝습니다. 말죽거리를 지나 북쪽으로 한 시간 남짓 걸으면 될 거리이지요. 김정희는 말년에 봉은사를 내왕하며 시간을 보냈고, 〈대웅전(大雄殿)〉과 〈판전(板殿)〉이라는 현판 글씨도 남겼습니다. '七十一果病中作'이라고 밝힌 〈판전〉은 1856년, 세상을 떠나기 3일 전에 쓴 마지막 글씨이니 절필(絶筆) 작품이기도 한데요(2-24). 앞의 '무량수각'처럼 '각(閣)'이라 쓰지 않고, 궁전의 '전(殿)'으로 회복시켜주었지요. 서체는 균형이 완전히 깨진 형상입니다. '판(板)' 자는 오른쪽으로 무너질 것 같고, '전(殿)' 자는 과분수 모양이지요. 유년기 서풍으로 돌아갔다는 해석도 가능한, 김정희 말년 글씨의 대표작입니다.[71]

71 유홍준, 『완당평전』 2, 학고재, 2002.

2-24 추사 김정희, 〈판전(板殿)〉현판, 1856년, 강남구 봉은사

〈대웅전〉의 경우는 행서 맛이 실린 예서풍이 이광사 원교체의 갸우뚱한 글씨 맛을 닮아 있기도 합니다. 미워하면서도 배우게 된 것일까요.

김정희는 끊임없이 불교 승려들과 교류하면서 결국은 불교도로 인생을 마치지 않았겠느냐 는 주장도 있긴 합니다. 그는 고창 선운사에 있는 백파선사(白坡禪師, 1767~1852)의 비문을 써주었는데요. 1855년 '화엄종주백파대율사대기대용지비(華嚴宗主白坡大律師大機大用之碑)'라고 쓴 〈백파선사비〉앞면 글씨가 말년 기개를 보여줍니다(2-25). 70세 때, 힘을 주지 않으면서도 힘이 넘치게 써 내린, 행서풍이면서도 단정한 해서체이지요. '큰 글씨(大書)로 특별히 썼다(特書)'는 이 15자 글씨는 정말 특별합니다. 내리그음은 약간 굵게, 횡으로 가는 붓길은 가늘게 변화를 주어 마치 예서체풍을 구사하듯 해서체를 재해석한 양상도 보여주네요. 글자 형태에 따라 석공이 깊이감을 낸 새김도 빼어나고요. 백파에 대한 애정과 성직자에 대한 깍듯한 예의가 실린 정중한 서풍이지요. 검은색의 질 좋은 오석에 새겨 그 맛이 더욱 살아납니다. 묘지명에는 백파를 대율사(大律師)로 대접하며 '큰 그릇과 큰 쓰임(大機大用), 그리고 그것들의 살활(機用殺活)'이라는 백파의 논지를 강조한 내용을 담았는데요. 비의 뒷면 이 예서풍 행서체는 김정희의 말년 편지나 시고

2-25 추사 김정희, 〈화엄종주백파대율사대기대용지비(華嚴宗主白坡大律師大機大用之碑)〉, 1855년

에 근사한, 흐트러진 맛에 생기가 흐르는 걸작입니다. 김정희는 백파와 선(禪)에 관해 크게 논쟁을 벌인 것으로 유명하지요.[72]

초의가 주석했던 일지암 바위에는 김정희의 〈다암(茶盦)〉이라는 글씨가 새겨져 있습니다. 예서체이면서 동그란 행서체 붓맛이 탄력 있는데요(2-26). 이처럼 글씨의 내용이나 뜻에 맞게 행서와 초서, 예서와 행서, 전서와 예서 등을 조합하거나 혼용하는 방식이 추사체의 또 다른 매력입니다. 초의선사는 우리나라 차 문화를 중흥시켜 다성(茶聖)·다선(茶仙)이라 불렸지요. 『동다송(東茶頌)』이란 저술을 남기기도 했습니다. 30세 때 첫 대면 이후 동갑으로 금란지교의 친분을 쌓았던 초의는 매년 김정희에게 차와 장을 대주기도 했지요. 서로 주고받은 편지가 전해옵니다.[73] 김정희는 차에 관련해서도 높은 식견을 갖추었지요. 김정희의 편지글에는 차에 대한 품평이 많으며, 중국의 명차와 비교한 내용도 상당합니다. 초의는 차의 수준에 대해 지적을 받으면서도 꾸준히 차를 보내줬지요. 또 김정희는 정말 편지를 많이 썼는데요. 김정희 글씨 한 점을 가지려고 답장을 핑계로 편지를 쓴 사람들이 많았기 때문입니다.

2-26 전남 해남 대둔사 일지암(상), 추사 김정희, 〈다암(茶盦)〉바위글씨(하)

김정희가 〈권돈인에게 쓴 편지〉(개인 소장) 중에는 자신이 그동안 어떻게,

72 고형곤, 「추사의 백파망증 15조에 대하여」, 『학술원논문집』 14, 1975; 정병삼, 「19세기의 불교사상과 문화」, 정병삼 외, 『추사와 그의 시대』, 돌베개, 2002.

73 『붓 천 자루와 벼루 열 개를 모두 닳아 없애고-추사의 작은 글씨』, 과천문화원, 2005.

얼마나 글씨를 써왔는지를 토로한 사례도 있어 주목됩니다(2-27). "칠십 평생에 벼루는 열개를 밑창을 냈고 붓은 일천 자루를 몽당붓으로 만들었다네"라고 썼습니다.[74] 얼마나 많이 먹을 갈았으면 석재 벼루 10개에 구멍을 냈을

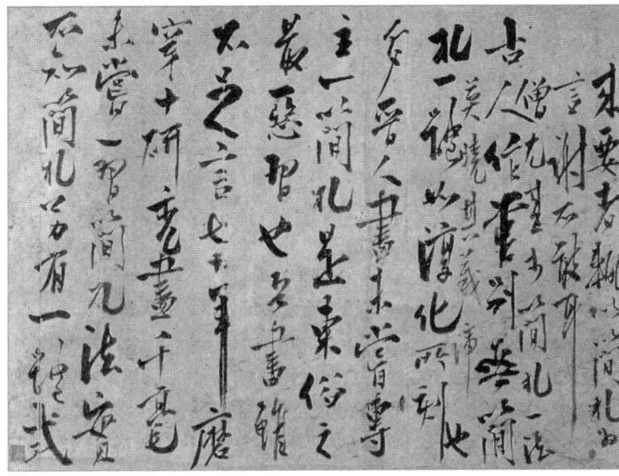

2-27 추사 김정희, 〈권돈인에게 쓴 편지〉, 19세기 초반, 종이에 묵서, 42×44cm, 개인 소장

까요. 또 얼마나 썼길래 1000자루의 붓을 닳아 없앴을까요. 변화무쌍한 행서풍의 이 편지는 실물로도 전해져 소개된 적이 있습니다.[75] 이는 김정희의 추사체가 단순히 감성에 의존한 게 아니라 엄청난 훈련과 투혼으로 이루어진 업적임을 시사합니다. 물론 스스로가 글씨 쓰기를 크게 즐기고 일상화했던 삶이 밑바탕에 깔렸겠지요. 추사체의 위대함과 자랑거리는 바로 그런 장인정신에 있습니다.

추사의 〈불이선란도〉

천 자루의 붓을 닳아 없앴던 장인정신으로 이룩한 추사체는 자연히 그림으로 전이(傳移)되었습니다. 김정희의 팔에서 낭창낭창한 붓털 끝까지, 아니 김정희의 가슴에서 붓 끝까지 혼연일체가 되었을 터인즉, 무엇을 그리든 간에 추사체 개성이 드러납니다. 글씨 쓰기만큼 그림 그리기에 몰입하지는 않았지만 추사체 서예의 예술적 수준 못지않은 회화작품을 남겼네요. 각별히

74 金正喜, 『阮堂先生全集』 卷三, 「與權彝齋敦仁」 其 三十三.

75 『붓 천 자루와 벼루 열 개를 모두 닳아 없애고―추사의 작은 글씨』, 과천문화원, 2005.

선호했던 묵란도와 산수화에서 진가를 발휘했습니다. 김정희의 묵란도는 추사체의 붓길과 동일하게 붓맛이 잘 드러납니다. 산수화는 붓길보다 갈필의 먹맛을 선호한 듯하지요. 그 유명한 〈세한도〉와 〈불이선란도〉가 대표작품으로 꼽힙니다.

김정희는 이미 20대부터 묵란을 뜻하는 '현란(玄蘭)'이라는 아호를 쓸 만큼 난초와 난초 그림에 관심을 가졌습니다.[76] 유독 묵란화(墨蘭畵)에서는 그림의 정신과 형식미를 별도로 챙길 정도였는데요. 난 그리는 법을 서예와 동일한 영역으로 인식했지요. 이는 "난(蘭)을 치는 법은 예서(隸書)와 가까우니, 반드시 문자의 향기와 서권의 정취가 있은 다음에야 될 수 있는 것이다. 또 난치는 법을 그림 그리는 법대로 하는 것은 가장 꺼리는 것이니, 만일 그림 그리는 법칙을 쓰려면 일필(一筆)도 하지 않는 것이 옳다"라고 아들에게 보낸 편지에서 읽을 수 있습니다.[77]

묵란화의 격에 대해서는 "기예(技藝)이지만, 난(蘭)그림을 전심하여 공부하는 것은 격물치지(格物致知)의 학문과 다름없으니, 군자의 일거수일투족이 어느 것도 도(道)가 아닌 것이 없는 것처럼 완물상지(玩物喪志)에 대한 경계를 논할 필요도 없다"라는 주장을 폈습니다.[78] 뿐만 아니라 "난을 치는 데는 반드시 붓을 세 번 굴리는 삼전(三轉)을 묘로 삼는다. 지금 보건대 네가 그린 것은 붓을 한 번에 죽 긋는 것으로 그쳤다. 그러니 붓을 세 번 굴리는 방법에 공력을 들이는 게 좋겠다. 대체로 요즈음 난을 치는 사람들이 모두가 이 삼전의 묘를 알지 못하고 되는 대로 먹칠이나 할 뿐이다"라며 필법까지 구체

76 박철상, 「추사 김정희의 장황사 유명훈」, 『추사 김정희-학예일치의 경지』, 국립중앙박물관, 2006.

77 金正喜, 『阮堂先生全集』 卷二, 「與佑兒」; 민족문화추진회 편, 『국역완당전집』 ①(솔, 1996 중판본)에서 재인용.

78 金正喜, 『阮堂先生全集』 卷二, 「與石坡興宣大院君」; 민족문화추진회 편, 『국역완당전집』 ①(솔, 1996 중판본)에서 재인용.

적으로 제시하기도 했고요.[79]

평소 난초그림을 즐겨 그리던 김정희는 청초의 개성파 문인인 판교(板橋) 정섭(鄭燮, 1693~1765)의 난풍을 배우고, 스스로 자기 형식을 만들어냈지요. 화면구성에서 길고 짧은 난초 잎의 배치를 통해 공간을 만드는 김정희의 솜씨를 보면 천부적으로 타고난 화가인 듯합니다. 이를 알려주는 좋은 사례가 《난맹첩(蘭盟帖)》(간송미술관 소장)이지요.[80] 15점의 각종 화보풍 묵란도에 난초와 난초 그림에 관한 이야기 난결(蘭訣)을 함께 꾸민 1830년대 후반 경의 서화첩인데요. 화보풍의 고전적 격식을 따르면서도 자신의 구성방식과 붓맛을 내기 위해 애쓴 흔적이 뚜렷합니다. 이 첩에는 '명훈(茗薰)'에게 그려주었다는 문구가 있어 한때는 기생에게 그려준 것으로 보기도 했지요. 나는 명훈이 혹시 승려일까 추정하기도 했네요.[81] 그런데 이 '명훈'이 표구기술자로, 철종의 어진제작도 맡았던 유명훈(劉命勳)으로 새롭게 밝혀졌습니다.[82] 중인층 문인 박윤묵(朴允默)의 사위이자 형당(衡堂) 유재소(劉在紹, 1829~1911)의 아버지인 유명훈은 김정희와 편지를 주고받으며 종이와 표장에 대한 의견을 나누기도 했더군요.[83]

김정희의 묵란도 가운데 자기 형식을 선명히 드러낸 대표작은 그 유명한 〈불이선란도(不二禪蘭圖)〉(손창근 소장)입니다(2-28). 《난맹첩》류가 보여준 것처럼 30~40대의 교과서적 화보풍이나 청조 묵란도풍을 벗고, 개성적 별격을 세운 작품이지요. 조선땅 야생의 춘란(春蘭)을 약간 헐겁게 그렸네요. 오른쪽으로만 꺾인 난초 잎들이 바람에 날립니다. 주변에서 눈에 익은 바람

79 金正喜, 『阮堂先生全集』 卷二, 「與佑兒」; 민족문화추진회 편, 『국역완당전집』 ①(솔, 1996 중판본)에서 재인용.

80 『간송문화』 58, 회화 35, 사군자, 한국민족미술연구소, 2000.

81 이태호, 「추사 김정희의 예술론과 회화세계」, 『제주전통문화연구소 학술세미나 자료집』, 2000.

82 박철상, 「추사 김정희의 장황사 유명훈」, 『추사 김정희－학예일치의 경지』, 국립중앙박물관, 2006.

83 『추사 김정희－학예일치의 경지』, 국립중앙박물관, 2006, 도판 66.

탄 조선 춘란을 포착하였지요. 김정희 회화의 파격적 괴미(怪美)가 바로 이 〈불이선란도〉에서 이뤄진 듯합니다. 얼기설기 휘어진 마른 잎사귀 가닥들과 꽃대가 꺾여 간신히 매달려 있는 한 송이 꽃은 김정희 자신은 물론 기존 누구의 난법에서도 찾아볼 수 없는 모양새입니다. "초서(草書)와 예서(隸書)의 기법(奇法)으로 그렸다"는 말이 난의 묘사에 고스란히 드러나지요. 난 그림이라기보다는 격식을 벗은 추사체의 탄력이 느껴지는 담묵의 예서체 같습니다. 어느 인적 없는 황폐한 숲에서 솔바람을 맞는 듯한 야취가 물씬 풍기지요. 50대쯤까지 중국화보를 토대로 그리던 난초에서 완연하게 벗어나 조선의 난을 선택한 점이 자랑스럽고, 자기 느낌대로 난초 이미지를 재해석한 점도 빼어납니다. 붓끝의 흐름이 톡톡 튀는데다, 거친 필치이면서도 섬세한 청나라 화선지에 스치는 먹의 농담이 섬세하지요. 특히 'ㄱ'자 모양으로 내리그은 꽃대와 시들기 직전 활짝 핀 꽃잎은 유배에서 풀려났으나 이제는 재기하기 힘든 김정희의 모습을 연상케 합니다. 중국적인 티를 벗고 시도해 본 조선 춘란의 표정에서 김정희 말년의 스산한 심경이 선연히 읽히는 걸작이지요. 결국 김정희는 자신의 미학을 그토록 사모하던 중국난이 아닌 조선 땅에 흔히 자라는 춘란에서 발견해 낸 것인데요. 이것이 김정희 회화의 위대함이라는

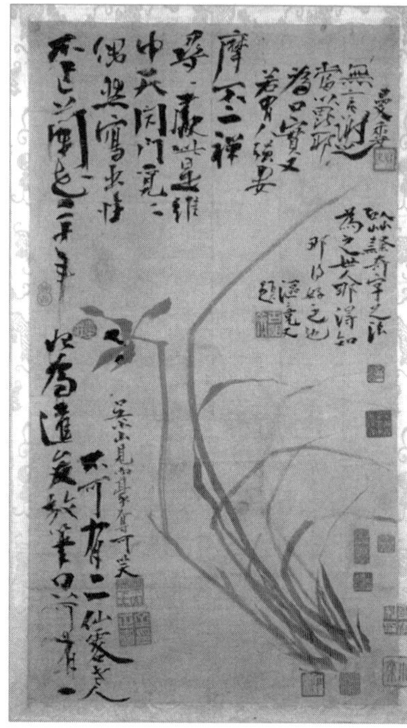

2-28 추사 김정희, 〈불이선란도(不二禪蘭圖)〉, 1850년대, 종이에 수묵, 54.9×30.6cm, 손창근 소장

생각이 듭니다.

이 소략한 난초 그림의 빈 공간에는 분방한 추사체의 제시(題詩)와 발문(跋文)이 가득 차 있습니다. 가벼운 묵란도에 비해 추사체의 기개가 팔팔하지요. 내용도 독선적이라 할 정도로 김정희의 자긍심이 하늘을 찌릅니다. 맨 위쪽의 칠언시와 발문부터 살펴볼까요.

난(蘭)을 그리지 않은 지 20년
우연히 그려보니 천연의 본성을 드러냈네
문 닫고서 깊은 곳을 찾고 또 찾으니
바로 유마(維摩)의 불이선(不二禪)이네
만약 어떤 사람이 억지로 구실을 강요한다면
당연히 비야리성(毘耶離城)에 있던 유마의 무언(無言)으로 물러나겠다 만향[84]

화면 상단의 이 칠언시는 『완당선생집(阮堂先生集)』의 시편에 「제란(題蘭)」이라는 제목으로 실려 있습니다. 칠언시의 내용에 따르면, 난초 그림을 20년 만에 우연히 그려보았더니 자신의 본성을 드러내었답니다. 그리고 그림을 완성하고 나니 자신이 화두로 삼던 불선(佛禪), 곧 둘이 아닌 오로지 한 길로, 유마거사의 '불이선(不二禪)'의 경지에 올랐다는 내용이지요. 시의 내용이 너무 컸는지 혹은 정말 그런 수준이냐는 비판을 의식했는지, 뒤이어 누군가 문제제기를 한다면 유마거사의 말 없는 답변 '무언(無言)'으로 대처하겠노라고 사족을 달았습니다. 불교적 내용에 걸맞게 고운 향기 혹은 무향(無香)이

84 不作蘭畵二十年, 偶然寫出性中天. 閉門覓覓尋尋處, 此是維摩不二禪. / 若有人强要爲口實, 又當以毘耶無言謝之. / 曼香: 金正喜, 『阮堂先生全集』 卷十, 「題蘭」; 민족문화추진회 편, 『국역완당전집』 ③(솔, 1996 중판본)에서 재인용.

라는 의미의 '만향(曼香)'이라는 아호를 썼고, 그런 만큼 김정희의 불교에 대한 학문적 관심을 엿볼 수 있지요.[85]

이 제발문(題跋文)과 함께 난초 그림의 좌우 빈 공간에 나누어 쓴 글씨들은 예서풍으로, 한껏 멋 부린 행초(行草)의 추사체입니다. 글자의 크기와 굵고 가는 획의 변화가 무쌍하며, 특히 내리긋는 획의 탄력과 힘이 무질서한 듯한 행간을 잡아 주네요. 난 그림의 야취와 어울리는 짙은 먹의 거친 필세지요. "세상 사람이 알아보고 좋아할지 모르겠다"고 밝혔듯이, 붓끝이 튀면서도 오만함이 잔뜩 묻어납니다.[86] 뿐만 아니라 글씨의 크고 작음과 굵고 가늚이 제멋대로인 점은 어디에도 구속되지 않는 자유정신과 창조성에 대한 매력을 느끼게 하지요. 글씨 쓰기 방식도 오른쪽에서 왼쪽으로 쓰는 전통방식을 따르지 않고, 맨 위와 왼쪽 아래에 시를 쓰고 글은 왼쪽에서 오른쪽으로 거꾸로 썼습니다. 물론 이 방식은 정섭 같은 청조 개성파 화가들이 간혹 시도했었지요.

원래 이 그림은 김정희가 먹을 갈아준 먹동이 달준(達俊)에게 주려고 했는데, 오소산(吳小山)이라는 전각가가 가져갔다고 썼네요. 방만하게 붓을 쓴 것은 한 번 있을 수 있지 두 번 있을 수 없다며, 소산(小山) 오규일(吳圭一)의 행동이 가소롭다고 마무리했지요.[87] 이게 사실인지 그림의 왼편 아래쪽 가장자리에 두 방의 도장을 찍었다 지운 흔적이 희미하게 남아 있습니다. 김정희가 본디 제시나 발문을 쓰기보다 도장 두 방만 찍어서 달준에게 주려 했던 모양입니다. 그림만 있던 처음 상태를 상상하면 지금보다 오히려 그것이

85 정병삼, 「추사의 불교학」, 『간송문화』 24, 한국민족미술연구소, 1983.

86 以草隷奇字之法爲之, 世人那得知之, 那得好之也. / 漚竟又題.

87 始爲達俊放筆 只可有一 不可有二 / 仙雨+各老人 / 吳小山見而 豪奪可笑: 달준은 김정희를 가까이 모신이로 먹을 갈던 '먹동이'로 전하기도 하며, 小山 吳圭一은 김정희의 도장을 새겨준 인물이다. 오규일은 조희룡과 마찬가지로 권돈인 건에 연루되어 김정희가 북청에 또 다시 유배 갈 적에 귀양 가기도 했을 정도이다.: 유홍준, 『완당평전』 2, 학고재, 2002.

단초로운 묵란도의 '불이선'이나 '천연스런 본성'을 잘 드러내지 않았을까요. 글과 도장이 다소 지나친 화려함을 더한 것 같네요.[88]

그림에는 붉은색 도장이 여럿이지요. 김정희가 찍은 것과 더불어 소장가들의 도장이 쭉 찍혀 있습니다. 난 그림을 중심으로 화제시문(畵題詩文)을 쓰고 여러 개의 도장을 찍는 행위와 구성 방식은 기존의 조선 그림에서는 드문 예지요. 김정희가 청나라 문예계와 교류하면서 배운 형식 같습니다. 세 곳의 제발에는 '만향(曼香)', '구경(漚竟)', '선객노인(仙客老人)'이라는 각기 다른 김정희의 별호(別號)가 쓰여 있지요. 김정희는 200여 개가 넘는 호를 쓴 것으로 유명한데, 이 그림에서만도 6개나 보입니다. 대체로 이러한 아호나 도장은 제주 유배에서 풀려난 이후 즐겨 사용했던 것입니다. 따라서 〈불이선란도〉는 북청 유배 이후 불교에 심취했던 60대 후반 과천시절(1852.8~1856.10)에 그린 그림으로 추정되지요.[89] 그림에 김정희가 직접 찍은 도인은 '추사(秋史)', '고연재(古硯齋)', '악문천하사(樂文天下士)', '김정희인(金正喜印)', '묵장(墨莊)' 등으로 오규일이 새겨준 것일 겁니다.

이들 외에 〈불이선란도〉를 거쳐간 김석준(金奭準, 1831~1915)의 도장 '석준사인(奭準私印)'과 '소당(小棠)'이 찍혀 있지요. 장택상(張澤相, 1893~1969)의 도장은 '신품(神品)', '불이선실(不二禪室)', '물락속안(勿落俗眼)', '다항옥서화금석진상(茶航屋書畵金石珍賞)' 등으로, 가장 많이 찍혀 있습니다. 손재형(孫在馨, 1903~1981)의 '소전감장서화(素荃鑑臧書畵)' 도장도 보이네요. 손재형은 이어서

88 강관식, 「추사 그림의 법고창신의 묘경–〈세한도〉와 〈불이선란도〉를 중심으로」, 『추사와 그의 시대』, 돌베개, 2002: 강관식 교수는 이 논문에서 디지털 작업으로 불이선란도의 첫 난초 그림부터 제시와 제발을 써가는 과정을 흥미롭게 비교했다. 난초만 그려진 복원도는 그 형태감에 눈 맛이 좋고 화면의 시원함을 느끼게 해주었다. 그런데 강 교수는 추사가 맨 처음 달준에게 주려고 낙관했다 지운 두 방의 도장을 살피지 못한 듯하다.

89 강관식, 「추사 그림의 법고창신의 묘경–〈세한도〉와 〈불이선란도〉를 중심으로」, 『추사와 그의 시대』, 돌베개, 2002.

소개할 〈세한도〉도 함께 소유한 서예가였지요. 그의 사후에도 〈불이선란도〉와 〈세한도〉 두 그림은 그 집안에 소장되어 있습니다.

추사의 〈세한도〉

김정희가 선호한 산수화는 당시 문인화가들이 보편적으로 존경한 원대 사대가의 화풍을 따른 것이었습니다. 특히 문인의 높은 품위와 격조를 상징하는 황공망(黃公望)과 예찬(倪瓚)을 최선으로 생각했지요. 그들이 즐겨 쓴 피마준법과 절대준법, 그리고 "먹을 금처럼 아껴야 한다"는 갈필을 주로 따랐습니다. 섬세한 단묵에도 관심을 보였고요.

1844년작 〈세한도(歲寒圖)〉(손창근 소장)는 김정희 회화의 백미이자 제주유배시절의 대표작입니다(2-29). 김정희는 유배 4년 뒤인 59세에 이 작품을 그렸는데요. 〈세한도〉의 고송(古松) 이미지가 대정향교(大靜鄕校)의 늙은 소나무와 비슷해, 김정희가 주변에서 봤던 형상들을 그림으로 나타낸 게 아닌가 싶습니다. 그런데 제주도에서 유배생활을 한 지 4년이 지나도록 아직 화기(火氣)가 가라앉지 않았던 모양입니다. 해배될 때까지 계속해서 편지에 불만이 반복되지요. 1847년 편지에도 "눈병이 난데다가 울화가 가라앉지 않아 화기를 다스릴 수 없다"고 썼습니다.[90]

〈세한도〉를 보면 건필의 마른 먹에 그런 화기가 묻어난 듯합니다. 형상은 소리가 없고, 옆으로 긴 화면에는 인적이 없이 적막하지요. 겨우 뻗은 가지 하나에 솔잎을 달고 있는 노송(老松) 옆으로, 그 손자뻘 되는 어린 소나무가 서 있습니다. 맞배지붕에 둥근 창이 있는 집 왼편에는 약간의 거리를 두고 비슷한 또래의 어린 소나무 두 그루가 마주해 있지요. 집의 묘사는 투시

90 『추사 김정희-학예일치의 경지』, 국립중앙박물관, 2006.

2-29 추사 김정희, 〈세한도(歲寒圖)〉, 1844년, 종이에 수묵, 23×69.2cm, 국보 제180호, 손창근 소장

도법에 어긋납니다. 정면 지붕선의 경사면과 뒤쪽 지붕선의 기울기가 맞지 않네요. 가옥은 노송 쪽에서 본 구조로 비스듬히 배치되어 있는데, 정면 벽의 둥근 창은 그 반대편에서 본 각도고요. 나무의 근사한 표현에 비하면 어색하고 부자연스럽지만, 뜯어보면 그림의 구도 전체에는 별 무리를 주지 않지요. 이런 점이 바로 사의화(寫意畵)만이 갖는 오묘한 파격입니다.

오른편 상단에 '세한도(歲寒圖)', '우선시상(藕船是賞)', '완당(阮堂)'이라고 썼듯, 이것은 이상적에게 선물한 그림과 글입니다. 역관으로 중국을 내왕하던 이상적이 1843년과 1844년에 연경에서 구한 신간 서적들을 제주도로 부쳐준 것에 대한 답례이지요. '세한'은 "날이 차가워진 연후에야 소나무(松柏)의 푸르름을 깨닫게 된다"는 공자의 말입니다. 〈세한도〉는 제자 이상적이 권세와 이익을 좇는 세상의 풍조에 따르지 않고, 죄인이 된 자신을 변함없이 스승으로 대접해준 데 대한 선물인 셈이지요. 하지만 막상 〈세한도〉는 제주 귀양살이 와중에 그림을 그리던 김정희의 마음자리를 먼저 떠올리게 합니다. 고대하던 연경행의 갑작스런 취소와 유배, 사무치도록 시린 감정과 정치적 갈등, 낯선 남도(南島)에서 익힌 고독의 평정이 짙게 밴 김정희의 모순이 오버랩되기 때문입니다. 종이 위에 물기를 뺀 갈필이 슬렁슬렁 지나면서 남긴, 몇 가닥 되지 않는 마른 먹 자국들이 그런 정취를 더하고 있지요. 산수화라고는 몇 점 그려보지 않았으면서도 이 정도 수준의 감성과 필의(筆意)를 살려낸 점을 보면, 천부적 예술기량에 고개가 숙여집니다. 투시도법의 오류와 미숙한 묘사력으로도 그처럼 극도로 절제된 세련미를 창출했다는 게, 이 〈세한도〉가 갖는 마력 아닐까요.

그런데 〈세한도〉에는 그가 4년 동안 부대끼면서 보았을 제주의 바람과 풍경이 전혀 보이지 않습니다. 실경에 무관심한 채 서권기·문자향을 지향하며, 회화적 이상만을 압축해 형상화한 탓이지요. 유배지에 앉아서도 이역만리 연경을 떠올리며 청조학이나 중국 고전에 관심을 쏟았을 터이니, 현실인 제주의 그 무엇도 눈에 들었을 리 만무했샜지요. 그런 정황이 그림 왼편에 딸린 제발에 잘 드러나 있습니다. 결국 제주에서 책을 통해 새로운 청조학을 만난 감격이 〈세한도〉를 그리게 하였던 셈이지요. 격자 칸을 그어 정갈한 행서풍 해서체로 써 내린 〈세한도〉의 제발은 김정희의 엄정한 성향이 그대로 발현된, 격조 높은 서풍입니다. 이 제발의 전문은 『완당집(阮堂集)』의 「서독(書牘)」 편에도 실려 있습니다.[91]

91 去年以晩學大雲二書寄來 今年又以藕耕文編寄來 此皆非世之常有 購之千萬里之遠 積有年而得之 非一時之事也 且世之滔滔 惟權利之是趨 爲之費心費力如此 而不以歸之權利 乃歸之海外蕉萃枯槁之人 如世之趨權利者 太史公云 以權利合者 權利盡而交疏 君亦世之滔滔中一人 其有超然自拔於滔滔權利之外 不以權利視我耶 太史公之言非耶 孔子曰 歲寒然後知松栢之後凋 松栢是毋四時而不凋者 歲寒以前一松柏也 歲寒以後一松柏也 聖人特稱之於歲寒之後 今君之於我 由前而無加焉 由後而無損焉 然由前之君 無可稱由後之君 亦可見稱於聖人也耶 聖人之特稱 非徒爲後凋之貞操勁節而已 亦有所感發於歲寒之時者也 烏乎西京淳厚之世 以汲鄭之賢 賓客與之盛衰 如下邽榜門 迫切之極矣 悲夫 阮堂老人書: 金正喜, 『阮堂先生全集』 卷四, 「與李藕船尙迪」 其五
작년에 대운산방문고(大雲山房文庫)(惲敬 著)와 만학집(晩學集)(桂馥 著) 두 종류의 책을 부쳐 왔고 금년에는 또 우경문편(藕耕文編)(賀長齡 著)을 보내왔구려. 이는 모두 세상에 흔한 것도 아니고, 천만리 멀리서 여러 해 걸려야 비로소 구할 수 있는 것인데, 더구나 한 번의 일이 아님에 있어서리오. 게다가 온세상의 풍조는 오직 권세와 이익만을 쫓는데 이같이 고생을 하고도 권세와 이익에 돌리지 않고 마침내 해외(海外)(제주)의 한 초췌하고 고고(枯槁)한 이에게 보내니 어인 일이요. 태사공이 이르기를 "권세와 이익을 쫓는 자는 권세와 이익이 다 떨어지면 사귐이 성그러진다" 하였는데, 그대 역시 세상의 사람이면서 권세와 이익에 초연하니, 태사공의 말이 잘못된 것인지요. 공자 말씀에 "세한(歲寒) 연후에야 송백(松柏)이 뒤에 시듦(後凋)을 알게 된다"라 했는데, 송백(松柏)은 바로 사시(四時)를 일관하여 시들지 않는 것으로서 세한 이전에도 또 세한 이후에도 송백이니 성인은 특히 세한 이후를 들어 칭한 것이지요. 지금 그대는 나에 대하여 이전에도 이상적은 이 〈세한도〉를 중국에 가지고 가 평소 교분이 있던 연경의 명사(名士)들과 함께 감상하면서 16명의 제찬시문(題贊詩文)을 받아 왔지요. 현재 그들의 글이 그림과 함께 두루마리로 표구되어 있습니다.[92] 덕분에 〈세한도〉는 당시 연경 학계에까지 명성을 얻게 되었지요. 김정희가 뜻한 바대로 자신의 회화작품으로 국제성을 획득했다고 볼 수 있습니다. 이상적이 받아 온 16명의 〈세한도〉에 대한 찬사가 중국인들의 과장된 표현만은 아니었을 것입니다. 실제 김정희의 실력은 당시 청나라 문예계에 끼워 넣는다 하더라도 전혀 손색이 없다고 생각하거든요. 현재 제주 대정에는 이 〈세한도〉의 집을 토대로 추사기념관이 들어섰습니다. 이 건물은 건축가 승효상이 지은 명물이 되었지요. 또 제주도의 현대화가 강요배가 〈세한도〉를 그려보기도 했습니다. 이렇게 〈세한도〉를 새로운 이미지로 현대화하는 작가들이 출현하는 것을 보니 우리 문화유산이 가진 힘이 느껴집니다.

김정희는 자신이 실견한 청조 문예와 중국 고전에 편향성을 지녔지만, 타고난 재능으로 문자향과 서권기를 모색했습니다. 근면함으로 정진하며 이룬 김정희의 문기 넘치는 서화 작품은 '간엄(簡嚴)'과 '허화(虛和)'라는 방법론을 통해 '추사체'의 개성미인 '법(法)'과 '괴(怪)'의 조화로움을 창출하였다고 생각합니다.[93] 단순하고 간명하면서 엄격함을 유지한 간엄은 고법(古法)에서

더함이 없었고 이후에도 덜함이 없지 않았소. 그러나 이전의 그대는 칭찬할 게 없다면, 이후의 그대는 성인의 칭찬을 받을 만한 것이 아니겠소. 성인이 특별히 칭찬한 것은 한갓 후조(後凋)의 곧은 지조와 굳센 절개를 위해서 뿐만 아니라 역시 세한의 감동이 일어 그리되는 것이겠지요. 아. 서한의 순후(純厚)한 세상에도 급암(汲黯)·정당시(鄭當時) 같은 어진 이들도 빈객(賓客)이 시세와 더불어 성쇠하였으며, 하규(下邽)사람이 문에 방을 써서 내건 일화는 박절함이 너무도 극단적이었으니 슬픈 일인지고. 완당노인(阮堂老人) 쓰다.: 민족문화추진회 편, 『국역완당전집』 ②(솔, 1996 중판본)에서 재인용.

92 이에 대한 자세한 내력은 유홍준, 『완당평전』 2(학고재, 2002)에 자세히 밝혀져 있다. 또 이들의 題贊全文은 藤塚鄰의 『清朝文化東傳の研究』(東國書刊行會, 1975)에 실려 있다.

93 이태호, 「추사 김정희의 예술론과 회화세계」, 『추사 김정희의 예술세계』, 제주전통문화 연구소·제주교육청, 2000.

배우고, 자기의 개성인 지금의 괴이함(今怪)은 빈 허허로움으로 완성한다는 의미입니다. 물론 옛 서화법이나 현재 자신의 개성은 외형이 아닌 내면세계의 울림에서 찾아야 한다고 주장했지요. 이는 곧 19세기 추사체 서화작품이 지닌 위상을 잘 말해주는 화두라 할 수 있겠네요. 모방이나 짝퉁이 횡행하는 지금 우리 예술계에 던지는 질타이기도 합니다.

〈세한도〉나 〈불이선란도〉가 보여주듯, 허화의 필묵법이나 간엄의 추사체는 김정희의 타고난 천성과 예술적 장인정신에서 비롯된 화려함을 분출합니다. 이에 비해 정약용의 서화는 단출하면서 아마추어적인 문인 서화의 소담한 아취를 물씬 풍기지요. 그림이나 글씨를 보면 그 사람이 보이듯 뚜렷한 차이를 드러냅니다.

8. 다산의 그림과 글씨, 단아한 문인 취미

김정희에 비하면 정약용의 그림은 작품수가 일천합니다. 현존하는 작품은 딸아이에게 그려준 〈매조도〉 한 점과 원나라 화가를 따른 〈산수도〉 정도이지요. 정약용은 아마추어 실력으로 문인 취향의 질박한 그림들을 남겼습니다.

그동안 정약용의 대표작으로 알려져 있던 〈산수도〉(동아대학교박물관 소장) 작품이 있는데요. 아주 담백한 필치로 "연한 떡갈나무와 기름진 오동나무 잎은 모두 되었지만, 한 그루 고목 홀로 쓸쓸하게 서 있네. 범관(范寬)의 필의(筆意)와 서희(徐熙)의 묵법으로, 잔산잉수(殘山剩水)를 펼쳤네"라는 '열초(洌

樵)' 정약용의 칠언시가 쓰여 있어서 정약용 그림으로 알려져 왔습니다.[94] 그러나 이 그림에는 '현주사인(顯周私印)'이라는 음각 네모도장이 찍혀 있어, 최근 홍현주의 그림에 정약용이 시를 쓴 것으로 밝혀진 바가 있지요.[95] 이 외에 홍현주의 양각도장 '강산연운주인현주(江山煙雲主人顯周)'가 찍힌 미법(米法)의 〈우경산수도(雨景山水圖)〉(서강대학교박물관 소장) 같은 산수 풍경화에도 정약용의 화제시가 쓰여 있습니다.[96] 또 두 그림과 같은 필치로 열초의 칠언시가 적힌 〈산수도〉(개인 소장)가 공개되기도 하였고요.[97] 양각도장 '해도인(海道人)'이 찍혔고 홍현주의 그림으로 소개된 〈산방독서(山房讀書)〉와 〈월야청흥(月夜淸興)〉(간송미술관 소장)은 앞의 세 그림과 같은 크기이고, 동일 화첩에서 분리된 것으로 여겨집니다.[98] 같은 종이에 그려진 이 작품들은 간일한 문인 솜씨의 남종산수풍을 보여주지요.

특히 동아대학교 박물관 소장의 정약용 작품으로 알려졌던 〈산수도〉는 간송 전형필 선생에게서 선물로 받은 것이라 전합니다. 다섯 점의 산수화는 홍현주의 화첩에서 분리된 그림이고, '기축년(1829) 겨울'에 홍현주가 쓴 〈월야청흥〉의 제발에 '해거도위(海居都尉) 홍현주 작으로 정약용과 친교가 있던 정미원(鄭美元)에게 준 그림이다'라고 밝혀 놓았지요.[99] 이를 통해 홍현주의 작품으로 확인이 되긴 합니다. 하지만 도장이 찍힌 위치인 화면의 좌우 아래

94 『박물관 도록』, 동아대학교, 1977; 이태호, 「다산 정약용의 회화와 회화관」, 『다산학보』 4, 다산학연구원, 1982.

95 丁若鏞, 『與猶堂全書』 卷六, 「題永明尉畵帖四絕句」; 차미애, 「공재 윤두서 일가의 회화연구」, 홍익대학교 대학원 박사학위논문, 2010. 이 차미애 논문에서 제시한 정약용의 〈산수도〉(서강대학교박물관 소장)는 음각도장 '茶山'이 찍혀 있으나 후낙이고, 다산 그림으로 보기 힘들다.

96 『서강대학교 박물관 도록』, 1979, 도판 61; 이태호, 「다산 정약용의 회화와 회화관」, 『다산학보』 4, 다산학연구원, 1982.

97 『천명, 다산의 하늘–정약용 250』, 예술의전당 서예박물관, 2012, 도판 48.

98 『간송문화』 75, 서화 11, 한국민족미술연구소, 2008, 도판 66.

99 右仿將就園遺意 其墨畵三首 海居都尉作也 本欲藏之巾衍 楚堂鄭美元羡之 遂贈之 己丑季冬. 음각도장 洪顯周: 『간송문화』 60, 서화 6, 한국민족미술연구소, 2001, 도판 9.

구석은 그림을 그린 화가보다는 소장자의 도장을 찍는 곳입니다. 즉 열초의 시가 있는 세 그림의 경우, 정약용의 작품일 가능성이 여전히 남아 있는 것이지요. 앞으로 풀어야 할 과제로 남겨두어야 되겠습니다. 정약용의 화제시에는 문기 넘치는 필법의 담백함과 수묵미에 대한 애정이 돈독합니다.

해거재(海居齋) 홍현주(洪顯周, 1793~1865)는 정조의 사위로, 김정희와 교분을 나누었던 〈운외몽중(雲外夢中)〉서첩을 소개할 때도 나온 인물인데요. 홍현주가 당시 최고의 석학인 다산과 추사, 두 거물과 모두 교류하였음을 알 수 있습니다. 그는 김홍도의 글씨를 모은 《단원유묵(檀園遺墨)》(국립중앙박물관 소장)에 형 홍길주와 나란히 제발을 쓰기도 했지요. 서첩의 소장자인 김홍도의 아들 긍원(肯園)에게 금강경을 귀하게 여기듯 유묵첩을 잘 보관하라는 당부를 남겼습니다.[100]

다산의 산수화

정약용의 대표적 산수화로는 담묵담채의 〈원인필의산수도(元人筆意山水圖)〉(개인 소장)를 꼽을 수 있습니다(2-30). 왼편에서 오른편으로 쓴 행서글씨 '다산후학 방원인필의(茶山後學 倣

2-30 다산 정약용, 〈원인필의산수도(元人筆意山水圖)〉, 19세기 초반, 종이에 수묵담채, 14.5×21.1㎝, 개인 소장

100 이광호 역, 「단원유묵」, 『단원 김홍도』 한국의 미 21, 중앙일보 · 계간미술, 1985.

元人筆意)'는 조선후기 문인들이 그토록 존숭했던 원나라 화가의 필법을 모방해서 그렸다는 내용을 담고 있지요. 근경의 수묵과 정자를 보면 화보풍 예찬(倪瓚) 그림에 근사하네요.[101]

이 산수그림의 물가와 먼 산은 겨울 풍경으로, 까실한 먹선이 아닌 물기 머금은 붓질로 표현되었습니다. 정약용이 자신의 마음에 담긴 서권기·문자향을 담백한 담묵과 담채에 실어낸 것이지요. 이런 담묵법은 정약용의 순수한 아마추어적 개성입니다. 뒷산 배경은 백련사가 위치한 만덕산의 이미지를 닮은 점이 눈에 띄네요. 마음 속 그림을 재현하는 중에 정약용이 살면서 보았던 풍경들이 섞여 나온 것이겠지요. 근경 강변 언덕과 큰 고목, 대숲과 정자, 만덕산 같은 바위산 원경 등 물기가 촉촉한 바탕에 조심스레 움직인 먹선과 번짐, 맑은 담청색 선염이 잘 어우러졌습니다. 고즈넉한 조선 땅 겨울 강변의 풍광 맛이 일품이지요. 소품이지만 대학자의 격조가 물씬하게 느껴지는 걸작입니다. 또한 이 분위기는 유배시절 정약용이 가슴에 품었던 그리운 고향 풍경을 표현했다는 느낌도 줍니다. 이런 심정이 고향을 그려 객당 구석에 걸어놓고 감상했다는 「희작소계도(戱作笤溪圖)」라는 시에 그대로 전해오지요.[102]

정약용의 〈원인필의산수도〉는 소치 허련이 김정희의 뜻에 따라 그려봤다고 하는 〈방완당의산수도(倣阮堂意山水圖)〉(개인 소장)와 잘 비교됩니다. 〈방완당의산수도〉는 〈세한도〉처럼 물기를 뺀 갈필의 수묵 선묘로 가벼이 그린 작품인데요. 이런 화풍과 기량 때문에 김정희는 늘 허련을 칭찬하곤 했지요. 이러한 추사일파의 갈필화법과 다산의 담묵담채화법은 그들의 대조적 생활

101 유복열, 『한국회화대관』, 문교원, 1969.

102 丁若鏞, 『與猶堂全書』 卷四, 「戱作笤溪圖」; 이태호, 「다산 정약용의 회화와 회화관」, 『다산학보』 4, 다산학연구원, 1982.

주변과도 유사하네요. 차령의 바위산 아래 그 정기를 받은 화기(火氣)의 김정희와 한강 두물머리에서 태어나 수량이 풍부했던 수기(水氣)의 정약용으로 대비되는 것이지요.

다산의 〈매조도〉

정약용은 1813년 유명한 매화그림 〈매조도(梅鳥圖)〉(고려대학교박물관 소장) 한 점을 남겼습니다(2-31). 문인 군자의 꽃인 매화와 참새 두 마리를 화면의 상단에 바짝 붙여 그린 그림이지요. 어색하면서도 예쁜 맛이 납니다. 호분 위에 담홍색을 얹은 꽃잎에 붉은 점과 노란색 꽃술, 진한 갈색의 꽃받침으로 그린 매화꽃송이는 백매(白梅)네요. 서로 등을 돌린 두 마리 참새의 빨간색 부리, 새로 자란 녹색 잔가지 등이 묵은 담묵 매화가지와 어울려 상큼합니다. 유배지에서 만난 한적한 시정과 선비다운 맑은 심성이 여실하지요. 그림을 별도로 배운 바가 없었겠지만, 형상 묘사의 재주가 상당합니다. 그림의 하단에는 사언시와 그림의 내력을 밝힌 발문을 정갈하게 써넣었습니다. 큰 글씨의 시 28자와 작은 글씨 발문의 행서체는 갸우뚱하면서 날카로운 삐침이 돋보입니다. 조선풍 원교체를 세련하게 뺀 듯한 정약용의 행서체에는 강단 있는 미려함이 한껏 드러나지요.

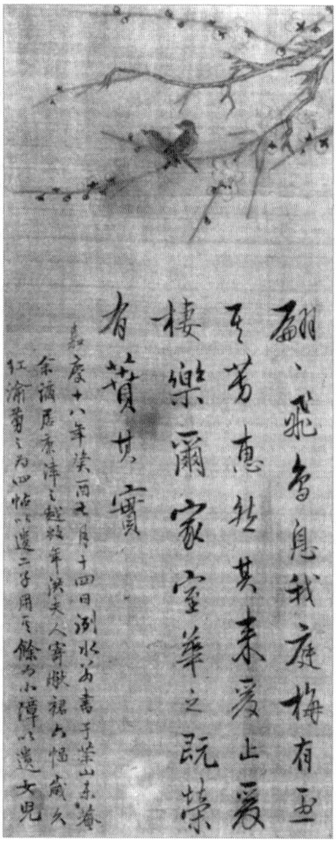

2-31 다산 정약용, 〈매조도(梅鳥圖)〉, 1813년, 비단에 수묵담채, 44.7×18.4cm, 고려대학교박물관 소장

정약용은 1813년 7월 부인이 옷을 해 입으라고 보내준 비단이 변색되자

그것을 잘라 《하피첩(霞帔帖)》을 만들어, 두 아들에게는 글을 써주고 딸에게는 이 그림과 시를 선물했습니다. '하피'는 비단이 노을이 물든 것처럼 변색되었다는 의미지요. 아들딸에게 보냈다는 의도만으로도 감명을 줍니다. 쪼르라니 열을 맞추어 쓴 사언시의 내용은 두 새가 짝을 이루었으니 행복하라는 말과 꽃 피면 열매 맺으리라는 것으로 조금 무미건조하기도 하네요. 하지만 그림과 더불어 음력 7월 14일 초가을에 떠올린 봄의 시정을 맛보게 해줍니다. 〈매조도〉 그림의 사언시와 발문을 아래에 소개합니다.

> 가볍게 펄펄 새가 날아와
> 우리 뜰 매화나무 가지에 앉아 쉬네.
> 매화꽃 향내 짙게 풍기자
> 꽃향기 사모하여 날아왔네.
> 이제부터 여기에 머물러 지내며
> 가정 이루고 즐겁게 살거라.
> 꽃은 이미 활짝 피었으니
> 그 열매도 주렁주렁 많으리.
>
> 순조 13년(1813) 7월 14일에 열수옹(洌水翁)이 다산 동암(東菴)에서 쓴다. 내가 강진에서 귀양살이를 한 지 몇 년 지났을 때 부인 홍씨가 낡은 치마 6폭을 보냈는데, 세월이 오래 지나 붉은 빛깔이 변했기에 가위로 잘라서 네 첩(帖)을 만들어 두 아들에게 남겨 주고 그 나머지로 이 작은 족자를 만들어 딸아이에게 보낸다.[103]

103 翩翩飛鳥 息我庭梅 有烈其芳 惠然其來 爰止爰棲 樂爾家室 華之旣榮 有蕡其實 / 嘉慶 十八年 癸酉 七月十四日 洌水翁書于茶山東菴 余謫居康津之越數年 洪夫人寄敞裙六幅 歲久紅渝 剪之爲四帖 以遺二子 用其餘 爲小障 以遺女兒: 정약용 저, 박석무·정해렴 편역주, 『茶山詩精選』 하(현대실학사, 2001), pp.643~644에서 재인용.

정약용의 이러한 서화풍과 마음씨를 보면, 김정희와 뚜렷이 비교됩니다. 언뜻 눈에 드는 이미지에서도 확 차이가 나지요. 〈매조도〉에서 보이는 글과 그림을 분리해서 나란히 줄 맞춰 쓴 심성과 〈불이선란도〉의 바람에 흔들리는 난초를 그려놓고 넓다 느낌대로 쓴 크고 작은 빼신 글씨가 잘 비교됩니다. 정약용 글씨의 단아함과 김정희 글씨의 현란함이 뚜렷한 성향 차이를 보이지요. 한국회화사 시간에 학생들에게 두 작품을 비교하랬더니, 김정희 그림은 술 맛이고 정약용 그림은 차 맛이라고 답하던데요. 허나 김정희와 정약용은 모두 차를 즐겼답니다.[104] 김정희는 늘 상용했는 데 비해, 정약용은 고기 먹을 때 전제해서 마셨다고는 하지요. 그런 차이가 두 그림에 있는지도 모르겠습니다. 결론적으로 정약용의 〈매조도〉는 정제된 학자풍으로 모범생다운 구성과 필의를 지녔다면, 김정희의 〈불이선란도〉는 에너지 넘치는 예술가의 자유의지와 개성이 돋보입니다.

다산의 행서체

정약용이 초의와 1812년 9월 12일 백운동에 놀러가 남긴 《백운첩(白雲帖)》(개인 소장)에서도 행서 외에 초서와 전서 등 각체를 함께 비교해 볼 수 있습니다. 백운동 12경을 읊은 시 가운데 초서의 〈창하벽(蒼霞壁)〉이나 행서의 〈정유강(貞蕤岡)〉 등이 앞의 〈매조도〉의 시와 함께 정약용다운 격조를 담은 서체를 드러내지요. 백운동은 원주이씨(原州李氏)의 터로 문인 이담로(李聃老, 1627~1701)의 원림이었습니다. 이담로의 6대손인 이시헌(李時憲, 1803~1860)이 정약용의 제자였지요.[105] 이때 초의는 〈백운동도(白雲洞圖)〉와 〈다산초당도(茶山草堂圖)〉(2-14).를 그렸는데요. 초의도 그림 훈련이 안 된 사람답게 미숙

104 송재소, 유홍준, 정해렴 외 옮김, 『한국의 차문화 천년』 1.2 -조선후기 차문화 시, 산문, 돌베개, 2009.
105 『천명, 다산의 하늘-정약용 250』, 예술의전당 서예박물관, 2012, 도판 35.

한 티가 확 납니다. 〈백운동도〉는 뾰족뾰족이 솟은 암봉(岩峯) 월출산을 배경으로 경포대와 백운동을 그린 작품이지요. 〈다산초당도〉는 초당과 서재, 연못, 버드나무와 소나무, 다산(茶山)의 풍광 등을 그린 그림인데 제법 실경 맛을 느끼게 해줍니다.

이처럼 정약용의 서풍은 날카로움, 단정함, 그리고 탄력 있는 붓맛을 지녔으며, 대학자의 격조 있는 인간상을 수긍케 합니다. 시고의 경우 해서에 가까운 행서체를 즐겨 썼지요. 아래 내용의 〈편지〉(개인 소장) 글은 언제 누구에게 쓴 것인지 알 수 없지만, 잔뜩 흘려 쓴 행서체 글씨를 보여주기도 합니다(2-32). 그렇다 하더라도 급격한 변화의 추사체와 비교하면, 약간 변화가 있으되 여전히 단초롬한 글씨 맛은 그야말로 모범생 스타일이지요.

2-32 다산 정약용, 〈편지〉, 19세기 초반, 종이에 수묵, 24.5×27cm, 개인 소장

9월 12일 밤, 나는 다산의 동암에 있었다. 우러러 하늘을 보니 하늘은 적막하고 드넓으며, 조각달이 외롭고 맑았다. 떠 있는 별은 여덟아홉에 지나지 않고, 앞뜰엔 나무 그림자가 하늘하늘 춤을 추고 있었다. 옷을 주워 입고 일어나 걸으며 동자로 하여금 퉁소를 불게 하니, 그 음향이 구름 끝까지 뚫고 나갔다. 이때 더러운 세상에서 찌든 창자를 말끔히 씻어버리니, 더 이상 인간

세상의 광경이 아니었다.[106]

강진 다산초당에 가면 동암(東菴)에 정약용의 현판 〈다산동암(茶山東庵)〉과 김정희의 현판 〈보정산방(寶丁山房)〉이 나란히 걸려 있습니다(2-33). 〈다산동암〉은 근래에 정약용의 글에서 따다가 확대하여 목판에 새긴 것이지요. 〈보정산방〉은 '보배로운 정씨의 산방', 즉 정약용의 거처라는 의미입니다. 이 '보정산방'은 김정희가 정약용의 제자인 황상에게 1850년 이후 써준 《노규황량사(露葵黃粱社)》(개인 소장) 서첩에 들어 있는 글씨 〈보정산방(寶丁山房)〉을 현판으로 옮겨 새긴 것이지요. 서첩의 제목인 '이슬 젖은 아욱'과 '누런 조'는 정약용이 지었다는 시에서 따랐습니다.[107] 두 현판의 글씨를 보면 정약용의 날카로운 행서체와 김정희의 그림 같은 예서체가 서로 현저한 차이를 보입니다. 물론 예서와 행서의 차이도 그러하지만, 두 사람의 서풍은 서로 다른 성격과 예술성향을 여실히 드러냅니다. 정약용은 담백한 맛의 날카로운 행서체를 즐겨 쓰면서 원교체를 계승하고 있는 데 비해, 김정희는 그림과 같은 회화미를 아주 기교적인 서체에

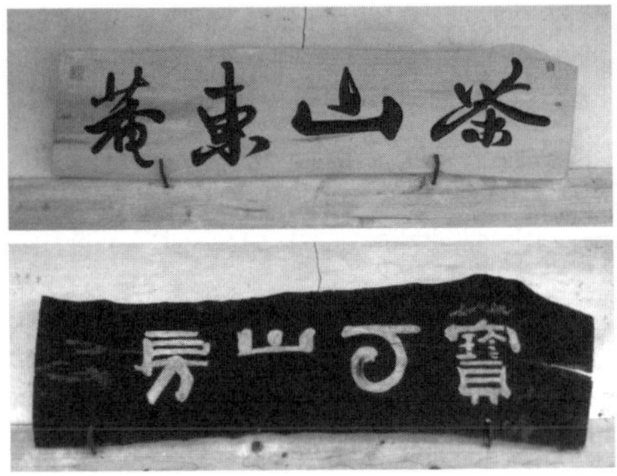

2-33 현판비교: 다산 정약용 〈다산동암〉현판(상), 추사 김정희 〈보정산방〉현판(하), 강진 다산초당

106 九月十二之夜 余在茶山東菴 仰見玉宇寥廓月片孤淸 天星存者 不逾八九 中庭藻荇漪舞振衣起行 令童子吹簫 響徹雲際 當此之時 塵土腸胃 洗滌 得盡 非復人世之光景也: 유홍준·이태호, 『유희삼매-선비의 예술과 선비취미』, 학고재, 2003, 도판 36.

107 『다산 정약용과 치원 황상의 만남』, 강진군 다산기념관, 2010, 도판 2; 『천명, 다산의 하늘-정약용 250』, 예술의전당 서예박물관, 2012, 도판 72-1, 2.

담아 내었지요. 〈보정산방〉은 정약용을 의식했는지 다른 예서체에서 보이는 화려한 회화미는 적은 편이네요.

이들은 또 박지원의 행서체 〈저실기측 함영지출(咀實其測 含英之出)〉(단국대학교박물관 소장)이라는 현판 글씨와도 잘 비교되네요. 김정희의 예서나 정약용의 행서와 달리 박지원의 글씨는 붓을 내지르는 힘이 넘치지요. "저실기측 함영지출'은 '열매를 씹어서 깊이 음미하고 그 입에 머금었던 꽃술을 뱉어내라"는 뜻으로, 학문을 깊이 연구하고 체득하여 가슴에 간직한 것을 문장으로 풀어내라는 의미를 지닙니다. 또 박지원의 편지가 성균관대학교에 한 통 남아 있는데, 아주 부담 없이 자연스레 쓴 필세가 약간 미숙한 듯 풀어져 있습니다.

이 같이 조선후기 삼대지성(三大知性)인 박지원과 정약용, 김정희의 차별화된 이미지가 각각 세 현판 글씨들을 통해 비교되니 재미있습니다. 박지원, 정약용, 김정희의 편지를 놓고 보아도 세 사람의 이미지가 확 분별되지요. 정약용의 서체는 담백함 혹은 칼날 같은 격조, 김정희의 서체는 변화가 심한 회화미와 개성미, 박지원의 서체는 힘지고 풀어진 맛이 특징입니다. 하지만 이보다 더 깊게 세 사람의 학문과 인격을 함께 섞어 비교하기에는 내 공부가 아직 달리네요.

9. 추사의 사의론에 대한 다산의 비판과 사실주의론

김정희와 정약용은 모두 '동아시아 중세적 성리학'이라고 하는 주자학(朱子學)과 유학(儒學)의 학문적 틀에서 벗어나지는 않았지만, 각자 고민을 하며 새로운 방향을 찾으려고 했습니다. 정약용은 눈에 보이는 대상을 정확하게 그리는 일, 김정희는 마음에 담긴 이미지를 쏟아내는 일에 집중했지요.

사실과 사의, 이렇게 서로 대립하면서 예술론의 기본형식을 제시했습니다. 뿐만 아니라 정약용은 조선풍과 서학에, 김정희는 고전과 청나라 문예에 기준을 두었는데요. 이런 차이점은 김정희의 중국 여행에서 기인한 듯합니다. 김정희는 젊은 나이에 중국을 다녀온 후 아래와 같은 증언을 남기기도 했지요.

> 나는 어려서부터 글씨에 뜻을 두었고, 24세에 연경에 가서 여러 유명한 석학을 만나 보고 그들의 이론을 들었으니, 발등(撥鐙), 집필법(執筆法)이 제일 먼저 해야 할 법이요, 지법(指法)·필법(筆法)·묵법(墨法)에서 분행(分行)·포백(布白)·지게다리[戈]·파임[波]·점·획에 이르기까지 우리나라 사람들의 익혀 온 바와는 크게 달랐다. 한(漢)·위(魏) 이후로 금석문자(金石文字)가 수천 종류나 되니 종요(鍾繇)와 색정(索靖, 晋의 서예가) 이전으로 거슬러 올라가려면 반드시 북비(北碑)를 많이 보아야 비로소 그 조계(祖系)와 원류의 기원을 알 수 있다.[108]

김정희가 연경에 간 1809년, 이 시점을 눈여겨볼 필요가 있습니다. 박지원이나 북학파(北學派)들이 경험한 18세기 중국은 건륭(乾隆) 연간으로, 청의 문화가 융성하던 시기였지요.[109] 반면에 김정희가 직접 체험하고 교류한 19세기 초 중국은 가경(嘉慶)·도광(道光) 연간 이후로 청조 문화의 급격한 퇴락기였습니다. 따라서 김정희는 청조 문예를 부흥시킨 중심 학자나 서화가를 만날 수 없었으니, 하강기의 문예 체험을 기준으로 기울어지는 조선 사회의 창신(創新)을 꾀했던 셈이지요. 노론의 명문 사대부가 출신인 김정희의 금석

108 오세창, 『국역근역서화징』 하권(시공사, 1998) 「김정희」 조에서 재인용.
109 정재훈, 「청조 학술과 조선성리학」, 정병삼 외, 『추사와 그의 시대』, 돌베개, 2002.

(金石) 고증학(考證學)은 봉건사회 해체기에 몰락해가는 사대부층의 정체성 확립과도 무관하지 않을 테고요. 남종화에 대한 인식도 형사의 북종화를 폄하하고 사의의 남종화를 우월시하는 문인 지배층의 관점에서 나온 것입니다. 즉 김정희는 철저히 자신의 계급적 정체성 아래 실사구시(實事求是)를 내세운 셈이지요.

〈불이선란도〉나 〈세한도〉 같은 작품을 남긴 김정희 예술론은 그 핵심이 서권기·문자향에 있습니다. 김정희는 제자들에게 정선이나 심사정처럼 그림 공부를 하면 안 된다고 했습니다.[110] 이들의 그림이 송·명의 고전적 기준에 맞지 않는다고 했지요. 그러면서 제시한 그림이 주학년(朱鶴年)의 작품들입니다. 김정희가 직접 만난 주학년의 회화는 송(宋)~명(明)대 이후 남종문인화풍의 갈필로 그린 피마준 작품으로 남종산수화풍에 해당하지요. 그런데 주학년은 중국회화사 관련 도록을 아무리 열심히 뒤져도 컬러 도판 하나 찾기 힘든 화가입니다. 김정희는 자기가 만난 화가가 중국의 전부라고 인식했던 셈이지요. 외래문화가 들어올 때 흔히 일류가 아닌 삼류와 접하기가 쉬운데 그 경우 중 하나라고 생각해 봅니다. 즉 김정희는 삼류의 외래문화로 좋은 그림과 나쁜 그림의 기준을 설정한 것이지요. 그러니 원교체에 대한 불만과 마찬가지로 조선후기 진경산수화나 문인화풍에 눈길이 갈 리가 없었을 겁니다. 이처럼 뚜렷한 한계를 지니고 있음에도, 자신의 서화 창작론을 토대로 김정희 스스로 독창적이고 개성적인 예술의 경지에 도달하였다는 점은 간과할 수 없는 커다란 업적이지요.

110 "겸재(謙齋) 정선(鄭敾), 현재(玄齋) 심사정(沈師正) 모두 그림으로 이름을 떨치고 있지만 그들의 화첩에 전하는 것은 한갓 안목만 혼란하게 할 뿐이니 결코 들춰보지 않도록 하게. 자네는 화가의 삼매경(三昧境)에 들어가는 천리길에 겨우 세 걸음 옮겨놓은 것과 같네": 許鍊, 『小癡實錄』; 유홍준, 『완당평전』 1, 학고재, 2002, p.304; 이태호, 「추사 김정희의 예술론과 회화세계」, 『추사 김정희의 예술세계』, 제주전통문화연구소 학술세미나 자료집, 2000.

다산의 사의론 비판

이러한 김정희의 회화관이 문기 높은 사의성(寫意性)에 중점을 두었다면, 정약용의 회화관 핵심은 대상묘사의 '사실성'에 있습니다. 정약용이 제시한 주요작품은 형사의 사실성을 강조해야 하는 동물이나 풀벌레 그림, 초상화 등이지요. 사의 그림이나 18세기에 유행한 남종화풍 산수화에 대한 논의는 거의 없습니다. 정약용의 문집에 보이는 사실주의적 회화관은 선대부터 모은 집안의 소장품에 대해 쓴 〈제가장화첩(題家藏畵帖)〉, 〈발취우첩(跋翠羽帖)〉, 〈제변상벽모계령자도(題卞相璧母鷄領子圖)〉, 〈제정석치화룡소장자(題鄭石癡畵龍小障子)〉등에 여실히 나타나 있으며, 기타 선현들의 초상 영정에 대한 화상찬(畵像讚)과 석양정(石陽正) 이정(李霆, 1554~1626)의 대나무 그림에 대한 글 등에서도 찾아볼 수 있지요.[111] 정약용의 문집에 기술된 회화 제발 가운데 〈제가장화첩(題家藏畵帖)〉은 탄은(灘隱) 이정(李霆, 1541~?)의 대나무, 공재 윤두서의 인물, 연옹(蓮翁) 윤덕희(尹德熙, 1685~1766)의 말, 화재(和齋) 변상벽(卞相璧)의 고양이, 수운(岫雲) 유덕장(柳德章, 1694~1774)의 대나무, 현재(玄齋) 심사정(沈師正, 1707~1769)의 산수를 비롯해 겸재(謙齋) 정선(鄭敾), 연객(烟客) 허필(許佖, 1709~?), 표암(豹菴) 강세황(姜世晃, 1713~1791), 단원(檀園) 김홍도(金弘道), 화산관(華山館) 이명기(李命基)의 화법 등 선조 이후의 유묵(遺墨)에 대해 간단히 피력한 것으로, 정약용의 안목을 내세우는 근간이 되었을 법합니다.[112]

정약용은 여기에서 정선이나 김홍도, 이명기 등 화원의 묘사실력이 좋은 그림에 대해서는 좋은 평을 한 것에 비해, 심사정의 산수에 대해서는 치밀한 필치의 흔적을 보기 어렵다고 하였으며, 강세황의 산수와 대나무 그림은 사

111 이태호, 「다산 정약용의 회화와 회화관」, 『다산학보』 4집, 다산학연구원, 1982; 이태호, 「다산 정약용의 예술세계」, 윤사순 편, 『정약용』, 고려대학교 출판부, 1990.

112 丁若鏞, 『與猶堂全書』 卷一, 「題家歲畵帖」; 이태호, 「다산 정약용의 회화와 회화관」, 『다산학보』 4집, 다산학연구원, 1982.

실성이 떨어진다고 비판적으로 꼬집어냈습니다. 허필의 경우에는 산수 필치가 능숙하지 못하다고 지적하는 등 솔직한 평가를 보여주고 있지요. 선비화가인 심사정·강세황·허필은 조선후기에 남종문인화풍을 본격적으로 수용하여 한국적 화풍으로 토착화시키는 데 공헌한 주역들로 평가되고 있음에도 불구하고, 정약용은 이들에 대해 철저하게 비판적 입장을 견지하였습니다. 사실묘사를 기준으로 삼은 게지요. 또 이 글을 통해 정약용이 형사나 사실 표현을 강조한 화원이나 직업화가의 작품에 관심을 가졌고, 그림다운 그림으로서 회화의 '기능'적인 면을 우선하였음을 알 수 있습니다. 다시 말해 그는 진정한 회화의 가치가 사의나 문기를 중시하는 여기적 '취미로서의 그림'이 아닌 전문 화가들의 잘 그린 '업(業)으로서의 그림'에 있다고 여겼지요.

사실적 묘사에 대한 정약용의 구체적인 관심과 회화관은 〈발취우첩(跋翠羽帖)〉에 잘 드러납니다. 윤두서의 손자, 즉 정약용의 외숙인 청고(靑皐) 윤용(尹熔, 1708~1740)의 그림에 대해 적은 〈발취우첩〉은 회화관뿐만 아니라 다산 문학의 사실주의 정신을 얘기하는 데에도 흔히 거론되는 글입니다.

> 이 화첩 네 권은 고(故) 태학생(太學生) 군열(君悅, 윤용의 字)의 작품이다. 그는 그 그림을 사랑하는 데 오직 물총새[翡翠]가 그 깃털[羽]을 사랑하듯이 한다고 윤공(尹公)을 비웃는 자도 있다. 그래서 이 화첩을 '취우(翠羽)'라 이름하였다. 화첩의 내용은 꽃과 나무, 동물, 풀벌레, 곤충을 소재로 한 것이다. 이 그림들은 대부분 실물을 흡사하게 닮았는데, 그 묘리(妙理)는 정밀하고 섬세하며 생동감이 넘친다. 이러한 그의 그림은 서툰 화가들이 거친 필치인 독필(禿筆)과 수묵을 사용하여 기괴를 부리며 '뜻을 그리고 형을 그리지 않는다(畵意不畵形)'고 자처하는 것들과 비교할 바 못 된다. 윤공은 나비와 잠자리를 잡아서 그 수염·털·맵시 등을 세밀히 관찰하고는 그 모습을 똑같이 묘사한 후에

> 야 붓을 놓았다고 하니 그의 정심(精深)한 태도를 짐작할 수 있다.
>
> 윤씨가(尹氏家)는 윤두서로부터 화명(畵名)이 있어 아들 윤덕희로, 손자 윤용으로 무릇 삼대(三代)에 그 예(藝)가 뛰어나니 예는 단번에 이루어지는 것이 아니다. 윤두서는 나의 외증조이셔서 그의 유묵(遺墨)이 우리 집에 많이 소장되어 있는데, 인물을 특히 잘 그렸다.[113]

현재 이 《취우첩》은 전해지지 않아 윤용의 그림이 어느 수준이었는지는 알 길이 없으나, 위의 내용을 토대로 윤두서에게 관찰과 사생의 태도를 이어받아 그린 그림임을 짐작할 수 있지요. 위와 같은 윤용 그림에 대한 정약용의 화평과 그의 집에 윤두서의 유묵이 많이 소장되어 있었던 점에서, 그의 회화관이 외가의 영향을 받았음을 짐작할 수 있습니다. '화의불화형'이라며 남종화풍 회화에 대해 비판적인 입장을 취하였던 것은 성호 이익을 비롯한 실학자들의 회화관과 궤를 같이하는 것이기도 하고요.[114] 또한 정약용은 당시에 만연하던 남종화풍 산수화에 대하여 "못된 화가들이 산수를 그린다면서 거친 필치만 보여주네(麤師畵山水 狼藉手勢濶)"라며 신랄하게 나무랐습니다.[115] 이는 김정희의 주장과 상반되는 것이어서 눈길을 끄는데요. 앞서 언급했던 황현의 증언처럼, 무엇보다 정약용의 '화의불화형'의 비판은 김정희가 『여유당집(與猶堂集)』 편찬에 도움을 달라는 정학연의 부탁을 거부하는 빌미가 되었지 않나 싶기도 합니다.

113 丁若鏞, 『與猶堂全書』 卷一, 「跋翠羽帖」.
114 유홍준, 『조선시대 화론연구』, 학고재, 1998.
115 丁若鏞, 『與猶堂全書』 卷一, 「題卞相璧母鷄領子圖」.

다산의 과학정신, 카메라 옵스쿠라

정약용의 사실주의론은 과학정신과 닿아 있습니다. 이는 '카메라 옵스쿠라(camera obscura)'를 직접 실험했던 일에 잘 드러나지요. 18세기 후반에는 조선 화단에도 서양화법이 적극적이진 않지만 어느 정도 수용되었는데요.[116] 카메라 옵스쿠라를 사용한 흔적이 바로 그 한 사례입니다. 카메라 옵스쿠라는 라틴어로 '어두운 방'이라는 뜻입니다. 깜깜한 방에 구멍을 내고 볼록렌즈를 설치한 뒤에 하얀 스크린을 가져다 대면 방 밖의 풍경이 스크린에 거꾸로 비치는 원리를 이용했지요(2-34). 15~18세기 유럽 르네상스시기에 개발되어 쓰이던 것으로, 그 기능과 원리의 특성상 과학자나 화가는 물론 철학자나 사상가에게도 큰 관심거리였습니다.[117] 어둠 속에 유입된 빛줄기는 중세에서 근대사회로 변화하는 희망의 상징으로 여겨졌지요. 또 당시 사람들은 대상을 똑 닮은 어둠 속의 영상이 인간의 오성 작용과 같다고 인식했던 모양입니다.

2-34 카메라 옵스쿠라: 풍경 그리기(상), 인물 그리기(하), 18세기 유럽동판화

17~18세기에 천문학·수학·기하학 같은 학문과 세계지도 등이 기독교 서적과 함께 본격적으로 조선에 유입되면서, 카메라 옵스쿠라도 전래되었을 것입니다.[118] 그중 아담 샬(Adam Schall, 1591~1666)이 한역(漢譯)한『원경설(遠鏡說)』같은 과학서나 마테오 리치(Matteo Ricci, 1552~1610)가 한역한『기하

116 李成美,『조선시대 그림 속의 서양화법』, 대원사, 2000.

117 데이비드 호크니, 남경태 옮김,『명화의 비밀』, 한길아트, 2003; 조나단 크래리, 임동근 외 옮김,『관찰자의 기술: 19세기의 시각과 근대성』, 문화과학사, 2001.

118 이원순,『조선 서학사 연구』, 일지사, 1986.

원본(幾何原本)』 등은 광학원리와 서양화법을 이해하는 데 도움을 주었겠지요. 17세기 중엽에는 중국에서도 카메라 옵스쿠라가 제작되어, 18세기부터 그림을 그리기 위한 도구나 완상용으로 광범위하게 사용되었다고 합니다.[119] 17세기 중국 소주(蘇州)에서는 렌즈나 광학기재의 개발이 이루어져, 카메라 옵스쿠라가 상당히 폭넓게 활용되었던 모양입니다. 그에 따라 이름 또한 다양하게 번역되어 카메라 옵스쿠라를 구조에 따라 침공암상(針孔暗箱), 투경암상(透鏡暗箱) 혹은 회화암상(繪畵暗箱)이라 불렀고, 초기에는 임화경(臨畵鏡) 또는 축용경(縮容鏡)이라고도 칭했지요.[120] 특히 임화경은 영상 그림을 따라 임모하는 기능의 거울이라는 의미이고, 축용경은 얼굴을 축소하여 베껴 그리는 거울이라는 의미여서, 당시 카메라 옵스쿠라의 기능을 유추하게 해줍니다.

정약용은 카메라 옵스쿠라를 '칠실파려안(漆室玻瓈眼)'이라 번역했고, 풍경을 대상으로 삼아 직접 실험했지요. 그리고 그 결과를 캄캄한 방에서 그림 보는 이야기라는 '칠실관화설(漆室觀畫說)'로 남겼습니다. 정약용은 카메라 옵스쿠라가 만들어낸 장면을 보고, 생생함에 매우 감동을 받아 화가가 그 수준의 그림을 그리면 좋겠다고 했는데요. 이것이 정약용의 과학적 정신, 사실주의 주장을 가늠하는 근거이기도 합니다.

> 방(漆室)은 호수와 산 사이에 있다. 물가와 뫼부리의 아름다움이 양편으로 둘러 얼비친다. 대와 나무와 꽃과 바위도 첩첩이 무리지어 누각과 울타리에 둘리어 있다. 맑고 좋은 날씨를 골라 방을 닫는다. 무릇 들창이나 창문이나 바

119 胡志川·馬運增, 『中國撮影史 1840~1973』, 北京: 中國撮影社, 1987; 최인진, 『한국사진사 1631-1945』, 눈빛, 1999.

120 胡志川·馬運增 主編, 『中國撮影史』, 北京: 中國撮影出版社, 1987. pp.8~11.

깥의 빛을 받아들일 만한 것은 모두 틀어막는다. 방 안을 칠흑같이 깜깜하게 해놓고, 다만 구멍 하나만 남겨둔다. 돋보기 하나를 가져다가 구멍에 맞춰놓고, 눈처럼 흰 종이판을 가져다가 돋보기에서 몇 자 거리를 두어 비치는 빛을 받는다. 렌즈의 평평함과 볼록함에 따라 그 설치거리가 다르다. 그러면 물가와 묏부리의 아름다움과 대와 나무와 꽃과 바위의 무더기, 누각과 울타리의 둘러친 모습이 모두 종이판 위로 내리비친다. 짙은 청색과 옅은 초록빛이 그 빛깔 그대로요. 성근 가지와 촘촘한 잎이 그 형상 그대로다. 구성이 조밀하고 위치가 가지런해서 절로 한 폭의 그림을 이룬다. 세세하기가 실낱이나 터럭 같아 마침내 중국의 유명한 화가 고개지(顧愷之)나 육탐미(陸探微)라도 능히 할 수 있는 바가 아니다. 대개 천하의 기이한 경관이다. 안타까운 것은 바람에 나뭇가지가 흔들리므로 묘사해 내기가 지극히 어렵다는 점이다. 사물의 형상이 거꾸로 비쳐 감상하기 황홀하다. 이제 어떤 사람이 초상화를 그리되 터럭 하나도 차이 없기를 구한다면 이 방법을 버리고서는 달리 좋은 방법이 없을 것이다. 그런데 마당 가운데서 진흙으로 빚은 사람처럼 꼼짝도 않고 단정히 앉아 있어야 한다. 그 묘사의 어려움이 바람에 움직이는 나뭇가지와 다르지 않은 탓이다.[121]

또 정약용은 형의 친구 복암(茯菴) 이기양(李基讓, 1744~1802)이 카메라 옵스쿠라 앞에서 초상화를 그리는데, 뙤약볕에서 초상화 초본을 그릴 때 마치 움

121 室於湖山之間 有洲渚巖巒之麗 映帶左右 而竹樹花石叢疊焉 樓閣藩籬邐迆焉 於是選晴好之日 閉之室 凡牕櫺牖戶之有可以納外明者 皆塞之 令室中如漆唯留一竅 取靉靆一隻 安於竅 於是取紙版雪暟者離靉靆數尺 隨靉靆之平突其距度不同 而受之映 於是洲渚巖巒之麗 與夫竹樹花石之叢疊 樓閣藩籬之邐迆者 皆來落版上 深靑淺綠如其色 疎柯密葉如其形 間架昭森位置齊整 天成一幅 細如絲髮 遂非顧陸之所能爲 蓋天下之奇觀也 所嗟風梢活動 描寫崎艱也 物形倒植覽賞恍忽也 今有人欲謀寫眞 而求一髮之不差 捨此再無良法 雖然不儼然端坐於庭心如泥塑人者 其描寫之艱 不異風梢也: 丁若鏞, 『與猶堂全書』 卷十, 「漆室觀畵說」: 위 번역은 가장 최근 것으로 정민(『미쳐야 미친다』, 푸른역사, 2004) 교수의 번역을 토대로 필자가 손질해본 것이다.

직이지 않고 앉아 있는 모습이 진흙으로 빚은 조각 같았다는 평도 남겼지요. 아래는 이기양 묘지명의 후반부 첨부 글에 실려 있는 내용입니다.

> 복암이 일찍이 나의 형(先仲氏: 정약전) 집에서 칠실파려안(漆室玻瓈眼)(카메라 옵스쿠라)을 설치하고 거기에 비친 거꾸로 된 그림자를 따라서 초상화의 초본을 그리게 하였다. 복암공은 뜰에 설치된 의자에 태양을 향해 앉아 있었다. 털끝 하나 잠깐 움직여도 모사하기 어려운데, 공은 의연하게 흙으로 빚은 사람처럼 오래토록 조금도 움직이지 않았다. 역시 보통 사람이 하기 어려운 일이다.[122]

위의 두 글은 정약용이 카메라 옵스쿠라에 관해 밝힌 견해입니다. 정약용이 카메라 옵스쿠라를 실험하고 '칠실관화설'을 쓴 시기는 결혼하여 서울로 이사 온 1776년 이후일 것입니다. 그리고 1792년 겨울에 서학저술과 관련한 '기중도설(起重圖說)' 등을 썼으니 이를 근거로 칠실관화설을 '애체출화도설(靉靆出火圖說)'이나 '지구도설' 등과 함께 1792년 이전 작으로 편년하는 학설이 있고요.[123] 또한 이기양 묘지명에 밝혀진 대로 '칠실파려안', 곧 카메라 옵스쿠라를 설치하고 초상화를 그린 시기가 정약용이 '칠실관화설'을 실험한 때와 멀지는 않을 터입니다. 따라서 위 두 편의 글에 기술된 카메라 옵스쿠라의 사용은 1776년에서 1792년 사이에 이루어졌을 것으로 보입니다.

122 茯菴 嘗於先仲氏家 設漆室玻瓈眼 取倒景 以起畫像之草 公於庭中設椅 向日而坐 一髮乍動 卽摹寫無路 公凝然若泥塑人 良久不小動 亦人所難能也: 丁若鏞, 『與猶堂全書』 卷十五, 「茯菴李基讓墓誌銘」 '附見聞話條': 이 번역은 박석무 역주(『茶山散文選』, 창작과 비평사, 1985)와 최인진의 앞 책의 것을 참조로 하였다.

123 조성을, 『여유당집의 문헌학적 연구』, 연세국학총서 44권, 혜안, 2004.

이기양 초상화 초본 제작을 증언

나는 카메라 옵스쿠라를 이용해 그려진 이기양 초상화의 초본을 발견해 2007년에 발표했습니다.[124] 〈이기양 초상〉초본(개인 소장)은 이마와 코 부분에 손상이 약간 있으나, 보존 상태는 전체적으로 양호한 편입니다(2-35). 그림의 오른편에 단정한 해서체로 '복암공화상초본(茯菴公畵像草本)'이라고 쓰여 있습니다. 초본으로는 비교적 큰, 겹무늬가 있는 문사각(紋紗角)의 오사모에 홍단령포 차림을 한 반신상에 가까운 흉상인데요. 화면의 크기로 볼 때, 이 초본은 카메라 옵스쿠라로 직접 그리지는 않은 것 같습니다. '축용경'이라는 중국인들의 별칭처럼, 카메라 옵스쿠라로 뜬 초초본(初草本)을 1.5배 내지 2배로 확대하여 다시 그린 것으로 보입니다. 곧 정본을 위한 밑그림인 정초본(正草本)인 셈이지요. 이 초본을 밑그림으로 삼아 정본 초상화를 제작하였을 것이니, 그 정본도 얼른 출현되기를 기대하고 있습니다.

2-35 작자미상, 〈이기양 초상〉초본, 18세기 후반, 종이에 수묵담채, 76×47.2cm, 개인 소장

〈이기양 초상〉초본을 살펴보면, 간결한 의습선에는 명암을 넣지 않았고 사모의 무늬도 거친 편입니다. 언뜻 일반적인 초상 초본과 크게 다르지 않아, 과연 카메라 옵스쿠라로 그린 초본과 관련이 있을까 생각될 정도지요. 그런데 안면의 세부묘사가 정밀합니다. 희미한 눈썹, 살찐 안면의 굴곡, 분

124 이태호, 「18세기 초상화풍의 변모와 카메라 옵스쿠라-새로 발견된 이기양 초상화 초본과 이명기의 초상화 초본을 중심으로」, 『다시 보는 우리 초상화의 세계』, 조선시대 초상화 학술 심포지엄, 국립문화재연구소, 2007. 11; 이태호, 『옛 화가들은 우리 얼굴을 어떻게 그렸나』, 생각의 나무, 2009.

홍빛 피부의 섬세한 표현이 당시 보통의 초본과 격을 달리하지요. 눈 부분에서도 조리개에 짙은 농묵(濃墨)의 점을 찍고 밝아졌다가 외곽으로 점점 어두워지는 수정체의 표현이 보이는데 이는 이명기의 화법과 근사합니다.

묘지명의 내용대로 카메라 옵스쿠라로 이기양의 초상화를 그린 곳은 정약용의 둘째 형인 정약전의 집인데요. 정약용과 정약전 형제가 이기양과 교분을 갖고, 이승훈(李承薰, 1756~1801), 이벽(李蘗, 1754~1785), 권철신(權哲身, 1736~1801) 등과 어울려 서학과 서교에 심취했던 시기는 1780년대입니다. 카메라 옵스쿠라도 그 시기에 실험해 보았을 것으로 짐작되지요. 카메라 옵스쿠라의 정보를 가져온 사람은 1784년 북경에 다녀온 이승훈이었을 가능성이 있습니다. 정약용의 매부인 이승훈은 북경에서 서양 선교사에게 직접 영세를 받은 조선의 첫 천주교인이자, 수학이나 천문학 등 서양 과학기술에도 지대한 관심을 지닌 인물이었지요. 1781년 정약용의 장인인 홍화보와 집안 사람인 홍수보가 동지사(冬至使)로 북경에 다녀왔으니 그들을 통해서 카메라 옵스쿠라 정보를 얻었을 가능성이 있겠고요.

"이기양이 햇볕 아래 조각처럼 카메라 옵스쿠라 앞에 앉아 초상화를 그렸다"는 정약용의 증언은 소중한 기록입니다. 카메라 옵스쿠라를 이용하여 초상화를 그렸음을 밝힌 문헌적 사례는 세계미술사에서도 드물기 때문입니다. 또한 이명기가 그린 입체화법이 선명한 초상화들은 조선후기 문화의 근대성을 추적하는 데 중요한 단서입니다. 이러한 과학적 탐구성을 고려해보면 볼록렌즈를 설치하고 이동식 스크린을 사용한 카메라 옵스쿠라의 이름을 '칠실파려안', 곧 '유리 눈구멍 어둠의 방'이라고 사실적으로 지은 점도 정약용답지요.

나는 카메라 옵스쿠라를 실험해 보기도 했습니다. 경기도 '실학 축전 2004 경기'의 한 행사로 '실학 바로 알기 입체전시'(경기도 문화의 전당, 2004.9.29~10.3)

총괄 큐레이터를 맡았을 때, 전시실 한 부스에 정약용의 '칠실관화설' 방식대로 체험공간을 재현하였지요.[125] 관람객들의 호응이 컸음은 물론 역사나 미술사 연구자들도 상당히 관심을 보였지요. 그 뒤 조선후기부터 현대까지 한국사진사를 처음 정리한 최인진 선생팀이 정약용의 '칠실파려안'에 근거하여 카메라 옵스쿠라에 비친 영상을 인화한 사진 전시회를 가졌습니다.[126]

2007년 이기양의 초상화 초본을 발굴하여 논문을 발표한 뒤, 정약용의 박스형 '칠실파려안'으로 초상화의 초본 제작을 직접 시도해본 경험도 있습니다. 그 결과 인물의 외형을 따는 기능과 함께 대상의 색과 질감을 선명하게 인식케 해주는 '임화경(臨畵鏡)'이나 '축용경(縮容鏡)'으로서 카메라 옵스쿠라의 기능을 재확인하였습니다. 이 과정은 SBS '대한민국 국민고시'라는 프로그램에 방영되었는데요.[127] 40cm 가량의 정육면체 박스에 지름 5cm 가량의 볼록렌즈를 설치하여 만드는 식이었지요. 렌즈는 옛 것과 비슷한 돋보기안경 수준을 선택했고요. 이처럼 정약용이 칠실파려안이라 이름 붙인 카메라 옵스쿠라는 그 구조가 단순할뿐더러, 렌즈 없이 작은 구멍만으로도 카메라 옵스쿠라의 기능은 가능합니다. 여러분도 정약용이나 나처럼 시도해보세요.

다산과 추사의 흔적들

정약용의 묘소는 여유당 바로 위에 있습니다. 남한강과 북한강이 만나는 지점, 두물머리 오른쪽에는 다산의 살림집 여유당이 있고, 정약용의 묘소에 오르면 두물머리 풍광이 바로 굽어보입니다. 팔당댐이 건설되어 예보다는

125 이태호 총괄, 『내일을 여는 꿈 實學』, 18세기예술연구소, 2004.
126 최인진·이혁준, 「카메라 옵스쿠라의 흔적을 되살리다: 다산 정약용의 칠실파려안에 근거한 사진작업」, 김영섭 사진화랑, 2006.11.
127 SBS TV, 「대한민국 국민고시」, 2009.3.4.

지금의 수량이 훨씬 풍부하겠지요. 반면 김정희가 태어난 예산 고택이나 묘소에서는 너른 구릉과 멀리 바위산의 풍경이 흐릅니다. 태어난 곳의 기운으로 보더라도 정약용은 '수기(水氣)' 물이 많은 사람이었고, 김정희는 '화기(火氣)' 불이 많은 사람이었던 것 같지요. 두 사람의 그림과 글씨에서도 그런 차이가 또렷합니다. 다산과 추사, 여러분은 누구를 당대의 인물로 선택하시겠습니까. 정약용과 김정희에 대한 선호도가 반반이네요. 예술적 평가만을 보면, 단연 김정희가 인기이고요.

정리하면 김정희가 예술가, 서예가, 시인으로 활동했던 데 비해, 정약용은 학자로서의 생을 실았습니다. 많은 저술을 남겼고, 경학뿐 아니라 의학, 음악, 병법, 과학, 잡학까지 모든 학문을 다 섭렵했지요. 정약용의 고민은 "당대 현실과 사회가 가진 모순 내지 안타까움을 어떻게 극복하고 더 나은 사회로 갈 수 있는가"였습니다.[128] 그래서 정약용이 근대정신의 중요한 인물로 평가되고 있지요. 하지만 요즘은 중세적 의식을 완연히 벗지 못했다는 평가가 있기도 합니다.

정약용은 회화에서 사실주의를 강력하게 주장했지만, 그 영향력은 적었습니다. 애춘(靄春) 신명연(申命衍, 1808~1892)의 꽃 그림, 일호(一濠) 남계우(南啓宇, 1811~1888)의 나비 그림, 오원(吾園) 장승업(張承業, 1848~1897)의 새 그림과 영모화 등에 '관찰과 정밀한 표현'으로 나타나는 정도이지요. 정약용의 사실주의 회화관은 사회 여건상 당대 화단에 커다란 파급력을 가지지는 못했습니다. 이는 식민지로 전락해가는 조선말기의 역사현실을 반영하는 것이기도 하지요. 그러나 중요한 것은 그 비판의식이 반대 화론인 서권기·문자향이 풍미하던 시절에도, 박규수 등 개화파 문인들의 예술론으로 계승되었다

128 함규진, 『정약용—조선의 르네상스를 꿈꾸다』, 한길사, 2012.

는 점입니다. 이처럼 실학파에서 개화파로 이어졌기에, 정약용의 사실주의론은 18세기 회화의 근대 지향성을 재검토할 필요를 부각시켰습니다.

정약용이 유배에서 풀려난 뒤에 회현동, 곧 지금의 명동에서 그냥 살았으면 어땠을까 하는 생각이 듭니다. 명동에서 살면서 다산초당 시절처럼 젊은 엘리트들과 어울려 그들의 사상을 확확 바꿔놓았으면 어떠했을까요. 김정희가 중인 문화인들과 어울리며 자기 예술론을 펼치고, 그 시대 완당바람을 일으켰던 데 비해 정약용은 조용히 침잠해 버렸습니다. 그게 좀 아쉽지요. 리얼리스트는 침잠하고, 보수적인 문인이 조선말기 문화에 영향력을 크게 행사했으니까요.

김정희의 '완당 바람'은 19세기 문예계에 막대한 영향을 미치면서 18세기 회화의 신경향에 대한 반작용을 일으켰습니다.[129] 우봉 조희룡, 소치 허련, 고람(古藍) 전기(田琦, 1825~1854), 혜산(蕙山) 유숙(劉淑, 1827~1873), 소당(小塘) 이재관(李在寬, 1783~1837) 등의 문인화가는 물론 화원이나 중서층(中庶層) 서화가들까지도 김정희식 서권기·문자향에 경도될 정도였지요. 예컨대 마른 붓질로 소략하게 선묘(線描)한 허련의 〈방완당의 산수도〉가 그러한 면모를 유감없이 보여주고 있는데요. 이들의 남종화풍은 간결하고 감각적인 필치와 수묵 처리로 회화성을 구가하는 것이 목적이었습니다. 그리고 19세기 중후반에는 북산(北山) 김수철(金秀哲), 석창(石窓) 홍세섭(洪世燮, 1832~1884) 등 기괴론에 어울리는 독특한 개성주의 작가들이 부상했지요. 결국 '완당 바람'은 19세기에 사실주의 회화를 퇴조시키는 데 일조했다고 볼 수 있습니다.

일찍이 故 이동주(李東柱) 선생도 18세기 진경산수화와 풍속화의 사실정신, 그리고 이광사의 조선적인 서체 등 국풍(國風)의 문예를 잠재운 19세기

129 이동주, 「완당바람」, 『우리나라의 옛 그림』, 박영사, 1975.

김정희 예술에 대해 언급하셨지요. 그것에 담긴 철저히 고고한 격조의 귀족 취미와 후대에 미친 큰 영향, 그리고 시대조류 방향에서 어긋나는 비현실적인 미감에 대하여 아래와 같이 술회하였습니다. 크게 공감되어 그 일부를 소개합니다.

> 이 거대한 영향은 우리나라의 옛그림에 국한하더라도 가히 완당(阮堂)바람이라고 할 만한 세를 이루었는데, 그러나 그것을 오늘의 시점에서 뒤돌아보면 한국이라는 땅에 뿌리 뻗고 자라날 그림의 꽃나무들을 모진 바람으로 꺾어 버린 것 같아서 기분이 야릇해진다. 완당(阮堂)의 동기가 어쨌든, 적어도 결과로는 그렇다. 왜냐하면 완당(阮堂)이 태어난 정조(正祖) 때는 마침 우리나라에서는 처음으로 이른바 진경산수(眞景山水)와 속화(俗畵)라는 일종의 새 화풍이 꽃봉오리같이 한창 피어오르던 때였다. 옛그림이 만일 그대로 그러한 풍조를 따라갔더라면, 혹은 새로운 기법, 새로운 화법 위에 선 새로운 근대미(近代美)를 그림 속에서 찾았을지도 모를 일이다.[130]

다산과 추사, 그리고 추사일파 이후 19세기 후반에는 화원인 오원 장승업이 등장하여 수묵화의 전통을 근대로 잇는 가교 역할을 했습니다. 장승업은 중국의 고사인물도나 기명절지(器皿折枝), 화조·영모화 등을 즐겨 그려, 이미 그 주제가 시대정신이나 18세기 조선풍의 회화와는 거리가 멀었지요. 하지만 필묵을 다루는 데 있어 수준급 기량을 발휘하였음은 잘 알려진 사실입니다. 장승업이 쌓은 필묵 운용의 역량은 제자인 심전(心田) 안중식(安中植, 1861~1919)과 소림(小琳) 조석진(趙錫晋, 1853~1920)에게 전수되어 20세기 전통

130 이동주, 「완당바람」, 『우리 나라의 옛 그림』(박영사, 1975), pp.272~274에서 재인용.

회화의 기반이 되었습니다. 미흡하나마 이들의 산수화와 함께 관재(貫齋) 이도영(李道榮, 1884~1933)의 시사만화와 석지(石芝) 채용신(蔡龍臣, 1850~1941)의 서양 입체화법식 초상화가 19세기에서 20세기로 넘어가는 과도기의 근대성을 담보해냈지요.[131]

이러한 과정을 겪으며 우리 근대미술은 전통형식과 단절되는 듯 보였지만, 외세 침략에 따른 갈등과 대립, 그리고 좌절을 겪으며 되살아났습니다. 오성과 감성의 전통적인 이미지들, 혹은 회화형식들은 근현대 화가들에게 계승되어, 다음 강의인 청전 이상범과 소정 변관식, 미석 박수근과 대향 이중섭을 통해 새로운 조형미(造形美)로 표출됩니다.

131 이태호, 「20세기초 전통회화의 변모와 근대화」, 『동양학』 34집, 단국대학교 동양학연구소, 2003.8.

제 3 강

—

청전 이상범과 소정 변관식 – 평담과 분방

제3강은 한국근대미술사의 두 거장 청전(靑田) 이상범(李象範, 1897~1972)과 소정(小亭) 변관식(卞寬植, 1899~1976)입니다. 청전과 소정은 조선말기 회화전통을 계승한 작가들이지요. 태어난 해로 보면, 조선시대 사람들이네요. 20세기 중반 1970년대까지 살면서 전통수묵화 분야에 우뚝한 업적을 쌓았습니다.[01] 청전은 '고요한 평담함'으로, 소정은 '자유로운 분방함'으로 우리 땅을 재해석하여 그렸지요. 이들은 앞선 화가들에 비해 한층 더 라이벌다운 예술기량을 견줍니다.

근대수묵화의 쌍벽을 이룬 두 대표는 그림 재료부터 시작해 그림의 제목인 화제를 쓰고 자신의 도장을 찍는 낙관까지 전통적 형식을 유지하면서도, 근대화풍을 새롭게 재창조하려는 양상을 뚜렷하게 보여주었지요. 그럼에도 불구하고 지금 우리 미술계나 시장의 분위기를 보면 수묵화를 비롯한 전통회화는 완전히 뒷전으로 밀려나 있습니다. 1980년대 이전만 해도 미술시장에서 수묵화 작품은 최고의 값을 자랑했는데, 지금은 서양화 쪽이나 현대미술 작품보다 엄청 싸거나 비슷한 수준으로 전락했습니다. 전통회화에 대한 관심이 얼마나 적은가를 짐작하게 하지요.

이런 흐름은 수묵화가 지나치게 전통의 구습을 벗지 못한 탓도 있겠지만, 근대화를 이룩하려는 과정에서 식민화, 분단, 독재정권, 빈부격차 등을 겪으며 민주주의를 온전히 이루지 못한 좌절감과도 무관하지 않은 듯합니다. 이와 달리 우리와 유사한 문화성향을 갖춘 이웃 중국과 일본의 미술시장에서

01 이구열, 「청전과 소정, 그 상반된 특질의 위대함」; 유홍준, 「근대 한국화의 두 전형」, 『청전과 소정』, 현대화랑·동산방화랑, 1985.

는 전통회화에 대한 관심이 유지되어 있습니다. 여전히 이상범과 변관식의 수준에 해당하는 화가들이 상당히 대접을 받는답니다. 비단 회화뿐 아니라 우리나라의 전통 전반에 대한 홀대는 길거리 옷차림만 봐도 알 수가 있지요. 우리는 일상에서 중국이나 일본에 비해 한국 고유복식을 철저하게 입지 않는 걸 보면 말이에요.

흔히 훌륭한 대가들의 작품세계를 얘기할 때면, 그의 작품이 바로 그 사람이라고 이야기합니다. '화여기인(畵如其人), 서여기인(書如其人)'. 곧, 그림이나 글씨는 그 작품을 한 사람과 같다는 말이지요. 그림과 글씨 외에 연기나 음악을 통해 무언가를 표현할 때도 예술가의 성격 혹은 본질이 그대로 드러나고요. 서양회화도 마찬가지입니다. 오스트리아의 화가 구스타프 클림트(Gustav Klimt, 1862~1918)는 "나를 알고 싶으면 내 그림을 보라"고 했습니다. 이렇게 작품을 통해 그 사람은 물론 그 시대와 공간, 곧 그가 속한 역사 문화적 배경까지도 읽을 수 있는 게 바로 예술세계 아닐까요.

1. 전통회화의 근대적 변모

청전과 소정 회화의 뿌리는 오원(吾園) 장승업(張承業, 1843~1897)의 제자인 소림(小琳) 조석진(趙錫晉, 1853~1920)과 심전(心田) 안중식(安中植, 1861~1919)에게서 찾을 수 있습니다.[02] 장승업은 고종(高宗) 때 궁중화원으로, 조선말기 회화사조를 세운 유명화가지요. 추사일파처럼 개성을 강조하는 화풍이나 남종문인화가 만연하던 화단 분위기를 딛고, 잘 그린 그림솜씨로 당대 스타

02 『조선말기회화전－화원 · 전통 · 새로운 발견』, 삼성미술관 리움, 2006.

일을 주도한 작가였습니다. 그의 생애는 〈취화선〉이 라는 영화로 제작되기도 했지요.

장승업의 〈귀거래도(歸去來圖)〉(간송미술관 소장) 같은 그림은 고종연간이 상당히 보수적이었음을 보여줍니다(3-1). 이 작품은 고사인물도(故事人物圖) 병풍그림 중 한 점으로, 중국 도연명(陶淵明, 365~427)의 『귀거래사(歸去來辭)』를 그린 산수화인데요. 도연명은 속세에서 벗어나 낙향한 후 자신의 집 주위에 버드나무 다섯 그루를 심었다고 합니다. 그리고 스스로를 '오류선생'이라 불렀지요. 〈귀거래도〉는 바로 오류선생이 냇가에 배를 타고 도착하는 장면을 담은 그림입니다. 이 작품은 이런 소재뿐 아니라 멀리 보이는 산수나 인물 표현방식도 중국화보의 명청대 전통을 따르고 익혔지요.

3-1 오원 장승업, 〈귀거래도(歸去來圖)〉, 19세기 후반, 비단에 수묵담채, 136.7×32.4cm, 간송미술관 소장

조선후기 회화사를 돌이켜보면 우리 땅과 삶이 담긴 진경산수화(眞景山水畵)와 풍속화(風俗畵)를 그린 정선과 김홍도, 그리고 신윤복이 떠오릅니다. 그런데 이들보다 100년 남짓 후의 화원인 장승업은 중국의 고전과 고사(故事) 그림에 경도되어 오히려 시대를 역행(逆行)하는 모습을 보이네요. 물론 이런 성향을 보이는 것은 몰락기 조선사회의 요청 때문이겠지요. 하지만 장승업은 산수화나 고사도를 그릴 때와는 달리 토종 매나 닭을 그린 영모 및 화조화에서는 도리어 사생적 사실묘사 기량을 보이기도 합니다.[03]

03 이태호, 「조선후기의 화조·화훼·초충·어해도—화폭에 담은 자연, 꽃과 새·풀벌레·물고기 그림의 사실정신」, 『조선후기 화조화전』, 동산방, 2013.

오원 장승업에서 심전 안중식으로

장승업은 많은 일화거리를 지닌 조선말기 화단의 거목입니다.[04] 그런 장승업의 두 제자, 심전 안중식과 소림 조석진은 조선시대 마지막 화가이자 개화파 문사였지요. 1919년 3·1운동에도 가담했던 안중식 역시 장승업처럼 도연명의 도화원기(桃花源記)를 바탕으로 그린 작품을 남기기도 했는데요. 바로 어부가 무릉도원(武陵桃源)으로 들어가는 나루를 묻는다는 제목의 1913년작 〈도원문진도(桃源問津圖)〉(삼성미술관 리움 소장)가 그것입니다(3-2).[05] 조국이 식민지로 전락한 지 얼마 되지 않은 1913년 작품이니, 일제의 폭력 아래 '무릉도원의 길을 묻는다'를 그린 것이네요. 석문(石門) 너머 험준한 산세가 열리지만 연녹색 풍광에 복사꽃이 활짝 핀, 화사한 봄 산천 분위기가 가득합니다. 현실도피의 이 아이러니를 어떻게 봐야 할까요.

3-2 심전 안중식, 〈도원문진도(桃源問津圖)〉, 1913년, 비단에 채색, 164.4×70.4cm, 삼성미술관 리움 소장

살아가기가 워낙 힘든 일제강점기에 무릉도원을 꿈꾸던 화가의 마음이자, 당시 그림 주문자인 상류층의 요구로 볼 수 있겠지요. 헌데 이런 그림을 요구한 왕실이나 귀족층들에겐 식민지 사회도 여전히 무릉도원이었을까요. 조선초 왕권다툼으로 혼란했던 시절 결국 수양대군에게 죽임을 당한 안평대군(安平大君, 1418~1453)이 1447년 현동자 안견(玄洞子 安堅, 15세기)에게 〈몽유도원도(夢遊桃源圖)〉(일본 천리대학교 소장)를 그리게 했던 것과도 비슷한 맥락일 수도 있을 테고요. 그렇다 하더라도

04 『간송문화』 53, 오원100주기기념호, 한국민족미술연구소, 1997.
05 『조선말기회화전-화원·전통·새로운 발견』, 삼성미술관 리움, 2006, 도판 12.

나라가 망한 판국에 굳이 무릉도원을 우선해야 했을지요. 아쉬움이 남지만, 그럼에도 안중식의 이 〈도원문진도〉는 눈여겨볼 점이 있습니다. 장승업에 이어 남종산수화풍(南宗山水畵風)을 벗고 이른바 북종화풍(北宗畵風)인 치밀한 선묘(線描)와 채색(彩色)을 구사한 점입니다. 이는 장승업의 영모나 화조화에 나타나는 사생적 사실묘사의 기량을 잇는 근대회화적 화법(畵法)이기 때문입니다. 1880~1910년대 안중식과 쌍벽을 이룬 소림 조석진의 회화경향도 이와 유사합니다.[06]

안중식은 다행히도 무릉도원 같은 중국고사도로 그치지 않았습니다. 근대적인 방식으로 우리 땅 그림을 그리기도 했지요. 1915년작 〈백악춘효도(白岳春曉圖)〉(국립중앙박물관 소장)나 〈영광풍경〉 10폭 병풍(삼성미술관 리움 소장)이 좋은 예입니다.[07]

3-3 심전 안중식, 〈백악춘효도(白岳春曉圖)〉, 1915년, 비단에 수묵담채, 192.2×50cm, 국립중앙박물관 소장

왼쪽 상단에 '백악춘효(白岳春曉)'라고 예서체로 제목을 쓴 〈백악춘효도〉는 경복궁 뒷산 백악의 봄 새벽을 그린 작품이지요(3-3). 왼쪽에 우뚝 솟은 봉우리가 백악, 오른쪽 멀리 보이는 바위산이 북한산입니다. 앞쪽으로는 광화문(光化門) 앞 광장이 있고, 해태상이 지금과 달리 광화문에서 한참 내려와 있네요. 광화문 뒤로는 1860년대 고종 시절 중건(重建)된 경복궁(景福宮)의 모습이 웅장합니다. 지금도 광화문 네거리에 서서 보면 실제 풍경과 그림이 많이 닮아 있지요. 미점으로 처리한 산세도 유사하게 포착되고, 투시도법으로 그린 경복궁과 산록의 색채감

06 『간송문화』 74, 오원화파, 한국민족미술연구소, 2008.
07 『조선말기회화전-화원·전통·새로운 발견』, 삼성미술관 리움, 2006, 도판 13, 14.

도 비슷합니다. 특히 경복궁 풍경을 살짝 부감해서 바라본 시선처리가 멋집니다. 전통형식의 수묵화법을 근대화시켜낸 업적이 돋보이는 가작(佳作)입니다.

〈영광풍경〉 10폭병풍은 전남 영광 읍내의 거부 조희경(曺喜璟) 형제의 초청을 받아 앵두꽃 정원, 체화정(棣華亭)에서 40일간 머물며 그린 대작입니다. 앵두꽃은 형제 우애가 좋다는 의미이지요. 미점산수의 산세를 배경으로 내려앉은 영광읍성 내외 관아와 마을 풍경이 여전히 전통적 진경산수화법을 따르는 형식미를 보여줍니다. 화면구성은 엉성하지만 체화정에서 굽어본 대로 고을 풍경을 파노라마식으로 넓게 포착한 점이 새롭지요.

안중식의 제자가 바로 청전 이상범과 심산(心汕) 노수현(盧壽鉉, 1899~1978), 이당(以堂) 김은호(金殷鎬, 1892~1979) 등입니다. 전통적 교육방식을 고수했지만, 근대적 미술학교 형태를 갖췄던 서화미술회(書畵美術會) 출신들이지요. 1911년 개설된 서화미술회는 3년제로, 조선시대 도화서에서 화원을 길러냈던 방식을 근대화한 우리나라 최초의 미술학교였습니다.08 안중식과 조석진을 비롯한 당시 원로 중진 서화가들이 교수로 참여하여, 자연스레 전통적 형식을 새로운 젊은 작가들에게 전수하는 학교가 되었지요. 그런데 서화미술회를 후원했던 사람들이 하필이면 이완용(李完用, 1858~1926), 윤덕영(尹德榮, 1873~1940) 등 친일세력이었습니다. 근대식 미술학교로 발전하지 못한 이유와 교육방식의 한계가 시작부터 뚜렷했지요.

안중식은 자신의 경묵당(耕墨堂)에서 배출한 애제자(愛弟子) 이상범과 노수현에게 호를 지어주었답니다.09 자신의 호 '심전(心田)' 중 노수현에게는 '심(心)'자를, 이상범에게는 '전(田)'자를 주었지요. 그래서 노수현은 '심산(心汕)'

08 김소연, 「한국 근대 전문 서화교육의 선도, 서화미술회」, 『미술사논단』 36, 한국미술연구소, 2013.
09 『근대서화의 요람 – 경묵당』, 고려대학교박물관, 2009.

을, 이상범은 '청전(靑田)'이라는 아호를 쓰게 되었습니다. 이들은 1920년대 창덕궁(昌德宮) 대조전(大造殿) 경훈각(景薰閣)의 벽화 제작에도 함께 참여했는데요. 이상범의 〈삼선관파도(三仙觀波圖)〉와 노수현의 〈조일선관도(朝日仙觀圖)〉벽화는 청록산수화풍에 신선(神仙)을 담은 그림으로 안중식의 〈도원문진도〉를 따른 스타일이지요. 왕실에서 주문한 이들 그림에는 시대적 아픔을 고민하기보다 이상을 꿈꾸며 팍팍한 현실을 회피하려는 의도가 읽혀집니다.

청전과 심산 등 그 당시 대부분의 젊은 작가들은 소림과 심전에게서 전수받은 전통에 일본화풍이나 서구적 조형방식 등을 가미하여 각자의 개성을 이룩하였습니다. '십명가산수풍경화전(十名家山水風景畵展)'의 고희동(高羲東)을 비롯하여 허백련(許百鍊), 김은호(金殷鎬), 박승무(朴勝武), 이한복(李漢福), 최우석(崔禹錫), 노수현(盧壽鉉), 이용우(李用雨), 이상범(李象範), 변관식(卞寬植) 등이 그 예로 꼽히곤 하지요.[10] 그러나 이들은 대부분 새로운 근대정신을 보이거나 참신한 회화세계를 개척했다기보다는 화보를 익히며 조선말기의 전통을 답습하는, 진부한 상태를 크게 벗어나진 못하였습니다.

조석진과 안중식에게 도제식으로 그림 교육을 받은 근대 작가들은 선배의 답보 상태에 머물렀기에 아류에 불과하다는 지탄의 대상이 되기도 하였는데요. 이들은 갑작스런 사회적 변화에 적응치 못한데다가 서구적 조형관이나 일본화풍의 유입까지 겹치면서 심한 갈등을 겪었던 듯합니다. 거기에 1922년 조선미술전람회라는 공모전 형태의 관전(官展)이 끼어들면서 상황은 더욱 악화되었지요. 특히 일본을 거친 서구적 조형어법은 그림의 내용이나 주제보다는 크기와 화풍의 변화만을 초래한 측면도 있습니다.

이런 풍토에서 1950~60년대 청전과 소정양식의 회화적 완성은 화단에 참

10 『十名家山水風景畵展』, 조선미술관, 1940.

신한 바람을 일으키기에 충분했지요. 청전 이상범은 평이한 언덕과 개울의 맑고 습윤한 분위기를 무르익은 필묵으로 차분하게 그려내었고, 소정 변관식은 다양한 풍경의 야취(野趣)를 거친 필치로 주저 없이 표현하였습니다. 구태의연하게 전수되던 관례 화풍과 조잡하게 도입된 일본 남화풍에서 벗어나 이상범과 변관식만의 향토색 짙은 산수화풍을 이룩한 것입니다. 이들의 형식미는 기본적으로 자신들이 존경했던 겸재와 단원의 진경산수를 근대적 안목으로 새롭게 재해석함으로써 탄생할 수 있었지요. 그동안 익힌 전통화풍에 시대적 신조류를 가미함으로써 산수화의 두 정형을 만들어 냈다고 생각합니다. 그럼 청전과 소정, 두 양식의 차이를 알아보기 위해 먼저 화가의 출신과 생애를 중심으로 예술세계의 밑바탕을 살펴보겠습니다.

2. 충남 공주 출신 청전, 황해도 옹진 출신 소정

이상범은 1897년 충청남도 공주군 정안면(正安面) 석송리(石松里)에서 태어나 자랐습니다. 당시 석송리 208번지로 추정되는 생가터 현장에 가보니, 집터는 흔적도 없고 호두나무가 자란 텃밭이 있을 뿐이더군요. 생가터는 면소재지 남쪽으로 정안천을 끼고 산기슭에 형성된 아담한 마을의 맨 위쪽에 있습니다(3-4). 이 마을은 전주이씨 집성촌으로, 주민들 말로는 석송 3·1 만세운동을 주도한 고 이기한 선생이 살던 곳이라네요. 하

3-4 청전 이상범이 태어나 자란 곳 풍경, 충남 공주시 정안면 석송리

지만 마을에는 이상범 집안을 아는 사람이 전혀 없습니다. 고 이기한 선생의 아들은 이상범의 아버지나 형들에 대해 알 만했을 텐데 최근 돌아가셨고요. 생가터는 동향으로 정안천 건너 천태산 능선이 한눈에 들어오는, 무성산 기슭의 전망 좋은 곳에 위치해 있습니다. 석송리는 이름대로 솔밭이 아름다운 풍경이었을 텐데, 지금은 거의 밤골로 바뀌어 있지요. 낮은 능선의 들판 언덕과 완만한 산세를 둘러보자니 금세 이상범의 산수화에 등장하는 지세가 떠오릅니다. 어려서 눈에 익힌 산하의 형태가 이상범의 평생 이상향이 된 것이지요.

이상범은 전주이씨(全州李氏) 덕천군(德泉君)파로, 왕실 계보에서 등재된 왕손의 후예입니다. 평해군수(平海郡守)와 칠원현감(漆原縣監)을 거쳐 당시 공주부(公州府) 영장(營將) 겸 토포사(討捕使) 전주중군(全州中軍)을 지내던 이승원(李承遠)의 넷째이자 막내아들로 태어났지요.[11] 이상범의 아버지는 이상범이 태어난 다음 해(1898년)에 세상을 떠났고, 이상범은 10살 무렵에 어머니 강릉김씨 김응수와 함께 상경하여 신식교육을 받았습니다. 큰형 이상덕은 아버지의 뒤를 이어 무관이 되고, 상경하여 어머니가 키운 12년 연상인 둘째형 이상우와 셋째형 이상무는 모두 상급학교에 진학했지요. 둘째는 측량학교를 졸업하고 경성부 측량기사로 근무하다 1939년 어머니와 같은 해 세상을 떠났습니다. 셋째는 보성고보를 졸업한 뒤 광산에 손을 대 금광을 발견했고, 그 덕분에 이상범은 이 셋째형의 도움으로 1937년 누상동 182번지에 청연산방 화실을 마련할 수 있었다고 하네요.

이상범은 두 형에게 밀려 약간 늦은 나이긴 하지만, 사립보흥학교에 들어갔고 사립계동보통학교로 전학하여 졸업을 합니다. 이를 보면 상당한 재력

11 홍선표, 「한국적 풍경을 위한 집념의 신화」, 『이상범』– 한국의 미술가, 삼성문화재단, 1997.

의 집안이었던 모양입니다. 소학교 졸업 후에는 형들과 달리 상급학교 진학이 아닌 서화미술회(書畵美術會) 입학을 택했지요. 여기서 안중식과 조석진에게 3년 과정으로 그림을 배우고, 졸업 후에도 무릎제자로 안중식의 경묵당에 머물며 계속 훈련을 받았답니다.[12]

변관식은 1899년 황해도 옹진군(甕津郡) 홍미면(興嵋面) 아미리(峨嵋里) 두무동에서 태어났습니다. 아미산 남쪽으로 열린 평평한 구릉지이면서 옹진반도 남쪽, 섬이 많은 바닷가로 굴곡이 가장 심한 리아스식 해안지대이지요. 지명으로 보면 아미산 바위 봉우리와 벼랑이 아름다운 곳인 듯합니다. 두무동, 용담동, 안락동 등의 근처 마을 이름으로 미루어보더라도 사람이 숨어 살기 편안한 땅인 모양이고요. 해방 전에는 소학교조차 없었다고 하며, 지금은 옹진군에서 분리되어 황해남도 강녕군 쌍교리로 행정지명이 바뀌었습니다.[13] 변관식이 금강산 그림에 애착을 보인 것도 바로 고향의 산세를 그리워했기 때문 아닐까요. 변관식의 약간 삐신 갈필도 그 아미산의 바위질감과 무관하지 않은 것 같습니다.

변관식의 아버지 변정연(卞晶淵)은 의관(醫官) 출신 한의사였으며, 어머니는 화가인 소림 조석진의 딸이었습니다. 외할아버지 소림은 12살 먹은 변관식을 서울로 데려다가 공부시켰지요. 공립보통학교를 졸업한 변관식은 조선총독부 공업전습소 도기과에 진학했습니다.[14]

학교를 다니는 동안 변관식의 아버지는 1915년 50세로 세상을 떠났네요. 외할아버지 조석진은 임전(琳田) 조정규(趙廷奎, 1791~?)라는 도화서 출신 화

12 홍용선, 『靑田 李象範』, 부산대학교 출판부, 1986.

13 한국평화문제연구소 · 조선과학백과사전출판사 공동편찬, 『조선향토대백과』 8권, 황해남도 Ⅰ, 2006.

14 홍용선, 『小亭 卞寬植』, 열음미술신서, 1978; 오광수, 『소정 변관식』, 열화당, 1978; 정형민, 「전환기적 근대화가 소정 변관식」, 『변관식』– 한국의 미술가, 삼성문화재단, 1998.

가의 손자입니다.[15] 조정규는 단원(檀園) 김홍도(金弘道, 1745~1806?)의 제자뻘이고요. 당대 화단의 거장인 외할아버지의 영향으로 변관식은 그림에 관심이 컸고, 그림 그리기에 집착하였답니다. 처음에는 그림 수업을 반대하던 조석진도 결국 그의 열정에 승복하였고, 변관식은 '소정(小亭)'이라는 아호의 '소(小)'자를 외할아버지 '소림(小琳)'에서 따오게 되지요. '정(亭)'자는 자기 시조의 아호인 '춘정(春亭)'에서 빌려 왔다네요.[16] 그는 이상범과는 달리 서화미술회에 들어가지 않았습니다. 화가로서는 출발부터 나름대로 자기 형식을 창출하기 좋은 여건을 갖춘 셈이지요. 분방하게 자기 멋대로 살았던 인물입니다.

이상범과 변관식은 시대적인 라이벌이기도 했습니다. 이상범은 1897년생, 변관식은 1899년생으로 나이도 비슷했고, 전자는 도성 안 서촌 누하동에서, 후자는 도성 밖 돈암동 근처에서 살며 작업에 매진했지요. 두 사람은 1911년 개설된 서화미술회(書畵美術會)에서 이상범은 학생으로, 변관식은 교사인 조석진의 외손자로 처음 만나 친분을 가졌습니다. 이후 라이벌로 서로를 의식하면서 돈독한 우정을 쌓았던 듯합니다. 두 작가는 1923년에는 노수현, 이용우와 함께 동연사(同硏社)를 조직하기도 했지요. 동연사는 전통회화의 변화를 모색하며 새롭게 진경산수화의 방향을 찾으려는 모임이었으나, 전시회를 갖지 못하는 등 그 성과를 내지 못해 아쉬움을 남긴 일제강점기 동인 그룹입니다.

라이벌답게 두 사람은 모든 부분에서 크게 대조적입니다. 이상범은 교육받고 훈련된 필치를 구사하는데, 변관식은 어깨너머로 그림을 배웠기에 붓 잡는 법부터 자유로웠지요. 만약 미술대학 입학시험에 응시했다면 분명 떨

15 이태호, 「조선시대 화맥을 이은 명문가 3인」, 『전통회화 명문가 3인전—琳田 · 小琳 · 小亭』 도록, 동산방, 2006.

16 변관식, 「아호풀이—小亭의 변」, 『동아일보』, 1957.11.10.

어졌을 겁니다. 이처럼 이상범이 아주 완벽한 달필(達筆)로 자기 회화형식을 완성한 데 비해, 변관식은 그렇지 못해 다소 주눅이 들었을 법도 한데요. 변관식은 그러기는커녕 그 서툶을 자기 스타일화합니다. 참으로 박수 받을 만한 일이지요.

그런데 그림 실력은 모르지만, 삶의 방식과 자기 그림을 만들어내는 기질에서는 변관식이 오히려 일가를 이뤘습니다. 이상범은 인왕산 아래 누하동에서 살았는데, 인왕산이나 주변 산세 풍경은 하나도 그리지 않았지요. 젊은 시절부터 자신의 스타일만을 고집한 탓에 주변 환경이 눈에 들지 않았던 것 같습니다. 이에 비해 변관식은 금강산을 비롯해 부산, 진주, 전주 등 전국을 여행하며 만난 풍경은 물론이고 자기 생활주변, 특히 서울 동쪽의 도시화되기 직전 산수를 그림으로 남겼지요. 이상범의 지루함을 변관식이 극복한 셈입니다. 이를 봐서도 두 화가는 맞수이면서 동시에 우리 근대미술사의 꽃이라 할 만하지 않을까요.

3. 두 화가의 얼굴에 서린 감성과 오성

이상범은 충청남도, 변관식은 황해도 출신입니다. 남과 북의 인사들이네요. 두 사람은 용모부터가 대조를 이루네요. 얼굴사진만 보더라도 구태여 설명이 필요 없을 정도이지요. 이상범은 키 작고 말수 적은, 체제에 순응하며 살았던 선한 이미지입니다. 선전과 국전 출신의 미대교수 작가답지요. 반면에 큰 키의 변관식은 불만에 가득 차 노여워하며, 세상을 향해 찡그린 인상입니다. 반골 분위기로 늘 입에 욕을 달고 살았다고 하는데요. 청전과 소정, 이 두 사람의 얼굴을 통해 각자의 그림이 눈에 보이는 듯합니다(3-5).

3-5 청전 이상범(좌)과 소정 변관식(우) 상반신 사진

'화여기인(畵如其人)', 그 말 그대로입니다.

이상범은 키가 아주 작은 단신에 단정한 용모였습니다. 작은 거인이라고 할 만하지요. 소학교 때부터 우등생이자 모범생이었던 것처럼, 1937년 인왕산 기슭 서촌 누하동에 청전화숙(靑田畵塾) 청연산방(靑硯山房)을 마련한 뒤 비교적 안정된 생활 속에서 평생 작업에만 몰두했고, 자신에게 엄격했던 만큼 선비다운 품위를 유지했습니다.[17] 해방 후 홍익대학교 미술대학 동양화과 교수(1950~1961)를 역임했고, 청전화숙의 무릎제자와 더불어 평생 많은 제자들을 양성했지요. 대체로 제자나 동료들이 평하기를 단아한 인품을 가졌다고 합니다. 상당히 완고한 성격이었지만, 술을 좋아해서 한잔 들어가면 화술이 대단히 좋고 유머도 넘쳐 사람들을 쉴 새 없이 웃겼다고도 하고요.

또 정치적으로 보수적이었던 이상범은 일제강점기에 친일행적을 남겼듯

17 박노수, 「엄격한 수련의 한평생, 소정 변관식」, 『대한일보』, 1972.5.17.

이, 해방 후에도 국가체제나 미술계의 정치조직에서 벗어나지 않았지요. 아버지의 보수적 성향에 저항하여 이상범의 큰아들 이건영은 월북을 하기도 합니다. 부자간의 좌우 대립을 극명하게 보여주는 사례이지요. 대신 셋째 아들 이건걸이 이상범의 화풍을 따라 그림을 그리며 누하동의 청연산방을 지켰고, 상명대학교 교수로 은퇴한 후 세상을 떠났습니다.[18] 지금 청연산방은 이건걸의 부인이 관리하고 있네요. 아래 두 글은 이상범의 인간상을 정확히 꼬집은 편이어서 소개합니다.

> 그의 조촐한 체구에 검소하면서도 멋지게 입은 양복 스타일과 희끗한 모발에 중절모를 사뿐히 쓴 아래로 다문 입과 패기와 사색을 말하는 단장을 놀리고 다니는 모습을 전일 간혹 볼 때에는 청년다워 정정하더니, 6·25와 피난 3년을 겪고 난 오늘의 청전에서 노쇠를 읽을 수 있음은 섭섭하기 짝이 없다. 대가 청전은 아예 대가연(大家然)·선배연(先輩然)하는 일이 없이 도리어 지극히 겸손하다.[19]

> 청전은 그 오척 미만으로밖에 안 보이는 왜소한 체구에 비해 보면 음주하는 양은 엄청나게 많다. 소위 두주(斗酒)를 불사하리만큼 그는 술을 즐기는 것이다. 그러나 그는 결코 항간의 음주배(飮酒輩)처럼 단번에 일이승(一二升)을 마셔 버리는 통음한(痛飮漢)은 아니다. 마시고 놀고 자고, 자고 놀고 마시고 하여 두주가 되든 석주(石酒)가 되든 주야를 불고(不顧)하고 끝없이 즐기는 선음한(善飮漢)에 속한다. 그를 잘 아는 친구의 말을 빌리면 그는 온량한 음주가라 하는 것이다.[20]

18 이건걸, 「청연산방 주인의 인생과 예술혼」, 『이상범』 – 한국의 미술가, 삼성문화재단, 1997.
19 이상노의 글; 이구열, 「청전 이상범」, 『이상범』 – 한국의 미술가(삼성문화재단, 1997), p.277에서 재인용.
20 김용준, 「화단춘추 – 청전 이상범론」, 『문장』 제1권 8호, 1939.9. pp.162~165.

이상범과 대조적으로 변관식은 키가 크고, 힘이 장사였습니다. 젊었을 때부터 운동에 만능이었다네요. 전철을 타고 가다가 발 밟았다고 시비 거는 사람을 전차 밖으로 내던져버렸다든지, 일제강점기에 총독부 관리에게 쓴소리를 하거나, 국전 심사회의 식사자리에서 상을 엎어버렸다는 등 이런저런 전설적 일화들이 많이 전하지요.

변관식은 제멋대로인데다 방랑벽마저 심했던 것 같습니다. 16세(1915) 때 아버지가, 21세(1920) 때에는 외할아버지 소림이 세상을 떠났으며, 그 다음해(1921)에 어머니와 첫 부인 현씨(玄氏)마저 그 뒤를 이었는데요. 비운의 시대 속에서 이러한 가정적 슬픔과 외로움에 더욱 낭인적(浪人的) 생활로 이끌렸던 듯하네요. 이후 변관식은 금강산을 비롯해 여러 명승을 찾아 전국을 유랑합니다. 이러한 유목민적 여정은 개성이 강한 반골 기질과 그림에 대한 집념을 더욱 공고하게 해주었지요. 1939년 강씨(姜氏)와 재혼을 했지만, 부인을 그냥 집에 혼자 놓고, 특히 삼남(三南) 지방, 전주·광주·진주·부산 등지를 홀연히 다녔습니다.

이상범이 선전이나 국전 심사위원, 미술대학 교수라는 제도권 속에서 화가로 명성을 얻었던 데 비해, 변관식은 재야적인 외골수였습니다. 그런 이미지가 얼굴에 딱 담겨 있지요. 평생 제도권과 일정하게 거리를 두었고, 국전(國展)의 비리를 폭로하기도 했던 것으로 유명합니다. 이상범이 대학에서 제자들을 양성하고 화실에서 안정되게 그림을 그렸다면, 변관식은 강사의 신분으로 여기저기서 대학 강의를 맡았지만 한 곳에 얽매이지 않고 살았지요. 그림 한 점을 팔아 생활하다가 돈이 떨어지면 또 그림을 그리며 생활을 유지해 나갔다고 하네요.

소정에게 있어서 또 대쪽 같은 성격을 논하지 않을 수 없다. 그것은 의리와도 관련이 있어 반세기를 붕우(朋友)로 벗하고 수륙만리를 같이 떠돌면서도 마음은 한결같았으니 이를 생각하면 마음이 숙연해진다. … 한때 국전의 횡포가 수화(水火)를 가리지 않을 시절 선배·동료를 구애치 않고 호령호령하며 잘잘못을 따지던 것도 바로 소정이다. 그의 얼굴을 대하면 생각나는 것은 소림선생의 꼿꼿하고 근엄하던 얼굴과 인자하던 마음씨이다.[21]

나는 돈을 모르고 살아왔다. 돈이 필요하면 그림을 팔아 만들어 썼지만 돈을 모으려고 애쓰지는 않았다. 주머니 형편이 좋으면 친구들과 술을 마시거나 멀리 여행을 떠났으며 또 돈이 절실히 필요한 친구들에게 뒷날의 약속 없이 주었다. 내 돈을 얻어 쓴 친구는 많아도 내가 어려울 때 나에게 보탬을 준 친구는 없다. 이런 나의 이재(利財)에의 어둠 때문에 우리집 마누라는 고생을 많이 했고 지금까지 나는 집다운 집, 화실다운 화실 한 칸도 지니고 살지 못한다.[22]

말년에 변관식은 성신여대 아래 동선동과 돈암동에 돈암산방을 마련하고 살면서 인사동에 출근하듯이 나와 첫 번째 만나는 화상에게 들고 나온 그림을 팔곤 했답니다. 1970년대까지는 이상범의 그림 값이 변관식의 것보다 월등히 높았습니다. 이상범은 그림을 가장 잘 그리는 화가인 데 비해, 변관식은 타작이 많은 화가로 인식되었기 때문이지요. 하지만 근래에는 그 평가가 회복되어 청전과 소정, 소정과 청전에 대한 차이가 줄어든 편입니다.

사후에도 대조를 이룬 두 사람의 무덤

이상범과 변관식은 모두 70세 넘어서까지 작품 활동을 하였습니다. 이상

21 김은호, 「소정과 나」, 『소정 동양화전』, 현대화랑, 1974.6.
22 변관식, 「나의 회고록」, 『화랑』, 현대화랑, 1974 여름, pp.15~17.

범은 76세, 변관식은 78세로 세상을 떠났지요. 이상범은 네 아들과 딸을 두었던 데 비해, 변관식은 유랑인답게 외아들만 있었다고 합니다. 두 화가는 살아생전과 마찬가지로 사후에 누워 있는 무덤도 같은 포천시에 묻혔는데요. 그 모습도 대조를 보이네요. 이상범의 무덤은 광릉과 국립수목원 북쪽으로 죽엽산 동쪽 기슭, 포천시 내촌면 마명리 소재의 서릉공원묘원(瑞陵公園墓園)에 가족묘로 조성되어 있습니다. 변관식은 광릉과 국립수목원 북쪽으로 용암산 북동쪽 기슭언덕, 포천시 소흘읍 직동리 산99번지에 외로이 단독무덤으로 묻혀 있지요. 두 무덤은 광릉 북쪽 죽엽산의 동쪽과 서쪽으로 서로 등진 형국입니다.

1973년 5월 14일에 세운 이상범의 묘비석은 친구이자 언론인인 나절로 우승규(禹昇圭)가 글을 짓고 제자인 화가 박노수(朴魯壽)가 글씨를 썼는데요. 직사각형으로 반듯하게 오석으로 만든 묘비는 현대적 단순함이 보이네요(3-6). 이에 비해 1976년 4월에 세운 변관식의 묘비석은 지붕돌을 얹은 조선시대 문관 무덤의 전통적 형태를 따랐습니다(3-7). 묘비문은 서예가 여초(如初) 김응현(金應顯)이 예서와 행서로 썼고요. 변관식이 이상범보다 보수적임을 나타낸 것일

3-6 청전 이상범 묘와 묘비, 포천시 내촌면 마명리 서릉공원묘지

3-7 소정 변관식 묘와 묘비, 포천시 소흘읍 직동리

까요. 무덤도 변관식의 경우 석축을 기단으로 두르고 봉분을 얹은 구조입니다. 두 무덤은 전통적인 둥근 봉분이지만, 묘비석이 대조적인 게 눈길을 끕니다. 마치 이상범이 수평구도를 즐긴 것처럼 그의 묘비가 옆으로 긴 직사각형인 데 비하여, 변관식의 상하로 긴 묘비석은 그의 수직구도를 떠오르게 하여 흥미롭지요.

묘비석을 세운 가족들을 보니 차이가 큽니다. 이상범의 묘비에는 영웅호걸을 붙여 이름 지은 네 아들 건영, 건웅, 건호, 건걸, 딸 건진(健珍)과 사위 김석동(金奭東), 그리고 석하, 승하, 일하, 정하, 송하, 종하 6명의 손자가 적혀 있지요. 사위 김석동은 서촌 장동김씨의 후예로 독립운동가이자 서예가였던 동농(東農) 김가진(金嘉鎭)의 손자입니다. 이상범은 누하동에 정착하며 대가족을 이루었고, 다복했던 듯하네요. 반면 변관식의 묘비에는 김응현이 '아들 지홍(志洪)이 있었다'고 밝힌 것을 제외하고는 묘비를 세운 주체가 없고 텅 비어 있습니다. 유목민적 삶에 비추어 보면 당연한 듯도 싶고, 쓸쓸하게나마 무덤이 존재하는 게 다행이기도 하지요. 그나마 무덤 입구에는 '한국진경산수화의 거장 변관식선생 묘소 가는 길'이라는 표시판이 있어 그를 기리네요.

이상범과 변관식 모두 대주가였습니다. 이상범은 '온량한 음주가'로 변관식은 '두주도 불사하는 호주가'로 각각 유형은 달랐지만요. 두 사람이 만나 대놓고 맞서 싸웠다는 일화는 전해지는 것이 없습니다. 우선 변관식이 이상범이 늘 참여했던 국전의 비리에 대한 폭로전을 벌였을 때도, 이상범에게는 직접 불만을 쏟지 않았던 모양인데요. 이상범은 자기 화풍으로 그리는 제자들을 잘 입선시키지 않았다고 전해오기 때문이지요.

두 사람의 외모와 성격을 정리하면, 이상범은 오성(悟性)적이고 변관식은 감성(感性)적입니다. 작품을 살펴보더라도 마찬가지입니다. 이상범과 변관식은 먹을 쓰는 법, 붓을 잡는 법, 그림 그릴 때 팔을 놓는 방식, 화면구성 등 모든 면에서 차이가 나지요. 이상범은 담묵(淡墨)과 담채(淡彩)의 섬세한 변화를 즐겨 쓴 데 반해, 변관식은 먹을 상당히 강하고 짙게 썼습니다. 또 이상범은 수평구도에 평담(平澹)한 회화방식을 취했고, 변관식은 수직구도와 사선구도를 불쑥불쑥 쓰면서 분방(奔放)을 추구한 것이 특징이지요.

그림을 그리는 두 화가의 사진을 보면 화풍의 차이가 그림 그리는 방식에서 뚜렷이 드러납니다. 이상범은 붓대롱의 끝을 쥐고 탄력을 살려 그렸고, 변관식은 붓대롱을 가운데나 아래로 쥐고 느슨하게 사용했습니다. 이에 따라 이상범은 화판을 세워놓고 그림을 그렸고, 변관식은 화판을 눕혀서 그림을 그렸지요. 지금부터 극명하게 대조를 이룬 라이벌의 작품세계를 살펴보도록 하겠습니다.

4. 평담한 청전의 회화

청전 이상범의 초기회화는 스승 심전(心田)의 화풍을 공부하면서 조선말기 전통을 어떻게 계승했는지를 잘 보여줍니다. 1920년 창덕궁 대조전 벽장식 그림 〈삼선관파도〉에 이어 1922년작 〈도원행(桃源行)〉(개인 소장)이 그 좋은 사례인데요(3-8). 무릉도원, 복사꽃이 핀 이상향을 그린 청록산수화풍은 서화미술회의 교육방식을 유추케 해주지요. 스승인 안중식의 1913년 그림 〈도원문진(桃源問津)〉(삼성미술관 리움 소장)을 고스란히 따른 것이 보입니다. 스승과 제자의 그림 모두 같은 색감과 필치의 채색화풍(彩色畵風)이지요. 조선시대 화원의 전통인 궁중채색화법과 그림의 주제는 비록 근대성과 거리가 있지만, 눈에 보이는 풍경이나 대상을 사실적으로 묘사할 때 유리한 형식입니다.

3-8 청전 이상범, 〈도원행(桃源行)〉부분, 1922년, 비단에 채색, 159×407cm, 10폭 병풍, 개인 소장

1910~20년대 이상범의 전통화풍 계승 과정을 눈여겨보면, 1911년 창립된 서화미술회가 전통양식 교육기관으로서 역할이 컸음을 알 수 있지요. 이상범뿐 아니라 노수현, 김은호 등의 배출 또한 마찬가지입니다. 이러한 서화미술회의 교수 및 졸업생이 결속하고 일본 유학 화가들이 함께 하여 1918년 민족회화를 내세우는 서화협회(書畵協會)가 조직되었습니다. 이 또한 우리 근대미술사에서 큰 업적이지요.[23] 그 다음해인 1919년에는 초대회장 안중식이 3·1 운동 시위에 참여했다가 옥고를 치르고 그 후유증으로 세상을 떠났습니다. 일제강점에 저항한 3·1 운동은 우리 근대사에서 그 무엇보다 큰 자랑거리지요. 3·1 운동을 계기로 일본 제국주의가 식민통치 방식을 전환

23 조정육, 「근대 미술사에서 서화협회의 성과와 한계」, 『근대한국미술논총』, 학고재, 1992.

했다고 봅니다. 일제의 무력지배를 완화시켜 양보를 얻어내고 조선인의 삶과 문화에 조금이나마 숨통을 연 것이겠지요. 그런 까닭에 이른바 '문화통치(文化統治)'라는 개념을 쓰기도 하지만, 식민지를 겪었던 입장에서 보면 적절한 용어는 아니네요.

미술계에도 1922년 흔히 '선전(鮮展)'이라 부르는 조선미술전람회(朝鮮美術展覽會)가 개최되었는데요. 이 또한 일제의 식민통치 방식 변화와 무관하지 않습니다. 조선미술전람회라는 공모전으로 젊은 화가들이 화단에 데뷔할 수 있는 통로가 생겼으니까요.[24] 하지만 조선미술전람회에 입선하는 조선인의 비율은 실질적으로 10% 이내였습니다. 즉 조선에 살고 있는 일본인 화가들을 위한 공모전이었지요. 참여 기회는 일부 엘리트 조선인에게만 주어졌고, 그나마 이것도 조선인과 일본인을 결속시킨다는 정치적 계산이 깔려 있는 조치였습니다. 따라서 심사위원들도 대부분 일본인 작가들이었지요. 마치 경성제국대학(京城帝國大學)의 학생 중 조선인 비율이 일본인에 비해 현저히 낮았던 것과 비슷합니다. 결국 선전을 설립한 조선총독부는 민족문화를 표방했던 서화협회의 결속을 훼방하고, 1936년 이후부터는 전시조차 못하게 합니다.

전통화풍의 계승과 일본 근대남화풍의 수용

이상범은 서화미술회에서 수업을 받은 이후 서화협회전은 물론 선전에 두루 참여하며 작가의 역량을 키웠습니다. 1회 때부터 꾸준히 참가한 선전에서는 입상은 물론 추천작가(14회, 1935)와 심사참여자격(17회, 1938)의 영광까지 누렸지요. 이때 이상범의 산수화는 스승인 심전의 화풍에서 탈피하여

24 정호진, 「조선미술전람회 제도에 관한 연구」, 『미술사학연구』 205, 한국미술사학회, 1995 ; 이중희, 「조선미술전람회 창설에 대하여」, 『한국근현대미술사학』 3, 한국근현대미술사학회, 1996.

사경풍(寫景風)으로 변모하였습니다. 화면을 꽉 채우는 구도와 치밀한 필치로 논과 밭, 몇 그루의 잡목이 어우러진 농가 근처의 산세풍경을 포착했지요. 전통회화와 다른 새로운 구성방식으로 사생한 것입니다.

3-9 청전 이상범, 〈초동(初冬)〉, 1926년, 종이에 수묵담채, 152.8×185.6cm, 제5회 조선미술전람회 입선작, 국립현대미술관 소장

그런데 거기에는 이른바 선전(鮮展) 양식인 일본 근대남화식 산수풍경화의 영향이 배어나게 됩니다. 1926년 제5회 조선미술전람회 입선작 〈초동(初冬)〉(국립현대미술관 소장)을 보면, 1922년에 그린 〈도원행〉의 스타일과 완연히 다르지요(3-9). 궁중채색화풍 스타일에서 수묵담채의 고실고실한 필묵 맛으로 바뀌었습니다. 화면에 논, 밭, 개울, 먼 민둥산이 보이는데요. 나에게는 어렸을 적 보았던 현실풍경을 떠오르게 합니다. 물론 젊은 세대들에겐 익숙지 않은 풍경이지만요. 우리 산하가 지금은 도시로 확장되거나 숲이 우거져 있지만, 조선 말기부터 1970년대까지는 민둥산이 많았지요. 이상범은 이렇게 나무가 없는 조선 땅의 스산한 분위기를 유사 미점(米點)으로 표현하였습니다. 미점은 본래 전통적인 남종산수화풍이지만, 〈초동〉에 구사된 굵은 붓의 미점은 입체감과 원근감도 냈지요. 붓을 세워 툭툭 올려 찍으면서 그린 까칠한 느낌의 나무표현에 일본 근대남화풍이 잘 드러납니다. 또 언덕배기에서 뒷산으로 넘어가는 안개처리가 눈에 띄는데요. 이 방식도 일본 남화산수식 '몽롱체(朦朧體)'의 변형된 화법입니다. 몽롱체가 일본에서 근대적인 남화산수화풍으로 자리

잡은 이유는 워낙 비가 많이 오고 습기가 많은 일본의 풍토 때문이지요. 서양 풍경화의 원근개념식으로 조망하는 화면구성도 당시 화단의 새로운 변화입니다.

이러한 화풍은 도쿄(東京)와 교토(京都)를 중심으로 형성된 일본 근대 남종화파의 특징인데요.[25] 선전을 심사하는 일본 화가들에게 익숙한 이미지이기도 합니다. 이상범은 제1회 선전에 출품하면서 일본화를 직접 익히려 이듬해인 1923년경 일본을 다녀오지요. 나는 우연히 1930년대 일본 교토지방의 전시회 팜플렛을 본 적이 있는데, 이상범의 〈초동〉을 비롯한 당대 산수화풍이 거기에 나온 삼류 화가들의 그림과 닮았다고 느꼈습니다. 이상범이 일본의 유명한 일류화가의 그림보다 당시 조선인이 잘 모르는 삼류화가의 그림을 따른 것으로 보이는데요. 지금도 공모전에 나오는 작가들이 유명하지 않은 외국의 스타일을 베끼는 경우가 종종 불거지기도 하지요.

이상범은 일제강점기에 동아일보의 삽화를 담당하며 유명세를 유지했습니다. 수묵모필의 화법으로 그린 소설 삽화는 이상범의 또 다른 회화기량을 보여주는 주요 영역이지요. 삽화기자로서 일하던 1936년 베를린 올림픽에서 조선인이지만 일본 소속으로 일장기를 달고 뛴 손기정 선수가 마라톤 우승을 하는 일이 생깁니다. 그러자 동아일보 체육부기자 이길용과 삽화를 담당했던 이상범이 손기정선수 가슴의 일장기를 지운 사진을 신문에 실었지요. 이른바 '일장기 훼손사건'입니다. 이로 인해 동아일보는 한때 폐간을 겪으며 민족지로서의 위상을 지켰습니다. 이상범 또한 한 달 이상 구속되어 취조를 받았고, 신문 삽화 그리는 일을 그만두게 되면서 생활고를 겪지요.[26]

이러했던 이상범이 민족지사로서의 위상을 버리고, 일제말기 친일활동

25 이중희, 『일본근현대미술사』, 예경, 2010.

26 이상범, 「나의 교우 반세기」, 『신동아』, 1971.7, pp.216~229.

에 적극 참여하게 됩니다. 꾸준한 선전의 출품과 입상, 그리고 그에 따른 명성이 친일 부역을 부추겼겠지요. 1943년 8월 1일부터 조선인 징병제가 시행되자 매일신보는 이를 기념하는 시와 삽화인 '님의 부르심을 받들고서'를 일주일간 기획코너로 마련했는데요. 여기에 고희동을 시작으로 김중현, 김인승, 배운성, 김기창, 이용우, 이상범 등이 참여했습니다.[27] '님'은 바로 일본천황이지요. '내동아번영을 위해 조선청년들을 전쟁터로 내모는 군국주의에 부역하여' 많은 문인들과 화가들이 이에 동조하는 시를 쓰고 그림을 그렸습니다.

님의부르심을바들고서

3-10 청전 이상범, 〈나팔수〉, '님의 부르심을 받들고서' 삽화, 『매일신보』, 1943.8.6일자

이상범은 8월 6일자 매일신보 '님의 부르심을 받들고서'에 일장기 아래 나팔을 부는 병사의 뒷모습 그림을 게재했네요. 천황이 조선 청년 징병제를 시행하게 되었다며 그 영광을 그림으로 표현했던 〈나팔수〉삽화이지요(3-10). 언덕의 풀섶을 묘사한 짧은 붓터치의 반복은 1940년대 이상범식의 산수화풍을 잘 보여줍니다. 일제 군국주의를 찬양하는 김종환 시인의 매판시도 함께 실렸고, 이로써 이상범에 대한 평가가 복잡하게 되었습니다. 일장기를 지운 민족화가가 징병제를 찬양하는 그림을 그린 친일화가로 전락했기 때문입니다.[28] 물론 당시는 이상범뿐 아니라 많은 화가들이 갈등을 하던 시기였지요.[29] 그러나 상대적으로 변관식은 친일활동에 부역한 흔적이 없네요.

27 민족문제연구소, 『식민지조선과 전쟁미술: 전시체제와 조선 민중의 삶』, 2004.

28 이태호, 「이상범 거장의 향토색에 가려진 친일행적」, 반민족문제연구소편, 『청산하지 못한 역사』, 청년사, 1994, pp.317~328.

29 이태호, 「1940년대 초반 친일미술의 군국주의 경향성」, 『근대한국미술논총-청여 이구열선생 회갑기념논문집』, 학고재, 1992, pp.320~362.

금강산 사생화와 청전화풍의 형성

일제강점기 이상범의 청전화풍(青田畵風)을 이룩하게 한 밑거름은 다른 화가들과 마찬가지로 금강산 여행과 사생이었습니다. 1930~40년대 전통화법을 익힌 위에 일본 근대남화풍을 소화하여 자기 양식을 만들어내는 과정에서 금강산이 중요한 역할을 한 것이지요. 이상범이 참여한 동연사의 취지대로, 이 시기의 여러 수묵화가들은 국토 곳곳을 다니며 식민지의 상처받은 땅을 그렸는데, 그도 역시 1930~40년대 스케치를 토대로 금강산의 여러 풍경을 그렸습니다. 이처럼 우리 산하를 담으면서 각자 자신의 스타일을 구축하였던 점은 우리 미술사의 근대적 성과이기도 하지요.

1940년대 초 《금강산십이승경(金剛山十二勝景)》(개인 소장)은 일제강점기 금강산을 사생한 후, 명승들을 사계절로 재해석해서 아주 차분하게 그려낸 이상범의 대표작입니다. 〈외금강 삼선암〉〈외금강 천선암〉은 봄을, 〈내금강 분설담〉〈외금강 만물상〉〈내금강 명경대〉〈외금강 비로봉〉은 여름을, 〈외금강 옥류봉〉〈외금강 연주담〉〈외금강 비봉폭〉〈내금강 진주담〉은 가을을, 〈해금강 총석정〉과 〈외금강 옥녀봉〉은 겨울 풍경을 그렸네요(3-11). 금강산의 실경을 사생하듯 표현하였지만, 아직 젊은 시절 그림인지라 정선이나 김홍도가 가진 회화적 여유나 완결성은 좀 떨어지는 편입니다.

3-11 청전 이상범, 〈외금강 비로봉〉, 1940년 초, 비단에 수묵담채, 각 72×50cm, 《금강산12승경(金剛山十二勝景)》12폭 병풍, 개인 소장

이들 금강산 작품들은 꼼꼼하게 화면을 꽉 채워 그린 30~40대의 고답적

화법이 눈에 띕니다. 산과 능선, 물상의 형태가 외선(外線)에 갇혀 있는 점이 그러하지요. 연필 소묘하듯 가벼워진 붓터치와 색감은 신선한 느낌을 줍니다. 짧은 붓질을 반복함으로써 숲이나 암반 그늘의 입체감을 내고 꽉 채운 화면에 대상의 특징을 은은히 떠오르게 하는 형상화를 추구했네요. 이러한 화법들이 기반이 되어, 짧게짧게 치며 탄력 넘치는 필치의 청전화법이 완성되지요. 그러기에 《금강산십이승경》 병풍은 우리가 알고 있는 이상범의 개성인 화풍이 어떻게 형성되었나를 유념해서 보게 하는 걸작입니다. 열두 폭 각 경치들은 마치 카메라에 담긴 것처럼 사생에 충실하지요. 서구식 사생화법으로 그린 전통 수묵산수라 할 만하네요. 이후 이상범은 사생화보다는 이상화된 산수에 심취했기에 금강산 그림을 많이 그리지 않았습니다. 쌍벽을 이룬 변관식이 해방 후 금강산 그림에 주력했던 사실과 대조를 이루지요.

해방 직후 조선미술건설본부라는 미술인단체 결성 때, 이상범은 일제강점기 말 친일 행적 때문에 김은호, 김기창, 심형구, 김인승, 김경승, 윤효중 등과 함께 제외당하기도 했습니다. 하지만 미군정, 분단, 이승만 친미파쇼 정권, 전쟁 등 혼란을 겪으며 화단의 중추적인 역할을 되찾게 되지요. 대한민국미술전람회(1949)인 국전(國展)에 초대작가나 심사위원으로 중진의 위치에서 관여하였고, 홍익대학교 동양화과 교수(1950)로 부임해 후진을 양성했으며, 예술원 회원(1954)이 되었습니다. 1963년 군사정권 시절에는 친일행적에도 불구하고 3·1문화상 예술부문 본상을 받는 영광(?)도 누렸지요. 이처럼 당시는 이상범 외에도 친일미술인 대부분이 3·1문화상을 받는 어처구니없던 시절이었네요.[30]

1950년대 후반부터는 청전양식의 독자적 화풍이 뚜렷해졌습니다. 1945

30 이태호, 「1940년대 초반 친일미술의 군국주의 경향성」, 『근대한국미술논총–청여 이구열선생 회갑기념논문집』, 학고재.

년 8·15 해방과 1950년 6·25 전쟁을 겪고 나면서 이상범의 개성적 화풍이 돋아 오른 것이지요. 그러나 산세를 중심으로 하는 작품의 주제와 수평구도의 화면구성 방식은 전쟁과 정치적 혼란이라는 시대적 상황을 뒤로 한 채 변함없이 유지되었습니다. 이미 누하동 청전화실에서 자기 스타일이 몸에 밴 이상범으로서는 지난한 현실변동이나 서구문화 범람 같은 현실 상황에 적응하는 것이 무리였을까요. 새 기류에 편승한 후배들과의 갈등 속에서 이상범은 '어떤 것이 우리 것인가'하는 문제의식에 고민하였고, '참다운 내 그림'을 그리기 위한 노력을 꾸준히 하였습니다. 그 결과 누구도 범접할 수 없는 청전양식이 창출되었지요. 이런 자신의 고민을 아래와 같이 증언하였습니다.

> 나는 원래 남화의 영향을 많이 받았으나 소원은 중국이나 일본의 화풍을 그대로 옮길 것이 아니라 우리나라의 독특한 화풍을 창조해 보려는 데 있었다. 그래서인지 내가 즐겨 그린 소재들이 한국의 자연 풍경이었다. 나에게는 한국적인 정서와 향토적인 것에 무척 집착이 있었다. 한 봉우리의 뫼뿌리나 한 그루의 나무에도 한국적인 정서를 풍겨보고 싶었다.[31]

1950~60년대 이상범의 풍경화는 그동안 사실적으로 사생하며 익혔던 조선 땅에 대해 그 특징을 요약하고 이상화하는 쪽으로 바뀌었습니다. 우리 땅이 지닌 향토적 서정성을 이상화함으로써 당시 가장 인기 있는 화가로 자리매김 하였지요. 풀섶이 우거진 땅 그늘이나 언덕, 시내가 흐르는 산등성이, 그 속에 허물어질 듯한 기와집이나 초가집, 고성과 성루 등을 탄력 있는

31 이상범, 「공로상을 받고」, 『서울신문』, 1957.11.15.

붓질로 그려 넣었습니다. 옅은 먹에서 짙은 먹으로 섬세하게 변화를 주며 담아낸 서정의 풍경 속에 즐겁게 낚시질하는 어부, 소를 앞세우거나 끌고가는 농부, 부창부수(夫唱婦隨)하며 함께 걸어가는 지게꾼과 보퉁이를 인 아낙, 빨래하는 여인 등 일하는 사람들의 모습은 이상범 자신이자 그 땅을 일구며 세월을 버틴 당대인들의 삶이었네요. 이것이 이상범 그림의 인기비결이지요. 그런데 인왕산 아래 살면서도 잘생긴 인왕산을 외면하고 그리지 않은 점은 어떻게 해석해야 할까요.

상처받기 이전 우리 산하의 자연미

1950년대 중반까지 이상범은 화면에 물기가 촉촉한 안개 풍경을 그렸습니다. 1954년에 봄·여름·가을·겨울을 그린 〈사계(四季)〉(개인 소장)가 그 시절의 회화기량과 특징을 여실히 보여주지요(3-12). 이상범의 개성적 구성과 필묵법(筆墨法)을 정착시킨 작품입니다. 그런데 〈사계〉는 현실 속 산수가 아닙니다. 자기가 살아오면서 체험했던 풍경들을 조합해서 이상화시킨 것이지요. 인적이 드문 산골 야산과 그곳의 생활을 담은 소재부터가 그러합니다.

청전회화의 전형적 대상은 서구문화나 문명에 침범당하지 않은, 우리 강산의 정적이 깃든 풍경들입니다. 자신을 선명히 드러내지 않는 이상범의 평담한 성향과 적절히 맞아떨어지네요. 동시에 탄력 넘치는 농묵의 세움과 뭉갬, 화면을 꽉 메운 담먹 담채의 짧은 처리에는 새로운 현대적 감흥을 불러일으키는 극적인 회화성이 물씬합니다. 하지만 이 1954년작 〈사계〉의 봄·여름·가을·겨울에서는 청전 형식이 아직 완벽하게 완성되지 않았지요. 약간 엷은 먹의 농담변화, 짙음에서 옅음으로 은은하게 번지는 습윤한 효과가 아직도 일본 남화풍입니다. 다만 일본 남화풍의 특징인 몽롱체 화풍을 짙은 안개가 엷어지는 실루엣을 따라 산세나 언덕이 있는 풍경그림에 잘 어울려

3-12 청전 이상범, 〈사계(四季)〉, 1954년, 종이에 수묵담채, 각 134.5×47cm, 개인 소장

내었네요.

청전화풍의 완성은 1950년대 후반~60년대 전반 즉, 1960년을 전후해서 이루어졌습니다. 대체로 화가가 60세 전후에 들면, 자기 예술형식을 최고의 성숙 단계로 이끌지요. 물론 20대에도 자기 회화를 완성해내는 청년작가가 있긴 하지만, 대체로 완숙한 자기 세계를 자랑하는 때는 이상범의 경우처럼 60세 전후입니다. 동양 전통회화인 수묵화의 경우에는 연륜의 무르익음이 더욱 빛을 발하고요. 그런데 이 1960년 전후는 우리 역사에서 어떤 시기였나요. 바로 1960년 4·19 민주운동이 일어난 때였지요. 민중의 혁명으로 민주화된 국가체제를 유지해보려 했으나, 1961년 5·16 군사정변으로 좌절을 겪기도 했던 때였고요. 이상범과 변관식은 이러한 시대적 상황에서 인생의 60대를 살아갑니다.

3-13 청전 이상범, 〈유경(幽境)〉, 1960년, 종이에 수묵담채, 77×344cm, 삼성미술관 리움 소장

이상범의 향토적 서정성은 1960년 전후로 최고점에 이르렀고, 그 이후 작품들이 왕성하게 쏟아져 나옵니다. 급속한 산업화를 겪던 시절, 이상범의 고즈넉한 풍경 그림은 특히 당시 장년층에게 옛 향수를 불러일으켰던 모양입니다.[32] 한편으로는 이상범이 그 이상향의 산수를 그리는 모습을 떠올리면, 고리타분하다는 생각이 들 수도 있겠네요. 한창 경제발전과 산업화의 가치가 강요되고 국토가 개발되던 시절이었기 때문입니다. 하지만 그 바람에 한국의 땅이 온통 상처투성이가 됐지요. 이상범의 산수풍경화는 그 개발 이전의 아름다운 자연을 보여줍니다. 한국 강산의 원형을 지금 우리에게까지 알려주는 고전이 된 셈이네요. 이상범의 산수화가 갖는 예술적, 역사적 가치이지요. 문명에 더럽혀진 욕심 사나운 사람들에 의해 지저분하고 시끄러워진 도시에서, 이상범은 어린 시절 고향 공주의 시골풍경을 추억하며 원래 조선 산하가 가졌던 원형을 찾아낸 것이 아닐까요. 바로 그 점이 사람들에게 크게 다가왔고요.

이상범의 전성기 걸작으로는 1960년 제9회 국전 출품작 〈유경(幽境)〉(삼성미술관 리움 소장)이 꼽힙니다(3-13). 이상범이 마음에 품은 이상형 산수화의 대표작이지요. 이 그림은 특정한 어느 지역의 실경이 아니지만, 실제 당시

32 이구열, 「향토적 야취의 이상화와 得眞의 수묵미」, 『청전 이상범』– 한국의 화가, 예경산업사, 1981.

한국의 풍광인 면도 있습니다. 1950~60년대 우리 산하는 지금처럼 나무가 우거져 있지 않았거든요. 19세기부터 조선 땅의 나무들은 땔감으로 쓰이고 풍수해(風水害)를 입기도 하며 황폐해져 갔지요. 결정적으로 6·25전쟁 때 폭격으로 큰 피해를 입었다고 합니다. 이상범은 이런 민둥산의 스산한 풍경을 풀섶으로 덮고 그 아래 여울지는 개울을 그리는 구성으로, 20세기 중반 한국 산하의 정서에 합당한 전형을 조성했습니다. 낮은 야산의 개울가 풍경을 수평구도에 잔잔하게 좌우로 펼쳐 놓았지요. 나무 한 그루 없는 개울가 언덕 능선에는 그늘 굴곡만이 존재하네요. 그림 그릴 당시 고요한 적막 속에 필선이 화면에 넘실대는, 이상범의 숨결이 느껴지는 걸작입니다.

〈유경(幽境)〉의 부분

어둠이 짙게 드리운 산언덕을 뒤로 한 채 왼쪽을 향해 소를 앞세우고 가는 지게 진 농부가 보입니다. 깊고 깊은 곳 '유경'이라 했듯이, 들일을 마치고 귀가하는 농부의 모습을 아스라한 풀섶 그늘에 묻히도록 그려 넣었지요. 기운생동하는 필치가 섬세한 수묵담채의 농담 변화에 스미도록 우리 산하풍경의 해거름 고즈넉한 야취(野趣)를 정성껏 담았습니다. 이런 청전양식의 구축이 일제강점기에 친일 부역했던 자기반성을 의미하지 않을까 싶기도 하네요.

이상범의 작품 중 가장 인기 있는 계절 그림은 담갈색을 전면에 선염하는 추경(秋景)입니다. 같은 크기로 한 점이라면 가을이 현재 미술시장에서 이상범 그림 중 가장 비싸다네요. 이상범 스스로도 "가을은 가장 한국의 아름다움을 나타내기 때문에 내가 가장 사랑하고 즐긴 풍경"이라고 이야기하고요.[33]

1962년작 〈모추(暮秋)〉(개인 소장)는 고성(古城)이 보이는 가을의 언덕풍경 그림입니다(3-14). 담묵(淡墨)을 담갈색조와 화면에서 섞으며 잔잔히 깔고, 그 위에 성문만 남아 폐허(廢墟)가 된 석성(石城) 언덕을 수평구도로 배치했지요. 단순한 구성의 화면에 계곡이 있고, 짙은 가을 그림자가 떨어지는 언덕에 풀섶이 무성할 만큼 무수한 필획이 움직였습니다. 엄청나게 많은 붓질을 화면에 쏟아냈지요. 이 그림과 유사한 구성의 스케치가 남아 있어, 이상범이 어떻게 구도를 잡고 그렸는지 과정을 엿볼 수 있습니다. 이상범은 대작(大作)을 그릴 때 꼭 스케치를 하고 격자 구획을 그은 후, 그 구획을 따라 정확하게 자로 잰 듯이 화선지에 옮겨 그려내는 습관을 가지고 있었지요. 〈모추〉는 1960년대 초 이상범의 그림 컨디션이 가장 좋은 시절 그림입니다. 바

33 이상범, 「공로상을 받고」, 『서울신문』, 1957.11.15.

람에 눕는 풀섶과 그 틈으로 드러낸 바위의 분위기를 떼어놓고 보면, 이상범은 분명 그림자를 읽을 줄 아는 화가이겠지요. 그 언덕 산수자연의 그림자는 이상범 인생의 그림자 같은 느낌으로도 다가옵니다.

여름풍경인 1960년대 전반의 〈산로정취(山路情趣)〉(개인 소장)에는 미루나무 숲에 세 마리의 흑염소를 끌고 가는 농부의 모습이 담겨 있습니다. 담묵과 담채 위에 짙은 먹을 고르게 쌓아가는, 그리고 짧은 붓터치를 반복하는 리듬감이 아주 정밀하지요. 마치 김홍도가 이루었던 감각적인 붓 맛과 먹 맛을 이상범이 계승한 것 같은 느낌이 들 정도입니다. 늦여름의 싱그러운 그늘을 표현한 듯한 필묵이 굉장히 유연하지요. 이처럼 단순한 산언덕의 풀

3-14 청전 이상범, 〈모추(暮秋)〉, 1962년, 종이에 수묵담채, 76×178cm, 개인 소장

3-15 청전 이상범, 〈모추(暮秋)〉, 밑그림 연필화

섶과 개울, 그 너머 아스라한 능선의 낮은 산야는 이상범이 태어나 어린 시절을 보냈던 충청도 공주시 정안면(正安面) 석송리(石松里)의 풍경으로도 해석할 수 있겠습니다.

나는 이상범의 수평구도에 가장 잘 어울리는 계절은 겨울이라고 생각합니다. 1960년대 중반 〈설원귀려(雪遠歸旅)〉(개인 소장)와 〈산촌설색(山村雪色)〉(개인 소장) 같은 작품은 그러한 회화적 성공을 잘 보여주지요. 1960년대 중반 이후에도 등짐 진 소를 끌고 가는 농부와 지게 지고 눈밭 마을을 가는 농부 등의 점경인물(點景人物)이 그려지는데요. 겨울 풍경이다 보니 헐벗은 나목의 선을 뚜렷하게 드러냈습니다.

수평구도와 갈고리준법의 풀섶

청전 이상범의 진득한 그림에는 엄격성이 깔려 있습니다. 〈모추〉와 그 밑그림이 보여주듯이 이상범은 대작을 그릴 때 정밀하게 그렸지요(3-15). 경우에 따라 종이에 격자무늬로 네 칸을 나누거나 1부터 11까지 번호를 써 10칸으로 나누어 미리 연필 스케치를 준비해 놓고, 이를 밑그림으로 삼아 본그림을 그려 넣는 방식을 취했습니다. 물론 소품의 경우 듬성듬성 그리기도 했지요.

사전에 계획하고 치밀하게 다룬 청전의 화면에서는 무엇보다도 뭉치고 흩어진 먹과 맺히고 풀린 농담의 변화, 은은히 우려낸 담청색 혹은 황갈색의 질감, 붓끝을 비스듬히 운필(運筆)한 일정한 방향의 터치, 그리고 붓을 눌렀다 들었다 뉘였다 세웠다 방향을 자유로이 구사한 필흔(筆痕) 등 완벽한 필묵의 숙련성이 압도적입니다. 붓끝의 탄력이 정말 빼어나지요. 아주 일정하게 리드미컬한 붓질이 화면에 넘쳐납니다. 이 붓질의 반복으로 적막한 풍경에 숨겨진 무궁한 조화가 연출되지요. 그런데 이상범은 이처럼 서체와 닮은 생동감 넘치는 붓질 필획을 구사하면서도, 구도는 단조로운 수평구도를 즐겨 썼네요. 차분한 서생 같은 기질의 화면입니다. 특히 1960년대 중반 이후 완숙한 붓과 수묵의 조화는 간결한 수평식 구도와 어우러져 참신한 현대적 미감을 얘기하기에 충분하지요.

다만 여러 화가나 비평가들이 이상범을 비판할 때 "너무 필치가 천편일률적이다, 늘 저것만 그려 지루하다"고 했는데요. 그 점은 이미 일제강점기부터 많은 비판의 대상이 되어 왔습니다.

> 때로는 청전도 거울 같은 수면을 그리고 그 위로 한 잎 쪽배를 띄우는 풍류가 없는 바도 아니지만 그러나 십중팔구 그의 구도는 천편일률로 똑같은 양식을 가지고 있다. 이것을 혹 매너리즘이라고 공격하는 이도 있고 너무 보수적이 되어 창작적 정신이 안 보인다고 하는 이도 있지만(사실 이것이 청전의 큰 결점이기도 하나) 아무튼 우리는 청전의 화면에서 옛날 서당취미를 연상하게 되거나 혹은 도포자락 길게 늘인 선비님을 만난 듯한 순수한 조선적인 감정을 느끼는 것만은 부인할 수 없다.[34]

이러한 청전화법의 특징을 살펴보면, 짧은 직선으로 세운 선과 고리모양의 굽은 선을 반복한 나무와 풀섶의 선묘가 두드러집니다. 이 기법을 어떤 미술사학자는 '갈고리' 준법(皴法)이라고 칭했지요.[35] 붓끝을 스치는 탄력적인 선묘가 마치 툭툭 튀는 듯한데요. 이런 하나하나의 필법은 붓대롱 끝을 쥐고 붓털을 바짝 세워 쓰는, 감각적으로 잘 훈련된 이상범식 붓질 솜씨의 자랑입니다.

34 김용준, 「화단춘추-청전 이상범론」, 『문장』 제1권 8호, 1939.9. pp.162~165.
35 이성미, 「한국인의 정서: 청전 이상범의 회화」, 『청전 이상범』, 호암미술관, 1997.

갈고리 준법과 함께 약간 갈필맛의 짙은 먹자욱의 흐름 또한 청전양식의 특징이지요. 절대준법(折帶皴法)과 유사하고 얼핏 부벽준(斧劈皴)과도 흡사합니다. 미점준(米點皴) 형태의 갈필 붓터치와 붓질을 옆으로 끌다가 아래로 쓱쓱 내리는 절대준은 중국 원나라 선비 화가 예찬(倪瓚, 1301~1374)의 화법이고, 부벽준은 남송대 마원(馬遠)·하규(夏珪)나 명대 절파(浙派) 계열의 화가들이 즐겨 썼던 표현방식인데요. 이상범은 풀섶에 드러난 암반이나 언덕 그늘, 그리고 개울의 물결 따라 솟은 바위 묘사에 이러한 준법을 사용했습니다. 문인화풍의 절대준법과 화원풍의 부벽준을 절충해서 이상범식으로 변형한 셈이네요. 짙은 먹을 찍어 붓을 옆으로 쓱쓱 문질러낸 북종산수식 부벽준과 기다란 미점식으로 반복한 남종산수화의 갈필(渴筆) 화법을 복합해 청전양식 산수화법을 창안하였다고 정리해 볼 수 있겠습니다.

이상범의 들녘풍경 그림에 등장하는 가장 많은 소재는 등짐이 얹힌 소와 지게를 진 농부입니다. 우리 산야에서 일하는 사람들의 전형적인 모습이지요. 이 풍경 속 전경인물의 자세와 표정은 삽화가로 길러진 이상범의 묘사 실력을 수긍케 합니다. 이상범은 일찍이 20대부터 신문이나 잡지의 소설 삽화를 수묵화 모필로 그려 인기를 끌었지요. 특히 역사 소설류 삽화에 일가를 이루었습니다. 짧은 먹선묘를 이어 형상의 동세를 그려내는 인물화 솜씨는 절묘하기까지 합니다. 이상범 풍경그림의 한국인, 한국정서라 할 만합니다. 야취의 풍경을 선택한 의식과 더불어 그곳에서 농민이 일하는 모습을 담아 한국인을 그려낸 형식은 정선과 김홍도가 가졌던 회화사적 위상을 이어받은 것으로 평가해 봅니다. 실제로 지금은 그림 값이 싸지만 세월이 지날수록 정선과 김홍도에 대한 평가 못지않으리라 생각하는데요. 어느 미술사가가 글을 쓰든지 전통회화에서 정선이나 김홍도 다음 위치의 화가로 이상범을 꼽게 되리라 확신합니다. 여유가 있으시면 이상범의 수묵산수화 한 점쯤 사놓으셔도 좋겠네요.

이 시기의 그림은 제목이 거의 붙지 않은 것도 특징입니다. 산고수장(山高水長)이나 효천서색(曉天瑞色) 등 제목쓰기 외에는 그림으로 화면을 승부했다는 생각이 들지요. 이는 자신의 회화세계 정착과 동시에 그림에 방해되는 불필요한 것 일체를 거부하는 근대식 사고에서 비롯된 것 같습니다. 변관식이나 동세대의 작가들이 마치 전통을 살린 듯 그림에 당·송대의 시를 비롯하여 남의 시구를 번잡스레 빌려다 썼던 풍조와는 대조적이지요.

청전화법의 변화와 치솟는 대중적 인기

1965~66년을 기점으로 이상범의 화법이 변했습니다. 붓이 빨라지고 물기가 줄어, 고실고실하게 거칠한 맛이 느껴질 정도이지요. 이상범의 작품을 좋아하는 사람은 두 분류로 나뉩니다. 1960년대 초까지 그렸던 안개 속 물기가 촉촉한 그림을 좋아하는 이들과 1960년대 중반 이후 그린 물기 없이 까칠한 그림을 좋아하는 이들이지요. 대체로 겸재나 단원 같은 전통수묵화를 친근하게 여기는 사람들은 〈유경〉과 같은 1960년 전후의 작품을 선호하고요, 현대적 감수성을 추구하는 사람들은 1960년대 중반 이후의 산수화풍을 더 좋아하는 듯하네요. 아무래도 1960년 중반 이후 청전화풍은 화면 구성이 간결해지고, 필묵이 풀어지면서 동어(同語) 반복의 붓놀림처럼 느껴지는데요. 마치 현대미술의 올오버페인팅(All-over Painting) 같기도 하지요. 붓자국만 클로즈업하거나 따로 분리해보면 액션 페인팅 같은 추상표현주의 냄새마저 짙게 풍깁니다. 나는 개인적으로 고화(古畵) 맛이 물씬한 1960년 전후의 작품들에 눈길이 갑니다.

1960년대 중후반 작품 〈아침〉(국립현대미술관 소장)의 산언덕과 개울가 표현에서도 이상범의 개성이 잘 드러나지요(3-16). 옅은 먹에서 짙은 먹으로

3-16 청전 이상범, 〈아침〉, 1960년대 중후반, 종이에 수묵담채, 71×275cm, 국립현대미술관 소장

쌓아가는 어스름한 안개 낀 수평구도의 들 언덕에 수직의 미루나무들이 원근으로 줄서 있는 개울가의 전경입니다. 이상범의 수묵산수는 햇빛 맑은 풍경보다는 운무가 끼는 아스라한 새벽 공기나 해거름에 살짝 침잠된 분위기와 최고로 어울리는데요. 이 작품 또한 그 예입니다. 청전화법의 풀섶 표현이 두드러지네요. 이러한 필법은 그의 제자들이 붓질을 배우기 위해 훔쳐보기도 했을 정도인데, 이상범은 잘 공개하지 않았다고 합니다. '부창부수(夫唱婦隨)'를 생각나게 하는 지게 등짐 진 남편과 숲을 얹은 아낙의 뒤따르는 모습도 보이네요. 가끔 부인이 앞서가기도 하는데요. 조선시대 풍속화처럼 남자는 등을 확 구부린 모습이고 여자는 가슴을 편 자세입니다. 전형적인 조선 남성과 여성의 표징(表徵) 같습니다.

1960년대 중후반 〈산가청운(山家淸韻)〉(개인 소장)처럼 이상범은 말년에 화면 가득 여름의 풍성함도 즐겼던 듯합니다(3-17). 화면 하단에는 짙은 미루나무가 자란 시내가 흐르고, 그 위로는 큰 언덕 구릉에 초가집과 먼 산 능선이 수평으로 자리 잡혀 있네요. 이상범은 수평구도에 개울가 미루나무 나뭇잎의 짙게 쌓인 먹빛 녹음으로 여름의 무성함을 표현했지요. 진한 농묵의 수묵미는 이상범 말년의 까칠한 선묘법과 더불어 새로운 기운이기도 합니다. 먹의 진하고 옅게 일렁이는 붓질 리듬은 화면에 운동감이 일도록 시선을 유도합니다. 1950년대 이래 전형을 이룬 청전식 구도이지요. 이상범은 계절에 따라 옷을 갈아입는 자연의 변화와 무관하게 변치 않는 우리의 산천 모습에 주목했던 것 같습니다. 계절에 따라 다른 구도를 찾지 않고 항시 동일한 청전식 구도를 유지했는데요. 이는 역시 전통적인 산수화론이나 산수 이념에 따른 창작태도로 여겨집니다.

1960년대 후반의 가을 풍경화 〈추색모연(秋色暮煙)〉(개인 소장)이나 〈산고수장(山高水長)〉(개인 소장) 같은 그림에도 이상범의 말년 화풍이 잘 나타나 있습니다. 앞서 본 1962년 작품 〈모추〉와 비교하면 필획이 거칠어졌고, 무수히 찍어대던 짧은 담먹 담채의 필선들이 반으로 줄었네요. 그래서 여백의 기운이 한숨 돌리게 하고, 가을의 정취를 물씬 풍깁니다.

이상범의 꼿꼿한 의지는 어느 비평에도 흔들림 없이 꾸준했습니다. 분명한 자기 형식을 고집했고, 대중적 인기도 얻었지요. 1960~70년대는 미술시장에서 이상범 그림이 제일 비쌌지요. 지금도 근대전통회화 중에는 이상범 그림이 으뜸입니다. 서양화나 현대회화에 비하면 싸지만요. 이상범은 평생 개인전을 제대로 할 수 없었다고 하는데요. 그림이 쌓이지가 않았기 때문이지요. 화판에 그림 그릴 화선지를 딱 붙이면 누군가 와서 이건 내 것이라고 찍고 갔다고 합니다. 생전의 개인전은 아마도 1952년 피난시절 공보원에서

3-17 청전 이상범, 〈산가청운(山家淸韻)〉, 1960년대 중후반, 종이에 수묵담채, 82×195cm, 개인 소장

가진 전시가 전부일 거라고 하는데요. 그것마저도 25점의 소규모였고, 국방부를 통해서 그림들이 미국으로 건너갔다는 것으로 미루어 볼 때, 정부 측 요구에 따른 듯합니다. 돌아가신 해에 열린 유작전이 규모 있는 첫 개인전이었지요.[36]

1970년대 경제력 성장과 함께 이상범의 그림은 인기가 치솟았고, 그림 값이 비싸니까 위작(僞作) 또한 많이 나왔습니다. 벌써 1960년대부터 위작이 꽤 있었다고 합니다. 집중적으로 청전 스타일만 평생 모사(模寫)해온 화가들이 여럿 있었고요. 그중에는 이상범 못지않게 그림을 잘 그리는 사람도 배출되었겠지요.

이런 일화도 있습니다. 1990년대 말쯤 이상범 그림을 모사한 작가가 재판을 받을 때 일입니다. 이전에 내가 호암미술관의 청전 이상범 기획전과 함께 열린 심포지엄에서 이상범의 그림에 가짜가 많은 상황에 대하여 발표를 한 적이 있습니다. "청전 화풍의 연구와 가짜 그림에 대한 연구가 함께 이루어져야 진작을 걸러냄과 동시에 진작의 아름다움을 정확히 이해할 수 있고, 또 위작은 위작대로의 가치를 재평가할 연구가 필요한 시점에 왔다"라고 이야기했지요.[37] 그런데 이상범의 위작을 그려 재판을 받던 사람이 마지막 진술에서 내 이야기를 전제로 "자기와 같은 사람을 감옥에 넣을 것이 아니라 연구 대상으로 삼아야 한다"고 주장했다더군요.

이상범 그림의 위작은 모사해서 만드는 방법 외에도 여러 방식이 시도되었습니다. 이상범은 화선지 아래 종이를 배접해 그림을 그렸기 때문에 화선지를 분리하면 뒤에 있는 배접지에 먹이 배어 있지요. 따라서 두 장 떼기라는 방식으로 원그림을 분리한 뒤 배접종이에 밴 흔적에 필묵만 살살 첨가하

36 『靑田 李象範』, 동아일보사, 1972.

37 『청전 이상범』(호암미술관, 1997) 전시 중 마련된 세미나에서 발표했던 내용이다.

면 거의 흡사한 그림이 완성된다고 합니다. 그리고 화면의 왼쪽이나 오른쪽에 같은 종이를 덧대어 대작으로 만드는 이른바 평수 늘이기 위작 등도 심심치 않게 발견되는데요. 벌써 그런 위작들이 30~40년이 넘었으니 진위를 구별하기가 매우 어려운 경우도 없지 않습니다.

서촌의 누하동 청전화실 – 청연산방(靑硯山房)

이상범 회화의 산실(産室)인 청전화실과 살림집은 누하동 182번지, 배화여고 아래 좁은 골목 안에 있습니다(3-18). 맞은편엔 홍익대학교 동양화과 동료이자 후배 교수인 천경자(千鏡子) 화백의 한옥집도 여전히 남아 있지요. 개인전 개최를 그토록 꿈꾸며 작업하던 청연산방(靑硯山房)과 마지막에 세상을 떠날 때까지 머물던 살림집이 잘 보존된 상태입니다. 작업실은 정말 정갈한 모습이지요. 청전 이상범의 성격이 그대로 반영된 듯합니다. 물론 돌아가신 뒤에 정리를 했겠지만 보시던 화집과 책, 꿩 박제, 청동기나 토기, 백자 같은 골동도 그대로 놓여 있네요. 청연산방 작업실 화판에 붙은 미완성의 절필작(絶筆作)도 눈에 띕니다(3-19). 절대준과 부벽준을 절충한 붓질로 풀섶이나 그림자를 그리기 이전 풍경의 뼈대만 그린 상태이지요. 청전화법의 밑그림이기에, 찬찬히 관찰하도록 눈길

3-18 청전화실 안(하)과 밖(상), 종로구 누하동

3-19 청전 이상범, 미완성 산수, 청전화실

을 끕니다.

이상범의 그림 그리는 모습을 담은 사진도 보입니다(3-20). 이상범은 산마필(山馬筆)이라는 붓을 즐겨 썼는데, 붓털이 상당히 길어 한 10~15cm까지 되는 붓도 있을 정도였지요. 당시 다른 화가들은 주로 부드러운 양털붓을 썼던 데 비해, 이상범은 탄력 있는 산마필을 선호했습니다. 산마(山馬)는 제주도 조랑말인데요. 최근 울산에서 산마필을 복원했다는 기사를 본 적이 있네요.[38] 산마필은 붓털 부분이 길고 빳빳한 것이 특징으로, 그림 그릴 때보다는 주로 서예가들이 글씨를 쓸 때 즐겨 쓰는 붓이지요. 요즘은 몽골의 준마털로 만들기도 한다네요.

이상범은 산마필의 탄력을 이용해 자기 개성을 이루어냈습니다. 붓의 대롱 끝을 잡고 그림을 그렸지요. 대롱의 끝을 잡으면 긴 모필이 흐느적거리게 되어 있는데, 이상범은 긴 붓털의 탄력을 십분 활용해 자기화법을 창출했습니다. 화판(畵板)은 벽에 기대 세워 작업했지요. 화판 아래 화구들을 살펴보면, 붓을 빠는 접시부터 먹, 벼루, 물 담는 그릇까지 깔끔하게 배열해 놓고 그림을 그렸던 흔적이 잘 보존되어 있습니다. 그 시절 이상범이 작업하던 모습을 한 제자가 아래와 같이 증언하였네요.

38 「선비정신 이어준 산마필 모필장 '김종춘'」, 『뉴스타운』, 2005.11.3.

선생님께서는 누하동 화실에서 많은 작품을 제작하셨는데 화실 여기저기에 화판을 세우시고 소품을 제외한 많은 작품은 배접을 한 화면에 산마필(山馬筆)을 사용하시고 계셨습니다. 저희 제자들은 이따금 선생님이 작품을 하시는 모습을 배후에 앉아서 숨을 죽이고 바라보곤 하였습니다. 대작인 경우에는 전체적인 구도를 작은 화면에 잡으신 다음 그것을 참고로 하여 제작을 하셨지만 그렇지 않은 비교적 작은 작품은 즉석에서 그대로 그리셨는데 처음에는 수묵으로 손질하시고 채색을 하신 다음 청묵(青墨)으로 마무리하셨습니다.

3-20 청전 이상범 그림 그리는 모습, 1960년대

항상 하시는 말씀은 다음과 같았습니다. "산은 언제나 그 뒷면이 있는 법이니 뒤로 넘어간 느낌이 있어야 하며, 수목은 그 수목을 통하여 바람이 슬슬 불 것같이 그려야 하며, 점경은 인물이 화면에서 오물오물 움직일 것같이 배치하고, 화면의 모든 것은 이것은 나무이고 저것은 바위이고 하는 식으로 구별을 심하게 할 것이 아니라 서로 어울리도록 하여야 한다"는 말씀이었습니다. 화면은 뭉쳤다가 스르르 풀리도록 하고 풀렸는가 하면 어느덧 뭉쳐지고 뭉쳤는가 하면 또한 스르르 풀리도록 처리하라고 말씀하셨습니다.[39]

청전 이상범 회화의 질적 변모가 현재의 시점에서도 충분히 자랑스러운 것은 우리 자연을 대상으로 삼았을 뿐 아니라, 우리 회화의 고전인 겸재 정

39 장철야, 「은사 청전 선생님을 추모하면서」, 『이상범』－한국의 미술가, 삼성문화재단, 1997, pp.164~265에서 재인용.

선과 단원 김홍도의 부활 같기 때문입니다. 같은 소재에 집착한 점이나 고집스런 자기 화풍의 양식화는 특히 겸재와 상통하지요. 평범하고 일상적인 풍경의 분위기를 포착한 감각이나 빈틈없는 수묵담채의 바림 및 완숙한 달필은 단원에 근접하고요. 또 이상범의 회화는 현대적 조형감각과도 상통하듯이 확고한 청전양식을 구축하였습니다. 단순한 화면구성과 반복된 필묵이 화면을 꽉 채운 점이 그러하지요. 즉 우리 시대에 맞는 정형산수의 길을 제시한 것입니다. 게다가 철저히 훈련된, 뛰어난 필력으로 다져진 공간감과 필묵의 세련미는 변관식이나 동시대 작가들과는 비교할 수 없는 경지로서, 20세기 우리 땅의 정서에 합치된 조형관을 대변하지요.

5. 분방한 소정의 회화

3-21 돈암산방, 성북구 동선동 집 근처(상), 성북구 돈암동 집 근처(하)

이상범과 라이벌로 쌍벽을 이룬 소정 변관식의 회화에 대해 살펴보겠습니다. 한국전쟁이 끝난 직후 1954년 변관식은 도성 밖 성북구 동선동 3가 76번지에 살림집과 함께 돈암산방(敦岩山房)이라는 화실을 마련했습니다. 1973년에는 아리랑 고개로 이사하여 돈암동에서 여생을 마쳤지요(3-21). 모두 성신여자대학교 언덕 아래에 위치합니다. 작품 활동은 그 이전 일제강점기부터 이미 금강산을 비롯해 전주, 광주, 진주와 부산 등지를 방랑하며 꾸준히 사생을 해왔으며, 때때로 개인전도 열었지요. 변관식은 안정된 생활인이었던 이상범과 달리 유랑객으로 일관한 화가였습니다. 해방 후에는 서라벌예술대학(현 중앙대학교 미술대학), 수도여자사범대학(현 세종대학교) 등에서 동양화 실기 강의를 맡기도 했지만, 어느 한 곳에 눌러 앉지는 않았지요.

3-22 소정 변관식 그림 그리는 모습, 1960년대

이상범이 도성 안 서촌 누하동의 정착민으로 살았다면, 변관식은 그야말로 유목민적 삶을 누리다가 1976년 2월 돈암동 자택에서 세상을 떠났습니다. 그래서일까요. 누하동 청연산방이 잘 보존되어 기념공간이 조성된 반면, 동선동이든 돈암동이든 소정 변관식을 기리는 공간은 조성된 곳이 없습니다. 표시석 하나 세운 곳이 없네요. 이 역시 변관식의 유목민적 자취일지도요. 변관식이 세상을 살다 떠난 돈암동 538-58 화실 건너편엔 '성북문화재단' 건물이 버젓이 자리 잡고 있는데도 말입니다.

변관식의 작업 중 사진을 보니 의자에 앉아 책상 위에 화판을 눕혀놓고 그림을 그렸네요(3-22). 이상범이 화판을 벽에 기대 세운 것과는 대조적입니다. 화구들은 정돈되지 않은 채로 그림 위에 막 늘어져 있고요. 또한 이상범과 달리 대롱의 한 가운데를 쥐고 비스듬히 붓을 사용했습니다. 그냥 자기가 그리기 편한 대로 붓을 잡은 모습이지요. 변관식의 붓은 이상범의 산마필보다 붓털이 짧은 양모필 쪽으로 보이는데요. 이는 당시 흔하게 쓰인 붓으로 길이가 3~5cm 정도입니다. 변관식의 기질에 비하면 붓을 너무 부드럽고 탄력 없는 것으로 쓰지 않았나 싶네요. 변관식의 그림 그리는 자세에 대해 제자의 얘기를 들어볼까요.

3-23 소정 변관식, 〈관폭(觀瀑)〉, 1922년, 종이에 수묵담채, 119×65cm, 개인 소장

> 소정 선생님의 작품하시는 운필의 모습은 마치 유명한 바이올린 주자가 활대를 움직이듯이 자유자재였으며, 지휘자의 지휘봉을 움직이는 모습과도 같았다. 또 한국화에서 장점으로 강조되어온 중봉 사용법(붓의 끝, 즉 봉이 선의 중앙을 달리는 것)의 사용으로 인하여, 선생님의 운필선은 철사같이 강건하면서도 딱딱하지 않고 부드러우면서도 교하거나 속되지 않고 중후하였다. 이 필선에 보조를 맞추어 미점·호초점·기타 모든 점을 변환자재하며 리듬 있게 그리셨다. 특히 50세 이후 선생님의 개성을 뚜렷하게 이룬 작품에서는 필선과 필의가 그림에서 이야기하는 '속기가 없음'은 말할 나위도 없으려니와 종교적 차원의 탈속까지도 엿볼 수 있다. 그 점은 이 세상 어느 작가이건 가장 도달하기 힘든 최고 무욕심의 경지에 도달함을 말한다. 그 높은 경지를 소정 선생님의 친구이신 어떤 노화백은 내가 선생님께 그림을 배운다고 하니, "소정 그림은 글씨로 치면 추사와 같아서 배우기에는 너무 어려울 걸"이라고 말씀하시었다.[40]

40 김정묵, 「예술로 승화된 외길의 삶」, 1997.10.6; 『변관식』- 한국의 미술가(삼성문화재단, 1998), pp.259에서 재인용.

3-24 소정 변관식, 〈추경산수(秋景山水)〉, 1923년, 종이에 수묵담채, 142×28cm, 개인 소장

일본 유학으로 익힌 신남화풍

변관식의 화단 생활 역시 다른 동료 작가들처럼 1회부터 서화협회전(1921)과 선전(1922)에 출품하면서 시작되었습니다. 앞서 언급했듯 변관식은 이상범과 달리 서화미술회를 졸업하지 않았지만, 외할아버지 소림 조석진이 그곳 교사였으니 서화미술회 학생들과 자주 만났겠지요. 화가가 되기 위해 서회미술회 학생들과 함께 공부하다 변관식은 다른 길을 찾아 떠났는데요. 바로 일본 유학(1925~1929)입니다. 고무로 스이운(小室翠雲)의 문하생 시절에는 일본 근대 남화(南畵)를, 동경 상야미술학교(上野美術學校) 동양화과의 청강생 시절에는 서구화된 일본화를 4년이나 학습했습니다. 수묵화와 채색화를 다 잘 그린 고무로 스이운은 선전의 심사위원으로 참여했고, 당시 조선 유학생들이 주로 찾은 스승 격이었지요. 이런 수업기간을 통하여 소림의 전통화풍에서 벗어나며 일본의 신남화풍(新南畵風)을 익혔습니다. 하지만 이런 학습기에 비하면 크게 일본화풍에 젖지는 않았네요. 역시 변관식다운 예술의지입니다.

변관식의 1922년작 〈관폭(觀瀑)〉과 1923년작 〈추경산수(秋景山水)〉(개인 소장)는 소림(小琳) 산수화를 배우던 학습기 화풍을 잘 보여줍니다(3-23, 24). 화보풍의 산세, 숲과 언덕, 폭포 등 물기가 적고 짧은 붓질을 반복한 필치와 미점 구사가 그렇지요. 스산한 느낌의 거친 찰필(擦筆)과 화면에 풍경을 꽉 채

우면서도 얼기설기한 구성, 그리고 빈 공간에 적은 화제(畵題)나 당시(唐詩)에서 빌려온 시 구절에는 남종화풍(南宗畵風)의 전통을 계승하려는 의지가 뚜렷하고요. 옛것을 따르면서도 화면 전체가 정리되지 않은 듯한 필치와 구도에 변관식다운 기질이 잘 드러납니다.

3-25 소정 변관식, 〈조춘(早春)〉, 1944년, 종이에 수묵담채, 126×118cm, 개인 소장

1944년 이른 봄을 그린 〈조춘(早春)〉(개인 소장)은 일본유학 후의 변화가 뚜렷히 나타난 그림입니다(3-25). 중경에 솔밭 능선으로 감싸인 핑크빛 매화마을과 연녹색 담채의 산언덕에 봄기운이 가득하네요. 근경의 봄 나무 사이 길을 걷는 노란 옷의 노인과 동자는 아직은 전형적인 소정식 인물화법은 아니고요. 전통의 시각에 따라 고원법(高遠法)으로 먼 산을 밑에서 위로 올려다본 듯이 중경 위로 솟게 그렸습니다. 현장에서 실경을 사생하듯 시점을 하나로 고정하였지요. 위에서 굽어보면서 풍경을 잡아내는 부감방식이면서도, 원근감을 살려 근경 과수원에서 먼 산까지 열린 공간을 펼쳐 놓았는데요. 전형적인 일본남화풍의 구성방식이지요. 또 물기를 살짝 말린 갈필(渴筆)을 반복해 산 주름과 입체감을 살려냈습니다.

이처럼 변관식 같은 화가가 일본화풍을 배운 것은 선전(鮮展)의 역할이 컸다고 봅니다. 미술대학이 없는 와중에 화가로 데뷔할 수 있는 길은 조선미술전람회밖에 없었기 때문이지요. 그 전람회의 심사를 주로 일본 화가들이 맡았으니 조선의 젊은 화가들 사이에서는 일본화풍 배우기가 유행할 수밖에 없었을 겁니다. 이는 당시 화가로 성장하던 많은 신세대에게 나타난 현상으로 이상범, 노수현, 박승무, 이용우 등 수묵화가는 물론 이영일, 김은호, 김기창, 이유태 같은 채색화가들에도 큰 영향을 미쳤습니다. 이 과정을 거친 후 변관식의 〈조춘〉이 보여주듯 우리 땅을 그리는 새로운 시각이 등장한 것이지요.

수묵으로 그린 근대의 풍물

해방 후 변관식은 1회부터 국전 심사 참여(1949), 미협회장 선임(1963), 서라벌예술대학 동양화과 강사(1960부터) 등 적극적으로 화단활동에 관계하였습니다. 그런 가운데서도 타협을 모르는 외곬의 직선적 기질은 꺾이지 않았고요. 앞서 거론했듯이 6회 국전(1957) 때 파벌과 정실에 얽힌 심사과정 비리를 폭로한 사건이 이를 잘 말해주지요.[41] 작품에서도 점차 자신만의 양식을 확고히 다져가는데요. 소정 나름의 실경 사생 및 변화된 시대 풍경을 그리는 현실감각에서 이런 개성을 엿볼 수 있습니다.

1948년작 〈영도교〉(동아대학교박물관 소장)를 볼까요(3-26). 부산의 유명한 명물, 영도다리 풍경을 그린 그림이지요. 옆으로 긴 화면에 수평구도로 영

3-26 소정 변관식, 〈영도교〉, 1948년, 33.5×137㎝, 부산광역시 문화재자료 제28호, 동아대학교 박물관 소장

41 변관식, 「편파적인 심위구성-그 비공정에서 파생될 화단의 암」, 『동아일보』, 1955.10.28; 변관식, 「공정 잃은 심사-국전 동양화부를 보고」, 『연합신문』, 1957.10.21.

도다리와 교각을 배치하고, 그 너머 전통화법의 산세를 배경으로 삼았네요. 오른쪽 철판이 들리고 그 사이로 어선이 지납니다. 그 왼편 다리 위에는 십여 명이 넘는 사람들이 배가 지나기를 기다리고요. 전통 수묵화의 갈필 맛으로도 충분히 현대물을 그려낼 수 있음을 〈영도교〉 그림이 잘 말해줍니다. 이상범이 생각지 않았던 창조적 시도이지요. 이 작품을 통해 사진 못지않게 1940~60년대 시대 정황을 읽을 수 있으니 그대로 풍속화입니다. 영도다리는 1966년 철거되었다가, 2013년 11월 27일에 복원 준공식을 가져 옛 추억을 되살렸답니다.

한편으로는 훈련되지 않은 솜씨로 나름 고집스레 쓴 시와 글씨도 돋보입니다. '쇠다리(영도다리) 들려 열리니 배가 바다로 나가는 문이 되네. (다리를 들어 올리는) 기계 소리 밖으로 시끄러웁고 먼 산 고요히 그대로 있네(鐵梁揭而闢船出海通門 機事紛綸外 遙山靜自存)'라는 오언절구가 적혀 있지요. 현대문명을 그리면서도 문인산수화의 전통 이념을 고스란히 살린 시서화(詩書畵)의 형식미인데요. 전통 남종산수화풍을 자기화하려는 소정예술의 매력이 돋보입니다.

변관식은 여행을 다니며 자신이 직접 눈으로 본 지역의 풍물들을 사생하였지요. 근대 전통회화에서 현실 풍경을 그려낸 이 점은 매우 빛나는 업적입니다. 물론 눈에 보이는 그대로가 아니라 느낌대로 자신의 마음을 쏟아냈지요. 이를 보면 전통적인 갈필의 남종화법과 아울러 근대 사의화(寫意畵)라고도 이를 만합니다. 즉 대상의 사실성에 빗대면 썩 잘 그린 그림은 아니지만, 사의에 따라 변화된 현장을 담았다는 점에서 시대적 가치를 발하지요. 그런 까닭으로 변관식의 사생화는 이상범의 그림 못지않게 값이 높습니다.

이렇게 변관식은 일본에서 배운 남화풍을 벗고, 자신만의 방식을 찾아갔습니다. 금강산을 비롯해 부산, 진주, 전주, 광주 등지를 여행하며 사생한 경험을 통해 기존의 "구도는 어떻게 해야 한다. 붓은 어떻게 잡고, 먹은 어떻게 써야 한다" 이런 것들을 완연하게 버렸지요. 그러다보니 자연히 대상의 정확한 묘사력에 구애받지 않게 그렸고, 그 때문에 많은 작업량 속에서 태작(駄作)들도 없지 않습니다. 다음 친구와 제자의 두 증언에는 변관식의 사생 열정과 표현의 파격성이 잘 드러나 있습니다.

> 선생님께서 그림에 임하는 자세는 참으로 놀라웠다. 여행 중이라 삼일만 그림을 안 그려도 손이 뻣뻣하다고 하실 정도로 열성이셨다. 쉬실 때에도 항상 스케치북을 지니고 다니시며, 항상 사생을 생활화하셨다. 아마도 선생님의 작품이 주는 강렬한 한국적 인상은 이러한 꾸준한 사생과 마음속에서부터 쉬지 않고 그리는 생활환경이 함께 융화되어 표현되었기 때문일 것이다.[42]

> 묵을 치되 제 마음대로요, 구도가 있으되 자기풍의 독특한바 현금 남종화로는 제일인자인 것을 알지 못하는 사람이 너무 많은 듯하다. 이 점은 당사자인 소정도 익히 아는 바여서 항시 "나 죽으면 봐" 하고 자신의 가치평가에 불만을 표시함을 주저치 않는다. 평소 소정의 적묵법(積墨法)에 대해서 내 나름대로 너무 검다고 평해도 그는 끄덕도 하지 않는다. 오히려 오기로 더 시커멓게 그리는 것만 같다.[43]

사생과 적묵법으로 일군 소정화법

1957년작 〈농가의 만추(晩秋)〉(국립현대미술관 소장)는 사생화로서 소정화풍이 어떻게 자리 잡혔는지를 잘 보여주는 대작입니다(3-27). 1950~60년대 변관식의 걸작으로 꼽히지요. 풍경의 일부를 잘라 그린 화면구성부터가 색다릅니다. 농사일이 끝난 뒤 늦가을의 논과 개울, 언덕, 집 등이 하늘을 그린

42 김정묵, 「예술로 승화된 외길의 삶」, 1997.10.6; 『변관식』– 한국의 미술가, 삼성문화재단, 1998.
43 김은호, 「소정과 나」, 『소정 동양화전』, 현대화랑, 1974.6.

3-27 소정 변관식, 〈농가의 만추(晩秋)〉, 1957년, 116×264cm, 국립현대미술관 소장

공간도 없이 화면을 가득 채웠지요. 한가운데에는 마을 앞 고목이 크게 자리해 있는데, 부담스런 위치를 차지하여 왼쪽은 논바닥, 오른쪽은 언덕으로 좌우를 갈라버렸습니다. 실기대회에 나가서 이렇게 그리면 절대로 입선도 할 수 없지요. 그런데도 변관식은 상관하지 않고 그렸네요. 먹의 농담변화도 적은 편입니다. 시커먼 곳은 아주 시커멓게 뭉쳐 있지요. 이 점은 특히 청전회화에서 찾아볼 수 없는 소정양식의 조형미이고, 우리 근현대 실경산수화의 한 전형을 예시해 준 것이라 생각합니다.

변관식이 〈영도다리〉를 그린 부산은 물론이려니와 진주, 전주 등지를 여행하며 그곳 유지들에게 그려준 대작들이 전해오는데요. 1957년작 진주의 〈진양성외(晋陽城外)〉 6폭병풍(개인 소장) 같은 작품이 그 좋은 사례입니다. 〈진양성외〉는 빨래터, 여인들, 촉성루, 초가마을, 이동하는 사람들 등 실경산수화에 풍속도를 포함하고 있어 흥미롭지요. 어리숙한 인물 표현이긴 하지만, 변관식다운 현실감이기도 합니다.

서울 수유리 화계사를 그린 1960년대의 〈화계산방〉(개인 소장)도 논에서 모내기하는 남녀를 등장시켜 풍경의 주변 생활상을 사생한 양상이 보입니

3-28 소정 변관식, 〈설경〉, 1960년대 후반, 종이에 수묵담채, 65×90cm, 개인 소장

다. 또 1960년대 후반 동리 어귀를 그린 〈설경〉(개인 소장)의 전봇대와 축대, 그리고 양철지붕으로 개량한 가옥의 모습에도 현실감이 물씬 나지요(3-28). 1961년작 〈호반풍일도(湖畔豊日圖)〉에도 좌측 수로의 콘크리트 제방 등 근대식 풍물이 등장해 있습니다. 〈영도다리〉와 마찬가지로 자신의 생활 주변을 솔직히 그려 시대현실을 반영하였지요. 20세기 풍물의 진경산수화라 이를 만하네요.

변관식의 회화에서는 실경산수의 변화하는 현실풍경뿐 아니라 전통 수묵산수화의 이상미 또한 만날 수 있는데요. 옛 시와 연관된 시의화(詩意畵)나 관념산수화의 전통을 고스란히 따른 작품들이 있기 때문입니다. 1945년작 〈무릉도원(武陵桃源)〉이 그 좋은 사례이지요. 무릉도원을 들어가는 길을 묻는 어부를 담은 전형적인 관념산수 작품입니다. 붓의 탄력을 드러내지 않고 옆으로 문지르듯 사용한 필묵법이 색다릅니다. 전통적인 남종산수화풍에 근사하네요. 해방 후 일본남화풍에서 벗어나 이상향을 표현한 소정양식의 변모이지요.

1949년 작품 〈고진(古津)〉(개인 소장) 역시 무릉도원이 그 소재입니다(3-29). 커다란 석문이 화면에 가득 차 있고, 아취형으로 뚫린 공간 저 멀리 복사꽃 핀 봄 풍광이 보이지요. 배를 타고 가는 이나 걸어서 가는 사람들 모두 허둥대는 듯한 변관식의 분신들입니다. 석문과 언덕, 그리고 언덕에 자란 어린 소나무들은 김은호의 지적대로 연한 갈필의 피마준법과 태점 등 전통적인 남종산수 화풍으로 표현했습니다. 전통화풍이 이상미를 추구한 변관식의 이념과 잘 맞아떨어진 것 같네요.

3-29 소정 변관식, 〈고진(古津)〉, 1949년, 종이에 수묵담채, 46×69cm, 개인 소장

3-30 소정 변관식, 〈천태폭포〉, 1950년대 후반, 종이에 수묵담채, 64.5×54cm, 개인 소장

1950년대 후반 작품 〈천태폭포〉(개인 소장)도 관념산수에 해당하는 풍경이지요(3-30). 상상 속 풍경에 조선 사람을 지팡이 짚은 황포노인의 모습으로 그려 넣었습니다. 중년부터 지팡이를 짚고 다니며 방랑했던 변관식의 풍체를 연상케 하지요. 워낙 폭

포를 드세게 그려서 이 그림과 유사한 폭포그림을 소장했던 사람이 어느 날 변관식을 찾아와서 그림을 바꿔달라고 했다네요. 폭포 밑으로 물이 너무 많이 떨어져 방바닥이 다 흥건하게 젖었다는 이유이지요. 이런 구라가 전해질 만큼 변관식 그림 속의 물살은 넘치고, 먹은 짙습니다. 농묵의 마른 붓질과 태점 등 남종산수화 전통이 화면에 고스란하고요. 이런 변관식의 고전적 이상향 추구는 〈춘광〉(1959년), 〈도화산촌〉(1962년), 〈도화작작〉(1966년), 〈도림일석(桃林日夕)〉(1969년) 등의 봄풍경화로 1960년대까지 지속됩니다.

까칠까칠한 남종산수화풍을 배경으로 흰점의 매화나 분홍빛 복사꽃, 그리고 연푸른 봄버들과 함께 생동하는 봄풍경이 변관식의 솟구쳐 오르는 격정과도 적절히 맞아떨어지는 듯하지요. 이런 성향은 이상범의 스산하고 평담한 가을풍경과 잘 비교되네요. 변관식이 봄사내라면, 이상범은 가을남자라 부를까요.

1950년대 후반 작품들이 보여주듯, 적묵법(積墨法)은 소정화법의 특징으로 지목됩니다. 먹자국 위에 짙은 먹을 덧칠해가며 그리는 것이지요. 옅은 담묵으로 스케치를 한 후 거기에 형상을 구성하고 만들어가면서 짙은 먹으로 화면을 채웁니다. 이렇게 겹쌓은 적묵(積墨)에다 선묘를 파선(破線)한다며 또다시 덧칠을 하지요. 그러면 먹은 더욱 짙어질 수밖에 없습니다. 처음 담묵 선묘로 소묘했던 형상에 적묵으로 덧칠하고, 그 형상이나 선을 뭉개면서 또 덧칠했기 때문입니다. 이러한 적묵과 파선 방식이 1950년대 후반에 이르러 소정화풍으로 완연히 자리 잡았지요.

> 내 그림의 기법? 적묵법과 파선법이지. 먹을 엷게 찍어 그림의 윤곽을 만들고 다시 또 엷게 그 위에 먹을 칠하지. 이게 적묵법이야. 그러나 이대로 두면 선이 속(俗)되져. 여기에 진한 먹을 묻혀 그 선 위에 점을 튕겨 선을 깨뜨리

지. 이게 독특한 내 파선법이야.[44]

사생과 적묵법으로 일군 소정양식의 산수화풍이 정착되면서, 변관식의 그림 속에는 갓 쓰고 황색 혹은 흰색 도포를 입은 할아버지가 늘 그려집니다. 때로는 지팡이를 짚기도 하는 이 할아버지는 오른팔과 오른발이 같이 나가지요. 마치 군대에서 제식 훈련할 때 고문관이 하는 행동 같습니다. 이러한 인물화법은 변관식이 우리 산천을 유랑하며 얻은 자기 정서를 표출한 결과이지요. 그대로 변관식의 자화상입니다.

기억과 감격의 금강산 그림들

적묵과 파선으로 소정화법을 성공적으로 구현한 작품은 1959년에 그린 대작 〈외금강삼선암추색(外金剛三仙岩秋色)〉(개인 소장)입니다(3-31). 변관식의 대표작으로 꼽히지요. 이상범이 평생을 이상화된 수평구도에 따라 그림을 그렸던 데 비해, 변관식은 수평과 수직구도, 그리고 사선구도를 가리지 않고 활용했는데요. 〈외금강삼선암추색〉에서는 수직구도

3-31 소정 변관식, 〈외금강삼선암추색(外金剛三仙岩秋色)〉, 1959년, 종이에 수묵담채, 150×117cm, 개인 소장

44 변관식, 「나의 신작-춘경」, 『조선일보』, 1974.1.19.

로 불뚝 솟은 삼선암 바위가 강한 인상을 줍니다. 이런 구성방식은 〈만추〉의 고목 배치와 마찬가지로 실기대회 혹은 공모전에서 입선되기 어렵습니다. 그림을 반으로 가르는 위치에 삼선암 바위가 버티고 있어, 시각적인 불편함을 주기 때문이지요. 삼선암 맞은편, 물이 쏟아져 내리는 계곡 위에는 만상정(萬相亭)이라고 하는 정자가 있고, 그 위로 천선대에 오르는 만물상이 전개되어 있습니다.

삼선암은 세 신선봉(神仙峰)을 뜻합니다. 상선암(上仙岩)·중선암(中仙岩)·하선암(下仙岩)이 나란히 위치하고 있지요. 그 아래 독선암(獨仙巖)까지 4개의 신선바위가 우뚝 서 있는데요. 여기서부터 그 유명한 외금강 만물상(萬物相)이 시작됩니다. 변관식의 그림에는 상선암과 중선암만이 화면의 왼편에 담겨 있네요. 삼선암 아래 만상정 정자에서는 서쪽과 동쪽을 모두 보았고요. 풍경을 앞에서 보고 뒤에서 보아 조합한 방식이지요. 이는 우리가 첫 시간에 살펴본 정선의 그림에 나타났던 기억에 의존한 '합성'의 방식입니다. 변관식이 겸재화법을 잘 계승했지요. 그리고 상선암과 중선암의 솟은 바위나

3-32 소정 변관식, 〈외금강삼선암추색(外金剛三仙岩秋色)〉부분

그 아래 언덕은 적묵법과 파선의 방식이 잘 드러납니다. 짙은 적묵을 통해 표현한 바위 선의 날카로움을 붓을 뉘인 파선으로 부수었지요. 담갈색이 깔린 바위산과 동글동글한 잎사귀의 나무들에는 가을이 잔뜩 물들어 있습니다. 변관식의 자화상인 왼팔과 왼발이 같이 앞으로 나가는 할아버지들의 갓 쓰고 두루마기 입은 차림도 여전하지요(3-32).

〈외금강삼선암추색〉처럼 변관식의 회화세계나 소정양식은 금강산 그림을 통해 완성됩니다. 1930년부터 선전(鮮展) 출품을 포기했고 1936년에 서화협회의 협전(協展)도 15회로 끝나면서 1937년 서울을 떠난 변관식은 원산, 안변, 평양, 그리고 그가 가장 매료된 금강산 둥지를 떠돌면서 방랑 생활에 들어갔지요. 그런데 일제 식민지로부터의 해방은 곧 분단으로 이어졌고, 금강산은 더 이상 갈 수 없는 땅이 되어 버립니다. 이렇게 실경에 접근이 불가능한 상태가 되자 금강산과 금강산 그림은 추억으로만 간직할 수밖에 없게 되었지요.

이런 분단의 역사 속에서, 시대를 거슬러 금강산 그림에 자신의 예술혼을 투영시킨 작가가 바로 변관식입니다. 조선시대 최고의 금강산 작가가 정선이라면, 20세기에는 변관식이 있다고 하겠지요. 금강산이 남쪽 사람들에게서 잊혀져 간 시대에, 이와 같은 작가가 배출되었다는 사실은 그나마 행복이라고 말하고 싶습니다. 만약에 변관식이 없었다거나 그마저 금강산을 그리지 않았더라면, 60여 년 분단사에서 금강산 그림은 우리 문화사의 공백으로 남았을 테니까요.

> 어떤 사람은 나의 산수화는 금강산뿐이라고 하지만 사실 금강산의 아름다움은 내가 평생 그려도 다 못 그릴 장엄미를 갖춘 것이다. 금강산을 스케치해 둔 것도 많았는데 지금은 거의 없다. 그러나 내 머리와 가슴속엔 금강산의 기억과 감격이 아직도 생생하게 남아 있다. 나는 금강산의 어느 한 부분을 그릴

3-33 소정 변관식, 〈외금강옥류천(外金剛玉流泉)〉, 1963년, 종이에 수묵담채, 116×150cm, 개인 소장

때마다 그곳의 산세는 물론, 바위의 생김생김과 물의 흐르는 방향과 물살의 세기까지 기억하며 그린다. 단원 김홍도와 함께, 내가 가장 존경하는 화가인 겸재 정선이 금강산을 자주 찾고 많이 그렸다지만, 나도 8년이란 세월을 해동제일산(海東第一山)을 찾고 그를 30여 년간 그려 왔으니, 그와 나는 이제 불가분의 하나가 되었다고 할 수 있다.[45]

변관식은 일제강점기에 금강산을 8번이나 여행하면서 스케치했는데, 6·25 때 모두 잃어버렸다고 합니다. 만약 남아 있었다면 스케치 그대로 금강산 명승들의 외모를 비슷하게 닮게 그렸을 텐데요. 스케치를 잃어버렸기

45 변관식, 「나의 회고록」, 『화랑』, 현대화랑, 1974 여름, pp.15~17.

에 기억에 남아 있는 형상만을 강조하게 되었고, 그러는 바람에 도리어 앞서본 〈외금강삼선암추색〉같은 명작이 나왔다고 봅니다. 가슴에 묻어 온 '기억과 감격'으로 '금강산과 하나 된' 변관식이 외금강의 삼선암, 옥류천, 구룡폭과 내금강의 진주담이나 보덕암, 단발령 등을 그렸지요. 이렇게 금강산의 장엄미를 표현하기 시작한 것이 1950년대 중반부터네요. 그러나 초기 작품은 남아 있는 그림이 없고, 현존 작품 중 연대가 가장 올라가는 금강산 그림은 앞서 살펴본 1959년작 〈외금강삼선암추색〉이지요.

금강산 그림의 회화적 안정감은 역시 1960년대에 이루어집니다. 1963년작 〈외금강옥류천(外金剛玉流泉)〉(개인 소장)이 그 좋은 사례입니다(3-33). 농묵의 파선기법이 비교적 두드러지지 않아 적묵법의 효과가 크며, 차분하게 금강의 장엄미를 표현한 그림이지요. 외금강 옥류천에는 좌우암벽이 병풍처럼 가로막고 있습니다. 원래 무대바위 위에 선바위가 있었는데, 일제강점기에 홍수로 부서졌지요. 변관식은 이를 멀리 세존봉 풍경과 함께 기억해서 그렸습니다. 가운데 하얀 부분이 약 50m 큰 폭포가 쏟아지는 장면인데, 변관식은 폭포의 장관보다는 너럭바위와 선바위에 초점을 맞추었지요. 바위들을 한껏 과장해 화면을 가득 채우고, 폭포물이 떨어져 모이는 소(沼)는 아예 생략해 버렸네요. 변관식에게는 너럭바위와 선바위가 옥류동의 중심이었던 듯합니다. 마음껏 풍경을 변용시켰지요. 지금은 왼쪽 길을 내어 사람이 다니지만, 옛날에는 이 그림처럼 폭포 오른편으로 올라가는 길이 있었습니다.

이 〈외금강옥류천〉은 변관식 본인이 그렸으나 자기 제자 이름으로 국전에 입선시킨 그림이어서, 내가 기획에 참여했던 일민미술관 '몽유금강'전(1999년)에 출품되었을 때, 사람들 입살에 오르내렸기도 합니다.[46] 이 작품

46 이태호, 「일만이천봉에 서린 꿈 -금강산 문화와 예술 300년」, 『몽유금강』, 일민미술관, 1999.

은 1963년 제12회 국전에 출품된 조순자(趙順子)의 입선작으로, 국전 도록에 〈금강옥류〉라는 제목으로 실려 있지요. 현재는 '순자(順子)'라는 서명만을 지워 놓은 상태입니다. 이로 인해 변관식의 대표작으로 늘 회자되던 작품이, 하루아침에 제자의 그림으로 보아야 한다는 주장이 일었지요. 하지만 나는 〈외금강옥류천〉이라는 이 걸작은 변관식의 그림임이 틀림없다고 확신합니다. 이 작품이 제자의 작품으로 국전에 입선되었던 과정의 전말을 요약하면 이렇습니다.

> 변관식은 한국화를 전공하는 조순자의 부친(전주)과 절친한 사이였고, 그 집에 자주 내왕하였어요. 1963년 당시 조순자는 인물화를 하고 싶어서 다른 원로화가에게 사사받고 있는 중이었습니다. 그 사람은 바로 변관식이 달갑게 여기지 않던 또래 작가였어요. 변관식은 이를 알고 버럭 화를 냈고, 붓을 들어 단숨에 그려준 것이 〈옥류천도〉로, 여기에 '순자(順子)'의 이름을 써서 국전에 출품케 했다는 것이에요. 그야말로 변관식이 아니고는 생각할 수 없는 엉뚱한 행동입니다. 더욱이 당시 국전의 파행적 운영에 반기를 들었던 변관식이었던 터에, 남에게 그림을 배워 국전을 준비하는 제자의 모습을 보고 흥분한 것은 당연지사에요. 단숨에 우연사출(偶然寫出)된 변관식의

3-34 소정 변관식, 〈외금강삼선암추색(外金剛三仙岩秋色)〉, 1966년, 종이에 수묵담채, 127.5×126cm, 개인 소장

수작(秀作)이 그렇게 해서 탄생된 것입니다.[47]

차분해진 필묵 구사와 호초점의 초묵(焦墨)

변관식의 회화, 곧 소정양식은 1960년대 중반을 넘어 또 한 차례 변화하였습니다. 이상범과 마찬가지로 1965~66년에 와서 스타일이 달라졌는데, 그림이 굉장히 부드러워졌지요. 앞서 보신 1959년 작품과 비교해 보았을 때, 가장 큰 변화는 붓끝 점들을 찍기 시작한 것입니다. 바위나 산언덕에 무수히 찍은 작은 점들이 보이시지요. 이전의 산수 그림에는 보이지 않았던 점들입니다. 이것을 호초점(胡椒點)이라고 부르는데요. 호초점은 잔가지에 잔뜩 달라붙은 산초나 후추의 작은 열매들 같다는 뜻으로 점묘이지요. 변관식은 1960년대 중반부터 이런 점이나 선묘를 겹쌓아가는 농묵의 초묵법(焦墨法)을 쓰기 시작하였습니다. 이상범의 회화가 1960년대 후반 마른 갈필조로 변화한 경향과 정반대의 화풍이지요.

1966년에 또다시 그린 〈외금강삼선암추색(外金剛三仙岩秋色)〉(개인 소장)은 이 초묵법을 잘 구사한 걸작입니다(3-34). 1959년작 〈외금강삼선암추색〉과 잘 비교되지요. 상선암을 화면 중앙에 솟게 배치한 구성방식은 그대로인데, 필묵법이 크게 달라졌습니다. 차분한 농담변화의 파선들이 나란하고, 그 선들 사이에는 작은 점들이 가득 찍혔지요. 먹의 농담과 투명도가 이전보다 한층 가볍고 명랑해졌습니다. 화면 상단에는 왕유의 글을 행서체로 써넣었는데요. "시를 짓는 일은 무형의 그림과 같고, 그림 그리는 일은 말 없는 시와 같다(王石承 作詩爲無形畵 作畵爲不語詩…)"라는 개성적인 행서체네요. 남종산수화의 정신을 유지하려는 문기 짙은 문인화의 격조입니다.

47 이태호, 「외금강 옥류천도는 소정의 명품이다」, 『미술세계』, 미술세계사, 1999.9.

3-35 소정 변관식, 〈단발령(斷髮嶺)〉, 1970년대 전반, 종이에 수묵담채, 55×100cm, 개인 소장

1969년작 〈내금강보덕굴추색(內金剛普德窟秋色)〉(개인 소장)도 많은 호초점을 찍어 실경을 그린 대표작입니다. 변관식의 드라마틱한 구성방식은 보덕굴의 모습에서도 찾아볼 수 있지요. 보덕암 뒤로 병풍처럼 둘러쳐진 내금강 바위 봉우리 암봉들은 실경에서 만나기 힘든 풍경입니다. 겸재의 〈만폭동〉 그림에서 아이디어를 얻은 듯하지요. 초묵법의 세련됨은 앞의 1966년작 〈외금강삼선암추색〉보다 한층 돋보이네요. 보덕굴(普德窟)은 15m 구리 기둥 위에 눈썹지붕, 팔작지붕, 맞배지붕, 네모지붕, 이렇게 4개 지붕을 얹어 만든 것입니다. 하지만 변관식은 보덕굴을 5개의 지붕으로 표현했는데요. 실제 풍경을 자기 기억 속에 남은 모습으로 재구성해낸 것이지요. 진주담을 비롯한 내팔담(內八潭)의 물길도 그림의 왼편에 변형시켜 그려 넣었습니다.

말년작인 1970년대 전반 작품 〈단발령(斷髮嶺)〉(개인 소장)은 변관식의 또 다른 시도인 수평구도를 잘 보여줍니다(3-35). 변관식도 이상범과 마찬가지로 수평구도를 즐기기도 했습니다. 그러나 이상범의 차분한 수평구도와는

3-36 소정 변관식, 〈송림(松林)〉, 1975년, 종이에 수묵담채, 50.5×131.5cm, 개인 소장

달리 그 위에 금강산 산세의 드라마틱함을 표현했지요. 이 작품은 단발령에서 본 금강산을 기억으로 상상해 그린 것입니다. 정선이나 김홍도가 그린 스타일과도 다르지요. 근경과 후경을 가르는 안개 처리에도 초묵법의 효과가 최고네요. 변관식이 금강산을 그리지 않았다면 지금과 같은 평가를 받기가 어려웠을 겁니다. 변관식 자신도 "너 왜 금강산만 그리냐?"고 물으면, "금강산은 평생 그려도 모자란다. 나는 금강산하고 한 몸이 되었다"고 이야기할 정도로 금강산 그리기에 집중했고요. 겸재의 진경산수 전통이 이 금강산 작품들로 이어져 내려온 점은 매우 높게 평가됩니다. 원래 변관식의 그림 값은 이상범의 절반도 안 되었는데, 금강산 그림만은 이상범과 비슷했을 정도지요.

1970년대의 대표작으로는 1975년작 〈송림(松林)〉(개인 소장)이 꼽힙니다(3-36). 반복되는 산 능선의 흐름을 겹겹이 묘사하며, 열린 우리의 산하를 수평구도에 담은 말년의 걸작이지요. 그림을 보면, 호초점이 아닌 자잘한 미점과 짧은 먹선의 농담변화를 반복하여 그린 새로운 초묵 방식입니다. 리드미컬하게 중첩된 초묵법의 효과가 만점이지요. 푸른 기운마저 감돌아 초묵의 농담은 송림의 선선한 풍광과 안성맞춤입니다. 낮은 구릉지를 부감하여 솔밭 숲과 잡목이 어우러지게 그린 풍광은 영남대학교가 들어서기 이전 경산의 풍경을 그린 것이라 전합니다. 영남대학교가 들어서 개발된 이후 지금은 도시가 들어섰기에, 〈송림〉 또한 그 이전의 자연을 기록한 진경작품이 되겠네요. 숲에 둘러쌓인 근경 흰 부분은 큰 연못인 듯하고, 왼쪽 듬성한 가옥들이 있는 마을에는 두 인물이 보입니다.

〈송림〉의 오른편 하늘에 쓴 칠언시와 '을묘 소정 변관식(乙卯 小亭 卞寬植)'의 행서 또한 어리숙하면서도 맛깔스러운 소정서체를 잘 보여줍니다. 휑한 하늘 공간에 적절히 어울리지요. "푸른 물 홀연히 열려 새 거울인 듯하고, 청산의 고을 아름다운 병풍 둘렀네. 새소리 대숲에서 스스로 즐거웁고, 바람소리 솔밭을 지나니 맑기만 하네(碧水忽開新鏡面 靑山都是好屛風 禽聲依竹自然樂 風吹過松無限淸)"라는 칠언시도 개발 이전 그림과 같았던 경산의 자연 풍광을 연상케 해줍니다. 청나라 후기 유월(兪樾)이라는 문인이 서호(西湖)를 읊은 '하늘과 호수와 탑에 어린 3개의 달'이라는 「삼담인월(三潭印月)」에서 따온 구절로 흔하게 알려진 시는 아니네요. 화면 전체에 무한히 쌓은 짧은 터치의 농묵 붓질 리듬은 그야말로 화제시대로 솔바람의 청풍(淸風)을 느끼게 해줍니다. 특히 먼 산의 담묵 미점들은 청산의 색감이 여실하고요. 변관식은 회화성의 진폭이 크고 태작(駄作)이 있긴 하지만, 이처럼 차분하게 개성을 잘 살려 명품을 그려내기도 한 실력파 화가이지요. 그의 뚜렷한 개성은 〈송림〉처럼 자신을 변화시키려 한 노력 속에서 이루어졌던 것 같습니다.

변관식은 50대 후반 이후 겸재와 단원, 그리고 옛 선배화가들의 감명을 새로이 자신의 회화로 소화하여 질적 변화를 추구했습니다. 전통의 새로운 인식은 학습기에 배운 소림이나 심전의 고답적 화풍은 물론이려니와 일본 화풍과 서구적 방식을 떨쳐버리게 했고, 우리 산천에 합당한 자기만의 표현양식을 정립케 했습니다. 소정양식은 우리 땅의 투박하고 힘 있는 야성미를 분출했지요. 강한 개성과 낭만적 표현감각으로 수묵의 정신성을 강조하여 근대적인 안목을 찾았고요.[48] 완숙하게 정제된 청전회화와는 다르게 소정회화는 세련되지 않고 거친 표현의 과장, 정돈되지 않은 화면, 풍요를 배제한 전가(田家) 풍경 등으로 혼돈스러웠던 당대의 정치, 경제, 사회적 상황을 연상케 합니다.

이러한 50대 후반 이후의 변관식 회화는 그 원류를 거슬러 올라가보면 외할아버지 소림 조석진은 물론, 소림의 할아버지인 임전 조정규의 산수화풍에까지 이르게 됩니다. 특히 소정 회화의 미점, 태점(苔點)과 호초점은 단원 일파인 임전의 금강산 그림이나 실경산수화와 연결되는 화풍이지요.[49] 이를 통해서 단원에서 근대에 이르는 화맥의 연결을 찾을 수 있습니다. 그리고 무엇보다도 변관식 회화의 과장과 변형은 겸재의 화법에서 나온 것입니다. 그래서 전체적으로는 단원보다 겸재의 진경화 양식에서 받은 인상이 더욱 강렬하지요. 더불어 어수선하고 잽싼 초목의 갈필과 생편한 담채는 18~19세기 능호관 이인상 풍의 지우재 정수영(之又齋 鄭遂榮, 1743~1831), 추사 김정희 일파인 소치 허련(小痴 許鍊, 1809~1892) 등 선비 화가들의 토착화된 남종화풍을 연상시키기도 하고요.

나는 1985년도 젊었을 적 약간 치기 어린 마음으로 이상범과 변관식에 대해 “20세기는 이상범의 시대인가 변관식의 시대인가”라는 글을 쓰면서, 이상범보다 변관식의 시대라고 주장했지요.[50] 〈영도교〉 이후 당대 현실풍경에도 눈을 돌린 변관식의 새로운 가치를 높이 샀기 때문입니다. 이렇게 변관식의 산수는 앞서 살펴본 무릉도원과 같은 이상향부터 금강산 그림, 현실

48 오광수, 「墨의 정신성과 한국화의 가능성」, 『소정 변관식』-한국의 회화, 예경산업사, 1981.
49 이태호, 「조선시대 화맥을 이은 명문가 3인」, 『전통회화 명문가 3인전-琳田·小琳·小亭』 도록, 동산방, 2006.
50 이태호, 「청전의 시대인가, 소정의 시대인가」 1,2, 『공간』 215호, 216호, 1985.5.6.

풍경에 이르기까지 다양한 소재를 포용하였고, 그런 만큼 화면구성도 변화무쌍하게 전개했습니다.

6. 소정의 수직구도와 청전의 수평구도

이상범과 변관식은 우리 근대전통회화의 두 전형으로 거론됩니다. 두 사람은 동세대의 다른 작가들과 달리 고루한 봉건시대의 회화적 관념성을 탈피하여 우리 감성에 보다 깊이 와 닿는 작품세계를 구축했기 때문이지요. 근대적 안목에서도 손색없는 자기 양식을 창조했고요. 당대 화단의 쌍벽이었던 둘은 안중식과 조석진에게서 배운 중국적 전통화풍과 당시 유행하던 일본화법에서 벗어나 자신들의 조선화 정립을 위해 이른 시기부터 노력했습니다. 이용우(李用雨), 노수현과 함께 1923년 동연사(同硏社) 모임을 결성하는 등 새로운 방향을 모색했던 점이 그 좋은 예이지요.

그렇지만 이상범과 변관식도 자신들의 확실한 화풍을 정립하기 이전에는 동세대의 작가들과 크게 다를 바 없었습니다. 그들이 자기만의 독창적 화풍을 이룩한 시기는 해방과 전쟁을 겪은 이후인 50~60대 때이지요. 이 무렵부터 전통화풍을 기반으로 하여 산수화의 새로운 정형을 만들어 냈습니다. 그들의 이러한 업적의 근저는 각자의 독창적인 개성이 일차적이지만, 실경에 기초를 두고 우리의 향토적 감성을 일깨우는 산수화풍에 초점을 맞춘 점도 큰 몫을 하네요. 우리 전통회화사에서 실경산수화가 차지하는 비중이나 의미는 새삼 거론하지 않더라도 그 중요성이 매우 자명하지요. 특히 우리 산야를 대상으로 개성적 회화세계를 구축하고, 서구 문화에 침식당한 현대의 전통회화에 발전 가능성과 방향을 제시해준 면이 매우 값지다고 생각합니다.

두 사람의 화풍을 정리해 볼까요. 이상범은 수평구도, 변관식은 수직구도가 각자의 개성적 이미지를 연상시킵니다. 이상범은 이상화된 풍경에 주로 일하는 농부나 부부의 모습을 그렸는데요. 여자는 꼿꼿하고, 남자는 확 굽어 있지요. 이는 조선시대 풍속화부터 등장하는 모습입니다. 그림 속 인물은 일하거나 귀가하는 어부 혹은 농부로 한정되어 있는 편이고요. 한편 변관식은 빨래, 모내기, 논일 등 다양한 일상 풍속이 등장하기도 하지만, 주로 갓 쓰고 두루마기 차림으로 허둥대며 방랑하는 인물들을 집중해서 그렸습니다. 이들 산수 속 인물 가운데 귀로의 농부가 곧 이상범이고, 허둥대는 모습의 두루마기 노인이 다름 아닌 변관식이지요.

이상범이 〈유경〉이나 〈추색모연〉 같은 그림에서 우리 산하를 이상화시켜 그린 데 비해, 변관식은 〈영도교〉나 〈설경(雪景)〉에서와 같이 현실감 나는 현대 축조물이나 가옥을 그리기도 했습니다. 정말 좋은 대조를 이루지요. 라이벌이라 부를 만합니다. 20세기 이 두 화가가 우리 전통회화 분야의 쌍벽, 곧 라이벌로 등단하고 자리를 잡았기에, 그래도 우리의 전통회화 형식이 죽지 않았다는 생각이 듭니다. 자랑거리로 계속 남으리라 확신하지요.

지금까지 이상범과 변관식이 조선시대부터 이어온 전통 수묵산수화풍을 근대화한 방식과 성과를 서로 비교하며 살펴보았습니다. 한번 손 들어볼까요. 이상범이 좋은지, 변관식이 좋은지 말입니다. 어라, 변관식이 좀 더 많네요. 역시 청전보다 소정의 분방함이 현대인의 가슴에 생동하게 와 닿는 모양입니다.

이처럼 이상범과 변관식이 전통을 기반으로 새로운 독자적 양식을 찾은 1950년대 후반과 1960년대는, 서구식 재료와 양식을 우리의 정서로 소화해낸 이중섭, 박수근, 김환기의 업적까지 더해져 20세기 한국근현대문화사에서 중요한 의미를 갖습니다. 다만 뒤늦게나마 전후의 어려운 시기에 일어난 이들의 근대적 자각이 우리 것에 대한 애정과 민족적 자성에서 비롯되었지만, 작업 내용은 민족적 비애나 일제강점기, 독재 정권 등의 시대 상황과 거리가 있다는 한계가 있기는 하지요.

3-37 고암 이응노 그림 그리는 모습, 파리

7. 수묵의 현대적 감수성: 고암 이응노

20세기 전통회화 분야에서 청전 이상범과 소정 변관식 외에 현대적 수묵화가로 고암(顧菴) 이응노(李應魯, 1904~1989), 채색화가인 천경자(千鏡子)와 박생광(朴生光), 전통 남화를 유지한 호남의 의재(毅齋) 허백련(許百鍊, 1891~1977)이나 남농(南農) 허건(許楗, 1908~1987) 등이 있지요. 이상범과 변관식이 전통 수묵화의 근대화를 이룩하긴 했지만, 아무래도 이들이 노후를 보냈던 1960~70년대의 급격히 현대화하는 시대적 감수성과는 거리가 있는데요. 이를 메워줄 수 있는 화가로 고암 이응노가 가장 먼저 떠오르지요.

이응노는 지난 20세기 중후반 파리에 머물며 거장의 반열에 올랐으니, 세계미술계에서 한국 예술의 긍지를 보여준 인물입니다(3-37). 요즈음 얘기하는 한류(韓流) 문화의 원조 격이지요. 미술인으론 처음일뿐더러 아직도 현지에서 그만한 명성을 얻은 작가를 찾기란 손가락으로 꼽을 정도입니다. 또한 쉬지 않고 작업해 온 다작(多作)은 전통 서화를 풍류쯤으로 여기던 인식을 크게 바꾼 작가정신의 결과라고 생각합니다. 평생의 작업량은 누구도 따를 수 없지요.

이응노의 예술세계는 다채롭습니다. 유럽으로 건너가기 전부터 개성 넘치는 구성과 필치로 현대적 기운의 묵죽도(墨竹圖)를 비롯하여 산수화, 인물 풍속화, 동물화, 화조화 등 모든 회화 영역을 넘나들었지요. 1976년작 〈풍죽(風竹)〉(이응노미술관 소장) 같은 전통묵죽도의 현대적 파격미를 활기차게 보여줍니다(3-38). 아마도 이응노가 유럽에 가지 않았다면, 한국현대미술사가 그에 의해 구태를 벗는 또 다른 양상으로 전개되었으리라 추측해 보네요.

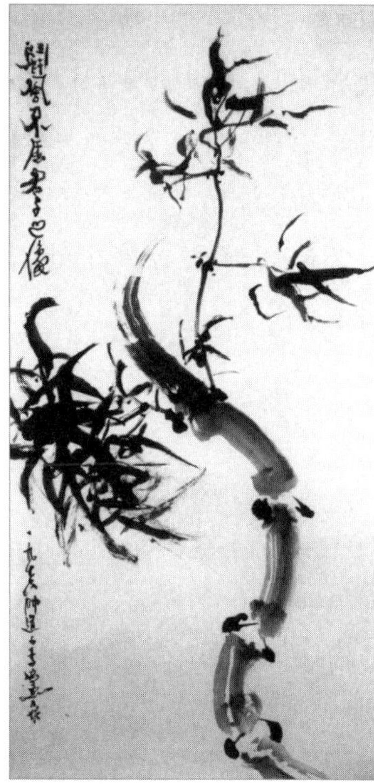

3-38 고암 이응노, 〈풍죽〉, 1976년, 종이에 수묵, 133×69cm, 이응노미술관 소장

1950년대 중반 프랑스에 정착한 이후, 고암은 유럽을 무대로 30여 년간 활동했습니다. 화실을 개방하여 유럽인들에게 수묵화를 가르쳤고, 한국의 전통예술 정신과 형식을 고수했지요. 특히 한국인이 왜 불어를 배우느냐며 작업에만 매진했다는 일화는 유명합니다. 이 같은 의식 아래 고암은 '율동과 기백의 한국 민족성'을 바탕으로 당대 서구의 회화 사조마저 자기 것으로 만들었습니다. 1960~70년대에는 유럽의 앵포르멜을 접하여 '수묵추상화'를 전개하기도 했지요. 특히 한자나 한글꼴을 구성한 '문자 추상'은 독자적 경지를 이룬 것으로 평가됩니다. 그리고 1986년작 수묵화 〈군상〉(이응노미술관 소장)과 같은 1980년대의 '인간 군상' 시리즈 작업은 조국의 민주화 운동에 대한 감화에서 나온 것으로 알려져 있습

니다.[51](3-39).

이응노는 구한말에 태어나 일제 강점기, 전쟁, 분단, 독재 정권으로 점철된 한국 근현대사의 아픔과 갈등을 겪으며 오롯이 예술에 전념한 작가입니다.[52] 1960년대 군사 정권 시절에는 독일에서 활동한 음악가 윤이상(尹伊桑, 1917~1995) 선생과 함께 '동백림사건'을 겪었고, 1970년대는 '백건우·윤정희 부부 사건'에 연루되기도 했으니, 냉전 이데올로기 시대의 희생양이 되었지요. 최근 대전이응노미술관이 들어섰습니다. 동백림사건으로 대전교도소에 수감되었던 시절에 대한 기억인 듯합니다. 이어서 예산의 수덕여관이 정비되고, 고향인 홍성에 이응노생가기념관이 설립되었네요.[53] 이제야, 조국을 떠나 활동한 예술가이자, 한때 이른바 좌익사범으로 몰렸던 고암 이응노를 고향 충청지역에서 바르게 대접하게 된 것입니다.

3-39 고암 이응노, 〈군상〉, 1986년, 종이에 수묵, 181×91cm, 이응노미술관 소장

20세기 청전 이상범과 소정 변관식의 대립되는 그림 스타일을 현대적 민족형식을 주장한 박수근과 이중섭의 회화에서 다시 만나게 됩니다. 이상범은 박수근, 변관식은 이중섭과 비슷한 이미지를 떠올리게 하지요. 대체로

51 대전이응노미술관, 『이응노, 세상을 넘어 시대를 그리다』, 2013.

52 고암미술연구소, 『고암 이응노의 삶과 예술』, 얼과 알, 2000; 김학량, 『화가 이응노』-붓으로 평화를 그리다, 나무숲, 2005.

53 고암이응노생가기념관, 『이응노의 집, 이야기』, 수류산방, 2011.

이상범과 박수근은 오성(悟性)적인 쪽, 변관식과 이중섭은 감성(感性)적인 쪽으로 서로 대조를 이룹니다. 한편 20세기 전통회화에서 이상범과 변관식의 수묵화에 고암 이응노의 회화가 현대성을 보완해 주는 것처럼, 서양화에는 한국을 떠나 뉴욕에 정착했던 수화 김환기가 존재하네요. 마침 이응노가 파리에서, 김환기가 뉴욕에서 그들의 말년을 보내며 한국의 현대회화를 고민했던 점도 상통합니다. 제4강에서는 박수근과 이중섭의 쌍벽을 살펴보고, 김환기를 덧붙여 20세기 우리 현대회화의 근원을 찾아보도록 하지요.

〈표 5〉 20세기 이상범과 변관식

전통회화	
청전 이상범 (1897~1972)	소정 변관식 (1899~1976)
평담(平淡)	분방(奔放)
먹 담채 차분	먹 강하고 짙음
붓 탄력	붓질 느슨
수평구도	수직구도
고암 이응노 (1904~1989)	
모더니즘 + 전통미	

제 4 강

이중섭과 박수근 – 격정과 과묵

제4강의 주인공은 대향(大鄕) 이중섭(李仲燮, 1916~1956)과 미석(美石) 박수근(朴壽根, 1914~1965)입니다. 청전 이상범과 소정 변관식이 수묵화 분야에서 전통을 근대화한 업적을 쌓았다면, 이들과 동 시기에 살았던 이중섭과 박수근은 새로이 밖에서 수용된 수채화나 유화, 드로잉 등 서구 회화를 배워 자신들의 회화세계를 확립한 한국근현대미술사의 거장들이지요.[01] 박수근과 이중섭이 이상범·변관식보다 10여 년 아래인데, 1950~60년대에 세상을 먼저 떠났네요. 이상범과 변관식은 1970년대까지 활동했습니다. 이를 보면 유화보다 수묵화가 건강에 좋은 재료인 듯하고, 요즘 유행하는 키워드대로 정서적 힐링에 도움이 되지 않을까요. 그럼에도 수묵화 계열이 요즈음 미술시장에서 철저히 외면당하는 양상을 어찌 이해해야 할지요.

이중섭이 박수근보다 2년 어립니다만 이중섭은 40세인 1956년에, 박수근은 그 10년 뒤인 1965년 51세에 세상을 떠났습니다. 비교적 일찍 세상을 떠났지요. 두 화가는 잘 알다시피 일제강점기부터 1950~60년대까지 우리 현대사의 격동기를 살아가며 예술에 매진한 이들입니다. 이중섭은 평안도 평원, 박수근은 강원도 양구에서 태어나, 1950년 6·25전쟁시기 남쪽으로 내려온 이주민이었으니 그 지난한 역사를 온몸으로 겪었지요. 이중섭이 큰 고향이라는 '대향'을 아호로 쓴 점과 박수근이 금강산을 의미하는 아름다운 바위 '미석'이라는 아호를 쓴 점, 모두 실향의 그리움을 담은 듯하네요. 서양화를 수용했던 두 화가는 모두 기독교인이었습니다. 박

01 이태호, 「20세기 7인의 화가들」, 노화랑, 2004.

수근은 어려서부터 개신교 쪽이었고, 이중섭은 후년에 천주교에 기울었다고 봅니다.

그럼 먼저 박수근과 이중섭이 활동했던 20세기, 서양화의 유입과 정착, 그리고 회화경향의 변모에 대해 훑어보겠습니다. 그 후 박수근과 이중섭을 비교해가며, 한국근현대미술사의 쌍벽인 이들의 업적과 위상을 살펴보지요. 이 두 사람 외에도 한국근현대미술사에는 또 하나의 거목, 수화 김환기가 있는데요. 한국적 모더니즘을 꽃피운 그는 전통회화 혹은 전통문화를 현대적인 감각으로 재창조하며, 자신의 작품세계를 완성한 화가입니다. 1970년대까지 살면서 많은 양의 작품을 남긴 김환기는 20세기 화가들을 통틀어 가장 작가다운 면모를 보여주었지요. 박수근과 이중섭의 회화세계를 대조하며 살펴본 뒤, 김환기를 보완하겠습니다. 한국현대미술사 초기 경향을 종합하는 일이 되겠네요.

1. 서양화의 유입과 갈등

서양화와 서양화법에 대한 정보는 17~18세기부터 조선에 유입되어 부분적으로 영향을 미쳤습니다. 제1강에서 살펴본 단원 김홍도의 작품에 이미 원근법이나 입체화법 같은 서양화풍이 참작되었는데요. 이후 조선말기에는 프랑스인 레오폴드 레미옹(Leopold Remion)이나 네덜란드인 휴버트 보스(Hubert Vos, 1855~1935) 같은 서양 미술인들이 조선에 들어와 활동하면서 서양화의 화구나 기법이 더욱 구체적으로 알려졌지요. 특히 휴버트 보스는 1898~9년 캔버스에 유채로 그린 〈고종 초상〉(개인 소장)과 〈서울풍경〉(국립현대미술관 소장) 등을 그렸고 국내 예술계에 상당한 영향을 미쳤던 것 같습니다.

그의 서양식 초상화법의 영향은 채용신의 작품에 뚜렷하게 드러나지요. 채용신은 조선의 전통적인 초상화법에 서양화 입체화법을 절충해서 자기 형식을 창출했습니다.[02]

4-1 춘곡 고희동, 〈자화상〉, 1915년, 캔버스에 유채, 73×53.5cm, 일본 동경예술대학 예술자료관 소장

1910년 일제강점기에 들어서면, 일본유학을 통해서 서양화를 배우는 화가들이 본격적으로 등장합니다. 최초의 화가가 춘곡(春谷) 고희동(高羲東, 1886~1965)이지요. 1915년 동경미술학교 유화과 졸업 작품인 〈자화상〉(일본 동경예술대학 소장)을 비롯해 몇 점의 자화상이 그의 회화 기량을 그대로 보여주는데요(4-1). 정자관을 쓰고 유교 문인의 복장을 한 이 〈자화상〉은 비교적 수준이 있어 보이나, 나머지 자화상은 기량이 조금 떨어지는 편입니다. 현재 동경예술대학에 소장된 이 〈자화상〉은 지도교수의 솜씨가 가미된 것 같기도 합니다.

동경미술학교에서 1910년 이후 특례입학으로 조선인과 대만인 한 명씩을 입학시켰던 적이 있습니다. 고희동이 조선총독부에서 촉탁(囑託)으로 근무하다가 자신이 이 혜택을 이용해 특례입학자로 갔다는 설이 있지요. 그의 그림들을 보면 이를 입증이라도 하듯, 처음부터 회화적 역량이 떨어진 화가라고 판단됩니다. 일본에서 유화를 배워 조선으로 돌아왔지만, 유화작업을 포기하고 수묵화가로 전향했는데, 이마저도 회화적 수준이 낮았지요. 실력 있는 화가로 인정받기보다는 원로라는 정치적 위상을 갖는 데 그쳤습니다. 일제강점 말기 친일활동의 흔적, 해방 직후 미군정시기 대한미술협회를 이

02 국립현대미술관, 『석지 채용신』, 삶과 꿈, 2001; 국립전주박물관, 『석지 채용신, 붓으로 사람을 만나다』, 2011.

끈 점 등이 그러하네요.

4-2 김관호, 〈해질녘〉, 1916년, 캔버스에 유채, 127.5×127.5cm, 일본 동경예술대학 예술자료관 소장

고희동에 이어 평양출신인 김관호(金觀鎬, 1890~1959)가 두 번째 특례입학자로 동경미술학교에 입학하게 되는데요. 1916년 김관호의 동경미술학교 졸업 작품인 〈해질녘[夕暮]〉이 일본 문부성전람회(文展)에서 특선을 하지요(4-2). 조선인의 기량을 일본에 떨쳤다고 해서 그 당시 경성의 신문들에서 떠들썩했습니다. 하지만 신문사마다 발가벗은 여인 그림을 신문에 어찌 싣느냐는 논란이 일어 결국 도판이 실리지는 못했지요. 그림의 주제는 해질녘 대동강 변에서 목욕하는 두 여인의 뒷모습입니다. 전형적인 조선 여성의 투박한 몸매를 보여주지요. 5등신 정도의 약간 비만한 모습이 그러합니다. 너른 대동강 풍경의 표현은 인상주의 화풍입니다. 이 그림 역시 졸업 작품으로 털모자를 쓴 〈자화상〉(일본 동경예술대학 소장)과 마찬가지로 지도교수의 가필이 있는 듯하지요. 김관호도 귀국 후 화가로 그림을 남긴 작품이 거의 없고, 간혹 행서체 고시를 쓴 서예작품이 눈에 띄네요. 이렇게 동경미술학교에 유학한 두 특례 입학자는 유화를 체화해내지 못한 채 실패로 끝났습니다.

서양화의 본격 유입 초기에 드러난 실패와 갈등이 상당히 빠른 시기에 해소된 것일까요. 김관호식 조선 여인 몸매의 누드 표현은 20년 뒤 서구형으로 바뀌었습니다. 이런 변화는 1936년에 김인승(金仁承, 1910~2001)이 그린 〈나부〉(삼성미술관 리움 소장)에 잘 드러나지요(4-3). 당시 동경에 유행하던 사조에 따라 서구미를 지향하는 일본 미인의 얼굴을 그렸는데요. 몸매 또한 전형적인 로마시대형 8등신으로 그렸지요. 한편 이런 새로운 미의식의 적극적 수용은 작가들이 친일파로 전락하는 지름길이기도 했습니다. 김인승은 매일신보 1943년 8월 4일자 1면에 조선인 징병을 찬양하는 '님의 부르심을 받들고서'에 〈전투병〉 삽화를 그려 넣었고, 일제강점기 말 군국주의에 동조하여 친일그림을 그린 대표적 화가가 되었지요.[03]

4-3 김인승, 〈나부〉(상)와 사인 부분(하), 1936년, 캔버스에 유채, 130×162cm, 삼성미술관 리움 소장

고희동과 김관호, 두 화가 이후에는 동경미술학교의 특례입학 제도가 없어지고 일본인 학생들과 경쟁하는 입학시험을 치르게 됩니다. 동경미술학교를 재수하지 않고 입학한 김인승은 우등생으로 졸업하였다고 하는데요. 그런 만큼 〈나부〉는 고전주의적 사실력을 잘 보여줍니다. 김인승 이후 그렇게 어렵다는 입학시험을 통과해 동경미술학교에 진학한 오지호, 김주경, 길진섭, 정관철 등은 유럽 인상주의 화풍에 영향을 받았고, 새로운 방식으로 우리의 풍경을 그려내는 데 업적을 남겼습니다. 인상주의는 외광파(外光派)라고 번역되는 것처럼, 눈에 보이는 순간의 풍경을 담겠다는 유럽의 근대미술 사조이지요.

일본유학의 증가와 모더니즘의 수용

1920년대 일본 유학생들이 크게 증가하고 여러 방면으로 다양하게 진학

03 이태호, 「김인승」, 『친일파 99인』, 돌베개, 1993.

하면서 자연스레 서구 신사조들이 적극 수용되었습니다. 인상주의 이후 서구 모더니즘의 유입은 일제 군국주의 이데올로기가 강화되던 시기에 이루어졌는데요. 1930년대에 접어들면, 일본에서 건너온 이른바 모던보이나 모던걸이 경성 시내를 활보했듯이, 조선 화단에도 입체파·야수파·표현주의·추상미술 등 유럽의 20세기 초 모더니즘에 대한 정보가 빠르게 퍼졌습니다. 외물(外物)을 눈에 보이는 대로가 아닌 머리, 마음, 가슴, 온몸으로 표현한다는 변화는 모더니즘의 여러 유파를 낳았지요. 이런 사조는 일본 내부에서도 신세대 예술가나 지식인들을 중심으로 수용됩니다. 일본 군국주의를 비판하면서 자유주의자나 사회주의자 등 양심적 지식인들이 생겼듯이, 화가들도 군국주의가 지배하는 더러운 세상에 눈에 보이는 대로 아름다운 풍경이나 인물만 그릴 수 있겠느냐는 거지요. 1930년대 후반 냉소와 절망, 허무 따위의 관념에 치우친 사조들은 전위, 곧 아방가르드라는 이름으로 문화를 선도했습니다.

서산(西山) 구본웅(具本雄, 1906~1953)의 1930년대 〈여인〉이나 1935년작 〈친구의 초상〉 등은 야수파 혹은 표현주의 경향이 물씬합니다. 〈여인〉은 두 손을 머리에 얹은 누드 반신상으로 일그러진 얼굴과 현란한 색채가 그러하지요. 〈친구의 초상〉(국립현대미술관 소장)은 모던시를 이끈 문인으로, 구본웅과 절친했던 이상(李箱)의 초상화라고도 합니다(4-4). 덥수룩한 수염에 파이프를 문 창백한 얼굴의 흉상이 이상의 이미지답네요. 기존의 아카데미즘 형식에 저항하는 이런 화풍들이 유럽에서 들어오고, 일본을 통해 조선의 젊은 화가들에게

4-4 구본웅, 〈친구의 초상〉, 1935년, 캔버스에 유채, 65.5×53cm, 국립현대미술관 소장

받아들여집니다.[04] 그리고 그 결과 이중섭, 김환기, 유영국 등이 배출되었지요.

수화(樹話) 김환기(金煥基, 1913~1974)가 1938년 일본 유학시절에 그린 〈론도〉(국립현대미술관 소장) 같은 작품은 우리나라 초기 추상화를 대변합니다(4-5). 곡선적인 윤곽선이 인물 형상으로 보이기도 하지만, 기본적으로는 평면적 색채와 곡선 형태의 구성으로 이루어진 기하학적 추상화의 실험작입니다.

4-5 수화 김환기, 〈론도〉, 1938년, 캔버스에 유채, 61×72cm, 제 2회 자유미술가협회전 출품작, 국립현대미술관 소장

그런데 한국 사람들의 기질하고 관련이 있는지 초현실주의나 입체파, 추상파 등의 이지적인, 혹은 여기서 이야기하는 오성적인 사조는 국내에 수용된 흔적이 적은 편입니다. 이에 비해 응어리진 가슴 속 감정을 화폭에 쏟아 놓는 듯한 형식의 표현주의나 야수파 화풍은 대단히 공감되었던 것 같지요. 청동기시대 암각화, 고구려 고분벽화, 신라나 고려의 마애불, 조선초기 분청사기 그릇의 무늬, 조선후기 민화나 무속화, 음악과 춤, 음식문화 등의 전통을 따른 것일까요.

이를 눈여겨보면, 한국문화에 내재된 야수파적인 혹은 표현파적인 기질이 선명히 드러나네요. 흥과 신명이 넘치는 한국인의 가슴에 야성이 가득 차 있는 것일까요. 자극적이거나 거칠면서 단순한 형상을 선호하는 민족입니다. 서구 모더니즘 사조에서 표현주의가 큰 갈등 없이 쉽게 젊은 화가들

04 김영나, 「1930년대 동경유학생들」, 『근대한국미술논총』, 학고재, 1992.

에게 소화된 연유도 그러한 데 있지 않을지요. 이 화가들 중에서도 20세기 중반 표현주의 형식을 우리 그림 '한국화(韓國畵)'로 정착시킨 이는 모두 인정하듯 박수근과 이중섭입니다. 그리고 이들과 비슷한 나이이면서 10~20년을 더 활동한 김환기가 꼽히네요.

2. 이중섭과 박수근의 삶이 만든 서로 다름

이중섭이나 박수근은 둘 다 내향적인 사람들입니다. 모두 키가 큰 외모에 조용한 품성을 지녔지요. 하지만 예술적 에너지를 쏟아내는 방식은 완전히 달랐습니다. 이중섭은 격정적으로, 박수근은 차분하게 드러냈지요. '격정과 과묵'이라는 부제는 이러한 성격의 차이에 따라 붙였습니다. 이중섭이 '격정'적인 감정의 표출로 자아를 강렬하게 드러냈다면, 박수근은 '과묵'하게 자신보다는 이웃들의 소박한 삶을 따스하게 그렸습니다. 이중섭은 거친 붓질로써 감정을 분출했고, 박수근은 따복따복 두터운 질감을 다져가면서 이미지를 형상화했습니다. 같은 하늘 아래 동 시대를 살았으면서 참 대조적이지요. 이중섭이 10년을 더 살았다면 두 화가가 더욱 치열한 라이벌 경쟁을 벌였을 텐데 하는 생각마저 듭니다.

하지만 두 화가는 이미 우리 미술시장에서 최고의 그림 값으로 치열하게 경쟁 중입니다. 근래 미술시장 경매에서 박수근의 〈빨래터〉가 45억 원에 낙찰되었기에 박수근이 최고점을 찍기는 했습니다만, 이 작품은 진위 논란이 일어 재판정의 판결까지 받았으니 정상적인 가격 경쟁에서 제외해야겠지요. 나는 박수근의 솜씨로 보지 않네요. 그러니 아직은 라이벌 상태를 유지한 셈입니다. 이처럼 박수근과 이중섭, 그리고 김환기의 회화는 최고의 가격대를 유지하고 있는 만큼 위작이 많이 양산되었고, 진위문제가 자주 제기되면서 근래에는 진위에 대한 연구도 활발합니다.[05]

이중섭이나 그 당시 대부분의 화가들이 대지주의 아들로 동경 유학을 다녀와 화가가 되었던 데 비해, 박수근은 철저하게 독학으로 그림을 익힌 화가입니다. 등단 이후 1950년대에 가서야 조선의 정서를 간직한 당시 사람들의 모습을 그려내기 시작했지요. 어느 특정 유파로 집어 말하기 어려운, 박수근의 자생적 모던풍 형식은 이런 배경을 바탕으로 창출된 것 같습니다. 이러한 대조도 한국현대미술사 형성의 흥미로운 점이지요.

4-6 미석 박수근 얼굴사진, 1960년대

강원도 양구 산골 출신 박수근

박수근은 1914년 강원도 양구군(楊口郡) 읍내 정림리(井林里)에서 밀양박씨인 박형지(朴亨智)와 윤복주(尹福珠)의 육 남매 중 넷째로 태어났습니다. 딸 셋을 둔 상태에서 난 아들에다가, 3대독자여서 오래 살라고 '수근(壽根)'이라 이름을 지었다네요. 박수근은 강원도 출신이라는 지역 정서도 배어 있는 듯합니다. 강원도 그러면 산골 마을의 순박한 이미지를 떠올리듯, 박수근의 후기 인물사진은 강원도 냄새가 물씬한 지식인의 모습이지요(4-6).

05 송향선, 「이중섭 회화의 감정사례 연구」, 명지대학교 문화예술대학원 석사논문, 2004; 하수봉, 「박수근 회화의 표현기법 연구: 진위문제, 편년 재조정 그리고 재현작업을 중심으로」, 명지대학교 대학원 박사학위 논문, 2012; 김인아, 「김환기 회화의 진위감식 연구」, 명지대학교 대학원 박사논문, 2013.

박수근이 태어난 양구는 산 깊고 물 맑은, 청명한 풍토를 자랑하는 분지입니다. 한반도의 정중앙으로 휴전선 아래 위치하여 천 개가 넘는 산들과 두타연, 광치 같은 깊은 계곡의 어울림을 자랑하는 아름다운 땅이지요. 가장 강원도다운 지역이고요. 파로호로 흐르는 수입천을 중심으로 한 너른 농토를 가진 풍요의 땅으로, 선사유적지부터 생태식물원까지 다양한 문화시설이 들어섰습니다. 지금은 길이 뚫려 오가기 편하지만, 예전에는 그야말로 오지였는데요. 양구 사람들은 복잡한 세상과 등진 조용한 공간에서 태어난 만큼, 소박하고 착하게 살았겠지요. 박수근도 이런 토양에서 태어나 유년시절을 보냈고요.

박수근은 넉넉지 못한 유년기를 산 것으로 알려져 있지만, 아주 어린 시절에는 그렇게 가난하지 않았다고 하네요. 7~8세 때 아버지가 광산사업에 손을 댔다가 실패하고, 집안 형편이 급속히 곤궁해졌다고 합니다. 양구에서 소학교(양구공립보통학교)만 나오고 상급학교에 진학을 못했지요. 화가의 꿈을 갖게 된 것은 어려서 밀레의 〈만종〉그림 사진에 감동을 받아서라고 합니다.[06] 일제강점기부터 〈만종〉이나 〈이삭줍기〉 같은 명작의 복제품 사진이 이른바 이발소 그림, 즉 키치로 농촌 향수를 불러일으키며 해방 후까지 상당히 인기를 유지했거든요.

박수근은 1932년 19세 때 벌써 조선미술전람회에 양구의 농가풍경을 그린 수채화 〈봄이 오다〉로 입선을 했습니다. 이후 춘천에서 일하면서 조선미술전람회에 계속 출품을 했고, 낙선의 고비도 마시곤 했는데요. 강원군청 사회과에서 근무했던 일본인 직원 미요시(三吉) 과장이 화가로 성장할 수 있게 도움을 주었다고 합니다. 평양으로 전근 간 미요시의 후원으로 박수근은

06 이구열, 「서민애로 일관한 진실된 예혼」, 『박수근』, 한국근대회화선집 양화6, 금성출판사, 1990.

한때 평양에서 그림을 그리기도 했지요. 가족을 금성에 둔 채 평양에서 최영림, 장리석, 황유엽 등을 만났고, 평양에서 해방을 맞았습니다.[07] 또 박수근은 독학으로 교사자격증을 따서, 해방 직후 금성중학교 미술교사로 근무했는데요.[08] 금화군 금성에서 금강산과 더불어 살면서 아름다운 산이라는 '미석(美石)'을 아호로 쓴 게 아닌가 싶습니다.

평안도 들녘 솔밭에서 자란 이중섭

이중섭은 평안남도 사람입니다. 1916년 평원군(平原郡) 조운면(朝雲面) 송천리(松千里) 부유한 집안에서 태어났지요. 현재 지명은 평안남도 숙천군 송덕리입니다.[09] 평양의 북쪽 묘향산맥 산악지대를 병풍처럼 두른 이 땅은, 야산인 조운산에서 흐르는 중교천(中橋川) 및 평산천(平山川) 주변 구릉지에서 서해안까지 비옥하고 너른 평야가 전개된 지역입니다. 아침 안개가 피어오른다는 의미의 '조운산' 기슭, 천 그루의 송림이 있는 동네 '송천리'라는 지명으로 보더라도 낭만적 공간이 연상되지요. 특히 송천리는 평야지대를 굽어보는 낮은 야산에 소나무들이 끝이 보이지 않게 무성하다 해서 이름 붙은 지명이라네요. 이처럼 풍요로운 들과 강, 그리고 아름다운 구릉지 솔밭의 기를 받아 위대한 화가 이중섭이 태어나 자랐을까요.

이중섭은 본관이 장수인 아버지 이희조(李熙周)와 안악이씨인 어머니 사이에서 삼남매 중 막내아들로 태어났습니다. 형과는 12살, 누나와는 6살 차이로 귀여움을 받던 늦둥이인 셈이었지만, 5세 때 아버지가 세상을 떠났지요. 평양 이문리(里門里)의 외가에서 소학교인 종로공립보통학교를 다니

07 황유엽 · 장리석, 「평양시절의 박수근」, 『박수근』, 열화당, 1985.
08 이구열, 「서민애로 일관한 진실된 예혼」, 『박수근』, 한국근대회화선집 양화6, 금성출판사, 1990.
09 한국평화문제연구소 · 조선과학백과사전출판사 공동편찬, 『조선향토대백과』 4권, 평안남도 II, 2006.

며 그림에 일찍부터 열중했다고 합니다.

정주(定州) 오산고등보통학교로의 진학은 이중섭이 화가로 성장하는 데 좋은 계기였습니다. 이 학교에서 미술교사 임용련(任用璉, 1901~?)을 만났기 때문입니다. 임용련은 우리나라 최초의 미국 유학파로 예일대에서 미술 공부를 하고 와서 전통회화와 서양회화의 절충을 모색했던 화가이지요. 졸업 후 이중섭은 화가의 꿈을 실현하기 위해 일본유학을 갔고, 신사조(新思潮)를 적극 받아들이게 되었습니다. 오산고보는 이승훈(李昇薰, 1864~1930) 선생이 설립한 유명한 민족학교입니다. 민족혼을 지니고 근대민족국가를 건립할 인재를 양성하려 했던 이 학교는 '대이상향'을 꿈꾸도록 가르쳤다고 하지요. 1940년대부터 썼던 이중섭의 아호, 큰 고향인 '대향(大鄕)'은 '대이상향'에서 따온 것이라 합니다.

이중섭과 박수근은 1949년에 첫 교류가 있었습니다. 이중섭은 원산, 박수근은 금성에 머무르던 시기인데요. 그리 멀지 않은 곳에 있었던 이들은 서로 왕래하며, 친분을 쌓았습니다. 원산미술동맹 회원들이 만든 원산미술연구소가 주관한 전시회에 이중섭과 박수근, 한묵 등이 함께 출품하기도 했지요. 이중섭은 자신의 집을 방문한 박수근과 같은 방에서 자면서 미술에 대한 이야기를 하는 등 꽤 깊은 교유를 나누었다고 합니다.[10]

이들의 만남은 1950년 6·25 전쟁으로 중단되었습니다. 두 사람 모두 남쪽으로 생활 근거지를 옮겼지만, 그 이후 만났는지에 대해서는 알려진 것이 없네요. 박수근은 1950년 전쟁이 일어나기 직전에 금성에서 혼자 서울로 내려왔고, 다시 군산으로 피난을 갔다가 전쟁 후 서울에서 가족과 합류하여 안정된 삶을 다졌습니다. 이중섭은 전쟁 중 원산철수작전 때 미군군함을 타

10 이상 이중섭 생애는 『이중섭』 한국근대회화선집 양화 7(금성출판사, 1990) 및 최석태, 『이중섭 평전』(돌베개, 2000) 등 참조.

고 부산으로 이동했습니다. 전쟁기간 부산-제주-통영 등지를 옮겨 다녔고, 부인과 두 아들을 일본으로 보낸 채 혼자 지냈지요(4-7). 박수근이 정착민으로 삶의 주변에 눈을 돌렸다면, 이중섭은 유목민으로 처절하게 시대를 앓으며 자신의 삶을 성찰했다고 볼 수 있겠네요.

4-7 대향 이중섭 얼굴사진, 1950년대

이렇게 살았던 두 사람의 그림 특징을 살펴보면, 앞에서 언급했듯이 아주 대조적입니다. 박수근은 철저하게 따뜻한 시선으로 이웃사람들을 그렸습니다. 두터운 질감을 화면에 이뤄내서 절제된 선과 색으로 할머니, 할아버지, 시장 아줌마, 소녀들을 화면에 담아냈지요. 박수근의 과묵함이 실린 형상화를 여실히 보여줍니다. 이에 비해 이중섭은 철저하게 자신의 내면을 표출하려 했고, 말년에 가서는 자기를 학대하는 양상마저 보여줍니다. 그래서 이중섭은 박수근에 비해 선과 색이 강렬하지요. 특히 유화의 경우 탄력 넘치는 붓 맛에는 이중섭의 격정이 일렁입니다.

두 사람의 작품 모두 전통적인 한국미를 현대적으로 표현했다고 보지요. 서양의 모던화법과 한국전통을 결합했다는 평가를 받습니다. 박수근이 화강암 석불이나 마애불의 질감을 화면에 구축했다면, 이중섭은 서예를 하거나 수묵화를 그릴 때 쓰는 부드러우면서도 탄력 있는 붓의 맛을 잘 살려냈지요. 두 화가는 이렇게 다른 방식으로 새로운 한국미를 구축했습니다.

박수근이 2년 연상이지만, 이중섭이 9년 먼저 세상을 떠났습니다. 시대적 순서가 뒤바뀐 셈이지요. 그런데다 회화성향으로 볼 때에도 개인의 내적 충동을 쏟아낸 이중섭이 타자에 비중을 둔 박수근보다 현대적 감수성, 현대인의 정서에 더 맞지요. 이중섭의 작품세계를 박수근보다 먼저 감상하는 이유입니다. 그림의 다양한 내용과 형식으로 볼 때도 이중섭이 단연 앞서지요. 자연히 지면도 박수근보다 이중섭에게 약간 더 할애됩니다.

3. 격정적인 이중섭의 회화

대향 이중섭은 일제강점기 동경유학시절 만났던 서구 모더니즘을 예술적 자양분으로 삼아 자기회화의 기틀을 마련한 작가입니다. 1930년대 일본 미술계의 분위기는 고전주의적 사실묘사나 인상파적 경향에 20세기 초 유럽의 야수파·표현파·입체파·추상파·초현실파 등의 모더니즘이 수용되어 있었고, 조선의 젊은 유학생들은 그 새로운 사조에 감화되었습니다. 이중섭은 1935년 동경에 유학하여 제국미술학교에서 1년간 수학하고, 이듬해 자유스러운 창작학풍을 지닌 문화학원 미술과로 옮겼습니다. 그곳에서 보통학교 동창인 김병기와 재회하였고, 당시 선배로 재학 중이던 문학수와 유영국 등을 만났지요.[11]

청년 이중섭은 훤칠한 키에 젊은 시절 사진을 보면 상당히 잘생겼습니다. 지금으로 하면 한류를 이끄는 배우나 아이돌 그룹에 해당할 정도이지요. 일본 여성들 사이에서 꽤나 인기를 끌었던 모양입니다. 이중섭은 동경에서 마사코(山本方子)를 사귀었고, 마사코에게 '남쪽의 덕이 많은 여인' 이남덕(李南德)이라는 한국 이름을 지어 주지요. 결혼 후 그들 사이에서 세 아들이 태어

11 임영방, 「예술과 인생을 못다한 작가 이중섭」, 『이중섭』 한국근대회화선집 양화 7, 금성출판사, 1990.

났지만, 첫 아이는 원산시절에 세상을 떠납니다.

이중섭은 말수가 적은 내향적인 성격이었음에도, 순수하고 따뜻한 인간성 때문에 주변에 항상 친구들이 넘쳤다고 합니다. 친구들은 이중섭을 '천사'에 비유하기도 했지요. 박고석, 김병기, 김광림 등 친구나 후배들이 전하는 이중섭에 대한 이야기를 들어볼까요.

> 많은 후배들이 그를 따랐고 친구들이 항상 그의 주변을 떠나지 않았다. 예의가 바르고 항상 웃음으로 대하는 그의 인간성이 많은 사람에게 친근감을 주기도 했지만, 그의 내면의 순수함이 모두에게 호감을 주었다.[12]
>
> 그는 위대한 화가이기에 앞서 진실된 인간이었다. '천사와 같이 천진하고 고운 마음씨'였다. 그러기 때문에 그는 이 지상 생활에선 벌써 날개 부러진 천사–타고난 인품의 천진함만은 어쩔 수가 없어서 혼탁한 사회와 번거로운 인정으로부터 멀리 격리되어 있었는지도 모른다. 그래서 아무도 범접할 수 없는 순도(殉道)를 그 혼자만이 지키며 가야 했는지 모른다.[13]
>
> 훤출한 키에 얼굴은 갸름하고 창백한 편이었다. 콧수염을 약간 기르고 긴머리는 올백. 연신 흘러내리는 머리카락을 아무렇게나 손으로 넘기곤 했다. 사물에 집착하는 눈은 늘 빛나 있었다. 작업모 같은 벙거지를 쓰고 이상한 조끼를 걸치고 다녔다. 손에는 큼직한 파이프를 들었다. 이런 물건들은 그가 손수 만든 것들이다. 그는 말수가 적었고 단정적인 확실한 이야기를 하지 않았다. 퍽 내성적인 성격의 소유자였다. 그와 생활을 같이해 보지 않고서는 그의 의사를 파악할 길이 없었다. 말머리만 꺼내놓고 고개를 끄덕이며 상대방에게 동의를 구하기도 했다. 그의 심중을 표정으로 읽어야 하는데 그야말로

12 박고석, 「대향 이중섭」, 『신아일보』, 1972.3.24.

13 김병기, 「이중섭; 화폭의 부조리」, 『한국의 인간상5: 문학예술가편』, 신구문화사, 1966.

이심전심(以心傳心)으로 알아차릴 수밖에 없었다.[14]

모더니즘으로 찾은 조선 이미지

이중섭은 모더니즘 사조 가운데 대담한 변형과 색감의 표현주의 화풍에 각별히 심취했었습니다. 당시 이중섭이 참여한 그룹 '자유텐', 우리말로 하면 '자유미술가협회'는 기존의 동경미술학교 중심의 아카데미즘에 대응하는 신진 젊은 세력들의 모임이었는데요. 이 단체가 새로운 유럽의 사조를 받아들이는 중심체 역할을 하였지요. 이중섭은 1938년 자유미술가협회전에서 협회상을 받았고, 1941년에는 당시 일본에 있던 유학생 김종찬, 이쾌대, 최재덕, 문학수 등과 더불어 '조선신미술가협회'를 결성하여 동경에서 창립전을 가지는 등 적극적으로 활동하였습니다.[15]

1930~40년대 유학시절부터 이중섭 그림의 주요 소재는 소입니다. 어려서부터 소에 대한 애착이 남달랐다고 하지요. 원산의 들판에서 하루 종일 소를 관찰하다 고발당하기까지 했다는군요. 소를 자신의 분신이라 생각했을 정도였습니다. 초기 이중섭의 소 그림은 유럽미술의 영향과 변형 방식 탓인지 스페인 소 같았는데, 그게 금세 조선 소로 바뀌면서 그 이미지에 자기 심상을 쏟아냈지요. 추상주의와 아방가르드를 추구한 '자유미술가협회(自由美術家協會)'의 후신인 '미술창작가협회(美術創作家協會)' 전람회에 나온 대담한 표현주의 경향의 유화 〈소〉가 그 좋은 예입니다. 1940년 미술창작가협회 경성전(京城展)이 개최되었을 때에도 출품된 〈소〉그림에 대해 "(이중섭의) 작품 거의 전부가 소를 취재했는데, 침착한 색채의 계조(階調), 정확한 데포름, 솔직한 이매쥬(image), 소박한 환희(歡喜), 좋은 소양을 가진 작가입니다. 쏘쳐오는

14 김광림, 「나의 李仲燮 體驗」, 『女苑』, 1977.9.

15 임영방, 「예술과 인생을 못다한 작가 이중섭」, 『이중섭』 한국근대회화선집 양화 7, 금성출판사, 1990.

소, 외치는 소, 세기의 운향을 듣는 것 같았습니다. 응시하는 소의 눈동자, 아름다운 애린이었습니다"라는 김환기의 전시평에 그러한 점이 잘 묘사되어 있습니다.[16]

4-8 대향 이중섭, 〈망월〉, 1940년, 캔버스에 유채, 30호F, 제 4회 자유미술가협회전 출품작

1940년 제4회 자유미술가협회전 출품작 유화 〈망월〉은 마치 표현파와 입체파가 절충된 듯한 작품입니다(4-8). 앞의 〈소〉와 마찬가지로 현재 원작은 없어졌고 흑백사진만 남아 있지만, 당시 이중섭의 회화경향을 잘 보여주지요. 〈망월〉의 아래에는 젖가슴을 드러낸 여성이 바닥에 앉은 말에 포개어 누워 있네요. 얼굴을 틀고 손을 길게 뻗었지요. 인체를 정상적으로 그리지 않고 입체파 식으로 변형하였습니다. 학 두 마리가 날갯짓을 하고 있고, 그 뒤로는 미루나무가 선 강변 언덕과 강 너머 둥근 산 풍경이 전개되지요. 이렇게 이중섭은 당시 표현주의 계열에 상당히 경도되었던 모양입니다.

4-9 대향 이중섭, 〈소와 여인〉, 1942년, 종이에 연필, 40.5×29.5cm, 개인 소장

1942년작 〈소와 여인〉은 종이에 연필로 그린 소품입니다(4-9). 흑백사진으로 남은

16 김환기, 「미술창작가협회 전시평에서」, 『문장』 2권 10호, 1940.12.

작품인데, 소가 잘 보이세요? 잘 안 보이지요. 자세히 보면 누드여성과 허리를 꺾은 소가 보입니다. 소의 표정이 묘한데요. 그 이유는 이 여인의 긴 머리카락이 소의 항문하고 불알 부분, 성감대가 물씬한 부분을 자극하고 있기 때문이지요. 소는 온몸이 꺾일 정도로 기분이 좋아 보입니다. 여기에 대응해 소는 가만히 있지 않고 한 발로 여인의 음부를 자극하고 있지요. 성적인 에너지가 넘치는 그림입니다. 동물이나 인간의 에로틱한 몸의 표정에 관심을 쏟았던 듯합니다. 동물인 인간의 원초성을 이중섭이 그렇게 찾으려 했을까요.

이중섭은 1943년 봄과 여름 사이에 귀국하여 원산에 작업실을 마련하고 정착하였네요. 당시 일본유학생들은 조선으로 돌아와 대부분 낙향하거나 지역에 자리 잡았지요. 그런 탓에 각 지역을 거점으로 문화예술 운동이나 단체 활동이 활발해져 지역예술이 뿌리를 내리는 듯 했습니다. 지금은 그런 문화가 거의 사라지고 서울에 집중해 버렸지요. 이중섭은 해방 직전 원산으로 건너온 마사코와 결혼을 하였고, 서울을 왕래하며 화단 활동에 적극적이었던 모양입니다.

해방 후 1946년에는 조선예술동맹의 미술동맹 원산지부와 서울의 조선조형예술동맹에 가입했습니다. 원산사범학교 미술교사가 되기도 했으나 곧바로 사직하였지요. 내성적이어서 평소에는 조용히 있다가 뒤틀린 게 있으면 확 내던지는 성격이라 교사생활에 잘 적응하지 못한 것 같습니다.[17]

한국전쟁의 와중에 이중섭은 원산에서 박수근 등과 신미술가협회를 결성하고 회장을 맡는 등 화단활동에 의욕을 보였습니다. 그러던 중 1950년 12월 미군 군함에 의지하여 조카 김영진을 데리고 가족들과 함께 원산에서 부산으로 남하하지요. 부산 피난 시절 이중섭은 판잣집을 구해 살면서 범일

17 김광림, 「나의 李仲燮 體驗」, 『女苑』, 1977.9.

4-10 대향 이중섭, 〈세 아이〉, 1940년대 중반, 종이에 연필, 18.2×28cm, 개인 소장

동을 그렸고, 친구들인 한묵, 손응성, 박고석, 이봉상 등과 르네상스 다방에 모여 커피를 마시며 예술관을 나누었다고 합니다. 다섯 명이서 '기조전(基潮展)' 같은 전시회를 열기도 했고요. 이 모임을 주제로 '둥섭, 르네상스로 가세!'라는 기획 전시가 2012년 부암동 서울미술관 오픈 기념으로 개최되었습니다.[18]

원산에서 이중섭의 회화는 소 그림과 함께 다양한 화법이 시도되었습니다. 그런 가운데 표현주의적 화풍과는 다른 새 면모가 눈에 띄는데요. 바로 대상의 사실묘사와 리얼리티의 구현입니다. 그 좋은 사례가 1945년경의 〈세 아이〉와 〈소년〉(개인 소장)이라는 소품의 연필화입니다(4-10, 11). 두 그림은 비록 소묘이지만, 이중섭이 상당한 작품성을 부여한 듯하지요. 1945년 10월 해방기념미술전람회(덕수궁 석조전)에 두 작품을 출품하려고 서울에 들

18 『둥섭, 르네상스로 가세!』-이중섭과 르네상스 다방의 화가들, 서울미술관, 2012.

고 왔다가 시간을 맞추지 못하여 인천 전시 때 걸었답니다.[19]

밑둥치만 남은 고목과 시커먼 나목 사이 깊게 웅크린 〈소년〉은 꿈꾸는 듯하고, 시커먼 〈세 아이〉는 무료하게 낮잠을 자고 있습니다. 해방기념전 출품작으로 무슨 의미를 부여하고 해석할 수 있을까요. 당시 아이들의 삶과 꿈을 통해 해방을 차분하게 맞는 이중섭을 읽어봅니다. 특히 당시 조선인의 삶을 적나라하고 실재감 있게 드러낸 작품이 〈세 아이〉이지요. 원산에서 그린 연필소묘 〈세 아이〉는 당시 밥을 굶던 아이들의 생활상을 연상시키는 스케치입니다. 어쩌면 1960년대까지도 지속된 민중의 삶인데요. 시커먼 손과 깡마른 종아리가 가슴을 퀭하게 하지요. 시골 방에 세 아이들이 모여 각각 눕고 엎드리고 웅크려 잠든 모습은 할 일도 없고 먹을 것도 없는 해방 전후 아이들의 정황을 사실감 나게 표현하였습니다. 세심하면서도 강하게 툭툭 내지른 짧은 선들도 그 감성과 너무나 잘 어울리지요. 작은 연필화 소품이긴 하지만 뛰어난 회화성을 보여주며, 유화 못지않은 표현력이 발휘된 우리 근대사의 애달픈 '삶의 현장'입니다. 20세기 한국미술사를 대표하는 거장다운 면모가 돋보이는 걸작이지요.

4-11 대향 이중섭, 〈소년〉, 1942~5년, 종이에 연필, 26.4×18.5cm, 개인 소장

1940년대 말 이후 이중섭 회화의 큰 중심 주제는 가족과 아이들입니다.

19 최석태, 『이중섭 평전』, 돌베개, 2000, p.146.

1946년 이중섭의 첫아들은 태어나자마자 디프테리아로 세상을 떠났는데, 이것이 바로 그가 가족사에서 겪는 첫 번째 트라우마이지요. 죽은 아들을 품은 이중섭의 가슴앓이가 평생의 예술을 만들었다고 생각합니다. 그 아픔을 딛고 원산에서 1947년 태형과 1949년 태성, 두 아들을 얻었습니다. 첫아들을 잃은 좌절과 두 아들을 얻은 기쁨이 뒤엉켜, 이중섭의 회화세계에서 사내아이들이 큰 비중을 차지하게 됩니다. 아내, 그리고 두 아들과 함께하던 당시 이중섭의 행복한 생활을 친구 화가 한묵이 증언하고 있네요. 집에 놀러가 봤더니 넷이서 전부 발가벗고 놀더라는 모습을 아래처럼 말합니다.

> 소리 없이 대문 안으로 들어서 장지틈으로 들여다보았더니 네 식구 모두 나체가 되어 이불 위에서 뒹굴고 있지 않겠는가. 엄마 아빠의 이불을 아이들이 마구 잡아당긴다. 그럴라치면 아빠는 요놈하면서 소모양 엉금엉금 기어 좁은 방을 돌고 돈다. 아이들은 깔깔대며 애비소 불알이 덜렁덜렁하는 것을 볼 수 있었다. 우리들은 킥킥거리다가 억제할 수 없어 후닥툭탁 도망을 쳐 나왔다. 이처럼 완전 나체로 자연인대로의 자유스러운 분위기가 둥섭이를 살게 하고 그림을 그리게 하는 유일한 원동력이 되어 그와 같은 회화가 쏟아져 나오는 것이리라.[20]

몸과 의식을 동일시한 이중섭의 순수한 예술가적 기질이 잘 드러난 퍼포먼스답지요. 그 예술의지를 그대로 쏟아낸 그림이 이중섭의 표정이자 회화작품이라는 생각을 해봅니다.

20 한묵, 「벌거숭이 자연인을 묶어놓은 은지화 사건」, 『계간미술』, 1986.가을.

남쪽 바다에서 건진 순수와 꿈, 아이들

이중섭은 부산으로 내려온 후 가족들을 일본으로 보낸 채 부산, 제주, 통영을 이동하며 그야말로 유목민의 쏠로를 견뎌냈지요. 그러면서 큰아들에 대한 상처를 삭히고 유난히 아이들의 명랑함을 그려냅니다. 부산 시절부터 시도한 은박지 그림에 나타나듯이 아이들의 천진한 즐거움이 자연스레 표출되기 시작했지요. 남쪽 바다를 표류하며 건진 순수와 꿈일까요.

이중섭의 은지화는 특히 신화화되어 있습니다. 들리는 이야기로는 이중섭이 그림은 그리고 싶은데 화구가 없어서 은박지를 선택한 것이라고도 하지요. 그의 은지화는 미제 담배 은박지를 날카로운 펜이나 못으로 긁어 스케치를 한 후, 거기에 물감을 칠해 마치 상감청자에 상감하듯이 그렸습니다. 헌데 그가 부잣집 아들이었던 점을 생각해보면, 물감 값이 없어서라기보다 이 효과를 미리 생각해 그린 것이 아니었을까요. 이는 일본에서부터 다양한 재료를 섭렵하던 이중섭의 그림 그리는 작화(作畵)방식으로, 이남덕 여사의 증언에도 나타납니다. 친구인 화가 박고석도 그 시절 이중섭의 모습을 이남덕 여사와 비슷하게 회상한 적이 있고요.

> 그는 처음에 동경의 제국미술학교에 다녔어요. 여기서 1년 배운 다음, 문화학원으로 옮겨왔죠. 문화학원은 개성을 존중하는 학풍이 있었으니까요. 소와 아이들 같은 소재들을 늘 그렸고 재료에 대한 관심도 대단했던 걸로 기억합니다. 캔버스뿐 아니라 화선지도 썼지요. 두꺼운 화선지에 먹을 듬뿍 칠한 다음 그 표면을 끝이 뾰족한 금속성 도구로 긁어내는 작업을 시도하기도 했습니다.[21]

21 이남덕 여사의 인터뷰, 『계간미술』, 1986 여름.

중섭처럼 마티에르에 민감하며 집착한 작가도 드물다. 한번은 잡담을 하던 끝에 뒤적이던 라이프 잡지에서 시커멓게 인쇄된 면을 골라 크레용으로 그림을 그리는 것이었다. 흰색에 가까운 밝은 녹청색 크레용이 무겁고 어두운 바탕 위에 밀착된 색조의 대조는 신비스러운 조화의 묘를 자아냈다. 재료와도 친숙해져 다채로운 재료를 구사했다. 담배 은박지는 물론 베니어판, 나무판자, 장판지, 갱지 등에 수채물감은 물론 크레파스, 연필에 송곳까지 동원했다.[22]

4-12 대향 이중섭, 〈게와 아이들〉2점, 1952년, 은지에 새김, 유채, 10cm×15cm, 개인 소장

스크래치와 물감 메우기로 상감기법과 유사한 필선을 보여주는 은지화로는 1952년 작으로 추정되는 〈게와 아이들〉(개인 소장)이 꼽힙니다(4-12). 은지화는 노골적인 섹스는 아니지만, 아이들이 엉켜서 서로 성기를 희롱하는 모습들을 담아낸 것으로 유명합니다. 웅크린 아이들, 게에다 줄을 매서 묶어 놓고 노는 아이, 게에게 엄지손가락을 물린 아이, 발가벗고 엉켜 있는 아이들, 서로 똥구멍을 간지럽히고 발로 차며 노는 아이들의 모습이 등장하지요. 이들 모두 이중섭의 아이 사랑으로 비칩니다. 나비, 개미, 민들레 등이

22 박고석, 「대향 이중섭」, 『신아일보』, 1972.3.24.

4-13 대향 이중섭, 〈바닷가의 아이들〉, 1951년, 종이에 유채, 36×26.5cm, 삼성미술관 리움 소장

아이들과 함께 노는 〈봄의 어린이〉(개인 소장)나 기다란 줄 하나로 아이들이 자유롭게 꾸물꾸물 테두리를 만든 〈다섯 아이와 끈〉(개인 소장) 같이 옅은 청, 황, 적 담채식 유화물감을 바탕으로 연필 자국을 선명하게 그어 표현한 작품은 상감기법식 은지화 스타일과 유사합니다.

아동 소재는 1951년작 〈바닷가의 아이들〉(삼성미술관 리움 소장)처럼 유화로도 그려졌습니다(4-13). 서귀포 시절로 추정되듯 물고기를 낚시질하는 모습, 게가 따르고 아이들끼리 서로 엉켜서 엉덩이나 똥구멍을 간질이는 모습

4-14 대향 이중섭이 1951년에 살았던 초가 전체(좌)와 단칸방(우), 제주 서귀포시

등 천진난만한 장면이 그림으로 표현됐지요. 물감을 듬뿍듬뿍 바른 붓질의 표현주의풍입니다.

이런 그림 스타일은 〈바닷가의 아이들〉이 보여주듯이 부산을 거쳐 제주도 생활에서 완성된 듯합니다. 이중섭의 40세 생애 중 가장 행복했던 시기는 1951년 3월~12월 제주도 서귀포에서 지낸 10개월일 듯한데요. 서귀포에서 이중섭이 가족과 함께 살았던 공간은 초가집 맨 오른쪽에 있는, 부엌 딸린 단칸방이었습니다. 서귀포시 서귀동 김순복 할머니의 제주도식 초가로 정면 5칸의 상당히 큰 집이지요(4-14). 네 식구는 겨우 한 사람이 들락거릴 부엌을 지나 한 평이 채 안 되는 단칸방에서 발가벗고 지낸 모양입니다. 이중섭이 가장 행복하게 살았던 시절의 초가집은 현재 기념공간으로 보존되어 있습니다.

서귀포에 가서 이 단칸방에 얼굴을 들이밀면 사실은 마음이 찡해집니다. 이곳에서 무릉도원을 꿈꾼 이중섭의 가족이 떠오르거든요. 발가벗은 아이들의 파라다이스를 그리던 이중섭, 그때 이중섭의 얼굴 사진과 '소의 말'이라는 시가 단칸방에 걸려 있습니다. 이 시를 썼을 때로 여겨지는 청년 이중섭의 얼굴 사진은 해맑은 표정이지요. 그러면서 건강했던 시절, 그의 두 눈

4-15 대향 이중섭, 〈섶섬이 보이는 풍경〉, 1951년, 나무판에 유채, 41×72cm, 개인 소장

4-16 대향 이중섭, 〈서귀포의 환상〉, 1951년, 합판에 유채, 56×92cm, 개인 소장

은 막 타오르는 불꽃같아 보이기도 합니다. 마사코 같은 젊고 순진한 여자가 이중섭의 불타는 듯한 눈을 안 봤어야 했는데 보고 빠진 거지요.

현재 서귀포시 서귀동에 이중섭이 살았던 동네는 전부 이중섭공원이 되어 있습니다. 이중섭 문화거리는 벽화, 바닥, 전돌 모두 이중섭의 이미지로 감싸여 있지요. 서귀포시에서는 근래 이중섭을 추모하여 이중섭이 살던 집 언덕에 이중섭미술관을 세웠습니다. 교육적 기념 공간은 되겠지만, 전시실에 들어가면 너무 산만한 분위기여서 이중섭의 삶과 예술에 감동하기에는 거리가 멀긴 합니다. 그래도 이런 공간이 존재한다는 것만으로도 의미가 크지요.

1951년 작 서귀포가 담긴 〈섶섬이 보이는 풍경〉(개인 소장)은 이중섭이 살던 집에서 내려다보이는 섶섬을 그린 그림입니다(4-15). 이중섭 그림치고는 변형이나 과장이 적지요. 섶섬을 굽어보는 서귀동의 언덕 위, 실경을 그린 현장에 서면 대단히 실재감 나게 사생하였음을 알 수 있습니다. 지금은 도시화가 이루어졌지만, 느티나무나 해변 고목들은 남아 있어 섬의 형태와 더불어 이중섭의 사실구성과 묘사기량을 엿볼 수 있네요. 선명한 형태나 선맛보다는 붓터치들이 생생하게 튑니다.

역시 1951년 작 〈서귀포의 환상〉(개인 소장)은 이중섭의 생애 중 부인과 아들 둘, 넷이서 가장 행복했던 시절의 낙원을 담은 듯합니다(4-16). 이중섭은 환상적인 해방감, 혹은 이상 세계를 꿈꾸면서 아이들과 흰 새와 천도복숭아를 그렸는데요. 학을 타고 나는 아이들, 지천으로 널린 복숭아, 아이들과 함께 자고 일어나는 장면을 몽환적으로 표현했지요. 붓질도 선을 살리거나 선명한 형상 표현보다는 물감을 뭉개 그린 느낌이 강하고요. 이를 뚜렷하게 자기 형식으로 만들어낸 작품이 뒷날에 그린 1954년경의 〈도원〉(개인 소장)입니다. 무릉도원에 복숭아가 열리고 꽃이 핀 가운데 행복한 아이들의 발가벗은 모습이 그러하지요.

그 스스로도 운동으로 다진 몸매 때문인지, 이중섭은 인간의 원초적 몸인 누드를 좋아했던 모양입니다. 원산에서부터 집안에서 발가벗고 살았다고 하듯이 자기 취향을 그림으로 정직하게 표출한 셈입니다. 이중섭은 아이들과 복숭아꽃, 서귀포 풍경을 좀 더 단순화시켜 유화로 그렸지요. 아이들은 고려 상감청자의 아이들과 연관되기도 하고, 복숭아나무는 민화 느낌도 납니다. 고구려 고분벽화에 나오는 산 같은 표현도 있는데요. 굵은 선으로 여러 겹을 그리고 복숭아색을 칠한 산의 형태는 5세기 무용총 수렵도에서 따온 듯합니다. 평남 출신인 이중섭은 당시 발굴되었던 고구려 고분벽화에도 관심을 가졌고, 백자, 상감청자, 항아리와 같은 도자기도 좋아했지요. 이런 골동 취미가 전통형식의 아름다움을 익히게 했고, 고스란히 이중섭의 회화로 재창조되었다고 봅니다. 모더니즘을 조선적 형식미로 풀어내는 이중섭의 방식을 확인케 해주지요.

한적한 남해 통영의 풍경들

이중섭은 1952년 12월 서귀포를 떠나 부산으로 가서 국방부 종군화가단에 입단하고, 부인과 두 아이를 일본으로 보냅니다. 그토록 자신을 행복하게 만든 가족과 떨어져 외로움과 그리움 속에서 지내던 이중섭은 결국 1953년 현해탄을 건너 외양선을 타고 밀항하여 가족을 만나고 돌아오기도 하지요. 〈현해탄〉(개인 소장)은 바로 그때 그림입니다. 일본에서 가족을 만나고 온 이중섭이 삽화로 조선과 일본의 바다, 물고기를 그렸지요. 이 그림에서는 십자가 같은 것이 보입니다. 말년에 성당그림도 그리는데요. 이중섭이 이때부터 종교에 귀의하려 했다는 생각이 들기도 합니다.

4-17 도립나전칠기기술원양성소 전경(상), 내부 안내판(중), 표시석(하)

일본을 2주 동안 다녀온 후 이중섭은 염

직공예가 유강렬(劉康烈, 1920~1976)의 호의로 통영에서 작품 제작에 몰두하게 됩니다. 유강렬이 주도하던 도립나전칠기기술원 양성소에서 소묘도 가르치며 지냈다지요. 통영시 항남동의 현재 이 자리에는 바다마을이라는 음식점이 들어서 있고, 주인의 배려로 식당 벽에 이중섭이 지냈던 곳임을 그림과 사진 패널로 전시해 놓았네요(4-17). 건물 밖에는 '서양화가 이중섭 피난시절 작품 활동하였던 곳'이라는 표시석이 있고요. 이중섭은 통영에 머무는 동안 남쪽의 욕지도를 왕래하며 그림을 그리기도 했습니다. 그리움과 외로움을 되삭이듯 통영에서 작품들이 쏟아져 나왔지요. 또 박생광의 초청으로 인근의 진주에서 지내기도 했답니다. 이중섭은 통영과 진주에서 1953~54년 봄까지 1년 2개월 정도 살았는데요. 그가 유일하게 1년 이상 오랫동안 산 지역입니다. 통영이 좋았던 듯 가장 이중섭다운 작품이 여기에서 쏟아져 나왔습니다.

이중섭은 통영에서 달과 까마귀, 혹은 소, 아이들 외에 여러 점의 풍경화를 그렸습니다. 이중섭이 유일하게 자연풍경을 그린 곳이 통영입니다. 현존하는 15점 내외의 대표작품을 모두 통영에서 그렸지요. 그래서 이중섭의 통영 생활이 중요합니다. 통영의 아름다운 자연이 통영의 아름다운 사람을 만드는 것처럼, 이중섭을 화가다운 화가로 만들었기 때문이지요.

1953년 이중섭은 통영에서 그린 40여 점의 그림으로 성림다방에서 유화 개인전을 엽니다. 성림다방은 그 당시 이중섭, 유광렬, 전혁림, 장윤성 등이 모여서 차 마시고 예술을 논하며 개인전도 했던 바닷가 공간이었다지요. 2012년 늦가을 통영 해안로 현지에 가보니 아쉽게도 솔다방으로 바뀐 2층짜리 성림다방 건물이 철거 직전이었습니다. 그런 곳을 살려서 기념 공간을 구성하면 좋겠는데 말입니다.

통영 성림다방 전시에 출품된 작품으로 추정되는 1953년작 〈길〉(개인 소

4-18 대향 이중섭, 〈길〉, 1953년, 종이에 유채, 41.5×28.8cm, 개인 소장

4-19 대향 이중섭, 〈선착장을 내려다본 풍경〉, 1953년, 종이에 유채, 41.5×29cm, 개인 소장

장)은 언덕에서 굽어본 선착장 건너편의 마을길을 그린 겨울 풍경이지요(4-18). 근경에 보이는 거친 필치의 소략한 나무들을 보고 있노라면 풍경화는 그의 장기가 아닌 듯합니다. 한적한 남해의 바다 풍광을 담은 1953년작 〈선착장을 내려다 본 풍경〉(개인 소장) 역시 〈길〉과 같은 시기의 대표적인 풍경화인데요(4-19). 이중섭은 바다와 섬과 항구 등을 결코 아름답지 않게 그렸습니다. 기와집도 지붕을 제대로 그리지 않고, 북북 내질렀지요. 이게 이중섭이 쏟아낸 에너지일까요. 회화적 안정감은 적지만 통영에서 다양한 풍경을 작품으로 시도했다는 점이 눈길을 끕니다. 자연과 자신의 감정을 일체화하려는 의지가 읽히기 때문이지요. 다만 이중섭이 일찍 세상을 떠나는 바람에 이를 성숙시키지 못했다는 생각도 듭니다.

1953년경의 작품으로 추정되며 〈통영 충렬사〉(삼성미술관 리움 소장)로 밝혀져 있는 이 작품은 아무리 봐도 충렬사는 아닙니다. 실제로 충렬사에 가보면 축대가 없고, 팔각지붕이 아니라 맞배지붕이거든요. 통영의 세병관 혹은 안정사와는 비슷하다는 생각을 해봤습니다. 지금까지 이중섭의 예술세계를 이야기할 때 풍경화는 잘 언급하지 않았으나, 이제는 독특한 형식으로 새롭게 평가해야 하는데요. 그 중심이 통영이라는 것도 중요한 과제입니다. 통영은 한국의 나폴리라 일컬어질 정도로 맑고 아름다운 풍광을 뽐내는 곳이지요.

4-20 대향 이중섭, 〈벚꽃 위의 새〉, 1950년대 중반, 종이에 유채, 49×31.3cm, 개인 소장

〈복사꽃이 핀 마을〉(개인 소장), 〈초가(草家) 있는 풍경〉(개인 소장)도 통영과 진주에서 1953~4년에 그린 그림들로 추정됩니다. 붓 터치는 좀 서툰 느낌이 나는데요. 초가집, 산, 지붕, 나무들이 좀 그렇지요. 이중섭의 마음이 평화와 갈등 사이에서 계속 왔다갔다 하는 듯합니다. 그를 유럽의 반 고흐에 빗대기도 하듯이, 혈기왕성한 시기 짧은 기간에 열정을 온통 그림에만 쏟았지요. 이중섭은 우리 근대사에서 자본주의가 뒤늦게 발전하는 과정과 더불어 아픈 역사를 겪으며, 시대의식과 개인의 감성을 한 숨도 남김없이 한껏 작품으로 표현한 것으로 보입니다.

이중섭은 내적 욕구를 쏟아낸 강렬하고 거친 이미지에만 집착한 것이 아닙니다. 1950년대 중반 부드러운 감수성의 유화 작품도 시도했지요. 〈벚꽃 위의 새〉(개인 소장)가 눈에 확 드는 그러한 예입니다(4-20). 산벚나무 꽃이 만발한 가지에 흰 새 한 마리가 사뿐히 내려앉자, 꽃잎이 땅바닥까지 우수수

4-21 대향 이중섭, 〈길 떠나는 가족〉편지, 1954년, 종이에 유채, 29.5×64.5cm, 개인 소장

떨어지는 장면을 포착한 그림입니다. 꽃가지 오른편에 청개구리 한 마리가 움츠려 있고 그 위로 벌 한 마리가 나는, 마치 옛 그림의 화조화를 현대 감성으로 재해석한 듯한 구성미를 보여주지요. 이러한 묘사뿐 아니라 분홍빛 바탕에 푸른색이 감도는 파스텔톤 배경의 붓질 또한 여전히 거칠지만, 찬바람을 물리친 봄의 따스한 서정이 물씬한 걸작이네요. 어떤 이유로 그리 이중섭의 마음이 확 풀어졌을까요.

그리움을 풀어낸 가족 그림들

식구와 헤어진 후 끼니조차 챙기기 불편한 처지에서 이중섭이 반복해서 그린 주제가 바로 '가족'입니다. 1954년 부인에게 보낸 편지의 삽화 〈길 떠나는 가족〉(개인 소장)에 잘 드러나 있지요. 부인, 두 아들, 이중섭, 이중섭이 사랑한 소가 한 가족을 이루고 있네요. 유난스런 가족애가 열정적 예술혼을 뒤흔든 것으로 요약할 수 있겠지요. 그는 가족에게 계속 그림 편지를 쓰면서 예술가적 기량을 다졌습니다.

> 태현에게. 나의 태현아 건강하겠지, 너의 친구들도 모두 건강하니? 아빠도 건강하다. 아빠는 전람회 준비에 몰두하고 있다. 아빠가 엄마, 태성이, 태현이를 소달구지에 태우고 아빠가 앞에서 황소를 끌고 따뜻한 남쪽 나라로 함께 가는 그림을 그렸다. 그만 몸 성해라. 아빠.[23]

4-22 대향 이중섭, 〈부부〉, 1954년경, 종이에 유채, 51.6×35.5cm, 개인 소장

이 편지 삽화와 동일 소재로 같은 시기에 그린 1954년 유화 〈길 떠나는 가족〉(개인 소장)도 전합니다(4-21). 자신과 소, 두 아들과 부인, 이렇게 살고 싶은 것이 이중섭의 개인적 소망이었지만 결국 이루지는 못했지요. 이 작품에서도 빠른 붓 터치의 속도감이 느껴집니다. 구획된 선보다 너른 면 처리의 이미지들을 빠른 속도로 형상화해 내었지요.

1954년경의 작품 〈부부〉(개인 소장)는 암탉과 수탉이 서로 입맞춤하며, 교미하기 직전 애정표현을 하는 듯한 모습을 그렸습니다(4-22). 이 작품 또한 잠시 일본에 다녀와서 오랜 만에 부부생활을 하고 난 뒤의 소재인지도 모르겠는데요. 보는 이에 따라서는 북쪽에서 내려온 이중섭이 분단된 조국을 형상화하지 않았나 해석하기도 합니다. 붓질이 전형적인 표현주의 형식이

23 이중섭 지음, 박재삼 옮김, 『이중섭 편지와 그림들 1916-1956』, 다빈치, 2000, p.196.

4-23 대향 이중섭, 〈달과 까마귀〉, 1954년, 종이에 유채, 29×41.5cm, 개인 소장

면서, 유화의 질감보다는 붓맛의 느낌을 더욱 살렸지요. 유화붓과 물감이 가진 딱딱함을 극복하고 마치 수묵모필로 드로잉하듯 했습니다. 붓질 선들이 마치 살덩어리의 떨림 같기도 하네요.

유화 〈닭과 가족〉(개인 소장)도 가족연작 계열입니다. 아버지와 세 아들이 암탉과 수탉, 병아리로 이루어진 닭 가족과 함께 어울려 있지요. 갈색과 흰색에 청회색을 짓뭉갠 굵은 터치, 거친 윤곽선이 수선스러운 분위기를 잘 전해줍니다. 왼편의 아버지는 암탉을 붙들고 기다리고 있고, 오른편의 아이는 수탉을 뒤집어 똥구멍에 입을 대고 잔뜩 바람을 넣어 흥분시키네요. 교미를 시킬 전희인 모양입니다. 혹은 닭싸움을 위한 요량일까요. 이중섭의 체험이 실린 그림이지요. 위의 두 아이가 들고 있는 망태에는 벌써 네 마리 병아리가 담겨 있습니다.

까마귀 가족을 그린 1954년작 〈달과 까마귀〉(개인 소장)는 이중섭의 표현파적이면서도 수묵화 모필의 붓질 감각이 돋보이는 작품입니다(4-23). 통영에서 그린 것으로 전해지는 이중섭의 대표작이지요. 사인 'ㅈㅜㅇㅅㅓㅂ'은 '대향'과 함께 이중섭이 즐겨 쓰는 한글 파자 서명입니다. 화면의 오른편 보름달이 걸린 배경이 굉장히 강렬하고 인상적이지요. 세 줄의 전깃줄에 다섯 마리의 까마귀들이 어수선합니다. 해가 떨어진 저녁, 푸르스름한 하늘에 노란 달이 뜨고, 그 노오란 달빛이 까마귀들의 눈마저 노랗게 물들였네요. 흩어졌던 까마귀 가족이 모여드는 분위기에 깍깍대는 까마귀의 표정이 왠지 불안합니다. 제일 먼저 안착한 중앙의 대장을 향해 날아오면서 전깃줄로 파닥대며 앉으려는 까마귀들이 그대로 이중섭 삶의 표정일까요. 이중섭 말년의 망가진 얼굴이 바로 떠오릅니다. 까마귀들의 표정에는 그처럼 불안감이 짙지만, 한편으로는 평안함도 교차되어 나타나지요. 그중에는 반가운 표정의 까마귀도 보이네요. 일본에 보내놓은 가족들을 잠시 만난 뒤에 살았던 통영에서 이중섭이 느낀 안도감과 갈등이 양면적으로 표출된 것일까요. 까마귀를 약간 과장하며 그린 붓 터치에는 불과 삼십대밖에 되지 않은 젊은 이중섭의 에너지 넘치는 감정이 물씬합니다. 화면의 아랫부분 절반을 비워놓고, 오른편으로는 달을 왼편으로는 검은 까마귀들을 치우치게 배치한 공간감각도 절묘하지요.

이 〈달과 까마귀〉는 이중섭 그림 중 가장 감명 깊은 작품입니다. 〈흰 소〉 같은 소 그림을 대표작으로 꼽기도 하지만, 나는 이 그림이 훨씬 좋습니다. 지난 세기말 현대갤러리 회고전에서 보고 느꼈던 감동이 지금도 선명하게 뇌리를 떠나지 않네요.[24]

24 『이중섭』, 서울 갤러리 현대, 1999.

이중섭의 분신인 소 그림들

이중섭의 인간적 이미지는 소를 통해 표현되었다고 봅니다. 일제강점기 말 이중섭이 쓴 시 '소의 말'은 화가로서뿐만 아니라 시인의 감수성까지 함께 지녔던 이중섭을 잘 말해 주지요. 이 시는 이중섭이 살았던 서귀포 단칸방에 붙어 있기도 합니다.

소의 말

맑고 참된 숨결

나려 나려 이제 여기에 고웁게 나려

두북 두북 쌓이고

철철 넘치소서…….

삶은 외롭고 서글픈 것.

아름답도다,

4-24 대향 이중섭, 〈흰 소〉, 1953~4년경, 합판에 유채, 30×41.7cm, 홍익대학교 박물관 소장

두눈 맑게 뜨고

가슴 환히 헤치다.

이중섭은 소와 자신을 이처럼 한 몸으로 동일시했습니다. 소 그림이 그의 대표작인 것이 당연한 듯한데요. 현존하는 이중섭의 소 그림 대부분은 통영에서 완성된 것으로 보지요. 누구나 수긍하는 이중섭의 대표작은 1953~4년경의 유화 〈흰 소〉(홍익대학교박물관 소장)입니다(4-24). 통영시절 내지 상경 직후 그렸을 것으로 추정됩니다. 이중섭식의 발랄한 터치와 필법을 잘 보여주는 작품으로, 솟구치는 에너지가 충만해 있지요. 앞발을 들고 과감하게 전진하는 소의 자세와 표정이 좌절하지 않는 이중섭의 모습이랄까요. 아주 작은 소품인데도, 대작이 가진 느낌을 그대로 전달해줍니다. 그런데 회색조는 소의 본래 색깔이 아니지요. 북북 긁어댄 흰 소의 형상은 마치 고구려 고분벽화의 청룡이나 백호와도 같은 이미지입니다. 게다가 소의 안면을 보세요.

4-25 대향 이중섭, 〈황소〉, 1953년 추정, 종이에 유채, 29×41cm, 개인 소장

표정이 압권입니다. 내성적이고 부끄러워 말도 잘 안 하는 이중섭이 어떻게 저런 격정의 감정을 쏟아냈을까요.

또한 표현방식도 유화의 수법을 완전히 떨어냈습니다. 유럽의 1910~20년대 이후 표현주의 화가들이 그려내는 방식과는 다르지요. 초서나 예서의 붓글씨나 수묵화의 기운생동을 유화 물감만 빌려 표출했다는 생각마저 들게 합니다. 이중섭의 붓질이 앞서 살펴본 겸재 정선이나 추사 김정희의 필의(筆意)와 공감되기도 하네요. 꼬리를 세우고 건장하게 걸어가는 소의 불알도 아주 힘 있게 그려졌습니다. 이중섭 자신이 건강하고 힘이 넘친다는 것을 보여주는 듯하지요. 정말 좋네요. 특히 소의 눈망울이 목을 매게 합니다. 이중섭에 감전된 나머지 아무 말이 안 나올 정도입니다.

1953년경 작품인 유화 〈황소〉(개인 소장) 흉상은 포효하는 소의 안면 표정을 그린 그림입니다(4-25). 이중섭은 착한 소의 이미지와 함께 공포나 저항의 응시를 보여주기도 하는데요. 필법도 수묵 모필에 빠른 붓질 맛을 가지고, 표현주의든 야수주의든 서구 모더니즘을 자기화한 모습을 적절히 보여줍니다. 부들한 붓의 힘이 넘쳐나네요. 포효하는 소의 감정을 그렇게 섞어 그렸던 모양입니다. 이처럼 표효하는 소는 그대로 이중섭이지요. '화여기인(畵如其人)', 그림이 바로 그 사람 같습니다. 김환기가 이야기한 '애린의 눈동자'가 이중섭의 자화상이라 할 만큼 그 심상과 삶의 역정을 떠오르게 하지요.

> 이중섭은 불행한 시대를 가장 진실하고 가장 열렬하게 산 인간의 표본이라 하겠다. 그의 생애에는 비약이 없다. 주어지는 조건을 고스란히 감수하면서 번민하고 몸부림친 한평생이었다. 그의 작품에는 그러한 고뇌의 표정이 알알이 새겨져 있다. 작품을 떠나서 그 인간을 말할 수가 없고, 인간을 떠나서 그 작품을 이해할 수 없을 만큼 그의 작품과 인간은 동시적이라고 할 특징이

4-26 대향 이중섭, 연필화 〈소와 새와 개〉, 1950년대 중반, 종이에 연필, 유채, 32.5×49.8cm, 개인 소장

있다.[25]

이중섭을 고스란히 드러낸 소 그림은 1950년대 중반의 연필화 〈소와 새와 개〉(개인 소장)입니다(4-26). 아예 'ㅈㅜㅇㅅㅓㅂ' 사인을 하단의 중앙에 배치하여 소와 자신을 동일시한 듯하지요. 옅은 연필로 여러 선의 밑그림을 그린 후, 그 위에 강하고 짙은 흑연으로 형상을 뜨고, 다시 그 위에 회색조 유화물감을 듬성히 바르며 나이프로 긁어내었네요. 화면을 약간 흐리게 해서 자신의 모습을 감추려 했을까요.

소는 전율하는 자세입니다. 몸을 바닥에 웅크리며 엑스터시의 몸짓으로, 앞쪽 한 다리는 들고 뒤쪽 한 다리는 발목을 잔뜩 꺾었지요. 머리와 등의 털들이 쭈뼛쭈뼛 섰고요. 항문을 정면으로 드러낸 꼬리는 팔랑개비 돌듯이 여

25 김병기, 「이중섭; 화폭의 부조리」, 『한국의 인간상』 5: 문학예술가편, 신구문화사, 1966.

러 가락으로 돌고 있습니다. 소가 왜 이럴까요. 양 가랑이 사이 늘어진 불알에 게 한 마리가 달려 있는데요. 그 게의 행위 때문인 모양입니다. 집게 발 하나로 그것을 받치고 또 한 발로 간질이고 있거든요. 흥분이 절정에 이른 듯 소는 발기된 성기 끝으로 정액을 막 사정하여 땅에 받친 발 위로 쏟아냅니다. 이빨 빠진 늙은 소의 흥분된 듯 멍한 눈동자 표정이 인상적이네요. 전쟁기간 망가진 이중섭이 그랬던 것일까요. 부인을 떠나보내고 젊은 홀아비로 살던 이중섭의 몽정 같기도 합니다. 죽을 만큼 황홀한 성의 감흥을 전달하려는 의미일지도 모르겠네요. 소뿔 위에 새 한 마리가 날아와 두 발로 소뿔을 한껏 쥐었는데, 소를 보는 새의 표정이 맹랑합니다. 새의 존재가 이 현장을 일본에 있는 아내 이남덕에게 전할 메신저를 의미하는 듯도 하고요. 마치 영혼을 나는 새처럼 그려 넣은 것이 마을입구에 세워진 나뭇가지 위에 얹힌 새, 즉 솟대나 짐대 위에 앉은 새를 연상시킵니다.

4-27 이종구, 〈아버지의 소〉, 1986년, 부대 위에 유채, 80×100cm, 개인 소장

이중섭의 소는 당시 우리 민족의 이미지 혹은 일제강점기와 전쟁을 겪었던 한국인의 심상을 표현했다고 평가됩니다. 그 이유는 이중섭의 소 그림이 20세기 우리의 민족 현실이 갖는 응어리, 불안감 혹은 격정을 떠오르게 하기 때문이지요. 거친 터치의 강렬한 표정에 이입된 작가 자신의 심성과 시대정서가 딱 맞아떨어졌다고 할까요. 식민지와 전쟁을 겪고 난 직후 1953년, 그런 감정을 쏟아낼 수밖에 없는 시대상에 자기 자신을 동화시켰다고 여겨집니다. 이중섭이 스스로 민족주의자로서의 삶이나 위상을 드러내 보이

진 않았더라도, 사회와 자신을 동일시해서 자기연출을 솔직히 시도한 면은 있는 듯합니다. 나중에는 전람회의 실패로 인해 겪는, 본인의 예술과 사회간 소통의 어려움 같은 현실적 아픔을 가감 없이 드러냈던 실상을 보면 충분히 그랬을 법하지요.

20세기 한국미술에서 1950년대 이중섭의 소 이미지와 비교할 수 있는 작품으로, 이종구의 1986년작 〈아버지의 소〉(개인 소장)가 떠오르네요(4-27). 이종구가 그린 소는 고향 서산에서 아버지가 키우던 소입니다. 1986년 소 파동이 있었을 때, 농민들이 길가에서 소를 잡는 항의 시위를 하면서 썼던 한국 황소이지요. 1980년대 민중미술의 대표작가인 이종구는 소를 아주 치밀하게 사실적으로 그렸습니다.[26]

4-28 대향 이중섭이 1955년에 작업했던 집 골목(하)과 내부(상), 종로구 누상동

그림을 그리는 방식은 크게 둘로 나뉩니다. 이종구처럼 눈에 보이는 형상을 똑같이 닮게 해서 소의 실재감을 강조하는 방식과, 이중섭처럼 대상의 외모를 꼭 닮게 그리지는 않지만 대상의 느낌을 이미지화하는 방식이 있지요. 동양화론의 형사(形似)와 사의(寫意)의 개념으로 보면, 이종구의 소 그림은 '형사'에, 이중섭의 소 그림은 마음 속 감정

26 이태호, 「버림받은 정직성, 밑둥 잘린 삶터의 분노」, 『이종구 땅의 사람들』 현대작가선 5, 학고재, 1992.

을 쏟아내는 '사의'에 해당합니다. 물론 이종구의 형사는 외모만 닮게 그리는 것이 아니라, 외모 닮음을 통해 그 소와 인간의 정신까지 담아낸 '이형사신(以形寫神)'의 전형이지요. 이 두 작가의 소 그림은 오성과 감성의 대립을 보여주기도 하는데, 두 가지 모두 위대한 방식으로 인류의 문예사나 미술사에 축적되어 왔습니다. 우리 현대미술사가 이런 두 유형을 대표할 좋은 작가를 모두 가지고 있음이 자랑스럽습니다.

첫 개인전의 좌절과 생의 마무리

전쟁이 끝난 뒤 이중섭은 상경해서 1954년 7월 누상동 언덕배기에 있는 원산 출신 정치열의 이층집에서 개인전을 준비하였습니다. 누상동 166-202번지로 언덕배기 골목골목에 숨어있는 집이지요(4-28). 지금은 1980년대 초에 이 집을 구입한 유기봉 씨 가족이 리모델링해서 살고 있습니다. 이제는 근 100년 된 작고 아담한 일본식 목조 가옥으로 기둥이나 계단 천정 등 부분부분 원형이 남아 있지요. 작업실이었던 2층에 올라가니 양지 바른 남향으로 필운대와 남산 쪽 풍광이 열려 있습니다. 짧은 기간이지만 이중섭이 편한 마음으로 소품 작업을 했을 만한 공간이네요.

1955년 1월 18일부터 27일까지 미도파화랑에서 개인전을 가졌습니다. 이 개인전이 이중섭의 예술을 정리하고 세상에 알리는 계기가 되기도 하였지만, 그를 죽음에 이르게도 하였지요. 그때 김광균과 김환기가 쓴 '이중섭찬(李仲燮讚)'이 작품전 안내 목록 뒤표지에 실렸습니다. '모진 전란 속에서 용히 살아' 가진 개인전을 축하하는 시인 김광균의 글에 비해, 김환기는 같은 화가로서 이중섭의 타고난 감수성이나 표현력을 대단히 부러워했네요.

중섭의 예술이 어디다 뿌리를 박고 있는지는 아무도 모른다. 우리 눈을 가로

막는 것은 헐벗고 굶주린 한 그루 나뭇가지에 서린 그의 슬픔과 생장하는 자태뿐인데, 이 메마른 나무를 중심으로 그가 타고난 것을 잃지 않고 소중히 길러온 40년을 모두어 개전(個展)을 가지는 것은 그로 보나 우리로 보나 즐겁고 뜻 깊은 일이다. 앞으로 그의 예술의 생장과 방향은 그 자신의 일이나 모진 전란 속에서 어떻게 용히 죽지 않고 살아 이런 일을 했나하고 등이라도 한번 두드려주고 싶다.[27]

중섭이 형의 그림을 보면 예술이란 타고난 것이 없이는 하기 힘들다는 것이 절실히 느껴진다. 중섭이 형은 참 용한 것을 가지고 있다. 어떻게 그러한 것을 생각해 내고 또 그렇게 용한 표현을 하는지 그런 것이 정말 개성이요 민족예술인 것 같다. 중섭 형은 내가 가장 존경하는 미술가의 한 사람이다.[28]

미도파화랑 작품전은 두 가지 면에서 이중섭을 시련에 들게 했습니다. 첫 번째는 아동을 그린 선묘화에서 성기와 항문을 드러내고 애무하는 부분들이 퇴폐 그림으로 몰려 전시회에서 일부 철수를 당한 점이고요. 두 번째는 그림이 잘 안 팔린데다가 그림을 사간 사람들도 그림 값을 주지 않아 경제적으로 어려움에 처한 점이지요. 그해 5월 이중섭은 미도파전에서 전시한 그림의 일부를 가지고 대구에 내려가 미국문화원 전시실에서 재기를 노렸으나, 실패를 거듭했지요. 대구전시 때에는 칠곡 왜관에 있던 구상(具常)이나 최태응(崔泰應)의 집을 오가며 지냈습니다.

1955년 왜관에 있던 구상의 집에 머물며 그렸던 작품으로는 1955년 작 유화 〈구상네 가족〉(개인 소장)이 전하네요(4-29). 유화 물감에 가는 연필 선묘를 동시에 구사하면서 완성한 작품입니다. 표현주의를 뚜렷이 지향하였음

27 김광균의 글, 「이중섭작품전」 리프렛, 1955.

28 김환기의 글, 「이중섭작품전」 리프렛, 1955.

4-29 대향 이중섭, 〈구상네 가족〉, 1955년, 종이에 연필, 유채, 32×49.5cm, 개인 소장

에도 불구하고, 인물들의 웃는 모습에 한국인의 이미지가 역력한 명작이지요. 연필소묘 〈세 아이〉와 유사한 표현방식이면서 가족의 환한 표정들이 돋보이는데요. 화면에는 아버지와 세발자전거를 탄 아이, 엄마와 함께 서 있는 아이 등 즐거워하는 모습이 두드러집니다. 화면의 오른편 안채 마루에 앉아 이들을 바라보며 오른손을 든 남자가 바로 이중섭이겠지요. 기운 빠진 허허한 표정은 일본에 가 있는 자신의 가족을 떠올리는 듯하네요. 이중섭 자신과 친구 가족의 행복 사이에서 자기 스스로를 분리하여 소외시킨 타자의 모습입니다. 구상은 이 그림에 대해 '미적 상념이 순결하고 진실하고 신비스럽기까지 하다'며 다음과 같이 회상하였습니다.

> 나의 가족과 중섭 자신을 함께 그린 그림도 그가 1954년부터 1년 반 가량 대구에 있었던 나에게 와 있을 때 마침 내가 왜관 낙동강변에다가 자그마한 집

4-30 대향 이중섭, 〈성당 부근〉, 1955년, 종이에 유채, 34×46.5cm, 개인 소장

을 장만하고 피난 중 남의 곁방살이를 면하면서 아이들에게 세발자전거 하나를 사다주던 날 그가 그것을 스케치한 것이다. 〈가족 사진〉이라며 준 이 그림은 나의 가족 단란을 바라보는 그의 멀뚱한 표정이, 그의 축복이랄까, 부러움이랄까, 외로움이랄까, 그날의 그의 표정이 바로 오늘에도 나를 향해 생생하게 살아 있는 것처럼 여겨져 스스로 놀라곤 한다.

저러한 중섭의 그림을 어떤 이들은 너무나 그림에 이야기가 많다고, 또는 문학적 요소가 짙다고 비평하는 사람들이 없지 않다. 그러나 그의 저러한 미적 상념이나 감동 자체가 저렇듯 순결하고 진실하고 신비스럽기까지 할 뿐 아니라 특히 그것이 형상화에 있어서 아무런 결함을 갖고 있지 않으니, 즉 그림이 되고 있으니 시비할 바가 못 된다고 하겠다.[29]

29 구상, 「내가 아는 이중섭」, 『중앙일보』, 1986.7.12.

대구와 왜관에 머물면서 그린 또 다른 작품으로 1955년작 〈성당 부근〉(개인 소장)이 눈에 띕니다(4-30). 왜관에 있는 언덕 위 성당을 고갯길 아래에서 올려다보고 그린 것으로 추정되지요. 이 그림은 이중섭의 마지막 절필작일 수도 있습니다. 황혼의 분위기가 물씬하고, 상당히 차분해졌지요. 그러는 바람에 이중섭다움이 적지만, 수직으로 내리그은 리듬 탄 붓질들은 새롭습니다. 종교에 귀의하고 싶은 마음으로 성당을 그렸던 것일까요. 이중섭의 생애 마지막 지향점이었다는 생각도 듭니다. 실제로 독실한 가톨릭 신자였던 구상에게 보낸 당시 편지에는 하느님을 믿기로 결심했고, 성경을 구해 매일 읽고 싶으니 지도해 달라는 내용이 실려 있지요.[30]

이중섭은 정신분열증상에다 영양실조와 간염으로 세상을 떠났습니다. 바로 미도파화랑 개인전 이후 인간으로서 마지막 이중섭의 고뇌가 시작된 겁니다. 자기가 정직하게 노동을 해서 그린 그림이 팔리지 않는 데 대한 절망감이 일었겠지요. 인간이 살아가는 보편적 형태, 곧 노동하고 그 대가로 먹고 사는 일에서 멀어진 자신에 대해 심각하게 회의했던 모양입니다. 특히 일본에 가 있는 아이들에게 아비의 역할을 못하는 상황에 크게 비관하는데요. 내가 그린 그림을 팔아서 살 수 없는 사회적 조건에 대한 저항은 "나는 밥 먹고 살아야 할 인간이 못 된다", "인간으로서 자격이 없는 놈이다"라는 자기비하로 이어지고, 급기야 거식증에까지 이르렀습니다. 이중섭을 그렇게까지 몰고 간 또 하나의 원인은 바로 부산 피난시절에 그토록 사랑하던 부인과 아이들을 일본으로 보내고 혼자 남아서 버틴 외로움인 듯합니다.

밥을 끊은 이중섭은 서울 적십자병원에 입원했다가 돌보는 이 없이 혼자 세상을 떠났습니다. 외로운 죽음이었지요. 1956년 4월 청량리 뇌병원 무료

30 이중섭이 구상에게 보낸 편지 중에서.

환자실에 입원했다가, 그해 가을에 친구 문인 구상과 고향 후배 조각가 차근호(車根鎬)가 간염에 걸린 그를 서대문 적십자병원으로 옮겨주었답니다. 그 후 9월 6일 만 40세의 나이에 세상을 떠났지요. 아무도 찾는 이가 없어 무연고자로 3일이나 병원에 방치되었던 죽음이었습니다.

처절하게 시대를 앓다 망우리에 묻혀

홍제동 화장터에서 화장된 인골은 봉원사에 잠깐 머물렀다가 망우리 공동묘지에 묻혔습니다. 무덤가에는 이중섭 나이만 한 외로운 소나무 고송(孤松)이 서 있고, 그의 시신은 멀리 서북쪽 그가 마지막으로 작업했던 인왕산 아래 누상동 쪽을 향해 안치되었네요. 1957년 가을에 차근호가 세운 묘비가 지금도 이중섭 무덤을 지키고 있습니다. 화강암 기단에 '대향이중섭화백묘지(大鄕李仲燮畵伯墓碑)'라는 고졸한 행서체 묘비명이 쓰여 있고, 그 위에 삼각형으로 오석을 거칠게 떼어 낸 묘비가 있지요(4-31). 현대적 추상조각을 연상케 하는 비석에는 윗부분 둥근 원 안에 두 아이가 서로 끌어안은 모습을 이중섭 스타일로 선

4-31 대향 이중섭묘 전경(하)과 묘비(상), 중랑구 망우리 공동묘원

묘해 놓았습니다.

1955~56년 죽음에 임박했던 이중섭의 사진을 보면, 젊을 적 잘생겼던 미모의 이중섭이 마치 다른 사람처럼 얼굴이 완전히 상했습니다. 부잣집 아들의 순수함이 사라지고, 담배를 연달아 피우는 모습에는 고뇌에 찬 표정이 가득하네요. 진정 예술가답기는 합니다. 우리 근대사회에 이런 화가가 한 명 있다는 것은 커다란 의미를 지닙니다. 이중섭의 삶에는 그가 살았던 시대의 명암이 고스란히 덧씌워져 있기 때문이지요. 그래서 작품세계보다 극적인 생애가 더 관심의 대상이기도 한데요. 야성적 예술가 기질에다가 전쟁 시기 월남한 후 가족을 일본으로 떠나보낸 시실까지, 어려운 시절 불운해 보이는 삶의 역정 탓이지요. 이중섭의 생애는 교분이 두터웠던 구상이나 고은 등 문인들에 의해 픽션화되고 영화나 연극무대에 올려진 적도 있습니다. 특히 고은이 이중섭의 말년을 "자기만을 황홀한 도취 경지에 올랐다고 설정하는 샤머니즘적 경향을 보이기 시작했다"라고 피력한 점에 크게 공감됩니다.[31]

이중섭의 회화는 전체적으로 표현주의를 따르는 양상을 보여줍니다. 표현주의의 특징은 대상에 대한 느낌을 보이는 대로 그리는 것이 아니라 작가의 감정에 따라 쏟아내는 것이지요. 감성을 그대로 드러내려면 무엇보다 의식이 순수해야만 할 겁니다. 좋게 이야기하면 순수 자연에 가까운 인간이어야 가능한 일이지요. 이중섭은 생전에 가족과 발가벗고 살았을 정도로 가식 없는 자연의 상태에서 자신의 모든 것을 찾고 쏟아낸 화가입니다.

이중섭의 처절한 말년 행적은 당시 우리 민족이 처한 역사 현실과 고스란히 닮아 있습니다. 해방 후 전쟁과 분단, 독재정권, 자본주의의 발달과 모순 등 복잡한 사회상들이 용광로처럼 얽혀 있던 시기였지요. 서양미술사에서

31 고은, 『화가 이중섭—한 예술가의 비극적 삶과 예술의 성취』, 민음사, 1999.

초기 자본주의를 가장 심하게 앓은 화가를 찾자면 빈센트 반 고흐, 폴 고갱, 폴 세잔, 이런 후기 인상파 화가들을 드는데요. 자본주의 초기, 사회의 변동에 적응하지 못했던 이들은 그 사회와 자기 예술이 소통하지 못하는 고통을 겪었습니다.

반 고흐는 이중섭과 가장 비슷한 인간상을 보여줍니다. 유럽사회 내에서 자본주의가 발전하며 여러 모순이 드러나는 시기에 반 고흐는 그 시대적 상처를 너무 깊이 앓았지요. 서구 유럽의 작가들이 먼저 겪었듯이, 후발자본주의 사회의 형성기에 이중섭 역시도 그러한 예술가의 몸부림을 치러낸 듯합니다. 그런 점에서 이중섭은 다른 누구보다 1950년대를 가장 심하게 앓은 한 인간이자 예술가이지요. 때문에 동시대 어떤 화가보다 개인적 아픔과 사회적 생채기를 잘 어우러낸 '이중섭다움'의 예술이 곧 우리나라 근현대의 의미 있는 표징(表徵)이고요.

4. 과묵의 박수근 회화

이중섭을 상대하는 화가는 당대의 누구보다 박수근입니다. 이중섭이 부유한 집안에서 태어나 동경 유학을 통해 신사조를 받아들였던 데 비하여, 박수근은 기독교 집안 출신으로 양구에서 소학교(양구공립보통학교)를 졸업한 뒤, 독학으로 국내에서 그림공부를 한 토종화가이지요. 이러한 박수근의 이력이 오히려 민중의 삶을 애정 어린 시선으로 대하고, 그들의 순박한 심성을 포용하는 데 장점이 되지 않았나 싶습니다.

말년 이중섭과 박수근의 얼굴 사진을 보면 참 대조적이지요. 40세와 50세의 나이에 개인적 역경을 겪었던 삶의 마지막 표정들입니다. 이들의 얼굴에는 단지 자신들의 고난뿐 아니라 우리 근현대사의 아픔도 서려 있는데요. 이중섭의 얼굴에는 아무것도 하지 않고 오로지 그림에만 열중하며, 헤어진 부인과 아이들을 애절하게 그리워했던 마음이 진하게 묻어나지요. 이와는 다르게 박수근은 중년의 교장선생님 내지 목사님 이미지입니다. 소학교 교사를 했던 이력 때문인지도 모르겠네요. 겸손하고 소박한, 그리고 따스했던 성격도 얼굴에서 잘 드러나지요. 1959년 반도화랑을 운영하던 후배 화가 이대원의 증언은 박수근을 잘 이해하도록 해줍니다.

4-32 미석 박수근, 〈소〉프로타쥬기법, 1950년대, 종이에 콘테, 27×39cm, 박수근미술관 소장

4-33 대향 이중섭, 〈소〉연필화, 1941년, 종이에 연필, 26.6×23.5cm, 제5회 지유텐 출품작

> 그의 첫인상은 매우 겸손하고 과묵한 느낌이었고, 그 후 1959년에 내가 우연한 기회에 반도화랑의 운영을 맡게 된 후에도 이 첫인상은 한결같았다. 만남의 횟수를 거듭하고 또 때때로 마련된 술자리에서도 반말 같은 것을 들어본 일이 없을 정도로 겸손하고 시종일관 진지한 표정이었다. 이러한 그의 성실한 성격은 무엇보다도 그의 작품태도에서 역력히 나타나게 마련이다.[32]

32 이대원, 「박수근과의 만남」, 『박수근 1914-1965』, 열화당, 1985.

박수근과 이중섭, 두 사람의 다름은 1950년대 소 그림에서 잘 드러나네요. 박수근이 웅크려 앉은 소를 단순한 형상으로 표현한 목판화 〈소〉나 퀭하니 서 있는 소를 우둘투둘한 질감의 프로타쥬 기법으로 표현한 〈소〉(박수근미술관 소장)는 이중섭의 전진하는 형태의 1941년 연필화 〈소〉(자유텐 출품작)와 뚜렷한 차이를 보입니다(4-32, 33). 이중섭의 폭발적 감성 분출과 대비되는 박수근의 과묵한 표정이 마치 눈에 보이는 듯하지요. 박수근의 목판화 〈소〉의 앉아 있는 자태는 쟁기질 잘하는 튼실한 황소의 이미지입니다. 양구, 강원도 지역을 떠올리면 산 깊은 곳에서 감자밭을 일구며 사는 정말 조용하고 착한 사람들이 연상되는데요. 바로 그런 선한 이미지가 박수근의 〈소〉에 표현되어 있네요. 반면 이중섭의 또 다른 소 그림인 유화 〈흰 소〉는 격하게 공격하려는 자세입니다. 박수근과 이중섭의 소들이 각 예술가의 개성과 삶, 예술관의 차이를 총체적으로 보여주지요.

4-34 미석 박수근, 〈기름장수〉, 1950년대 초반, 목판화, 44×30.5cm, 박수근미술관 소장

프로타주 기법으로 그려진 박수근의 〈소〉는 조심스레 지우고 손가락으로 문질러 가면서 형상화한 흑연 맛이 일품입니다. 오돌도돌한 화면은 박수근 유화기법의 선행방식을 보는 듯하고요. 과묵하고 덩치 큰 소를 보고 있자면, 굵은 뿔테 안경을 쓴 박수근이 금세 떠오릅니다. 박완서도 "화가들이 나에게 갖은 불평을 다 할 때도 그는 거기 동조하는 일이 없었다. 남보다 몸집은 크지만 무진 착해 보여서 소 같은 인상이었다. 착하고 말수가 적은 사람이 자칫하면 어리석어 보이기가 십상인데 그는 그렇지가 않았다"라며 박수

근의 첫인상을 소에 비유하기도 했네요.[33]

1950년대 박수근의 회화세계는 〈기름장수〉 같은 목판화에도 잘 드러납니다(4-34). 기름병 보퉁이를 머리에 인 여인의 뒷모습을 그린 그림에는 당대를 살았던 우리 아낙들의 시대감과 조형미가 고스란하지요. 아줌마의 굵은 팔뚝과 가는 장딴지를 현실감 있게 칼질하며 표현했는데요. 바로 이 복장, 이 몸매가 일제강점기 말과 한국전쟁을 거친 1950~60년대 우리 아줌마나 할머니들의 이미지입니다. 박수근은 이 기름장수를 통해 건강함과 슬픔이 뒤엉킨 그 시절 민중의 전형적 삶을 성공적으로 그려낸 듯합니다.

4-35 미석 박수근, 〈봄이 오다〉, 1932년, 종이에 수채, 제 11회 조선미술전람회 입선작

4-36 미석 박수근, 〈맷돌질하는 여인〉, 1940년, 하드보드에 유채, 제 19회 조선미술전람회 입선작

가족과 이웃의 따뜻한 이미지

박수근은 1921년부터 1927년까지 양구보통학교를 다녔습니다. 졸업 후에는 집안 사정으로 상급학교 진학을 포기하고, 밀레와 같은 작가가 되겠다며

33 박완서, 「초상화 그리던 시절의 박수근」, 『박수근 1914-1965』, 열화당, 1985.

오로지 독학으로 그림을 익혔다고 하지요. 그에게는 1930~40년대 '조선미술전람회'가 유일한 작품 활동의 장이었습니다. 1932년 제11회 선전에 출품한 〈봄이 오다〉가 수채화 부문에 첫 입선하면서 화가로 데뷔했는데요(4-35). 양구의 나무와 자기 집을 그린 〈봄이 오다〉외에도 1940년의 〈맷돌질하는 여인〉 같은 유화그림들을 선전에 꾸준히 냈고, 낙선을 하기도 했습니다(4-36).

1930~40년대 박수근이 선전에 출품한 작품들을 보면, 농촌의 풍경과 여인들의 생활상을 담은 것이 대부분입니다. 이들은 해방 후 박수근 작품의 원형(原型)이지요. 해방 후에는 국전에 작품을 내서 화가로서 꾸준히 활동을 했는데요. 일본 유학을 가지 않은 박수근으로서는 공모전이 유일한 입신의 길이었기 때문입니다. 그는 몇 번 입선을 하지만, 당시 작품들은 아직 그리 뛰어난 수준으로 보이진 않네요. 전시도록의 흑백사진을 살펴보면 비교적 굵은 붓의 대담한 표현이 두드러지는 정도입니다.

1940년 박수근은 기독교인 김복순(金福順)을 만나 결혼합니다. 그리고 그 해 5월 평남도청 사회과 서기로 취직해 평양으로 떠났지요. 그곳에서 최영림, 장리석, 황유엽 등과 양화동인 그룹 주호회(珠壺會)를 만들고 1944년까지 해마다 동인전을 가졌는데요. 이때 장리석은 박수근의 평양시절을 아래와 같이 증언합니다.

> 그 사람은 생활이 아름다웠어요. 생활이 소박하면서도 부부지간의 정이 두터웠지요. 그이는 기독교인이었지요. 부인도 원래 기독교인이었어요. 평양 시절부터. 그렇지만 교회는 잘 안 나갔던 것 같아요. 그러나 생활관은 부인 따라서 기독교적인 생활을 했지요. 그 사람 작품성을 보면 취급하는 것이 전부 가정에서 출발했지요. 자기의 가난한 생활이나 서민생활을 주로 소재로

다루었어요.[34]

혼자 평양에서 지내다가 금성으로 간 박수근은 가족과 상봉하였고, 금성중학교 미술교사를 하였습니다. 우익계열인 한민당에 가입했던 박수근은 1950년 전쟁이 나자 홀로 서울로 월남했고, 1951년에는 군산까지 내려가 부두 노동으로 생활을 연명하기도 했다네요. 전쟁기간인 1952년, 다행히 가족이 남하에 성공하여 서울 창신동의 큰처남 집에서 극적으로 만났답니다.[35]

1953년부터는 미군 부대의 PX 초상화부에서 초상화를 그리며 1년여 정도 먹고 살았습니다. 당시 미군들은 대개 자신의 얼굴이 아닌, 애인 혹은 가족의 사진을 가지고 와서 그려달라고 했답니다. 얼마 전 돌아가신 소설가 박완서 선생이 박수근을 모델로 쓴 『나목(裸木)』이라는 소설 이후, 그와의 만남을 회상하기도 했는데요(4-37).[36] 그때 박완서는 영어통역을 했답

4-37 박완서 소설, 『나목』 표지, 여성동아 1970년 11월호 별책

4-38 미석 박수근이 작업하며 살던 국밥집 외부(상), 막걸리집 내부(하), 동대문구 창신동

34 장리석, 「평양 시절의 박수근」, 『박수근 1914-1965』, 열화당, 1985.
35 김복순, 「미망인수기」, 문헌화랑, 『박수근화집』, 금성출판사, 1978.
36 박완서, 『못 가본 길이 더 아름답다』, 국립예술자료원 수류산방, 2009.

니다. 박완서의 증언에 의하면 돈을 많이 벌 요량으로 시작했지만, 막상 해 보니까 수입이 그리 많지 않았다는군요. 인물을 똑 닮게 그린다는 자체가 정말 쉽지 않은데다, 박수근은 세밀한 리얼리즘의 초상화를 잘 그릴 필력은 아니었거든요.

박수근은 그때 모은 돈으로 창신동에 가족과 함께 살며 작업도 할 공간을 잡게 되었습니다.[37] 동묘앞역 근처의 20평 남짓 한옥집으로, 동대문구 창신동 393-16번지인데요. 2007년 한 차례 근대문화재 지정이 거론되었을 뿐 아무 조치가 없었습니다(4-38). 결국 원형이 훼손되어 '여기어때 국밥집'과 '동막골 빈대떡집'이 들어서 있네요. 한옥기둥과 초석의 일부가 외부로 노출된 상태이고요. 서울역사박물관이 제작한 '화가 박수근 작업실터'라는 표지물만 붙어 있을 따름이지요. 1952년 혹은 53년 이 집으로 이사 온 박수근은 작은 대청마루에서 작업을 했답니다. 그 마루 벽에 자신이 그린 그림을 걸어 놓거나 쌓아 놓은 사진들이 여럿 전하지요. 이곳은 현재도 주변이 시장통입니다. 남쪽으로 청계천 변에는 각종 새를 파는 조류시장과 의류시장이, 북쪽으로는 어린이 완구종합시장이 자리 잡고 있지요. 박수근은 바로 이 길거리와 시장골목에서 그림의 소재를 찾은 것입니다. 창신동 집은 그가 세상을 떠나기 1년 전인 1964년, 즉 동대문구 전농동 477번지로 이사가기 전까지 살았던 기념공간인데, 그저 방치되어 있는 상태가 안타깝습니다.

이중섭이 철저하게 자기 가족과 자기 가슴팍에서 전율한 에너지를 그렸다면, 박수근은 자신과 더불어 살아가는 가족과 이웃의 낱낱 표정을 차분하게 따뜻한 눈으로 포착했습니다. 시장의 노점상 아낙, 길가에 쭈그려 앉은 노인, 애기 업은 소녀 등이 그려진 박수근식 유화들은 따사로운 관조의 눈길

37 김복순, 「미망인수기」, 문헌화랑, 『박수근화집』, 금성출판사, 1978.

이 스쳐 지나듯, 차분하고 다감한 시정(詩情)이 가득하지요. 절제된 색감으로 그려낸 사람들의 뒷모습으로 당시 서민감정의 쓸쓸함 혹은 스산함을 회화화하는 데 성공한 것입니다. 이처럼 이웃을 담은 인물화에는 일제강점기와 6·25라는 고된 시절을 겪은 이후의 우리 사회상과 그 시대감정이 실려 있습니다. 한국인의 역사적 아이콘, 한 시대의 도상(圖像)이 된 셈이지요. 실제로 박수근은 인간의 선함과 진실함을 담으려 평범한 사람들을 그렸다고 아래처럼 자기고백을 하였습니다.

> 나는 인간의 선함과 진실함을 그려야 한다는 예술에 대한 대단히 평범한 견해를 가지고 있다. 따라서 내가 그리는 인간상은 단순하고 다채롭지 않다. 나는 그들의 가정에 있는 평범한 할아버지, 할머니 그리고 물론 어린아이의 이미지를 가장 즐겨 그린다.[38]

두툼한 질감의 평면성과 영롱한 색채감각

박수근의 유화기법은 독특합니다. 합판이나 두꺼운 종이 위에 직접 그리기도 하고 캔버스를 입힌 후 그리기도 했는데요. 화면 전체에 밝은 갈색과 회색조의 거친 마티에르를 조성하며 형상을 그리는 표현 방식을 썼지요.[39] 탄력이 없는 단순한 선과 형태이면서도 찬찬히 들여다보면 입체감이 살아 있고, 대상의 표정을 읽기에 충분할 정도로 세부묘사가 풍부합니다. 평범한 민중 삶의 서정이 짙게 묻어나지요. 이중섭 유화의 수묵 모필식 터치가 지닌 격정성과 대조를 이루네요. 이중섭과는 다른 개성미로 서구 유화재료를

38 박수근, 마거릿 밀러(Margaret Miller)와의 인터뷰, 『DESIGNERS WEST』(Feb. 1965, L.A. U.S.A)

39 하수봉, 「박수근 회화의 표현기법 연구: 진위문제, 편년 재조정 그리고 재현작업을 중심으로」, 명지대학교 대학원 박사학위 논문, 2012.

한국인 감성에 맞게 재창조한 '한국화'라 할 수 있습니다. 박수근 자신도 "내 그림은 유화이긴 하지만 동양화이다"라는 확신을 피력하곤 하였지요.[40]

흰색·회색·갈색·녹색 등 채도가 낮은 물감을 바탕에 두텁게 바르고 건조시켜 가며 그리는 유화기법은 마애불이나 화강암 질감과 비슷한 느낌을 줍니다. 이런 화면의 재질감, 마티에르에 대하여 박수근은 "나는 우리나라 옛 석물, 석탑, 석불 같은 데서 말할 수 없는 아름다움의 원천을 느끼며, 조형화하려 애쓰고 있다"고 이야기했지요.[41] 회화기법을 옛 돌작품의 질감에 서린 형상에서 빌려 온 셈입니다. 석탑 혹은 석불을 조성한 우리 특유의 화강암 재질감을 화폭에 재현해내어 큰 화가로 등극하였네요.

또한 박수근은 화강암의 질감을 습득하기 위해 박물관을 다니며 수많은 탁본들을 시도했는데요. 옛날 석탑은 물론이고 신라 벽돌의 수렵도, 귀면이나 연꽃무늬 기와 등도 탁본하였습니다. 먹으로 탁본하며 맛본 우둘투둘한 질감의 프로타주 기법을 유화그림의 화면으로 전이(傳移)해 냄으로써 한국적 아름다움, 한국식 서양화법을 구축해낸 것이지요. 지금 양구의 박수근미술관에 가면 이런 탁본들이 전시되어 있습니다.

박수근은 마치 옛 마애불 같은 화강암의 질감 위에 차분한 이미지를 단순한 선묘로 표현해 서민의 생활상과 풍경을 담았습니다. 1940년대에 쓴 '미석(美石)'이라는 아호에 걸맞은 형식미를 창출했다는 생각이 들지요. 여기에 어리숙한 필치로 '수근'이라 쓴 서명은 그마저도 단순한 그림 내용과 거칠거칠한 화면의 한 요소 같은 느낌을 줍니다. 흔히 박수근의 갈색조 위에 쌓은 색감을 단조롭다고들 하지요. 그러나 층위를 겹겹이 두텁게 쌓아올리면서 생긴 회색조 마티에르의 사이사이 저층에서 우러나는 색점들은 영롱하기 그

40 이구열, 「朴壽根論」, 『박수근 10주기 기념전』, 1975.

41 이대원, 「박수근과의 만남」, 『박수근 1914–1965』, 열화당, 1985.

4-39 미석 박수근, 〈절구질 하는 여인〉, 1954년, 캔버스에 유채, 130×97cm, 개인 소장

지없습니다. 분홍색, 노랑색, 녹색, 암갈색조 등이 회색, 흰색 덧칠 속에 아름다운 색채미를 드러내지요. 때로는 회색 겨울을 지나 피는 분홍이나 연푸른 봄싹 같이 감미로우며, 때로는 눈 속에 핀 야생화를 연상시킬 정도로 찬연합니다. 자연에 대한 자신의 돈독한 '그리움'을 이처럼 펼쳐낸 것이 아닐까요.

박수근의 작품이 한국인의 심성을 절절하게 읽어낸 것으로 평가되는 만큼, 오늘날 그는 대중에게 가장 사랑받는 화가이기도 합니다. '서민의 화가'에서 '우리의 화가'로 지칭될 정도이지요.[42] 그림 값이 현재 국내 최고가를 기록하고 있는 이유도 그 때문일 것입니다. 이러한 박수근의 회화는 '평면성과 이미지의 비표상성'으로 일컬어지기도 하는데요.[43] 그 주제나 표현기법이 때론 경직되고 단조롭지요. 다채로운 이중섭에 비하면 더욱 그러합니다.

1954년작 〈절구질하는 여인〉(개인 소장)은 1936년 선전에 출품했던 동일 소재의 수채화 〈일하는 여인〉을 유화로 다시 그린 작품입니다(4-39). 박수근

42 『우리의 화가 박수근』, 호암갤러리, 1999.

43 공주형, 「박수근 회화의 익명성에 관한 연구」, 홍익대학교 대학원 박사논문, 2007; 공주형, 「박수근 회화의 평면성과 이미지의 비표상성」, 『예술학』 3권 1호, 2007.

그림치고는 대작(大作)이지요. 두툼한 질감 위에 물상을 드러내는 박수근 화법의 완성을 보여주는, 1950년대 대표작으로 꼽히기도 합니다. 단순화된 형상이지만 아이를 업고 절구질하는 여인의 동세가 한층 자연스러워졌지요. 파랑색, 초록색, 노란색, 붉은색, 갈색과 같은 여러 가지 물감을 캔버스 위에 두껍게 여러 겹 바르고, 그 색들 위에 절제된 흰색이나 회색을 발라 회색조 화면을 조성하였습니다. 그 위에 진한 선묘로 새겨 넣듯이 외모를 드러내었고요. 이중섭의 선명한 선에는 분출하는 에너지가 실린 데 반해, 박수근의 선은 침잠해서 두툴한 물감 속에 스며 있습니다.

1955년작 〈독서〉(개인 소장)는 웅크리고 앉아 두 손으로 책을 들고 읽는 소녀상 그림입니다(4-40). 단발머리를 한 10살 내외 소녀상이니 아마도 첫 딸(박인숙, 1944년 태어남)이 모델일 법하네요. 아버지 박수근의 따스한 시선과

4-40 미석 박수근, 〈독서〉, 1955년, 하드보드에 유채, 20.1×13cm, 개인 소장

4-41 미석 박수근, 〈골목안〉, 1950년대, 캔버스에 유채, 80×60.6cm, 개인 소장

정감이 참 물씬 한 사랑스런 소품(小品)이지요. 작지만 고운 소품이면서 대작 못지않은, 걸작의 요소를 모두 갖춘 박수근 회화의 명품입니다. 엉덩이를 바닥에 대고 쪼그려 앉은 소녀 형상의 자연스런 포즈와 표정, 그리고 색채미가 그렇게 어울려 있네요. 사실 박수근 그림은 절제된 스타일이라 색이 별로 없다고 지나치기 쉽지요. 그런데 이 소박한 소녀 그림은 우툴두툴한 백색조 질감 바탕에 올린 색이 굉장히 화사합니다. 붉은색 저고리와 짙은 갈색 치마, 그리고 검은 단발머리와 더불어 얼굴과 손의 살색 표현은 색채화가로서 박수근을 새롭게 보게 하는 더할 나위 없는 명작입니다.

4-42 미석 박수근, 〈우물가〉, 1953년, 캔버스에 유채, 80.3×100cm, 개인 소장

〈아기 보는 소녀〉, 〈공기놀이하는 소녀들〉, 〈나물 캐는 소녀들〉, 〈그림 그리는 소녀들〉(개인 소장) 등 따뜻한 시선으로 이런 소녀상을 1960년대까지 즐겨 그렸는데요. 부인 김복순이 셋째 아들 성민을 안고 있는 1957년경 유화 〈모자〉(개인소장)에 이르기까지, 박수근은 담박하면서도 가족애를 듬뿍 담은 그림들을 그렸습니다.

박수근은 1950년대 이후 인물화에 집중했지만, 정물이나 풍경화도 즐겨 그렸습니다. 1950년대 〈골목안〉은 겨울의 플라타너스 나무들과 아이들을

4-43 미석 박수근, 〈판잣집〉, 1950년대, 캔버스에 유채, 19.7×26cm, 성신여자대학교 박물관 소장

배치한 그림이지요(4-41). 따스한 겨울 햇살 속 창신동 골목에 토속적인 질감이 물씬하네요. 1953년작 〈우물가〉(개인 소장)는 상당한 대작으로 1953년 국전에 출품하여 특선에 오른 작품입니다(4-42). 1950년대의 특징인 부슬한 붓질로 투실투실한 화강암의 질감을 내면서 검은 선과 흰 터치로 마무리를 멋지게 하였지요. 회색조 혹은 황토색 톤으로 채도를 낮춘 듯하지만, 디테일하게 들여다보면 색감이 돋보이는 걸작입니다. 〈판잣집〉(성신여자대학교박물관 소장)은 서울의 동대문 쪽 창신동 청계천변의 풍경을 담은 그림입니다(4-43). 자기가 살던 주변 모습과 인간들을 바라본 박수근의 따뜻한 시선이 다가오지요. 1950년대 작품으로 판자를 이은 집들이 늘어서, 그야말로 화면은 추상화 같으면서도 따스한 봄 햇살 같은 질감이 돋보입니다.

박수근 화법의 무르익은 표현기량은 인물이나 풍경화 못지않게 정물화에서도 잘 드러납니다. 1957년작 〈복숭아〉(고려대학교박물관 소장)가 그 예이지요(4-44). 연녹색에 붉은 물이 잘 오른 복숭아들에서 40대의 무르익은 섹슈얼 에너지가 느껴집니다. 인간을 그린 그림보다 오히려 참신하게 다가오지요. 더 생기 있어 보입니다. 위에서 부감해서 평면화시킨 8각 목제 반(盤) 안

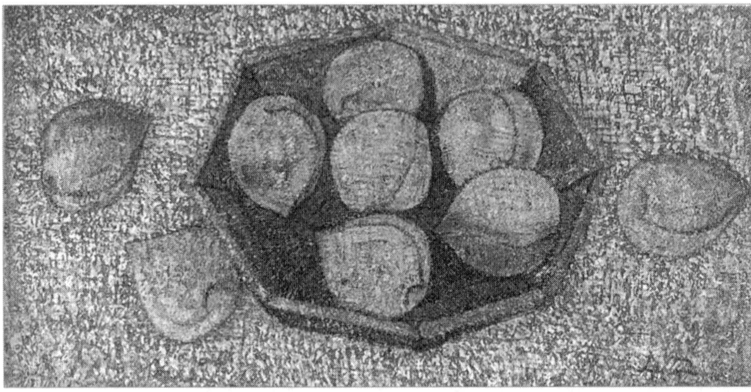

4-44 미석 박수근, 〈복숭아〉, 1957년, 캔버스에 유채, 28×50cm, 고려대학교 박물관 소장

퍾에 놓은 9알의 복숭아가 한편으로는 한 가족 같이 다정스럽기도 하네요.

반도화랑의 출입과 국전 낙선의 좌절

박수근이 화가로 안정을 찾고 성장하는 데 중요한 역할을 했던 공간은 반도화랑입니다. 반도호텔에 있던 갤러리이지요. 반도호텔은 1938년 세워졌습니다. 시청 근처, 지금 을지로입구역 롯데호텔 자리가 반도호텔이었습니다. 롯데호텔에는 일제강점기부터 있었던 반도호텔의 흔적으로, '페닌슐라'라고 하는 카페가 있었는데요. 근래 페닌슐라를 확인하러 갔더니 없어졌더군요. 대신 그 자리에 반도호텔 관련 역사 자료를 모은 박물관과 갤러리가 들어섰습니다. 반도호텔과 반도화랑터의 역사를 찾는 공간이어서 정말 반가웠지요.

1956년 반도호텔 안에 들어선 반도화랑은 박수근 그림이 팔려나간 장소였고, 그 당시 화랑주인은 화가 이대원이었습니다. 박수근과는 정반대로 현란한 색채주의 화가인 이대원은 홍익대학교 총장을 역임하였고, 현재 그림 값이 비싼 인기 작가 중 한 명이지요.[44] 박수근의 그림은 반도화랑을 통해 한국에 와 있던 미군 장교 내지 대사관 직원이나 그 부인들에게 팔리기 시작했습니다. 그 가운데 밀러부인이 가장 유명하지요. 이들은 박수근 그림이 가장 한국적 이미지이기 때문에 기념물로 사서 가져갔다고 합니다.

> 박수근 씨는 앉아 있는 남녀, 그들의 전통적 복장과 자세에서 미를 추구하며, 그것들을 잘 조화된 장식적 스타일로 배치한다. 한국의 자기를 연상시키는 그의 침잠된 백색과 회색의 톤은 조용함을 말하고, 넓은 형식들은 힘을 말해준다. 그는 아마 이 그룹의 서양화가들 중에서 가장 한국적이라고 할 수 있겠다.[45]

지금 갤러리 현대를 경영하는 박명자 회장이 젊었을 적에 반도화랑에서 일했습니다. 박명자 회장 증언에 의하면 박수근이 갤러리에 자주 들락거렸다는데요. 그림이 팔려나갔나 확인도 하고 팔 그림을 가져오기도 하는 등의 이유도 있었지만, 박수근이 치질을 심하게 앓았다나 봅니다. 그래서 양변기 화장실을 쓰기 위해 그렇게 자주 오셨다고 하네요.

> 나중에 미망인으로부터 들은 얘기지만 박수근 선생님이 (반도화랑에) 자주 오신 것은 세 가지 이유가 있었다. 첫째는 작품이 팔렸으면 생활비를 가져가려는 것이었고, 둘째는 저녁에 술자리라도 있는가 궁금해서이고, 셋째는 몸이 부어서 용변을 보기 힘든데 반도호텔에는 양변기가 있어서 편하기 때문이었

44 이대원, 『이대원 화문집, 혜화동 70년』, 아트팩토리, 2005.
45 마리아 핸더슨, 1959년 '제3회 현대작가초대전' 평문 중에서.

다. 나는 이 말을 듣고 마음의 큰 빚을 지지 않을 수 없었다.[46]

박수근은 이중섭처럼 격정적이지도 않았고, 시대를 심하게 앓던 화가도 아니었지요. 그림도 잘 팔리는 편이어서 안정된 생활을 누렸습니다. 그림 그리는 노동을 통해 만든 예술작품을 팔아서 내 삶과 가족의 생존을 책임지는 역할을 할 수 있었지요. 때문에, 박수근은 이중섭보다 크게 유복했다고 봅니다. 이중섭이 자기 그림이 안 팔리는 현실에서 "나는 밥 먹고 살 인간이 못 된다"며 삶을 포기하려 거식증까지 걸렸던 데 비하면 더욱 그러하지요.

1957년 박수근을 힘들게 한 사건이 생깁니다. 국전에서 박수근 그림이 낙선을 한 것이지요. 사실 그 당시 박수근 나이면, 친구들이 다 국전 초대작가나 심사위원을 할 때입니다. 출품하기가 껄끄러웠을 법한데, 그럼에도 자꾸 작품을 출품했지요. 유학을 다녀오지 않은 열등감 내지 학벌이 없는 점에 대한 보상심리였을까요. 국전에서 큰 상을 받으려 했을 터인데, 심사위원들이 1957년에 낙선을 때린 것입니다. 국전 탈락은 박수근에게 큰 치명타였지요. 청빈한 기독교인으로 약주도 안 들던 박수근이 술을 마시기 시작했고, 이는 자기 몸의 손상으로 나타났습니다.

결국 백내장에 걸리게 되었고, 그 때문에 말년 그림이 범벅이 되는 과정을 겪었습니다. 그 후유증으로 일찍 세상을 떠났고요. 어찌된 일인지 이중섭에 이어 서양화풍을 배운 화가들이 일찍 세상을 떠나는 동질성을 갖네요. 내향적 인간의 전형이었던 이중섭이 개인과 시대적 아픔의 복합으로 다른 사람처럼 변해갔듯이, 박수근도 잘 나가다가 얻은 개인적 외상(外傷)이 회화세계보다 몸을 치게 만드는 결과로 나타났습니다. 당시 일본 유학파 친구들

46 박명자, 「나의 삶, 나의 생각」, 『경향신문』, 1994.6.24.

4-45 미석 박수근 창신동 집 대청 사진, 1959~60년

중에는 "박수근 그림 별거 아니야, 백내장 앓는 눈이라 뿌옇게 그린 그림이야", "색을 못 보니까 저렇게 그린 거 아니야"라는 사람까지도 있었지요. 물론 백내장 상태에서 본 세상의 모습이 회색조의 단순한 형상을 표현하게 했을 가능성도 없지 않았겠지만 말입니다.

백내장 수술과 회백색으로 본 세상

박수근은 가정과 교회가 버팀목이 되었을까요. 이중섭은 천주교에 귀의했다지만 그 시대를 혼자 앓았던 것에 비해, 박수근은 상처받기 이전이나 이후에도 비교적 화평한 감성으로 가족과 이웃을 바라보는 여유가 있었던 듯합니다. 백내장에 걸린 1960년대에도 할아버지, 소녀, 일하는 아낙, 휴식하는 아저씨들을 그렸지요. 배경과 원근감 없이 인물상의 심상 혹은 자기가 느낀 이미지를 거칠하고 두툼한 질감으로 담백하게 표현하는 박수근 회화의 특징도 여전하였습니다.

4-46 미석 박수근, 〈앉아있는 여인〉, 1961년, 캔버스에 유채, 65×50.3cm, 개인 소장

4-47 미석 박수근, 〈좌녀〉, 1960년, 종이에 연필, 57×44cm, 개인 소장

1959년 창신동 집을 찍은 사진에는 대청마루에 그림이 가득 쌓여 있습니다(4-45). 안 팔린 그림들이 그렇게 쌓여 있던 게지요. 생활공간이자 작업실 겸 갤러리였던 모양인데요. 박수근과 부인, 막내딸의 모습이 사진에 함께 있네요. 사진에 있는 크고 작은 그림들이 지금은 다 수억 내지 수십억 원대이지만, 사진을 찍을 당시에는 그리 비싸지 않았지요. 현재 박수근은 우리나라에서 그림 값이 가장 비싼 화가입니다. 사진에 찍힌 그림만 계산해도 500~600억 원쯤 되지 않을까요.

1958년에는 그가 국전의 추천작가, 심사위원으로 선정되었습니다. 다행히 곧바로 안정을 찾은 듯 1959년도 국전에 〈노인과 소녀〉, 1964년에 〈할아버지와 손자〉(국립현대미술관 소장) 등의 대작(大作)을 출품했지요. 박수근의 작품 중 1m40cm 정도 크기의 대작은 대부분 국전 출품작이었습니다. 평소에

4-48 미석 박수근, 〈여인과 항아리〉, 1962년, 종이에 유채, 28.1×21.5cm, 개인 소장

박수근은 대개 소품을 즐겨 그렸는데요. 소품에 비해 큰 그림은 회화적 구성미와 압축미가 떨어지는 경향을 보입니다. 1961년 노상의 물건 파는 아주머니를 그린 유화 〈앉아있는 여인〉(개인 소장)과 1960년작 연필스케치 〈좌녀〉를 비교해보면, 스케치를 유화로 옮겼음을 알 수 있는데요(4-46). 대칭구성이 빽빽한 유화보다 인물의 동세가 있는 스케치가 더 자연스럽지요. 연필스케치 〈좌녀〉(개인 소장)에 보이는 왼팔을 턱에 괸 여인의 표정이 훨씬 섬세합니다(4-47). 박수근이 살았을 적 개최된 개인전 때는 스케치와 유화 값이 거의 비슷했다네요. 2~3만 원, 7~8만 원으로 그림 값이 같았는데, 지금은 수억이나 수천만 원의 차이를 보입니다.

항아리를 옆에 둔 시장 할머니의 모습을 그린 1962년작 〈여인과 항아리〉(개인 소장)는 화면에 소복한 흰 눈이 쏟아지는 듯한 화강암 질감이 돋보이는 작품이지요(4-48). 이중섭이 붓글씨를 써 내는 모필의 감각으로 자기 삶을 이글거리듯 그렸다면, 박수근은 마애불이나 화강암 질감을 동세 없이 이렇게 그렸습니다. 박수근의 화법을 사조로는 표현주의라 이르기도 하는데요.[47] 언뜻 표현주의 화풍이라 이야기하기에는 걸맞지 않은 듯하지만, 형태의 단순화와 화면질감의 시각적 효과를 보면 수긍이 갑니다.

47 정병관, 「한국 표현주의 회화와 박수근」, 『박수근』, 열화당, 1985.

4-49 미석 박수근, 〈나무와 두 여인〉, 1962년, 캔버스에 유채, 130×89cm, 개인 소장

1962년작 〈나무와 두 여인〉(개인 소장)은 박수근의 몇 손가락 안에 드는 대표작이지요(4-49). 겨울나무 아래 두 아낙, 즉 아기 업은 아낙과 짐을 머리에 얹은 아낙의 모습을 재구성한 그림입니다. 머리에 짐을 이고 한 손에 보통이 짐을 든 여인이 다른 한 손에는 아기의 손을 잡고 가시요. 화면의 오른쪽 머리에 있는 여인은 함지박을 인 채 두 손을 모으고 엉거주춤 걸어가는 옆모습이 그려져 있네요. 지금은 저런 여성들이 거의 없어졌지요. 여인들이 저런 포즈로 걷는다는 것은 엄청난 기술로 쉬운 일이 아닙니다. 두 여인을 물끄러미 보는 아기 업은 아줌마는 뒤태입니다. 잎이 다 떨어져 얼기설기한 가지가 나목에 엉킨 질감으로 화면의 무게를 실어 놓았는데요. 평면적으로 구성한 단아한 배치가 매우 정적입니다.

그런데 그림을 보고 있자면, 시선이 자연스레 이동하게 됩니다. 먼저 왼쪽 뒷모습의 여인을 보고, 그 여인이 고개를 젖혀 오른쪽으로 움직이는 여인의 옆모습을 보는 것을 따라 감상자도 함께 시선을 옮기게 되지요. 일 나가는 옆모습의 여인은 움직이는 도상이고, 이를 물끄러미 바라보는 아기 업은 뒷모습의 여인은 집에 머문 정적인 자태입니다. 그 사이에 큰 고목 밑둥치가 있고, 화면의 상단 절반은 그 나무의 듬성히 뻗은 가지들로 꽉 채워져 있습니다. 나뭇가지의 구성은 두 여인의 머릿속에 얽힌 삶의 심상일까요. 회색 바탕과 갈색조의 형상들에 붉은 기가 감도는 저고리와 포대기 색의 절제미가 돋보이는 걸작입니다. 박완서는 소설 『나목』에서 이 작품에 대해 김장철 상황이라며 다음과 같이 이야기하였네요.

> 나무 옆을 두 여인이, 아이를 업은 한 여인은 서성대고 짐을 인 한 여인은 총총히 지나가고 있었다.
> 내가 지난날, 어두운 단칸방에서 본 한발 속의 고목(古木), 그러나 지금의 나에겐 웬일인지 그게 고목이 아니라 나목(裸木)이었다. 그것은 비슷하면서도 아주 달랐다.
> 김장철 소스리 바람에 떠는 나목, 이제 막 마지막 낙엽을 끝낸 김장철 나목이기에 봄은 아직 멀건만 그의 수심엔 봄에의 향기가 애닯도록 절실하다.
> 그러나 보채지 않고 늠름하게, 여러 가지들이 빈틈없이 완전한 조화를 이룬 채 서있는 나목, 그 옆을 지나는 춥디추운 김장철 여인들. 여인들의 눈앞엔 겨울이 있고, 나목에겐 아직 멀지만 봄에의 믿음이 있다. 봄에의 믿음. 나목을 저리도 의연하게 함이 바로 봄에의 믿음이리라.
> 나는 홀연히 옥희도 씨가 바로 저 나목이었음을 안다. 그가 불우했던 시절, 온 민족이 암담했던 시절, 그 시절을 그는 바로 저 김장철의 나목처럼 살았음을 나는 알고 있다.[48]

이 시기에 그린 1963년작 〈아기 보는 소녀〉(개인 소장)와 1964년작 〈고목과 여인〉(개인 소장) 같은 분위기는 당시 한국사회에서 약간 벗어나 있습니

48 박완서, 『나목』, 세계사, 1995.

다. 박수근의 그림은 여전히 1950년대 이미지이기 때문입니다. 아기 업은 소녀, 정말 행복하지요. 박수근이 정말 순수한 감성의 인간들을 찾아가는 과정에서 포착한 소재가 소녀들입니다. 1960년대에는 꽹과리 치며 농악 하는 장면에 꽂혀서 몇 점 그리기도 하고요. 1962년의 〈농악〉(개인 소장)이 그 예입니다. 박수근 스타일로 농악대를 그리니 신명이 안 느껴지지요. 딱딱하고 각지게 인물을 그렸기 때문입니다.

4-50 미석 박수근미술관 전경(상), 박수근 동상(하), 강원도 양구

이들 작품을 보면 술로 아픔을 해결했던 느낌이 전혀 없습니다. 백내장이 와서 한쪽 눈을 실명했음에도 불구하고 말이지요. 이게 바로 박수근의 시대적 감수성일 듯싶은데요. 일제강점기와 6·25라는 지난한 역사 속에서도 한국인의 따뜻한 휴머니티를 화폭에 담아냈다고 할 수 있지요. 애정 어린 시선으로, 민중의 삶을 그렇게 정서적으로 딱 맞게 그려냈다는 점이 박수근의 예술성이자 박수근 회화의 위대함입니다.

양구에 '우리의 화가' 박수근미술관 들어서

박수근은 1963년 백내장으로 왼쪽 눈의 시신경을 절단하는 수술을 받게 됩니다. 1965년에는 마침내 간경화에 응혈증까지 일어나는 최악의 상황을 겪고, 청량리 위생병원에 입원하였지요. 그러나 1개월 만에 집으로 돌아와 생의 마지막을 보내게 되고, 5월 6일 "천당이 가까운 줄 알았는데 멀어, 멀

4-51 미석 박수근 묘(좌)와 포천시 소흘 동신교회 묘에 세웠던 묘비(우)

어…"라는 마지막 말을 남기며 예술가의 생애를 마쳤습니다.[49]

박수근은 포천시 소흘읍에 있는 동신교회 묘지에 묻혔습니다. 동신교회는 박수근의 창신동 집에서 서쪽으로 300m 가량 떨어진 창신동 432번지 동대문 지역의 큰 교회인데요. 박수근 가족이 다녔던 듯합니다. '1957년 7월 15일 건립'이라 쓰인 머릿돌이 있는 화강암 고딕식 건물인데요. 시장통에 들어서 있고, 부속 건물을 보면 지금도 교세가 상당히 커 보이지요. 박수근의 부부 무덤을 포천시 소흘읍 소재의 동신교회 묘지에 쓴 사실을 보면, 박수근과 부인 김복순 여사가 교회 창립 때부터 신도였을 거라 추정됩니다.

박수근이 태어난 양구에 2002년 가을 박수근미술관이 들어섰습니다(4-50). 2004년에는 묘소도 이장했고요. 양구에는 박수근미술관뿐만 아니라 작가들이 창작할 수 있는 레지던스 장소와 갤러리까지 조성되어 있습니다. 우리나라 지방자치단체 중에 가장 작고 가난한 양구군이 박수근을 현창하기 위해 엄청난 일을 해놓은 것 같네요. 박수근 같은 화가가 이곳 정기를 받고

49 김복순, 「그이와 〈맷돌질하는 女人〉과 나」, 『미술과 생활』, 1977.7.

다시금 탄생하리라 기대해봅니다. 박수근미술관 앞에는 빨래터와 함께 스케치하다 생각에 잠긴 박수근 동상이 있지요. 두 팔로 양 무릎을 감아쥐고 앉아 자기 미술관을 바라보는 듯 편안한 자세의 전신상으로, 오른쪽 바닥에는 스케치북과 연필이 놓여 있습니다. 미술관 설립과 함께 설치한 조각가 전준의 작품입니다.

미술관의 남쪽 산 능선으로 이장한 그의 무덤은 화강암 기단을 두른 위에 봉토한 전통적 구조입니다. 십자가 표시의 네모진 오석 묘비석으로 보아 1979년 9월 부인이 세상을 떠난 뒤 합장한 무덤이네요. 묘비석에는 십자가와 함께 '화백 朴壽根/ 전도사 金福順之墓'라고 쓰여 있습니다. 박수근 이름 앞에 집사나 장로 표시가 없는 것으로 보아 교회활동을 열심히 하지는 않은 모양이네요.

무덤 앞에는 포천시 소흘읍 동신교회 묘에 묻힌 지 10여 년 뒤 1978년에 세운 기념비도 함께 이전되어 있습니다. 기념비에는 '서민화가 박수근 기념비'라고 한자로 쓰고 '1965 수근'이 사인된 〈두 여인〉을 음각해서 조성했네요(4-51). 세상을 떠나기 직전 작업 중이던 소묘를 찾아 새긴 듯합니다. 뒷면에는 1978년 2월 22일에 기념비를 세운 건립위원 27명의 명단이 새겨져 있고요. 박수근의 양력생일(2월 21일)에 맞춘 날짜이고 박영선, 최영림, 천경자, 장리석, 이대원, 최순우, 박명자 등의 이름이 보입니다.

박수근은 여유롭지 못한 환경에서 성장하여 '우리의 화가'가 되었지요. 식민지 시대와 전쟁, 전후의 피폐한 사회를 온몸으로 겪으며 붓을 놓지 않고 작품 활동을 꾸준히 했습니다. 민중의 일상을 차분하고 따스한 시선으로 포착한 점은 박수근이 애당초부터 서민의 삶을 살았고, 그 곤궁한 삶에 깃든 인간애를 읽어냈기 때문 아닐까요. 타고난 성품과 순수함을 한결같이 간직했기에 이런 그림이 가능하지 않았을까요. 박수근이 선택한 가난한 민중의 삶의 표정은 자기 인생에 대한 진정한 고백이자, 더불어서 1950~60년대 한국근현대 사회상의 생생한 증언이기도 합니다.

5. 한국근현대미술사의 쌍벽

박수근과 이중섭 두 화가는 우리 근현대미술사를 대표하는 인물들입니다. 1950년대 중반 이중섭이 가장 아팠을 시기에 그린 유화 〈소〉와 박수근이 전쟁 후 막 안정을 찾은 시기에 그린 유화 〈소녀〉는 라이벌인 두 작가의 인생과 예술을 잘 대조해주는 동시에 우리 근현대사의 두 전형을 시사합니다. 이중섭의 〈소〉는 격정적인 감정으로 급변하는 시대 감정을, 박수근의 〈소녀〉는 따뜻한 시선으로 그 시대 민중의 삶의 단편을 담아내었기에 맞수라 할 만하네요. 박수근과 이중섭, 누구를 당대의 대표작가로 꼽을까요? 역시 반반이네요. 마침 지금의 미술시장에서도 매치가 이루어져 두 사람의 그림은 현재 최고가를 놓고 경쟁합니다.

이렇게 상반된 모습이 한 시대에 풍미하였음은 우리 현대문화사의 큰 자랑입니다. 실제로 우리와 비슷한 시기 중국이나 일본의 모던풍 서양화계열을 뒤져봐도 박수근이나 이중섭 같은 화가가 잘 눈에 띄지 않네요. 물론 그들대로의 위대한 작가와 사조는 갖고 있지만, 박수근이나 이중섭 같이 순박한 감수성을 그대로 쏟아낸 화가나 회화경향을 만나기는 힘듭니다. 한국예술, 한국미의 특징을 이 지점에서 찾을 수 있겠지요. 아픈 근현대사를 겪었고 새로운 서구 회화 방식을 따랐음에도 불구하고, 한국인이 본디 지닌 흥과 신명의 에너지를 이중섭이, 절제된 색과 형상미를 박수근이 고스란히 계승했다는 생각이 드네요.

이중섭과 박수근 두 화가의 삶의 궤적은 그들의 문화사적 위상과 유명세에 걸맞게 근래 잘 현창되어 있습니다. 다만 이중섭의 생가와 어렸을 적 살았던 곳이 현재 북쪽에 있어서 어떤 상태인지 알 수 없는 게 아쉽지요. 대신 제주도 서귀포에 그가 잠시 살았던 초가집 단칸방이 보존되어 있고, 근처에 이중섭 기념관이나 이중섭 거리가 들어서 있습니다. 통영 시내에는 이중섭의 표시석이 세워져 있으며, 그 옆 음식점 벽면에는 사장이 각별히 이중섭 기념공간을 조성해 놓았지요. 박수근의 경우는 양구 생가 터에 10여 년 전 근사한 박수근미술관이 설립되었고, 그를 기리는 행사를 지속해 오고 있네요.

그런데 오히려 박수근이 서울에서 살았던 공간은 방치되어 있습니다. 살림집이자 창작의 산실이었던 창신동 393번지 가옥을 최근 찾아가보니 박수근의 화실이라는 표시판만 옹색하게 붙어 있을 뿐이지요. 앞서 살펴보았듯 큰길가 가옥은 파손된 채 두 칸으로 리모델링된 막걸리집이 들어서 있습니

〈표 6〉 20세기 이중섭과 박수근, 김환기

西洋畵	
미석 박수근 (1914~1965)	대향 이중섭 (1916~1956)
과묵(寡黙)	격정(激情)
두터운 재질감, 선·색 절제	선·색 강렬
화강암, 석불 질감	붓맛, 수묵화 모필감
이웃 사람들, 소박미	자신, 가족, 내면에 응축된 에너지
따듯한 시선	자기 학대
절제	표현 감정의 극대화
기독교	천주교
수화 김환기 (1913~1974)	
모더니즘 + 전통미	

다. 박수근의 이웃 서민 사랑이 그렇게 만들었을까요. 이중섭이 미도파전시를 준비했던 누상동 집은 아예 표지판도 없네요. 누상동 166번지 동일번지의 동네를 서너 차례 뒤져서야 겨우 깊숙이 숨어 있는 202호의 이중섭 작업실을 만났으니까요. 이중섭의 서울 집은 자신과의 싸움에 치열했던 이중섭의 성향처럼 꼭꼭 숨어 있는 모양입니다. 서울 창신동과 누상동의 공간도 각각 이중섭과 박수근의 대조적인 삶과 예술세계의 여운을 보여주네요.

6. 전통미와 모던 형식의 통합: 수화 김환기

전통회화에서는 변관식과 이상범이 산수화에서 우리 땅의 서정을 담아내는 데 '분방과 평담'으로 쌍벽을 이루었습니다. 서양화의 경우는 박수근과 이중섭이 모더니즘 형식을 수용하여, 특히 인간을 포착하는 데 '과묵과 격정'이라는 대조적 표현 방식으로 각자의 개성을 창출해냈습니다. 이들의 회화작품은 20세기 한국의 자랑스러운 문화유산입니다. 하지만 이 네 사람으로 20세기를 얘기하기는 어딘가 부족한 측면이 있지요. 그 부족한 면을 채워주는 게 수묵화 계통에서 고암 이응노였던 것처럼, 서양화에서는 김환기가 있습니다. 김환기는 모더니스트로, 지금까지 본 네 사람보다 서구의 추상주의 쪽으로 흐른 회화경향을 또렷이 보여줍니다.

수화(樹話) 김환기(金煥基, 1913~1974)는 이중섭보다 3년, 박수근보다 1년 연상입니다만, 1970년대 회갑년을 살짝 넘겨 사는 덕분에 1950년대의 이중섭이나 1960년대의 박수근보다 10~20년간 더 현대적 삶을 살았지요. 그 10년도 세계문화가 모이는 중심지라 할 뉴욕에서 활동했습니다.

김환기는 전라남도 신안의 섬, 기좌도(지금의 안좌도)에서 큰 지주 집안의 외아들로 태어났습니다(4-52). 김환기는 늘 집안 선조가 왜 이 섬에 들어왔는지 모르겠다고 했는데, 족보를 찾아보니 알게 되었지요. 김환기의 집안은 고려말 성리학을 수용한 신흥사대부가로, 김해김씨 삼현파의 후손입니다.[50] 삼현파 가운데 김준손(金駿孫)의 손자 김건철(金建鐵)이 해남으로 낙향했고, 김건철의 손자인 김인기(金仁起)가 기좌도에 들어온 입도선조(入島先祖)입니다. 섬의 대지주이자 유지인 김환기의 집안은 1900년대 들어 안창도와 기좌도를 잇는 간척사업을 진척시킬 정도였지요. 섬 이름이 '안좌도'라고 바뀌었을 정도의 대규모 사업이었습니다.[51]

4-52 수화 김환기 고택(상)과 마을(하), 전남 신안 안좌도

족보에 밝혀진 김환기의 본명은 김종환(金鍾煥)입니다. '환기'는 자(字)이고 아호가 나무와 대화하는 사람, 수화(樹話)이지요. 껑정한 용모가 나무 닮은 이미지이긴 하네요. 김환기는 서울에서 중동중학교를 중퇴했고, 일본으로 건너가 니시키시로(錦城) 중학교에 다녔습니다. 요즘 표현으로 조기유학인 셈이지요. 그리고 동경의 일본대학 미술학부에 들어가면서 1930년대 중반 약관 20대 초부터 그룹전에 출품하기 시작하였고, 아방가르드 양화연구소의 동학들과 함께 '백만회(白蠻會)'(1936)를 조직했습니다.

50 『金海金氏 三賢公派 燕川君后 府使公 家譜』: 삼현파의 삼현은 김극일, 김극일의 손자인 김일손, 증손자인 김대유를 일컫는다. 김일손과 김대유는 연산군의 폭정 때 박해를 당했고, 중종반정의 중심인물이었다.

51 이태호, 「발굴, 김환기 가계」-신안 안좌도에서 만난 김환기의 흔적과 예술세계, 『월간미술』 271, 2007.8.

1937년 동경에서 첫 개인전을 열었고 '자유미술가협회' 전에 참여하는 한편, 『문장(文章)』지(1939)의 권두화를 비롯해서, 잡지나 서적의 삽화그림을 상당히 많이 그렸지요. 이를 통해 김환기는 여러 문학인들과 교분을 쌓았고, 그 자신도 시인이자 뛰어난 문장가로 활약했습니다. 이때 작품경향은 〈종달새 노래할 때〉(1935), 〈론도〉(1938), 〈섬 이야기〉(1940)에서 볼 수 있듯 입체파나 표현주의는 물론 순수 추상미술에 이르는 신흥 모던형식에 심취한 양상을 보이지요.[52]

해방 후 1950년대 김환기의 대표작품을 들자면, 1951년작 〈피난열차〉(개인 소장)를 빼놓을 수 없습니다(4-53). 일제강점기 추상미술을 했던 김환기가 1951년에 부산 가는 피난열차를 탔던 체험을 그린 그림으로, 붉은 땅과 파란 하늘에 피난열차를 탄 사람들의 모습을 콩나물시루처럼 담았습니다. 피난민 열차의 모습을 그렇게 소략화시킨 것이지요. 김환기의 다른 작품과 비교했을 때 이 작품은 별격이면서, 평면적인 회화미와 청갈색조의 색채감각이 돋보입니다. 5칸의 차량에 탄 군상에서 피난 중 긴박함은 다소 약하게 느껴지지만, 한밤중 황토 언덕과 철길을 달리는 피난열차의 분위기는 색면을 통해 생생하게 엄습해 옵니다.

4-53 수화 김환기, 〈피난열차〉, 1951년, 캔버스에 유채, 37×53cm, 개인 소장

우리 20세기 화가들을 통틀어 보

52 김영나, 「1930년대 동경유학생들 – 전위그룹전의 활동을 중심으로」, 『근대한국미술논총』, 학고재, 1992.

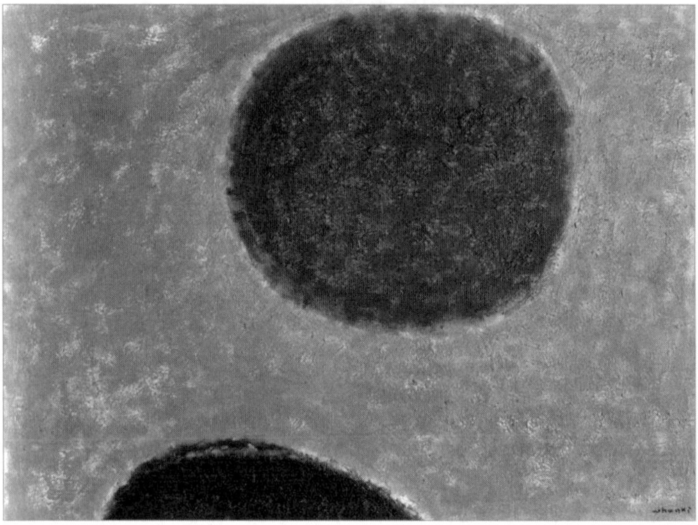

4-54 수화 김환기, 〈산월〉, 1950~60년대, 캔버스에 유채, 100×72.7cm, 개인 소장

았을 때, 6·25전쟁의 이미지를 그린 작가 자체가 많지도 않지만, 그것을 이렇게 담담한 감성으로 담아낼 수 있었던 화가는 김환기뿐인 듯합니다. 이런 수준으로나마 1940년대 후반~50년대 전반 격변기의 시대상과 현실감을 읽게 해주는 작품이 제작되었다는 자체가 소중하지요. 동시에 김환기 같은 작가들에 의해 우리의 20세기 모더니즘 미술의 성과가 이룩되었다는 점도 반가운 일입니다.

민족적 형상미에서 추상주의로

1950년대부터 김환기는 순수추상 작업보다 구체적인 형상 표현의 평면적 단순화를 꾀한 구상(具象) 작업에 몰두하였습니다. 항아리와 여인, 새와 항아리, 달과 매화, 산과 달, 구름과 달, 사슴, 학 등이 주요 소재이지요. 조선시대 백자 중에서도 특히 달항아리의 둥근 선 맛에 심취하여, 조선적인 이미지를 토대로 자기 스타일의 그림을 그려냈습니다. 부인 김향안 여사의 증언에 의하면, 귀가할 때마다 인사동 골동품 가게에서 양손에 항아리 두 개씩을 사들고 왔을 정도였다지요. 이것이 1950~70년대 모던한 추상형식과 전통미와의 조화를 이루어낸, 김환기의 조선적인 삶의 취향이라고 생각해봅니다.

1950년대 전반, 면 구성을 바탕으로 복잡했던 화면은 1950년대 후반부터 산, 달, 구름의 형상이 정리되면서 김환기다운 멋스러움이 뚜렷이 드러납니다. 〈산월(山月)〉(개인 소장) 같은 작품처럼 구상과 추상이 혼재한 두툼한 질감의 유화로, 앞의 박수근이나 이중섭에 비해 좀 더 현대적인 한국적 모더니즘을 성취한 것이지요(4-54). 달리 얘기하면, 김환기는 민족적 형상미를 현대적 감수성으로 전화(轉化)시켰습니다. 추상적 경향의 김환기 회화는 그냥 무의미한 형상들의 조합이 아니라, 그가 "둥근 하늘과 둥근 항아리와/ 푸른 하늘과 흰 항아리와/ 틀림없는 한쌍이다"[53]라고 노래했듯이 한국의 자연과 전통예술을 압축한 형태미를 찾은 것입니다.

김환기는 또한 정말 탁월한 색채화가이지요. 김환기의 컬러는 블루입니다. 훤한 보름달도 푸르게 그린, 청색 수화(樹話)라 할 만하네요. 푸른 색감을 주조로 한 김환기의 색은 '미묘'하면서도 신비롭습니다. '도대체 무슨 물감을 썼기에' 하는 궁금증이 일 정도로 깊은 맛을 내지요. 그 미묘함과 신비로움은 서양물감을 사용했으면서도 조선의 풍광에 어울리는 조선 색을 우려낸 점에 있다고 생각합니다.[54] 신안 앞바다와 하늘의 블루, 변화무쌍한 우리 서남해안 하늘과 바다가 하나 되는 푸른 색조에서 그 근원을 찾을 수 있겠지요. 이러한 작업들은 전후 서울과 파리(1956~59)를 오가며, 홍익대학교에서 교편을 잡는 동안 이룬 업적입니다.

53 김환기 시 「이조항아리」 중에서, 1946.2.

54 이태호, 「수화가 사랑했고, 우리가 사랑할 만한 것들」, 『미술세계』 241, 2004. 12.

4-55 수화 김환기, 〈어디서 무엇이 되어 다시 만나랴〉, 1970년, 캔버스에 유채, 236×172cm, 개인 소장

"세계적이려면 민족적이어야 하지 않을까? 예술이란 강력한 민족의 노래인 것 같다."[55]는 그의 말처럼 한국화의 국제성을 실현해 보고자, 김환기는 1963년 상파울로 비엔날레 참가 직후 뉴욕으로 활동 근거지를 옮기고 순수추상화로 선회하였습니다. 뉴욕에 정착하여 11년간 이른바 '십자(十字)구도'에서 '점화(點畵)'로 불리는 새로운 작품세계에 몰두하다가, 그곳에서 생을 마감하였지요.[56] 뉴욕생활 초기인 1960년대 중후기에는 다양한 색채의 유화와 과슈작품을 통해 '+'자형 구도나 수평구도의 색면구성을 보여주었습니다. 김환기 특유의 '점화(點畵)'가 나타나기 시작한 것은 1969년경부터로, 1970년 〈어디서 무엇이 되어 다시 만나랴〉(개인 소장)를 기점으로 유명해졌습니다(4-55).[57] 김광섭 '저녁에'라는 시에서 작품제목을 따고, 1970년에 한국일보 대상전에 출품했던 그림이지요.

이후 1970년대 김환기는 청색조의 바둑판무늬 네모선 안에 칸마다 수많은 점을 찍어 대형화면을 완성시키는 올오버페인팅(all-over painting)에 정열

55 김환기, 「片片想」, 1961.9; 조요한, 「아름다운 자연과의 화합과 탐색」, 『공간』(1978. 9)에서 재인용.
56 김명숙, 「김환기 작품세계의 전환과정 연구」, 명지대학교 대학원 박사논문, 2013.
57 이일, 「어디서 무엇이 되어 다시 만나랴」, 『김환기』, 한국근대회화선집 양화5, 금성출판사, 1990.

을 쏟았습니다. 〈10만개의 점〉(1973년)이라는 명제의 작품이 나올 정도였지요. 그리고 추상미술에서 일반적으로 붙이는 '작품', '무제' 등의 제목을 즐겨 썼고, 붉은색 점과 또 다른 중간색의 색점을 대비해 놓기도 했습니다. 말년에는 "내가 찍은 점, 저 총총히 빛나는 별만큼이나 했을까. 눈을 감으면 환히 보이는 무지개보다 더 환해지는 우리 강산…"[58]이라 했던 것처럼, 청회색이나 회색조가 중심을 이룬 〈하늘〉(1970년), 〈고요의 소리〉, 〈산울림〉, 〈하늘과 땅〉(1973년) 등 향수색 짙은 시상(詩想)의 작품들도 시도했지요.

뉴욕 시절 작업일지에 쓴 글에서 알 수 있듯이, 점화는 낯선 타국의 밤하늘 아래에서 그 외로움을 별들과 함께 달랬던 결과입니다. 한국의 자연을 연상하며 목 놓아 부른 김환기의 연가이고요. 비록 김환기가 뉴욕생활을 통해서 세계적 명성을 얻지는 못했지만, 조국의 이미지를 영감으로 삼아 풀어놓은 추상화는 20세기 한국 모더니즘 미술사에서 우뚝한 성과입니다. 어렵고 낯설어서 감상자를 유리시키는 보통의 추상화와 달리, 한국인의 마음에 편안한 공감을 던져줍니다.

20세기 한국회화에서 수화 김환기의 상대로 고암 이응노를 떠올려 봅니다. 이응노와 김환기는 파리 대 뉴욕, 전통수묵화 계열의 현대화 대 모더니즘과 전통미의 조합, 그리고 충남 홍성의 내륙 대 전남 신안의 섬 출신으로 비교해 볼 수 있겠네요.

김환기가 뉴욕 작업실에 점을 찍던 시절의 사진을 보면, 여전히 키가 껑충한 노신사입니다. 그런데 뉴욕 가서 얼굴이 크게 망가졌지요. 십 년 동안 서울에 다녀가지 않은 상태로 지하 작업실에서 그 무수한 점을 찍으면서 상했나 봅니다. 1960년대 뉴욕에 정착하지 않고 서울로 돌아오든지, 혹은 신

58 김환기 일기, 1970.1.17; 조요한, 「아름다운 자연과의 화합과 탐색」, 『공간』(1978. 9)에서 재인용.

안 안좌섬에 낙향하여 1960년대 뜬 달과 산, 바다, 나무를 새롭게 그렸으면 어땠을까요.

지금 부암동에 환기미술관이 있고, 거기 가면 늘 김환기와 그의 작품을 만날 수가 있습니다. 박수근이나 이중섭에 비하면, 그의 부인인 김향안 여사의 노력으로 격조 있는 미술관을 서울에 꾸밀 수 있었지요. 또 전라남도 신안 안좌도는 김환기 집안의 섬이지요. 아직도 그 집안의 묘소들이 있으며, 일부 친척들이 살고 있는 동네입니다. 최근 안좌의 김환기 생가는 근대문화재로 지정되었네요. 신안군이 최근 김환기 현창사업을 적극 진행 중이이서 기념공간으로 충분히 활용될 듯합니다.

7. 한국적 이미지와 민족회화

우리의 20세기 미술은 식민지를 겪고 민족분단으로 점철된 역사의 산물입니다. 또한 1960~70년대는 '근대화는 곧 서구화'라는 논리에 파묻혀 기본적 생활 문화를 포괄하는 전통 풍속과 양식의 붕괴가 가장 극심했던 시기이지요. 미술계도 신세대를 중심으로 서구의 변화하는 다양한 미술 사조나 운동을 베끼기에 급급한 경향을 보였습니다.[59]

정치나 사회 현실은 물론 문화예술계 전반이 그토록 후진성을 보인 시절에 이상범, 변관식, 이응노, 이중섭, 박수근, 김환기 같은 작가가 배출되었음은 분명 우리 20세기 미술의 자랑거리입니다. 잘 그린 좋은 그림들은 인간이 창출한 예술의 위대함을 새삼 수긍케 하고, 우리 민족의 존재를 일깨워

59 김영나, 「극복과 선망의 대상: 한국근대미술과 서양미술」, 『서양미술사학회논문집』 23, 2005.

주지요. 이 땅에서 그만큼이나마 이룩한 문화적 성과는 우리 민족의 내공이자 저력일 것입니다. 그래서 전통회화 영역의 청전 이상범과 소정 변관식, 고암 이응노, 모던풍 서양화의 박수근과 이중섭, 김환기 등이 표방한 '한국미'가 더욱 값지게 보이지요. 단순히 '옛것에 대한 향수'를 뛰어넘어 '우리 것이 소중'하고, '민족적인 것이 세계적이다'라는 선언적 명제를 몸소 삶과 예술로 실천해냈기 때문입니다.

이들은 어쩌면 '한국미'보다 '조선'을 떠올리게 하는 조형어법이나 민족적 서정성을 듬뿍 담았기에, 시대의 감성을 자극하고 대중의 존경을 받는 예술가로 거듭나지 않았을까요. 이들의 작품은 그 이전 18세기 겸재 정선과 단원 김홍도의 회화예술, 19세기 다산 정약용과 추사 김정희의 예술론 전통에 못지않게, 20세기의 문화유산으로 영원히 사랑받으리라 확신합니다. 또 이들이 1950~60년대에 일궈낸 창작성과들은 인간주의, 한국미의 정체성, 작가적 역량 등 여러 면에서 21세기 한국미술의 발전을 예견케 하는 대안적 방향을 제시한다고 생각합니다.

겸재 정선부터 수화 김환기까지 다시 돌아보니 서로 만나는 공통점은 역시 '조선(朝鮮)' 내지 '조선적인 것'으로 집약됩니다. 겸재와 단원의 회화예술이 한국회화의 고전적 원형이겠고, 그들 시대의 시문학, 음악, 춤, 도자, 공예, 건축, 복식, 음식 등이 미술사와 문화예술 전반에 '조선성(朝鮮性)'이란 흐름을 형성하였지요. 18세기 백자달항아리를 20세기 김환기가 그토록 사랑하고 자기 회화예술로 재창조했듯 말입니다. 달항아리시대부터 수화시대까지 300년간의 조선미(朝鮮美)는 한국미의 꽃이자 중심으로 당당하게 내세울 만합니다. 문득 '18세기 백자달항아리와 20세기의 수화예술 또한 한국미술사를 통틀어 커다란 라이벌이 되겠구나'라는 생각이 퍼뜩 떠오르네요.

_후기 : 조선적인 것을 다시 보다

한국미술사의 라이벌 제5강은 종합토론 시간이었다. 전체 내용을 요약한 뒤 토론자와 몇 가지 쟁점을 논의하였고, 청중의 질의에 대한 답변으로 마무리하였다.

네 번의 강의를 통해서 겸재(謙齋) 정선(鄭敾, 1676~1759)과 단원(檀園) 김홍도(金弘道, 1745~1806?), 추사(秋史) 김정희(金正喜, 1786~1856)와 다산(茶山) 정약용(丁若鏞, 1762~1836), 청전(青田) 이상범(李象範, 1897~1972)과 소정(小亭) 변관식(卞寬植, 1899~1976), 대향(大鄕) 이중섭(李仲燮, 1916~1956)과 미석(美石) 박수근(朴壽根, 1914~1965), 여덟 작가에 대하여 각각 쌍벽으로 대조해 보았다. 한국문화사의 커다란 격동기인 18~20세기의 회화동향을 네 쌍의 아이콘들로 추려 본 것이다. 또 한편 추사와 다산에는 연암(燕巖) 박지원(朴趾源, 1737~1805), 청전과 소정에는 고암(顧菴) 이응노(李應魯, 1904~1989), 대향과 미석에는 수화(樹話) 김환기(金煥基, 1913~1974)를 보충해 상기 작가들의 양분 논리로만은 설명할 수 없는 각 시대의 다양성을 간략하게나마 짚고 넘어가려 하였다.

이들이 이룬 문예사적 업적은 무엇보다 각자의 개성을 뚜렷이 드러낸 회화예술을 창출했다는 점일 게다. 동시에 각각 다르면서도 그 뿌리에 공통적으로 흐르는 한국인의 미의식, 곧 한국성을 그림과 화론이라는 구체적 콘텐츠로 손에 쥐게 해주었다는 점에서 예술적 성과가 크다고 본다. 좀 더 친근한 일상의 예를 든다면 외국 음식문화를 도입해 경양식이니 퓨전요리니 새로운 우리 문화를 창출해내기도 했지만, 지난 300여 년간 먹던 전통적 김치가 여전히 한국 식생활의 근간을 이루는 것처럼 말이다.

여덟 작가를 관통하는 회화의 선(線)은 조선인/한국인이 선호하는 진한 맛과 유사하게 감성대로 쏟아내는 표현주의 성향이 강한 편이다. 형태를 보자면 완벽하고 세련된 정제미의 추구보다는 꾸밈없이 자연스러운 간결함을 선호한다. 색채미는 계절색을 고스란히 따른다. 봄·여름·가을에서는 다채로운 색채의 현란함을, 겨울에서는 블루그레이 톤의 청회색조를 드러낸다. 그리고 결국 겸재 정선부터 수화 김환기까지 다시 돌아보면, 집약점은 역시 '조선적인 멋'이다. 겸재와 단원의 스타일이 한국회화의 고전적 전형(典型)이겠고, 그들 시대부터 현대까지 미술사는 물론 시문학, 음악, 춤, 도자, 공예, 건축, 복식, 음식 등 문화예술 전반에 걸쳐 '조선(朝鮮)'이란 정체성이 오롯함을 알 수 있다.

18세기 백자달항아리를 20세기 김환기가 그토록 사랑하여 자기 회화예술로 재창조했던 것처럼, 달항아리시대부터 수화시대까지 추구됐던 조선미(朝鮮美)는 한국미의 꽃이자 중심이다. 이렇게 볼 때 이번에는 조선후기부터 근현대까지 300년 전체를 대표할 단 두 라이벌만을 꼽아본다면 누가 거론될까. 나는 첫 강의의 백자달항아리 도공과 마지막 강의의 김환기가 선뜻 떠오른다. 총 4회의 강의 동안 살펴본 8명의 작가를 관통하는 본질적 미감이 이들로부터 시작하여 마무리된다고 보기 때문이다.

지난 300년간 위 작가들이 이룩한 예술사적 업적은 더할 나위 없이 크고 자랑스럽다. 그러면서도 한편 미진함에 대한 여운은 모든 예술분야의 어쩔 수 없는 속성일까. 근대사회로의 전환, 식민지로의 추락과 그에 따른 저항, 해방, 분단과 이데올로기 대립, 독재 권력에 반발한 민중항쟁, 자본주의 발달과 빈부격차 심화, 아직도 여전한 민주주의의 열망 등 그간 변화의 진폭을 감안하면 아쉬움이 남는다. 물론 우리 사회현실은 아직 반민주적 권력으로 안녕치 못하고, 분단이 여전한 실상이니 그 미진함은 앞으로 계속 보충해 나가야 할 몫이기도 하다.

네 번의 강좌 동안 역사변동기의 갈등, 아픔, 상처, 절규, 항거, 환희 같은 이미지를 낱낱 작품에서 만나기는 어려웠다. 자연을 닮은 깊은 서정성이나 민중의 삶을 담는 풍속화적 인간사는 잘 드러나지만, 치열한 시대의식이나 서사적 리얼리즘이 약한 편이다. 이도 역시 한국성 혹은 한국미의 속성일까, 다시금 생각게 되는 대목이다. 허나 꼭 그렇지만은 않은 것 같다. 짧은 기간이나마 1980~90년대 민중민족미술운동의 강렬한 열기가 일었기 때문이다. 민주화 투쟁 속에서 꽃핀 민중미술은 민중의 삶과 역사부터 분단 극복과 통일의 전망, 평등한 세상에 대한 열망까지, 그 주제와 표현형식이 다양하게 전개되었다. 시기적으로 보면 근대미술사의 비판적 리얼리즘이 너무 늦게서야 풍미했다는 생각도 들지만, 그 영향력이 결코 적지 않음을 20세기 후반 정치나 사회 민주화 진행이 잘 말해준다.

이러한 민중미술운동의 대표적 작가 중 하나가 1980년대 중반 40세의 나이에 절명한 오윤(吳潤, 1946~1986)이다. 오윤은 우리 사회의 모순을 불화나 무속화를 패러디하여 풍자했고, 그 역사의 질곡을 감내한 민중의 삶과 표정을 굵은 선묘의 목판화에 실어 사회적 공감대를 형성해내었다. 다채로운 그의 예술세계 중 특히 흥과 신명을 칼끝에 담아낸 목판화 이미지들은 시대정신과 민중성, 민족미술의 형식적 전범(典範)을 이룩한 것으로 평가된다. 이런 오윤의 표현화법이 앞서 살펴본 옛 작가들과 그 기류(氣流)가 통해 흠칫 놀라게 된다. 그렇다면 오윤을 포함해 20세기 미술을 생각한 경우, 박수근과 이중섭 가운데 오윤의 맞수는 누구일까. 주제 선택에 빗대면 박수근과 오윤일 법하고, 진한 감성의 표출로 보면 이중섭과 오윤일 터이다. 네 번의 강좌를 마무리하자니 그간의 기억과 현재, 그리고 미래의 우리에 대한 마음으로 이런저런 생각들이 스친다.

토론에는 이인범 상명대학교 교수와 명지대학교에 출강하는 이영수 선생, 두 분이 참여했다. 사회는 이주현 명지대학교 교수가 맡아 주었다. 매끄럽게 종합토론을 진행한 이주현 교수는 중국근대회화, 날카롭게 강의 내용을 비판해준 이인범 교수는 한국미학연구의 권위자이다. '한국미술사의 라이벌' 네 번의 강의 사회를 맡아 수고해준 이영수 선생은 한국회화사 전공으로 명지대학교 대학원 박사과정을 수료했다.

이인범 교수는 조선후기 '사실정신'과 리얼리즘, 그리고 조선풍 등을 좀 더 치밀하게 고려하지 않은 점에 대해 지적해주었다. 겸재 정선의 진경산수에 나타난 형상 변형과 추사 김정희의 사의적 표현의 유사함과 차이, 형사나 사실정신의 포용문제 등은 리얼리즘의 의미와 범위를 재검토하게 하는 소중한 질문이었다. 이영수 선생은 젊은 연구자답게 한국과 중국, 일본을 연계한 동아시아적 시각을 제기하며, 고미술의 문화적 독창성 강조가 한국미술의 정체성을 지나치게 강조하여 오히려 그 틀을 협소화시킬 수 있는 문제점을 토론케 해주었다. 또 전통회화의 대중화나 친일작가 등에 관해 질문도 던져주었다. 이것들은 지금 우리 시대, 특히 최근의 국제정세나 사회상을 비추어볼 때 가장 고민스러운 부분들이라 하겠다.

청중의 질문이 엄청 쏟아졌다. 300명이 넘는 수강생의 질문지를 받아보니 50여 명이 60가지 이상의 질문을 적어내었다. 내 평생 강의 중 이렇게 질문을 많이 받아보기는 처음이다. 명작 앞에 가슴 설레는 감정, 선호하는 그림의 변화, 좋은 그림의 기준 같은 감상법부터 붓과 먹, 낙관, 안료 등 전통회화의 재료와 기법, 그리고 수묵이나 채색을 위주로 하는 전통회화가 살아남을 가능성이나 화가의 생계유지 염려까지 의문점이 참으로 다양했다.

이처럼 우리 그림에 관심이 큰 청중을 대상으로 나는 두 문항의 설문조사를 시도해보았다. 첫째는 전체 강좌의 모든 화가 중 가장 좋아하며 우리나라를 대표할 화가를 선택하는 문항이고, 두 번째는 네 번의 강의에서 각각 제시한 라이벌 중 어느 화가의 편에 서는지를 묻는 것이었다.

첫 번째 문항은 179명이 응답해주었다. 정선, 김홍도, 정약용, 김정희, 이상범, 변관식, 박수근, 이중섭, 김환기, 이렇게 9명의 작가를 제시하였는데, 라이벌 8명에 김환기만을 추가한 것은 제4강 강의 때 이중섭과 박수근에 덧붙여 김환기를 비중 있게 다루었고, 강의 말미의 선호도를 묻는 질문 때 세 화가를 대상으로 삼았기 때문이다. 집계 결과는 김홍도의 압승으로, 50%에 달하는 89명이 김홍도를 선택했다. 18~20세기 300년간의 회화사를 통틀어 역시 그림 솜씨가 가장 빼어난데다 조선풍의 풍속도에 대한 선호가 크기 때

〈표 7〉 "다음 화가 중, 가장 좋아하는 혹은 우리나라를 대표할 만한 화가라고 생각하는 사람 1명을 선택해 주십시오"에 대한 답변 결과

화가	응답 수
겸재 정선	35
단원 김홍도	89
다산 정약용	8
추사 김정희	10
청전 이상범	4
소정 변관식	4
대향 이중섭	10
미석 박수근	9
수화 김환기	10
합계	179

문인 듯하다. 그 다음으로 진경산수화의 거장 정선을 좋아한다는 응답이 35명이었다. 정약용, 김정희, 이중섭, 박수근, 김환기의 경우는 각각 8~10명으로 비슷한 분포를 보였다. 그리고 이상범과 변관식은 각각 4명이 선택하였다.(표 7)

두 번째 문항의 답변은 강의별로 응답자 수가 120여 명에서 170여 명까지 편차가 좀 있었다. 174명이 응답해준 첫 번째 강의에서는 99명이 김홍도를, 75명이 정선을 선택했다. 두 번째 강의에서는 김정희가 85표로, 정약용의 66표를 앞섰다. 세 번째 강의는 이상범이 73표를 얻어, 변관식의 51표보다 호응이 컸다. 강의시간 때보다 이상범이 상당히 많아졌다. 네 번째 강의에는 박수근이 55표, 이중섭이 52표로 비슷했고, 김환기가 24표를 얻었다. 후기로 내려올수록 라이벌간 표차가 크지 않아 전반적으로 표현력이 뛰어나거나 현대인이 이해하기 편한 그림이 선호되는 경향을 보이는 듯하다.(표 8)

이를 종합해보면 지난 300년간 우리 그림을 대표하는 화가는 아직 겸재

〈표 8〉 "이번 석학과 함께하는 인문강좌에서는 한국미술사의 대표적인 화가들을 비교하며 살펴보았습니다. 이러한 비교에서 어느 화가를 더 선호하는지 선택해 주십시오"에 대한 답변 결과

제1강 화가 선호도 비교	
겸재 정선	75
단원 김홍도	99
합계	174

제2강 화가 선호도 비교	
다산 정약용	66
추사 김정희	85
합계	151

제3강 화가 선호도 비교	
청전 이상범	73
소정 변관식	51
합계	124

제4강 화가 선호도 비교	
대향 이중섭	52
미석 박수근	55
수화 김환기	24
합계	131

와 단원, 18세기에 머물러 있음을 알 수 있다. 그리고 제1강에서 김홍도가 99표, 정선이 75표를 얻은 데 비해, 9명의 작가로 확대했을 때는 김홍도가 89표, 정선이 35표를 얻은 사실이 흥미롭다. 되도록 처음 선택했던 작가를 고수한다는 가정하에 보면, 김홍도가 10명밖에 빠지지 않은 데 비해 정선의 경우는 40명이나 19~20세기 작가로 옮겨 분산된 셈이다. 묘사기량이 탁월한 김홍도에 대한 높은 충성도와 그의 인기를 보여주는 결과로 판단된다.

또한 이상범과 변관식보다 김정희, 정약용은 물론이려니와 이중섭, 박수근, 김환기의 득표가 두 배인 점도 눈에 띈다. 60~70대 수강생이 상당히 많았던 점을 감안할 때, 청전과 소정을 찍은 사람이 너무 적어 의아하다는 생각도 들었다. 정선과 김홍도의 수묵화 전통을 계승하긴 했으나 시대감정에 걸맞게 변화시켜내지 못한 결과이지 않을까. 이중섭, 박수근, 김환기의 회화는 대상 선택이 구체적이고 쉬운 편이기에 대중적 친근성이 있을 법하다. 또 서양화 재료로 인상파, 표현파, 추상파 등 서양화법을 구사했지만, 예술정신 내지 형식적 지향점을 한국미 혹은 문화유산의 조형미에 두었기에, 이들에 대한 평가나 선호도가 높을 수 있었다고 생각한다.

이 설문조사에 대한 답변의 경향성은 김홍도와 정선이 여전히 민족회화의 중심을 이루며, 근현대회화에 대한 취향이나 평가가 조선적 아름다움 '조선미(朝鮮美)'에 있음을 알려준다. 이를 감안하면 20세기 초반 나라를 잃어 조선전통의 자연스러운 계승을 방해받은 것이 얼마나 큰 타격이었는지 다시 한 번 되씹게 된다. 네 번 강의 동안 스크린에 비친 조선적 이미지들을 좋아하고, 그 감동을 표현하던 20~70대 청중들의 반응을 대하며 더욱 그런 생각이 들었다. 때문에 이번 '한국미술사의 라이벌' 강좌는 무엇보다도 '조선적인 것'의 의연함과 위대함을 다시 돌아보는 시간이었다고 결론지어본다.

지난 2012년 8월 11일부터 9월 8일까지 매주 토요일 서울역사박물관 강당은 무더웠던 날씨만큼이나 우리 그림에 대한 청중의 감명으로 뜨거웠다. 나는 이들과 함께 호흡할 수 있어 5주 내내 매우 행복했었다. 300여 청중의 호응과 질문이 쏟아지는 만큼 즐거운 시간이었다. 내 생애 최고의 강의실로 남을 것 같다.

이런 자리, '석학과 함께하는 인문강좌'에 나를 추천해준 인문학대중화위원회 위원 이강래 전남대 교수, 선정해준 인문학대중화위원회 위원장 정연교 경희대 교수를 비롯해 여러 위원님들께 고마움을 표한다. 양정모 인문사회연구 총괄팀장, '석학과 함께하는 인문강좌' 사무국의 박민관 팀장과 이가람, 황미라 선생 등 강좌를 진행하며 수고해주신 한국연구재단 관계자분들께 진심으로 감사드린다. 그리고 피피티 영상 편집과 강의 녹취를 맡아준 내 연구실 조교 김준선, 마무리 원고를 읽고 교정에 참여한 이미영, 권경아, 김경옥, 김은혜, 호영아, 이지영 등 명지대학교 미술사학과 대학원생들 덕분에 이 책이 나오게 되었다.

_도판목록

1-1 〈백자달항아리〉, 국보 제 310호, 높이 43.8cm, 일암관 소장

1-2 백악(현 지명 북악) 전경(상), '화성 겸재 정선의 집터' 표시석(하), 종로구 경복고등학교 교정

1-3 겸재 정선의 5대조 정응규(상), 고조부 정연(중)의 무덤, 정선 가족묘 할아버지부터 근래 후손까지(하), 경기도 광주시 오포면 자작리

1-4 단원 김홍도, 〈단원도(檀園圖)〉, 1784년, 종이에 담채, 135×78.5cm, 개인 소장

1-5 단원 김홍도, 〈갈대꽃과 게〉(상), 《수금(水禽)·초목(草木)·충어(蟲魚) 화첩》, 1784년 여름, 종이에 수묵담채, 24×36cm, 개인 소장, 송관자 권정교, 단원 김홍도작 《수금·초목·충어 화첩》의 발문(하), 1794년 가을, 종이에 수묵, 24×36cm, 개인 소장

1-6 단원 김홍도가 살았던 하량(河梁), 현 관수교, 중구 입정동 풍경

1-7 겸재 정선, 〈독서여가(讀書餘暇)〉, 1740~41년, 비단에 수묵채색, 24×16.8cm, 《경교명승첩(京郊名勝帖)》, 간송미술관 소장

1-8 단원 김홍도, 〈포의풍류도〉, 18세기 후반, 종이에 수묵담채, 28×37cm, 개인 소장

1-9 겸재 정선, 〈박연폭도(朴淵瀑圖)〉, 1750년대, 종이에 수묵, 119.4×51.9cm, 개인 소장

1-10 개성 박연폭 풍경

1-11 표암 강세황, 〈박연(朴淵)〉, 1757년경, 종이에 수묵담채, 32.8×53.4cm, 《송도기행첩(松都紀行帖)》, 동원 기증, 국립중앙박물관 소장

1-12 겸재 정선, 〈삼부연(三釜淵)〉, 1747년, 비단에 담채, 31.4×24.2cm, 《해악전신첩(海岳傳神帖)》, 간송미술관 소장

1-13 낙파 이경윤, 〈관폭도(觀瀑圖)〉, 1600년경, 비단에 수묵, 31.2×24.9cm, 고려대학교박물관 소장

1-14 겸재 정선, 〈단발령망금강(斷髮嶺望金剛)〉, 1711년경, 비단에 수묵담채, 34.3×39cm, 《신묘년풍악도첩(辛卯年楓嶽圖帖)》, 국립중앙박물관 소장

1-15 겸재 정선, 〈장안사비홍교(長安寺飛虹橋)〉, 1747년, 비단에 담채, 32.0×24.8cm, 《해악전신첩(海岳傳神帖)》, 간송미술관 소장

1-16 장안사 풍경: 장안사에서 본 내금강 입구 풍경(상), 1930년대 장안사 사진(중), 장안사비홍교 주변 풍경(하)

1-17 겸재 정선, 〈금강전도(金剛全圖)〉, 1740년대, 종이에 수묵담채, 130.7×94.0cm, 국보 제

217호, 삼성미술관 리움 소장

1-18 겸재 정선, 〈선면(扇面) 금강내산(金剛內山)〉, 1750년대, 종이에 수묵, 80.5×28.2cm, 간송미술관 소장

1-19 겸재 정선, 〈인왕제색도(仁王霽色圖)〉, 1751년, 종이에 수묵, 79.2×138.2cm, 국보 제 216호, 삼성미술관 리움 소장

1-20 옥인동에서 본 인왕산 풍경

1-21 겸재 정선, 〈인왕제색도(仁王霽色圖)〉부분

1-22 인왕산 주봉 풍경

1-23 겸재 정선, 〈금강대(金剛臺)〉, 1750년대 중후반, 종이에 수묵담채, 28.8×22cm, 간송미술관 소장

1-24 겸재 정선, 〈만폭동〉, 1730~40년대, 비단에 수묵담채, 33×22cm, 서울대학교박물관 소장

1-25 겸재 정선, 〈목멱산(木覓山)〉, 1750년대 후반, 비단에 수묵담채, 18×17cm, 고려대학교박물관 소장

1-26 겸재 정선, 〈성류굴(聖留窟)〉, 1730~40년대, 종이에 담채, 27.2×28.5cm, 간송미술관 소장

1-27 성류굴 측면 풍경

1-28 단원 김홍도, 〈성류굴(聖留窟)〉, 1788년, 비단에 담채, 30×43.7cm, 《금강산화첩》, 개인 소장

1-29 성류굴 정면 풍경

1-30 단원 김홍도, 〈구룡연(九龍淵)〉, 1788년, 비단에 담채, 30×43.7cm, 《금강산화첩》, 개인 소장

1-31 겸재 정선, 〈구룡폭(九龍瀑)〉, 1740년대, 비단에 담채, 29.5×23.5cm, 독일 성 오틸리엔 수도원 구장 《겸재화첩》, 현재 성 베네딕도회 왜관 수도원 소장

1-32 복헌 김응환, 〈금강전도(金剛全圖)〉, 1772년, 종이에 담채, 22.3×35.2cm, 개인 소장

1-33 단원 김홍도, 〈청심대(淸心臺)〉, 1788년, 비단에 담채, 30×43.7cm, 《금강산화첩》, 개인 소장

1-34 청심대 풍경, 강원도 평창군 진부면 마평리

1-35 단원 김홍도, 〈만폭동(萬瀑洞)〉, 1790년대, 비단에 담채, 133.8×54.4cm, 개인 소장

1-36 단원 김홍도, 〈명경대(明鏡臺)〉, 1790년대, 비단에 수묵담채, 133.8×54.4cm, 개인 소장

1-37 단원 김홍도, 〈송석원시사야연도(松石園詩社夜宴圖)〉, 1791년, 종이에 수묵, 25.6×31.8cm, 한독의약박물관 소장

1-38 고송유수관도인 이인문, 〈송석원시회도(松石園詩會圖)〉, 1791년, 종이에 담채, 25.6×31.8cm, 개인 소장

1-39 송석원에서 본 백악과 인왕산 사이 풍경

1-40 단원 김홍도, 〈총석정(叢石亭)〉, 1795년, 종이에 담채, 23.2×27.3cm, 《을묘년화첩(乙卯年畵帖)》, 개인 소장

1-41 겸재 정선, 〈총석정〉, 1750년경, 종이에 수묵담채, 42.8×56cm, 《관동팔경도》병풍, 간송미술관 소장

1-42 고송유수관도인 이인문, 〈총석정〉, 1810~20년대, 종이에 담채, 28.2×34cm, 간송미술관 소장

1-43 단원 김홍도, 〈옥순봉(玉筍峰)〉, 1796년, 종이에 담채, 26.6×31.4cm, 《병진년화첩(丙辰年畵帖)》, 보물 제782호, 삼성미술관 리움 소장

1-44 옥순봉 풍경, 충북 단양

1-45 단원 김홍도, 〈도담삼봉(島潭三峰)〉, 1796년, 종이에 담채, 26.6×31.4cm, 《병진년화첩》, 보물 제 782호, 삼성미술관 리움 소장

1-46 도담삼봉 풍경, 충북 단양

1-47 단원 김홍도, 〈사인암(舍人巖)〉, 1796년, 종이에 담채, 26.6×31.4cm, 《병진년화첩》, 보물 제 782호, 삼성미술관 리움 소장

1-48 사인암 풍경, 충북 단양

1-49 단원 김홍도, 〈소림명월도(疏林明月圖)〉, 1796년, 종이에 담채, 26.6×31.4cm, 《병진년화첩》, 보물 제 782호, 삼성미술관 리움 소장

1-50 단원 김홍도, 〈쟁기질〉, 1770~80년대, 종이에 수묵담채, 27×22.7cm, 《단원풍속화첩》, 보물 제 527호, 국립중앙박물관 소장

1-51 단원 김홍도, 〈춘경(春耕)〉, 1796년, 종이에 담채, 26.6×31.4cm, 《병진년화첩》, 보물 제 782호, 삼성미술관 리움 소장

1-52 단원 김홍도, 〈윷놀이〉, 1770~80년대, 종이에 수묵담채, 27×22.7cm, 《단원풍속화첩》, 보물 제 527호, 국립중앙박물관 소장

1-53 단원 김홍도, 〈기우부신도(騎牛負薪圖)〉, 1790년대, 비단에 수묵담채, 25.5×35.7cm, 간송미술관 소장

1-54 단원 김홍도, 〈추성부도(秋聲賦圖)〉, 1805년, 종이에 담채, 56×214cm, 삼성미술관 리움 소장

2-1 공재 윤두서, 〈윤두서자화상〉, 1710년대, 종이에 담채, 38.5×20.5cm, 국보 제 240호, 해남 연동 녹우당 윤형식 소장

2-2 추사고택 전경(상), 사랑채(하), 충남 예산군 신암면 용궁리

2-3 추사묘소, 충남 예산군 신암면 용궁리

2-4 희원 이한철, 〈김정희초상〉(좌), 1857년, 비단에 채색, 131.5×57.7cm, 보물 제 547호, 종가 구장, 국립중앙박물관 기탁, 〈김정희초상〉흉상 부분(우)

2-5 다산 정약용, 〈여유당(與猶堂)〉현판, 1810년 가을, 남양주시 마현 다산고택

2-6 옥동 이서, 〈녹우당(綠雨堂)〉현판, 18세기 초, 해남 연동 녹우당

2-7 추사 김정희, 〈노학암(老學菴)〉현판, 1840년경, 해남 연동 녹우당

2-8 다산고택 여유당, 남양주시 마현 다산고택

2-9 다산묘소, 남양주시 마현 다산고택

2-10 월출산풍경

2-11 소치 허련, 〈완당선생해천일립상(阮堂先生海天一笠像)〉, 1840년대, 종이에 수묵담채, 51×24cm, 아모레퍼시픽미술관 소장

2-12 추사 유배지, 제주 대정

2-13 다산초당, 강진군 귤동

2-14 초의, 〈다산초당도(茶山草堂圖)〉, 1812년, 종이에 수묵채색, 19.5×27cm, 개인 소장

2-15 해남 대둔사 대웅보전(상), 원교 이광사, 〈대웅보전(大雄寶殿)〉현판(하), 18세기 중엽

2-16 원교 이광사, 〈대웅보전(大雄寶殿)〉현판, 18세기 중엽, 강진 백련사

2-17 복암 주학년, 〈담계 옹방강 선생상(覃溪 翁方綱 先生像)〉, 1812년경, 종이에 채색, 93.5×33.0cm, 간송미술관 소장

2-18 담계 옹방강, 〈여송백지유심(如松柏之有心) 이충신이위보(而忠信以爲寶)〉, 1810년대, 종이에 수묵, 각 132.7×30.5cm, 간송미술관 소장

2-19 추사 김정희, 〈운외몽중(雲外夢中)〉, 1827년, 종이에 먹, 27.0×374.0cm 첫 부분, 개인 소장

2-20 추사 김정희, 〈무량수각〉현판 비교: 해남 대둔사(상), 예산 화암사(하)

2-21 추사 김정희, 〈진흥북수고경(眞興北狩古竟)〉현판 탁본, 함경도 함초령 진흥왕순수비각, 개인 소장

2-22 추사 김정희, 〈소허암(小許庵)〉현판, 전남 진도 운림산방

2-23 추사 김정희, 〈대팽두부과생채(大烹豆腐瓜薑菜) 고회부처아녀손(高會夫妻兒女孫)〉대련, 1855년, 종이에 수묵, 129.5×31.9cm, 간송미술관 소장

2-24 추사 김정희, 〈판전(板殿)〉현판, 1856년, 강남구 봉은사

2-25 추사 김정희, 〈화엄종주백파대율사대기대용지비(華嚴宗主白坡大律師大機大用之碑)〉, 1855년

2-26 전남 해남 대둔사 일지암(상), 추사 김정희, 〈다암(茶盦)〉바위글씨(하)

2-27 추사 김정희, 〈권돈인에게 쓴 편지〉, 19세기 초반, 종이에 묵서, 42×44cm, 개인 소장

2-28 추사 김정희, 〈불이선란도(不二禪蘭圖)〉, 1850년대, 종이에 수묵, 54.9×30.6cm, 손창근

소장

2-29 추사 김정희, 〈세한도(歲寒圖)〉, 1844년, 종이에 수묵, 23×69.2cm, 국보 제180호, 손창근 소장

2-30 다산 정약용, 〈원인필의산수도(元人筆意山水圖)〉, 19세기 초반, 종이에 수묵담채, 14.5×21.1㎝, 개인 소장

2-31 다산 정약용, 〈매조도(梅鳥圖)〉, 1813년, 비단에 수묵담채, 44.7×18.4cm, 고려대학교박물관 소장

2-32 다산 정약용, 〈편지〉, 19세기 초반, 종이에 수묵, 24.5×27cm, 개인 소장

2-33 현판비교: 다산 정약용 〈다산동암〉현판(상), 추사 김정희 〈보정산방〉현판(하), 강진 다산초당

2-34 카메라 옵스쿠라: 풍경 그리기(상), 인물 그리기(하), 18세기 유럽동판화

2-35 작자미상, 〈이기양 초상〉초본, 18세기 후반, 종이에 수묵담채, 76×47.2cm, 개인 소장

3-1 오원 장승업, 〈귀거래도(歸去來圖)〉, 19세기 후반, 비단에 수묵담채, 136.7×32.4cm, 간송미술관 소장

3-2 심전 안중식, 〈도원문진도(桃源問津圖)〉, 1913년, 비단에 채색, 164.4×70.4cm, 삼성미술관 리움 소장

3-3 심전 안중식, 〈백악춘효도(白岳春曉圖)〉, 1915년, 비단에 수묵담채, 192.2×50cm, 국립중앙박물관 소장

3-4 청전 이상범이 태어나 자란 곳 풍경, 충남 공주시 정안면 석송리

3-5 청전 이상범(좌)과 소정 변관식(우) 상반신 사진

3-6 청전 이상범 묘와 묘비, 포천시 내촌면 마명리 서릉공원묘지

3-7 소정 변관식 묘와 묘비, 포천시 소흘읍 직동리

3-8 청전 이상범, 〈도원행(桃源行)〉부분, 1922년, 비단에 채색, 159×407cm, 10폭 병풍, 개인 소장

3-9 청전 이상범, 〈초동(初冬)〉, 1926년, 종이에 수묵담채, 152.8×185.6cm, 제 5회 조선미술전람회 입선작, 국립현대미술관 소장

3-10 청전 이상범, 〈나팔수〉, '님의 부르심을 받들고서' 삽화, 『매일신보』, 1943.8.6일자

3-11 청전 이상범, 〈외금강 비로봉〉, 1940년 초, 비단에 수묵담채, 각 72×50cm, 《금강산12승경(金剛山十二勝景)》12폭 병풍, 개인 소장

3-12 청전 이상범, 〈사계(四季)〉, 1954년, 종이에 수묵담채, 각 134.5×47cm, 개인 소장

3-13 청전 이상범, 〈유경(幽境)〉, 1960년, 종이에 수묵담채, 77×344cm, 삼성미술관 리움 소장(상), 〈유경(幽境)〉의 부분(하)

3-14 청전 이상범, 〈모추(暮秋)〉, 1962년, 종이에 수묵담채, 76×178cm, 개인 소장

3-15 청전 이상범, 〈모추(暮秋)〉, 밑그림 연필화

3-16 청전 이상범, 〈아침〉, 1960년대 중후반, 종이에 수묵담채, 71×275cm, 국립현대미술관 소장

3-17 청전 이상범, 〈산가청운(山家淸韻)〉, 1960년대 중후반, 종이에 수묵담채, 82×195cm, 개인 소장

3-18 청전화실 안(하)과 밖(상), 종로구 누하동

3-19 청전 이상범, 미완성 산수, 청전화실

3-20 청전 이상범 그림 그리는 모습, 1960년대

3-21 돈암산방, 성북구 동선동 집 근처(상), 성북구 돈암동 집 근처(하)

3-22 소정 변관식 그림 그리는 모습, 1960년대

3-23 소정 변관식, 〈관폭(觀瀑)〉, 1922년, 종이에 수묵담채, 119×65cm, 개인 소장

3-24 소정 변관식, 〈추경산수(秋景山水)〉, 1923년, 종이에 수묵담채, 142×28cm, 개인 소장

3-25 소정 변관식, 〈조춘(早春)〉, 1944년, 종이에 수묵담채, 126×118cm, 개인 소장

3-26 소정 변관식, 〈영도교〉, 1948년, 33.5×137㎝, 부산광역시 문화재자료 제28호, 동아대학교 박물관 소장

3-27 소정 변관식, 〈농가의 만추(晩秋)〉, 1957년, 116×264cm, 국립현대미술관 소장

3-28 소정 변관식, 〈설경〉, 1960년대 후반, 종이에 수묵담채, 65×90cm, 개인 소장

3-29 소정 변관식, 〈고진(古津)〉, 1949년, 종이에 수묵담채, 46×69cm, 개인 소장

3-30 소정 변관식, 〈천태폭포〉, 1950년대 후반, 종이에 수묵담채, 64.5×54cm, 개인 소장

3-31 소정 변관식, 〈외금강삼선암추색(外金剛三仙岩秋色)〉, 1959년, 종이에 수묵담채, 150×117cm, 개인 소장

3-32 소정 변관식, 〈외금강삼선암추색(外金剛三仙岩秋色)〉부분

3-33 소정 변관식, 〈외금강옥류천(外金剛玉流泉)〉, 1963년, 종이에 수묵담채, 116×150cm, 개인 소장

3-34 소정 변관식, 〈외금강삼선암추색(外金剛三仙岩秋色)〉, 1966년, 종이에 수묵담채, 127.5×126cm, 개인 소장

3-35 소정 변관식, 〈단발령(斷髮嶺)〉, 1970년대 전반, 종이에 수묵담채, 55×100cm, 개인 소장

3-36 소정 변관식, 〈송림(松林)〉, 1975년, 종이에 수묵담채, 50.5×131.5cm, 개인 소장

3-37 고암 이응노 그림 그리는 모습, 파리

3-38 고암 이응노, 〈풍죽〉, 1976년, 종이에 수묵, 133×69cm, 이응노미술관 소장

3-39 고암 이응노, 〈군상〉, 1986년, 종이에 수묵, 181×91cm, 이응노미술관 소장

4-1 춘곡 고희동, 〈자화상〉, 1915년, 캔버스에 유채, 73×53.5cm, 일본 동경예술대학 예술자료관 소장

4-2 김관호, 〈해질녘〉, 1916년, 캔버스에 유채, 127.5×127.5cm, 일본 동경예술대학 예술자료관 소장

4-3 김인승, 〈나부〉(상)와 사인 부분(하), 1936년, 캔버스에 유채, 130×162cm, 삼성미술관 리움 소장

4-4 구본웅, 〈친구의 초상〉, 1935년, 캔버스에 유채, 65.5×53cm, 국립현대미술관 소장

4-5 수화 김환기, 〈론도〉, 1938년, 캔버스에 유채, 61×72cm, 제 2회 자유미술가협회전 출품작, 국립현대미술관 소장

4-6 미석 박수근 얼굴사진, 1960년대

4-7 대향 이중섭 얼굴사진, 1950년대

4-8 대향 이중섭, 〈망월〉, 1940년, 캔버스에 유채, 30호F, 제 4회 자유미술가협회전 출품작

4-9 대향 이중섭, 〈소와 여인〉, 1942년, 종이에 연필, 40.5×29.5cm, 개인 소장

4-10 대향 이중섭, 〈세 아이〉, 1940년대 중반, 종이에 연필, 18.2×28cm, 개인 소장

4-11 대향 이중섭, 〈소년〉, 1942~5년, 종이에 연필, 26.4×18.5cm, 개인 소장

4-12 대향 이중섭, 〈게와 아이들〉2점, 1952년, 은지에 새김, 유채, 10cm×15cm, 개인 소장

4-13 대향 이중섭, 〈바닷가의 아이들〉, 1951년, 종이에 유채, 36×26.5cm, 삼성미술관 리움 소장

4-14 대향 이중섭이 1951년에 살았던 초가 전체(좌)와 단칸방(우), 제주 서귀포시

4-15 대향 이중섭, 〈섶섬이 보이는 풍경〉, 1951년, 나무판에 유채, 41×72cm, 개인 소장

4-16 대향 이중섭, 〈서귀포의 환상〉, 1951년, 합판에 유채, 56×92cm, 개인 소장

4-17 도립나전칠기기술원양성소 전경(상), 내부 안내판(중), 표시석(하)

4-18 대향 이중섭, 〈길〉, 1953년, 종이에 유채, 41.5×28.8cm, 개인 소장

4-19 대향 이중섭, 〈선착장을 내려다본 풍경〉, 1953년, 종이에 유채, 41.5×29cm, 개인 소장

4-20 대향 이중섭, 〈벚꽃 위의 새〉, 1950년대 중반, 종이에 유채, 49×31.3cm, 개인 소장

4-21 대향 이중섭, 〈길 떠나는 가족〉편지, 1954년, 종이에 유채, 29.5×64.5cm, 개인 소장

4-22 대향 이중섭, 〈부부〉, 1954년경, 종이에 유채, 51.6×35.5cm, 개인 소장

4-23 대향 이중섭, 〈달과 까마귀〉, 1954년, 종이에 유채, 29×41.5cm, 개인 소장

4-24 대향 이중섭, 〈흰 소〉, 1953~4년경, 합판에 유채, 30×41.7cm, 홍익대학교 박물관 소장

4-25 대향 이중섭, 〈황소〉, 1953년 추정, 종이에 유채, 29×41cm, 개인 소장

4-26 대향 이중섭, 연필화 〈소와 새와 개〉, 1950년대 중반, 종이에 연필, 유채, 32.5×49.8cm, 개인 소장

4-27 이종구, 〈아버지의 소〉, 1986년, 부대 위에 유채, 80×100cm, 개인 소장

4-28 대향 이중섭이 1955년에 작업했던 집 골목(하)과 내부(상), 종로구 누상동

4-29 대향 이중섭, 〈구상네 가족〉, 1955년, 종이에 연필, 유채, 32×49.5cm, 개인 소장

4-30 대향 이중섭, 〈성당 부근〉, 1955년, 종이에 유채, 34×46.5cm, 개인 소장

4-31 대향 이중섭묘 전경(하)과 묘비(상), 중랑구 망우리 공동묘원

4-32 미석 박수근, 〈소〉프로타쥬기법, 1950년대, 종이에 콘테, 27×39cm, 박수근미술관 소장

4-33 대향 이중섭, 〈소〉연필화, 1941년, 종이에 연필, 26.6×23.5cm, 제5회 지유텐 출품작

4-34 미석 박수근, 〈기름장수〉, 1950년대 초반, 목판화, 44×30.5cm, 박수근미술관 소장

4-35 미석 박수근, 〈봄이 오다〉, 1932년, 종이에 수채, 제 11회 조선미술전람회 입선작

4-36 미석 박수근, 〈맷돌질하는 여인〉, 1940년, 하드보드에 유채, 제 19회 조선미술전람회 입선작

4-37 박완서 소설, 『나목』 표지, 여성동아 1970년 11월호 별책

4-38 미석 박수근이 작업하며 살던 국밥집 외부(상), 막걸리집 내부(하), 동대문구 창신동

4-39 미석 박수근, 〈절구질 하는 여인〉, 1954년, 캔버스에 유채, 130×97cm, 개인 소장

4-40 미석 박수근, 〈독서〉, 1955년, 하드보드에 유채, 20.1×13cm, 개인 소장

4-41 미석 박수근, 〈골목안〉, 1950년대, 캔버스에 유채, 80×60.6cm, 개인 소장

4-42 미석 박수근, 〈우물가〉, 1953년, 캔버스에 유채, 80.3×100cm, 개인 소장

4-43 미석 박수근, 〈판잣집〉, 1950년대, 캔버스에 유채, 19.7×26cm, 성신여자대학교 박물관 소장

4-44 미석 박수근, 〈복숭아〉, 1957년, 캔버스에 유채, 28×50cm, 고려대학교 박물관 소장

4-45 미석 박수근 창신동 집 대청 사진, 1959~60년

4-46 미석 박수근, 〈앉아있는 여인〉, 1961년, 캔버스에 유채, 65×50.3cm, 개인 소장

4-47 미석 박수근, 〈좌녀〉, 1960년, 종이에 연필, 57×44cm, 개인 소장

4-48 미석 박수근, 〈여인과 항아리〉, 1962년, 종이에 유채, 28.1×21.5cm, 개인 소장

4-49 미석 박수근, 〈나무와 두 여인〉, 1962년, 캔버스에 유채, 130×89cm, 개인 소장

4-50 미석 박수근미술관 전경(상), 박수근 동상(하), 강원도 양구

4-51 미석 박수근 묘(좌)와 포천시 소흘 동신교회 묘에 세웠던 묘비(우)

4-52 수화 김환기 고택(상)과 마을(하), 전남 신안 안좌도

4-53 수화 김환기, 〈피난열차〉, 1951년, 캔버스에 유채, 37×53cm, 개인 소장

4-54 수화 김환기, 〈산월〉, 1950~60년대, 캔버스에 유채, 100×72.7cm, 개인 소장

4-55 수화 김환기, 〈어디서 무엇이 되어 다시 만나랴〉, 1970년, 캔버스에 유채, 236×172cm, 개인 소장

석학人文강좌 46